浙江大学"双一流"建设专项高水平学术期刊建设资助项目

浙江省哲学社会科学重点研究基地运行经费期刊建设专项资助项目

宋學研究

第三辑

龚延明　主编

浙江大学宋学研究中心　编

浙江大学出版社
ZHEJIANG UNIVERSITY PRESS

图书在版编目(CIP)数据

宋学研究. 第三辑 / 龚延明主编；浙江大学宋学研究中心编. —杭州：浙江大学出版社，2022.8
ISBN 978-7-308-22694-3

Ⅰ.①宋… Ⅱ.①龚… ②浙… Ⅲ.①中国历史—宋代—文集 Ⅳ.①K244.07-53

中国版本图书馆 CIP 数据核字(2022)第 094703 号

《宋学研究》(第三辑)

龚延明　主编

责任编辑　蔡　帆

责任校对　吕倩岚

封面设计　项梦怡

出版发行　浙江大学出版社
（杭州市天目山路 148 号　邮政编码 310007）
（网址：http://www.zjupress.com）

排　　版　浙江时代出版服务有限公司

印　　刷　杭州高腾印务有限公司

开　　本　787mm×1092mm　1/16

印　　张　24.25

字　　数　450 千

版 印 次　2022 年 8 月第 1 版　2022 年 8 月第 1 次印刷

书　　号　ISBN 978-7-308-22694-3

定　　价　138.00 元

编辑委员会

目　　录

官制与礼仪

宋代州县公廨

浙江大学　龚延明

宋代州、县治所，无固定称谓，有官府、公廨、官署、公衙、衙门等通称。宋代州府官署，是在城中一个用围墙与民居分隔开的独立空间，通常都设在"治司城市子城内"。① 大体结构模式相同，只是规模大小有等级不同而已，即使县衙，亦是"麻雀虽小，五脏俱全"。宋代地方政府官廨部署，也是地方官制的一个内容，宋代州府图经大都丧失，所存无多，加之有关公廨建制条令之佚失，要完整叙述宋代官廨结构、部署及其变化，已有困难。现只能对州、县公廨作示例性简要介绍。

一、州　廨

州皆建有官舍。其规模大小，因郡大、郡小而异，格局部署也是同中有异；州治所设官署，北宋、南宋也有变化。从保存至今、为数不多的宋代州府图经中，尚能略窥其貌。中国古代堪舆，素以坐北南向为尊。皇宫通例位于京城正北方（南宋临安例外）。地方政府，州治或府治，有所回避，大府、大州多选择位于城镇东北方向区块。但一般州县，不一定讲究，或置于正北方的区域内。以《淳熙严州图经》所画"府境总图"为例，其府治处于子城内的正北方。城之正南为定川门、安流门。州治（后改为府治），处于纵贯城南、北的中轴线上。州治（府治）门南向直通子城南门、罗城（外城）南门。州治（府治）内，由州门（府门）三进或四进门，皆在中轴线上。公廨内由十几个院落、几十幢房屋组成。主要官署皆在治所内。②

州治（府治）之门沿革　北宋苏州有三门：子城门、戟门、便厅门。宋朱长文《吴郡图

① 贾芳芳：《宋代地方政治研究》，第二章《地方官府日常政务运行的模式》第一节《地方官员的履职方式》一《地方官员的办公场所》二《州级官府的官衙》，人民出版社，2017年，第52页。

② （宋）陈公亮修，（宋）刘文富纂：《淳熙严州图经·序》之附图"子城图""建德府内外城图"，《宋元方志丛刊》第5册，中华书局，1990年，第4281页上、下栏。

经续志》载其沿革谓：

> 盖古之诸侯有三门，外曰皋门、中曰应门、内曰路门，因其门以为三朝（按：内朝、外朝、燕朝），三朝之后，有三寝，曰路寝一，曰燕寝二。自罢侯置守（郡守），其名既殊，其制稍削。然犹存其概。今之子城门，古之所谓皋门也；今之戟门，古之所谓应门也；今之便厅门，古之所谓路门也；今之大厅，古之外朝也；今之宅堂，古之路寝也。①

北宋末，徽宗政和三年，苏州升为平江府。至南宋，南宋范成大《吴郡志》所记乃平江府之府门与府衙。

旧苏州州治门之命名，已略有变化，子城门已属府治之外城门，府治门为谯楼门匾额"平江府"，进府治门为戟门，亦称仪门、衙门，榜额节度使军号"平江军"：

> 谯楼，绍兴二年，郡守席益鸠工，三年郡守李擢成之，二十年郡守徐兢篆"平江府"额。然止能立正门之楼，两傍挟楼至今未复，遗基峣然。

> 戟门（亦称仪门，亦曰衙门），绍兴元年郡守胡松年建，榜以"平江军"额，徐琛书。

> 设厅（大厅，受署厅）……嘉祐中，王琪以知制诰守郡，始大修设厅，规模宏壮……兵火之后，绍兴三年，郡守宋伯友更建今厅。

> 蒋堂《重修大厅记》："姑苏受署厅新成，当兵部员外郎李公晋卿守屏之明年冬十月也……李公急于先务，知布政之本焉……时皇祐六年三月日记。"②

谯楼门　在论述州廨时，最值得关注的是谯楼，即建于子城门（骑城墙之门）上的高楼，为宋代州府县治必建之更鼓楼。如台州，"鼓楼在子城南门上，榜曰'台州'"。谯者，望也，谓登高以望。典出《庄子》，魏城门名丽谯，壮丽而谯峣也。"谯楼置漏刻、角鼓，以正节候，以警告晨昏，以示民之作息"③。军事上可用作观察敌情之哨所，三国时吴国于赤乌三年（240）四月，"诏诸郡县治城郭，起谯楼，穿堑发渠，以备盗贼"④。宋苏州于谯楼篆"平江府"额。楼下开单门或二门，为谯楼门，即州门或府门。宋秦观《满庭芳》词：

> 山抹微云，天连衰草，画角声断谯门。

> 暂停征棹，聊共引离尊。

————————

①（宋）朱长文：《吴郡图经续记》之《州宅下》，《宋元方志丛刊》第1册，中华书局，1990年，第646页上、下栏。

②（宋）范成大：《吴郡志》卷六《官宇》，《宋元方志丛刊》第1册，中华书局，1990年，第723—724页。

③（明）谢肇淛：《北河纪余》卷二谢迁《安平谯楼记》，《景印文渊阁四库全书》第576册，台湾商务印书馆，1983年，第746页。

④（晋）陈寿：《三国志》卷四二《吴书》卷二《吴主传·孙权》，中华书局，1982年，第1144页。

多少蓬莱旧事，空回首，烟霭纷纷

……伤情处，高城望断，灯火已黄昏！①

谯楼　唐、宋州府县治必建之楼。设更鼓、号角，和平时期，谯楼敲更鼓报时，唐刘禹锡《平淮西诗》：

州中喔喔晨鸡鸣，谯楼鼓角声和平。②

这是唐宪宗削藩，元和十二年(817)，遣名将李愬平蔡州淮西节度使吴元济后，借谯楼更鼓报时不报警的情节，以颂四海重见升平气象的赞美诗。

宋代州县治南门(子城门)皆有谯楼。左、右夹楼置鼓角。战时，州治谯楼吹号角发警报；遇敌寇犯，可瞭望敌情，屯兵驻守。③　熙宁十年(1077)，夔州建谯楼，"宏大焕耸，凡山川之形胜，尽在目中"。宋夔州谯楼用杜甫诗为柱联：

五更鼓角声悲壮，三峡星河影动摇。④

《景定严州续志》卷一《城关》：

谯楼因州门为之。门之外左为宣诏亭，右为颁春亭。⑤

《咸淳毗陵志》卷五《官寺》一《州治》：

谯楼在内子城南，"常州"二大字，徐铉所篆。占相者谓："笔势雄伟，如金钟覆群龙，乃抡魁接踵之谶。"⑥

谯楼或称鼓楼。如台州，"鼓楼在子城南门上，榜曰'台州'"。仁宗皇祐四年(1052)建，用减水铁壶，二十一箭，下有瓷桶，以受滴漏水。⑦

绍熙二年(1191)四月，徽州大火，燔州治谯楼、官舍、狱宇、钱帛、库务，凡十有九所。⑧

南宋建炎三年(1129)，"兀术犯和州……金人围之数匝，禁军左指挥使郑立，亦拳勇忠愤，共激士卒，昼夜备御，不少怠。阅数日，军士胡广发弩中兀术左臂，兀术大怒，飞炮雨集，径登弩发之地……立、广皆死谯楼上"⑨。可见，宋军士胡广是在和州谯楼上发弩

---

① 唐圭璋编：《全宋词》第一册《秦观·满庭芳》，中华书局，1965年，第458页。

② (宋)王楙撰：王文锦点校：《野客丛书》卷九《禹锡平淮诗》，中华书局，1987年，第98页。

③ 《吴郡志》卷六《官宇》，第723页下栏。

④ (明)曹学佺：《蜀中广记》卷二一《名胜记·下川东道·夔州府》一《奉节县附郭》，《景印文渊阁四库全书》第591册，第253页。

⑤ (宋)郑瑶等：《景定严州续志》卷一《城关》，《宋元方志丛刊》第5册，中华书局，1990年，第4355页上栏。

⑥ (宋)史能之：《咸淳毗陵志》卷五《官寺》一《州治》，《宋元方志丛刊》第3册，中华书局，1990年，第2995页下栏。

⑦ (宋)陈耆卿：《嘉定赤城志》卷五《州治》，《宋元方志丛刊》第7册，中华书局，1990年，第7316页下栏。

⑧ (元)脱脱等：《宋史》卷六三《五行志》十六《五行二》上《火》上，中华书局，1977年，第1382页。

⑨ 《宋史》卷四五三《忠义》八《宋昌祚传》，第13323页。

机射中兀术左臂的,最后与守城将领、州守壮烈殉国于谯楼上。

　　州治建置的规格,宋初似多沿袭旧制,如上引真宗、仁宗朝之苏州州治之门。其后,因时间与地域之差异,州治之门也有变化。如北宋睦州(宣和三年改为严州,南宋咸淳元年升为府)在方腊起义之前,州衙屋宇甚备。州衙在子城北。州治之门,因宣和三年(1121)升为建德军节度,谯楼正门已改为"建德军"额(宣和三年,因方腊起义在睦州淳安起事,改睦州为严州,军额由建德改为遂安),或称"军门"。戟门(仪门)改为"睦州"名(咸淳后改为"建德府"府门)。其二门榜额名,无统一规定,睦州与苏州正好相反。苏州府门在前、军门在后,而睦州则军门在前、州门(后改府门)在后。再进去,旧便门改称"仪门"①。仪门进去就是设厅(公堂)。

　　通常州治或府治门外左、右,建有宣诏(或手诏)亭、颁春亭(班春亭),②为张榜公布朝廷诏旨或立皇帝手诏之处,如剑州宣诏亭内,就立有宋高宗籍田手诏碑。③

　　戟门　后称仪门,也称"衙门",在谯门之后。古之所谓应门,如福州,为大都督门,"列戟十有四,戟衣长一丈二尺,以朱、白、苍、黄、玄为次,谓之'仪门',亦曰'衙门'"。非都督州,如台州,"仪门在设厅前,列戟十二"④。平江府戟门(仪门,古之所谓应门),南宋榜以"平江军"额,在谯楼门(榜以"平江府"额)之后。⑤ 戟门,唐州治门已称之。如白乐天"自湖上归,入钱湖门,经由万松岭,还州治",即兴赋《夜归》诗:

　　　　半醉闲行湖岸东,马鞭敲镫蛮珑璁。万株松树青山上,十里沙堤明月中。

　　　　楼角渐移当路影,潮头欲过满江风。归来未放笙歌散,画戟门开蜡烛红。⑥

　　然至宋代,已罕称戟门,尤其是南宋后,多称仪门或正厅门、军门之类。

　　仪门　在谯楼后。《咸淳毗陵志》:

①《淳熙严州图经》之"子城图",第4281页。

②(宋)沈作宾修,(宋)施宿等纂:《嘉泰会稽志》卷一《子城》,《宋元方志丛刊》第7册,中华书局,1990年,第6725页下栏;《嘉定赤城志》卷五《公廨门》二《州治》,第7316页下栏、7317页上栏;(宋)潜说友:《咸淳临安志》卷一六《府治图》,《宋元方志丛刊》第4册,中华书局,1990年,第3514页;(宋)胡榘修,(宋)罗濬纂:《宝庆四明志》卷三《公宇》,《宋元方志丛刊》第5册,中华书局,1990年,第5023页下栏;《景定严州续志》卷一《城阙》,第4355页上栏;《宋平江府图·府治》,石刻拓本。

③《蜀中广记》卷二六《名胜记·州北道·保宁府》三《剑州》,《文渊阁四库全书》第591册,第330页。

④(宋)梁克家:《淳熙三山志》卷七《公廨类·府治》,《宋元方志丛刊》第8册,第7840页下栏;《嘉定赤城志》卷五《公廨门》二《州治》,第7316页下栏。

⑤《吴郡图经续记》之《州宅下》,第646页下栏;《吴郡志》卷六《官宇》,第723页下栏。

⑥(唐)白居易著,朱金城笺校《白居易诗集笺校》卷二〇《夜归》,中华书局,1988年,第3册,第1340页;《咸淳临安志》卷五二《官寺·府治·题咏府治》,第3822页上栏。

仪门,在谯楼后,列戟十有二。①

仪门外设有"州县官于此下马牌",即是说,仪门外为州府官下马处。② 但南宋嘉定时,此制也坏,官员于此虽不乘马,然乘肩舆(轿)直造客位。仪门外官员下马,明、清尚存此遗制。

便厅门 古之所谓路门,便厅门进去就是设厅(大厅,古之外朝)。③

设厅 即正厅(大厅),州府长官厅,为府治正衙,别称黄堂。《姑苏志》卷二二《官署中》:"设厅,即黄堂也。""黄堂,太守之厅事。"④州府长官厅之所以又称设厅,是因为相传设厅旧为燕犒将吏之所,谓之旬设,故公厨亦曰设厨。后演变为受署之厅,即知州(知府)按厅受理文书治事之所。

《咸淳毗陵志》:

> 正厅,亦谓设厅。相传旧为宴犒将吏之所,谓之旬设。故公厨亦曰设厨。⑤

宋蒋堂《重修大厅记》称设署为"姑苏受署厅"。宋王楙《野客丛书》:"禁门曰黄闼,公府(三公府,宰相府)曰黄阁,郡治曰黄堂。"⑥南宋临安府府治,正厅(大厅)与设厅并置,设厅在正厅之后,但福州曾并置设厅、大厅:"(熙宁)时以设厅为大厅,以大厅为小厅,以小厅为清和堂。"⑦

有时,郡守并不在所谓"正衙门"——州、府设厅(或大厅)治事。如临安府,因皇太子赵惇曾判府在设厅坐堂理事,其后帅臣(知府带安抚使)"不敢正衙坐",而在正衙门外左首东厅,"每日早晚帅臣坐衙,在此治事"⑧。

戒石亭 设厅前立戒石亭,戒石亭刻有戒石铭:

> 尔俸尔禄,民脂民膏。下民易虐,上天难欺。

此戒石铭,为宋太宗摘自蜀王孟昶所颁《令箴诏》中四句,"布之郡县,以戒守令"⑨。

---

① 《咸淳毗陵志》卷五《官寺》一《州治》,第2995页下栏。

② (宋)周必大撰,王瑞来校证:《周必大集校证》卷四六《平园续稿》六《题跋·题祖妣秦国潘夫人书》,上海古籍出版社,2020年,第686页。

③ 《吴郡图经续记》之《州宅下》,第646页上下栏。

④ (南朝宋)范晔:《后汉书》卷二七《郭丹传》,中华书局,1965年,第941页。

⑤ 《咸淳毗陵志》卷五《官守》一《州治》,第299页上栏。

⑥ 《野客丛书》卷八《禁用黄》,第86页。

⑦ 《淳熙三山志》卷七《公廨类·府治》,第7841页上栏。

⑧ (宋)吴自牧:《梦粱录》卷一〇《府治》,浙江人民出版社,1984年,第83、84页。

⑨ 《宝庆四明志》卷三《公宇》,第5023页下栏;(宋)马光祖修、(宋)周应合纂:《景定建康志》卷二四《府治》,《宋元方志丛刊》第2册,中华书局,1990年,第1708页下栏;(元)脱因修、(元)俞希鲁纂:《至顺镇江志》卷一三《治所·戒石亭》注,《宋元方志丛刊》第3册,中华书局,1990年,第2794页上栏。

都厅　北宋诸州府皆设都厅,宣和三年(1121)改称签厅。南宋或改回称都厅,或仍签厅之称,不相统一,为州官(府官)阅事、会集之所。州签厅之外,另有幕职官签书判官公事厅。

苏轼任杭州通判时曾于除夕夜值都厅,赋诗《熙宁中,轼通守(按:通守,通判别称)此郡。除夜,直都厅,囚系皆满,日暮不得返舍,因题一诗于壁》,南宋临安府都厅保留苏诗石刻:①

> 除日当早归,官事乃见留。执笔对之泣,哀此系中囚。
>
> 小人营糇粮,堕网不知羞。我亦恋薄禄,因循失归休。
>
> 不须论贤愚,均是为食谋!②

二十年后,元祐五年(1090),杭州知州苏轼于除夕夜再次题诗,其《今诗》序文谓:"熙宁中,轼通守此郡。除夜,直都厅,囚系皆满,日暮不得返舍,因题一诗于壁,今二十年矣。衰病之余,复忝郡寄(按:知州别称),再经除夜,庭事萧然,三圄(三狱,州院与左、右司理院狱)皆空。盖同僚之力,非拙朽所致,因和前篇呈公济、子侔二通守。"③

在宋代,未必每州、府皆同时设都厅(可以称便厅、称小厅等,或以某堂称),这与诸州、府未必皆设签书判官厅一样。因有的州郡只置判官,不置签判。由于宣和三年(1121)都厅改称签判,而南宋又复都厅之名,这就使南宋一些史籍、方志,出现对三个称号在不同时期不同含义失于区别的现象,难以定于一尊。这也说明宋代官制之复杂。不过,有一点可以肯定的是,郡长官(知府、知州)是一州、一府长官,其公文签字必在签判、通判签字之后,由吏胥将公文送至长官常衙厅签字,知州或知府不可能跑到幕职官厅去签字。太祖朝建隆四年(963),就已明文规定:"应诸道州府公事,并须长吏、通判签议连书,方得行下。"④哲宗元符元年(1098),诏:"通判、幕职官,令日赴长官厅议事及都厅签书文檄。"⑤

---

①孔凡礼:《三苏年谱》卷二一《熙宁四年(1071)苏轼三十六岁》,北京古籍出版社,2004年,第599页;卷四二《元祐四年(1089)苏轼五十四岁》,第1990页;《咸淳临安志》卷五三《官寺》一《临安府·都厅》考注,第3828页下栏。

②(清)王文诰辑注、孔凡礼点校:《苏轼诗集》卷三二《古今体诗·熙宁中,轼通守此郡。除夜,值都厅》,中华书局,1982年,第5册,第1723页。

③《苏轼诗集》卷三二《古今体诗·熙宁中,轼通熙宁中,轼通守此郡。除夜,直都厅。囚系皆满,日暮不得返舍,因题一诗于壁,今二十年矣。衰病之余,复忝郡寄,再经除夜,庭事萧然,三圄皆空。盖同僚之力,非拙配所致,因和前篇呈公济、子侔二通守》,第1722、1723、1724页。

④(清)徐松辑,刘琳、刁忠民、舒大刚、尹波等校点:《宋会要辑稿·职官》四七之五八《通判诸州府军监》,上海古籍出版社,2014年,第4296页下栏。

⑤《宋史》卷一六七《职官志》七《通判》,第3974页。

至于官员集合议事之所，当在知州或知府设厅（大厅）或都厅（议事厅），也不可能集合所有州、府官跑到幕官签判厅去议事。宋代官员上下之别，品位高下，等级森严，不可能上下颠倒。签判厅为幕职官联治之地的记载是分明的，也是符合行政运作实际的。需注意的是，凡大藩州、府，在签判厅有通判位，此通判应是掌控签判厅分案治事之需。《宝庆会稽续志》载：

　　　　清白堂　堂（按：北宋旧都厅）废不存久矣。嘉定十五年，汪纲命访其所云，都厅即其处也，乃别创都厅，重加整葺，而复范（仲淹）之旧匾（清白堂）。

　　　　通判厅（北厅、南厅、东厅）……

　　　　签厅　签厅（按：此签厅为签判厅）敝甚，外限仅以竹篱，见者陋之。嘉定十七年，守汪纲重修，及创倅幕位次，重建两廊、大门，于是稍称大府之体。①

需要说明的是，除了州治、府治有金厅（都厅）之外，转运司、提刑司、安抚司、提领犒赏酒库所等机构，都设有金厅，为集事、文书处理之所。②

吏舍　在设厅至仪门或谯门左右两庑，都建有长廊。"仪门之外两廊，为吏舍。""设厅居中，左、右修廊。"③这是州、府胥吏办公之区域，近在公堂（正厅，正衙）左右，便于州、府官员驱策、使唤公吏承办、催驱一应公事。吏胥是一个地位卑下，却是任何官僚机构都不可或缺的准官僚群体，可以说，没有吏胥，政府机器就无法运转。故而，州、府正衙两旁就是吏舍，置有众多吏房，犹如左右手。各州、府治所置吏房名目不一，但大同小异。以临安府吏舍为例：左廊有客司房、客将、手分、左局、仪案、书表司；右廊有点检房、法司、财赋房、职级、将虞候房。设厅虚位后，知府公堂移至东厅，东厅右廊为吏舍，有衙书房、书表司、承受房、茶酒司、公厨、府库等。④

衙内堂阁园池　知州或知府正厅（设厅）之后，多建有堂馆、亭台、楼阁、园池之类辅助设施，以纪念有政绩或为官自律之前任，或为休憩、读书、吟咏、宴集之所。

如苏州州治内木兰堂、思贤堂，均有纪念前贤意义。木兰堂，乃唐张搏自湖州刺史移任苏州刺史时所建，于堂前大种木兰花，当木兰花盛开时，延请郡僚宴集赋诗，陆龟蒙虽醉，犹援笔即席赋诗：

---

① （宋）张淏：《宝庆会稽续志》卷一《府廨·清白堂》，《宋元方志丛刊》第 7 册，中华书局，1990 年，第 7100 页上栏；同前书卷三《通判厅》《签厅》，第 7123 页上栏。

② 《咸淳临安志》卷五三《官寺》二《幕属官厅》，第 3826—3828 页；并何勇强：《宋代监司州府的金厅与金厅官》，收入卢敦基主编《浙江历史文化研究》第二卷，浙江大学出版社，2010 年，第 1—16 页。

③ 《嘉泰会稽志》卷一《府廨》，第 6733 页下栏；《景定建康志》卷二四《府治》，第 1708 页下栏。

④ 《咸淳临安志》卷一六《临安府治图》，第 3514 页上栏《府治图》。

洞庭波浪渺无津，日日征帆送远人。几度木兰船上望，不知原是此花身。

仁宗景祐间，范仲淹曾任苏州知州，有《木兰堂》诗：

堂上列歌钟，多惭不如古。却羡木兰花，曾见霓裳舞。原注：白乐天为苏州刺史，曾教此舞。①

思贤堂，为纪念唐苏州刺史韦应物、白居易、刘禹锡，南宋绍兴二十八年（1158），知平江府蒋璨改思贤亭，扩建为思贤堂；三十二年（1162），洪遵又增入王赟、范仲淹二守像。②

杭州州治著名堂构有"有美堂"，嘉祐二年（1057），梅挚知杭州，仁宗皇帝赐梅挚诗：

地有湖山美，东南第一州。剖符宣政化，持橐辍才流。

暂出论思列，遥分旰昃忧。循良勤抚俗，来暮听歌讴！③

梅知州即建堂纪念，堂名取仁宗赐诗首句二字"有美"为名。欧阳修撰《有美堂记》。

临安府治简乐堂　在设厅后。光宗皇帝以青宫（皇太子）领尹（府尹），奏疏有"讼简刑清，百姓和乐"之语。后二年，郡守胡与可，乃建简乐堂，其匾额"简乐堂"为孝宗亲题。④

州宅　或称使宅（如若知州兼安抚使者），别称堂宅、堂舍，凡州、府衙门均建，处于衙门之最后部分，为郡守居住之家属处。⑤ 州宅之名始于唐，长庆三年（823），元稹任越州刺史兼御史大夫、浙东观察使，入住越州宅，写过《以州宅诗夸于乐天》：

州城绕绕拂云堆，镜水稽山满眼来。四面常时对屏障，一家终日在楼台。

星河似向檐前落，鼓角惊从地底回。我是玉皇香案吏，谪居犹得住蓬莱。⑥

越州州宅，"当盛唐时，州宅之胜，可想而知矣……州宅后枕卧龙，而面直秦望（山），自钱镠再建，坏而复修，不知其几。（南宋）嘉定十五年，守（知绍兴府）汪纲以谓：'其弊已极，弗治则不可枝矣！'于是外自谯楼，以至设厅，旁由廊庑吏舍，内自寝堂、燕坐、庖湢之所，悉治新之。鸠工于嘉定十五年春，落成于十六年冬，内外罔无不一新"⑦。州宅为

---

① 《吴郡志》卷六《官宇》，第 726 页下栏、727 页上栏。
② 《吴郡志》卷六《官宇》，第 728 页上栏。
③ 《咸淳临安志》卷四二《御制·仁宗皇帝》，第 3736 页上栏。
④ 《咸淳临安志》卷一六《临安府治图》，第 3514 页上图；同前书卷五二《府治·简乐堂》，第 3817 页下栏。
⑤ 《宋平江府图》，石刻拓本。
⑥ （唐）元稹撰，冀勤点校《元稹集》卷五一《永福寺石壁法华经记》："御史大夫、越州刺史元稹。"中华书局，2010 年，第 646 页。（后晋）刘昫等：《旧唐书》卷一六六《元稹传》："越州刺史兼御史大夫、浙东观察使。"中华书局，1975 年，第 4336 页。《元稹集》卷二二《以州宅诗夸于乐天》，第 244 页。
⑦ 《宝庆会稽续志》卷一《府廨》，第 7097 页上、下栏。

郡守寝居之所。仁宗庆历间，前杭州知州孙沔为台谏所论："淫纵不法。"孙氏曾于游西湖时，见民女赵氏貌美，即命吏强取赵氏"至州宅，与饮食卧起"①。

二、县　廨

"县视州秩小、位卑，而于民最近。民有事，未有不由令之室而能径达于守之庭者也。州尊总其纲，县卑厘其目；纲简而目众。故凡狱讼，若财赋，漫漶鞧轇，丝棼苇积，咸先萃于县。"②。

故一县有一县之治，有治所必有官廨，为一县之长（知县或县令）、县佐（县丞、县主簿、县尉）、县吏胥的治事之所。这是一个县的政治、经济中心。朝廷与上司政令的传达、实施，一县的财赋、刑狱诉讼、社会治安和日常政务的处理，皆集中于县治。

一县有一县之公廨，这是天经地义的事。然宋代火灾多，有时县廨一时失于火灾，燔烧以尽，治所无着，十分狼狈。如南宋乾道九年（1173），台州临海县火灾，延烧至县治。因县财赋不能擅用，因陋就简，仅在煨烬之基建屋三间，"以听狱讼"。致"吏民无所托足，案牍无所栖列，一遇风雨，则沾渍暴露，叫呼欢呶，讼牒计簿，散匿吏胥之家，最易甲乙，莫可质考。县日以不理"③。县官无能，官司无公廨，岂能集事？五年之后，淳熙四年（1177），彭仲刚来临海任知县，看到县治无像样公廨，发火了，奋笔申奏台州知州曰：

> 夫环百里之地而为之长，聚万室之众而听其令，民社所寄，视古子男，治必有所，一邑之条教，于是乎出。而司存弗备，无以施政。废之当举，舍此孰先？然役大用伙，非受命于郡，则令不得擅。敢以为请。

时尤袤知台州，立批："畀钱三十万（贯），使营度之。"彭知县亲董其役，于次年复建临海县公廨，为屋81间，中凿五池，积水防火。昔之荆榛瓦砾之场，今为高明宏丽之观。"民始识有官府之严，而称其所以为邑大夫之居。"④其建筑结构，自南往北，大致为：

鼓楼——置刻漏，立十二辰牌，以报时。

县学——鼓楼西侧为县学。

---

① 《咸淳临安志》卷八九《纪事》，第4183页上、下栏。
② 《嘉定赤城志》卷六《公廨门·临海》，第7323页下栏。
③ 《嘉定赤城志》卷六《公廨门·临海》，第7323页下栏。
④ 《嘉定赤城志》卷六《公廨门》三《临海》引尤袤记，第7324页上栏。

衙楼——在县门之前。

手诏亭（或称班诏阁）——在衙楼与县门之间。

县门——题"临海县"碑额。"外为重门，以严启闭。"县门之上建层楼，以敛敕书。

县厅——"治事有厅"，为知县或县令治事之所。治所内建有堂、轩、斋、池。厅之后为虚照堂、平心堂、琴堂、拥青轩、悦斋等，"以备宴休游息"。

按：他县县厅后之堂斋等冠名，各县自取，总是与为官之道相关的儒雅之名。如黄岩县厅后所建堂，称清心堂、民和堂，又建摘星楼、仁政阁、舫斋、飞盖亭等。①

县丞厅——县丞厅原与主簿厅合在一起办公。淳熙六年（1179），在县治之东六步新建县丞厅。厅内建有扫溉轩，以供游息。

县主簿厅——县主簿厅，原与丞厅合在一起办公。淳熙六年（1179），在县治之西十步，新建县丞厅。厅前建有孔先堂，叶适题名，并撰写了《孔先堂铭》，寓有深意：

> 非籍不有，惟籍乃守。先圣所正，后学敢缪？临海之邑，龠米寸帛，必信必实。

以作民极！②

此铭告诫县簿，在职要遵孔子儒家治国之道，恪守计簿之职，不逾矩；一县财赋，粒米寸帛，出纳入账，必可信有据，不作假账，不私取分文。为民作则，做个清官。

县尉厅（尉司）——不在县治内，也不在县治附近，而在州（州治在临海城内）之东北四里。地据形胜，厅前秀峦环峙，旷野平铺，后有秀峰屹然，右为龙渊水流过。丞相王淮曾任临海县尉，阴阳家就附会："善吏隐者，多通显。"厅东建有隐轩（绍兴二十二年王淮建）、厅内建有景枢堂、厅前建有一锋亭。③

县治之外，为仓场库务等县财赋库藏出纳与征税之所。仍以临海县为例，有：

> 省库，在县治东庑。
>
> 省仓，在县治西庑。
>
> 常平库，在县治东庑。
>
> 茶盐库，在县治东庑。
>
> 米仓，在县治东二十步。
>
> 常平仓，在县治西庑。
>
> 大田税场，在县东三十里。

---

① 《嘉定赤城志》卷六《公廨门》三《黄岩》，第 7325 页上、下栏。

② 《嘉定赤城志》卷六《公廨门》三《临海》，第 7325 页上栏。

③ 《嘉定赤城志》卷六《公廨门》三《临海》，第 7324 页下栏、7325 页上栏。

（在县城外，分布于县东、南、西、北之税场、银场、铁场、茶场、盐监、酒坊等，从略）①

凡县廨，所设官署、吏舍及附属建筑仓库等，大体相近。然因不同县之县治所处的地理环境广狭、高低不一，及人烟稠密、稀疏不同，故县官之公廨位置不一，或在县治之内或在县治之外。上述浙江路台州临海县衙结构是一种类型。福州路兴化军仙游县县衙，是集县长吏与县丞、簿、尉公廨与直属县仓库，皆在县治内，是又一种类型。

仙游县公廨，始建于唐，规模雄伟壮丽，"比他邑为冠"。仙游县治北靠大飞山，正门南向，门上为鼓楼。鼓楼前，手诏亭。亭往里（即往北），左、右为主簿厅、尉司厅，两厅相对。二厅之后，为省仓、常平仓。再次，为中门，进中门，为县厅事，榕荫满庭。县厅左、右翼，为两庑。东庑为库胥、吏舍，西庑为宾次（接待宾客）、狱犴（刑狱审讯）所。县厅事之后，有平政堂、平易堂。堂之东、西，为县官寝处之室。县之东有花园——东圃，建有亭台楼阁，花木青葱，为县官公余游息之所。县厅之西，有望香楼、道爱堂，为县官治事之便厅。②

县治之外仓库之属，为理县之必备。"县之岁入无几，而仓库乃储积之地，不可不载。"仙游县计有：

省役库、常平库，在县治之东庑；

省仓、常平仓，在县中门外之东偏；

太平仓在连江里风亭市（为备荒而设）；

东仓在常德里仙溪观外（为备荒而设）；

西仓在仁德里在龙华寺界（为备荒而设）；

北仓在县之大门西南（为备荒而设）；

盐仓在县中门外之西偏；

太平盐仓在连江里风亭市；

税务在县鼓门（鼓楼门）外之东街；

甲仗库在尉厅之东庑；

教场在县北二百步。③

宋代县衙，《嘉定赤城志》载有临海、黄岩、仙居、宁海四县县治图。

①《嘉定赤城志》卷七《公廨门》四《仓库·临海》《公廨门》第7331页上栏。

②（宋）赵与泌修，（宋）黄岩孙纂：《仙溪志》卷一《官廨》，《宋元方志丛刊》第8册，第8272页下栏、8273页上栏。

③《仙溪志》卷一《仓库·附税务、教场》，第8273页上、下栏。

南宋官员的差遣书写

——以"宜差"入衔为例①

北京大学·大阪公立大学·东京大学　李灵均

宋代官衔大致包含官、职、差遣、爵、食邑等，官员书写官衔之行为，称为"结衔"。宋初以来，"沿晚唐、五代余习，故阶衔失之冗赘"②，而宋人书写复杂官衔时，时常进行增削。我们从中可获得丰富的历史信息以探究其背后制度运作实态。

前贤时彦集中于两方面探讨宋代官员结衔，其一是在研究宋代"官、职、差遣"分离的设官分职制度时，释读官衔中的具体内容，③其二是以官衔作为证据，考证与其关联的各种制度实况。④　关于宋代官衔本身的演进、意味及其原因，则有待进一步关注。本文主要对南宋官员的差遣书写行为进行探讨，以"宜差"入衔为例，探究南宋官衔书写行为的生成过程。

---

① 本文主体内容曾以《南宋官員による官衔の書写について─「宜差」の追加を中心に─》为题，2020 年发表于早稻田大学东洋史恳话会编《史滴》42 号。今面向中文学界，重新修订、改写，草成小文。

② (宋)洪迈撰，孔凡礼点校：《容斋随笔·三笔》卷四，中华书局，2005 年，第 470 页。

③ Edward A. Kracke, *Civil Service in Early Sung China*：960—1067, Cambridge：Harvard University Press, 1953, pp. 77-81, 88；[日]梅原郁：《宋代官僚制度研究》，同朋舍，1985 年，第 3—10 页；[日]宫崎市定：《宋代官制序説──宋史職官志を如何に読むべきか》，氏著《宫崎市定全集 10·宋》，岩波书店，1992 年，第 259—262 页；邓小南：《宋代文官选任制度诸层面》，中华书局，2021 年，第 1—43 页。

④ 参见田志光：《北宋前期宰相官衔再探》，《史林》2010 年 1 期，第 61—69 页；张祎：《关于北宋的"大敕系衔"》，《首都师范大学学报(社会科学版)》2015 年 6 期，第 23—32 页；范学辉：《宋代县令兼衔考》，《中国史研究》2018 年 3 期，第 111—128 页。近年，周佳以"宋文官官衔研究"为课题展开研究，已发表《宋代官印行用考》，《東方學報》第 92 册，2017 年，第 336—368 页，收入邓小南、方诚峰主编《宋史研究诸层面》，北京大学出版社，2020 年，第 325—355 页。此外，沈小仙对中国古代职官词汇进行综合研究，其中"称谓""铨选"等部分多涉及宋代官员结衔，参见沈小仙：《古汉语职官词训释与研究》，浙江大学出版社，2017 年。

一、《十驾斋养新录》所见南宋官员差遣书写

钱大昕《十驾斋养新录》卷十载：

> 《景定建康志》卷首题"承直郎宜差充江南东路安抚使司幹办公事周应合修纂"，盖当时诸路帅臣多有奉敕便宜行事者，以其未奉朝旨，故谓之"宜差"。或读为"宣差"者，非也（金、元始有"宣差"之名）。

> 《志》载《通判南厅壁记》结衔有称"宜差"者，有称"宜特改差"者，皆在马光祖镇建康日，与应合同时。

> 予又见庆元五年石刻《万寿山修观音祠记》后题"宜差通判军州兼管内劝农营田事刘震书并篆盖"，此又在景定之前，石刻分明可无疑矣。①

钱大昕主要探讨的是南宋部分官员差遣书写中的"宜差"入衔现象。从周应合、潘梦奇、刘震三人结衔可知，"宜差"及"宜特改差"往往是冠于差遣前。在《万寿山观音祠记》跋尾中，钱氏对其含义有所解释："'宜差'者，帅臣便宜差遣，未奉朝命之称。"②南宋沿边安抚使因相对灵活的人事权，可以根据实际情况、在一定范围内征辟属官，由于暂未收到命官文书，此类官员以"宜差"结衔。清人曾说"宋有宜差，谓权宜差遣也"，将钱氏主张直接概括为"权宜差遣"③。可见，钱大昕认为"宜差"的含义是"便宜差遣"。

这一议题的待发之覆仍较多，如"宜差"之来源及其在唐宋语境中的具体意涵，"宜差"入衔在时间、空间上的适用范围，等等。

二、唐宋人事行政中的差遣书写

从字面含义解读"宜差"二字，"宜"有"应当、应该"之意，④"差"有"派遣"之意。⑤ 我们需在唐宋时代行政用语的语境中，考察其含义。至少从唐代开始的诏敕等文书中，"宜差"多指向"应当差遣""应当派遣"之意。以唐五代为例：

---

① （清）钱大昕：《十驾斋养新录》卷一〇，收入陈文和主编《嘉定钱大昕全集》第 9 册，江苏古籍出版社，1997年，第 280 页。

② （清）钱大昕：《潜研堂金石文跋尾》卷一六，收入陈文和主编《嘉定钱大昕全集（增订本）》，凤凰出版社，2016 年，第 382 页。

③ （清）田明耀修、（清）陈沣纂：《光绪香山县志》卷六，清光绪刻本，叶 5a，收入《中国地方志集成·广东府县志辑》第 32 册，上海书店，2003 年，第 67 页。

④ 《汉语大字典》，四川辞书出版社、湖北辞书出版社，1986 年，第 920 页。

⑤ 《汉语大字典》，第 414 页。

　　　　(开元二十三年正月)丁酉,诏:"自今已后,有大祭,宜差丞相、特进、开府、少保、少傅、尚书、御史大夫摄行事。"①

　　　　帝(唐哀宗)时年十三,乞且监国,枢前即位,宜差太常卿王溥充礼仪使。②

　　　　(后晋天福四年正月)乙卯,左谏议大夫曹国珍上言:"请于内外臣僚之中,选才略之士,聚《唐六典》、《前·后会要》、《礼阁新仪》、《大中统类》、律令格式等,精详纂集,俾无漏落,别为书一部,目为《大晋政统》。"从之。其详议官,宜差太子少师梁文矩……等一十九人充。③

以上三个事例,从时间上看,都是发生在唐中叶至五代,而唐代"使"的制度正是在唐中宗末期到玄宗初期逐渐发展起来的;④从内容上看,都是委任朝中大臣充当特定的工作,如祭祀、丧仪、修纂政书等工作,这些职任并非当时在于律令内的"职事官",而是明显的"令外之官"⑤,也就是使职。这些人事行政命令多有命令的含义,此处的"宜差"应该理解为"应当差遣"。到了北宋,人事任命记载中,更加体现了这一含义:

　　　　(太平兴国六年)在京朝官、京官宜差中书舍人郭贽、御史知杂滕中正、户部郎中雷德骧同考校劳绩过犯,铨量材器,堪何任使。⑥

　　　　(大中祥符二年)宜差知制诰周起、侍御史赵湘纠察在京刑狱。⑦

这种人事任命方式,可概括为"宜差+人名+具体职任"。这更明确了与钱大昕的解释不同,"宜差"的含义应为"应当派遣""应当差遣"。总之,钱大昕忽视了唐宋行政术语中"宜差"的最普遍用法。

　　唐宋命官文书的演变,直接影响了南宋官员的差遣书写。帝制中国"以文书御天下"⑧,文书成为政治制度中信息与政令的载体。⑨ 宋代文书,包含了理念中的制度设计与现实的制度运作两方面要素,文书行政是理念与现实双方交错的场域。⑩ 结合已有

---

①(后晋)刘昫:《旧唐书》卷二四,中华书局,1975年,第915页。

②《旧唐书》卷二〇下,第786页。

③(宋)薛居正:《旧五代史》卷七八,中华书局,1976年,第1026页。

④[日]矢野主税:《「使」制度の発生について》,广岛史学研究会《史学研究》12卷2号,1940年,第140—156页。

⑤[日]砺波护:《唐代社会政治史研究》,同朋舍,1986年,第238—244页。

⑥(清)徐松辑,刘琳、刁忠民、舒大刚、尹波等校点:《宋会要辑稿·职官》一一之一,上海古籍出版社,2014年,第3303页。

⑦《宋会要辑稿·职官》一五之四四,第3432页。

⑧(汉)王充著,黄晖校释:《论衡校释》卷一三《别通篇》,中华书局,1990年,第591页。

⑨邓小南主编:《过程·空间——宋代政治史再探研》,北京大学出版社,2017年,序言,第4页。

⑩[日]小林隆道:《宋代中国の統治と文書》,汲古书院,2013年,第7页。

研究，唐宋命官文书的颁给，大致有三个不同阶段：1. 唐前期，主要命官文书是告身；2. 唐中后期到北宋元丰改制前，告身和敕牒并用；3. 南宋时代，命官时先颁发省札再颁发敕牒，同时告身也保留。① 此外，官员收到任命文书与官衔书写两种行为，存在先后次序。如北宋元祐时刘安世曾说："朝廷自来常格，应在京新除职事官，并须受告，方得系衔。"②南宋绍兴时期，曾规定四川选人改官，获得告身后"方许结衔"③。

"宜差"入衔在文书行政中的直接来源，应是敕牒或省札中的结衔方式。

先论敕牒。北宋前期的人事任命下达通常是"诰敕并行"，即同时颁给受命者官告与敕牒两份文书，这一形式在元丰改制后的南宋依旧存在。④ 在敕牒中，注授差遣职任时一般作"宜差＋差遣职任"。南宋徐谓礼历任敕牒中均有此类实例，如《嘉定十四年五月日差监临安府粮料院牒》："牒奉敕，宜差监临安府粮料院兼装卸纲运兼监镇城仓，替蒋杞将来到任成资阙。"⑤又如，绍定六年（1233）任命朱由义监泉州市舶务敕牒云："修武郎朱由义，右奉圣旨，宜差监泉州市舶务，替伊宗尹将来到任成资阙。"⑥朱熹在《辞免南康军状》中也提及"准尚书省牒，奉敕，宜差权发遣南康军事兼管内劝农事"⑦。种种实例表明，"宜差"入衔的来源之一，是作为名官文书的敕牒用语。

再论尚书省札。徐度《却扫编》卷上云：

> 元丰官制行，始复诏尚书省已被旨事许用札子，自后相承不废，至今用之。体既简易，给降不难。每除一官，逮其受命，至有降四五札子者。盖初画旨而未给告，先以札子命之，谓之"信札"；既辞免，而不允、或允，又降一札；又或不候受告，而俾

①［日］大庭脩：《唐告身的古文书学的研究》，氏著《唐告身と日本古代の位階制》，学校法人皇学馆出版部，2003 年，第 31 页；刘后滨：《唐宋间选官文书及其决策机制的变化》，《历史研究》2008 年 3 期，第 124—128 页；李全德：《从堂帖到省札——略论唐宋时期宰相处理政务的文书之演变》，《北京大学学报（哲学社会科学版）》2012 年 2 期，第 106—116 页，收录于邓小南主编《过程·空间——宋代政治史再探研》，北京大学出版社，2017 年，第 1—21 页；曹杰：《两宋授官文书格局的变迁：以告、敕、札为对象的讨论》（讨论稿），中国人民大学唐宋史研究中心编《徐谓礼文书与宋代政务运行研究学术研讨会论文集》，2013 年，第 95 页。

②（宋）李焘撰，上海师范大学古籍整理研究所、华东师范大学古籍整理研究所点校：《续资治通鉴长编》卷四二二，元祐四年壬寅，中华书局，2004 年，第 10210 页。

③《宋会要辑稿·职官》一一之三五，第 3333 页。

④［日］伊藤一马：《宋代における劄子の登場とその展開》，宋代史研究会《宋代史料への回帰と展開》，汲古书院，2019 年，第 329—362 页。

⑤包伟民、郑嘉励编：《武义南宋徐谓礼文书·敕黄》，中华书局，2012 年，第 200 页。

⑥（明）程敏政辑撰，何庆善、于石点校：《新安文献志》，黄山书社，2004 年，第 2477 页。

⑦（宋）朱熹撰，刘永翔、朱幼文校点：《晦庵先生朱文公集》卷二二，收入朱杰人、严佐之、刘永翔主编《朱子全书（修订本）》第 21 册，上海古籍出版社、安徽教育出版社，2010 年，第 984 页。

先次供职，又降一札；既命其人，又必俾其官司知之，则又降一札，谓之"照札"。①元丰改制后，特别是南宋时代，作为命官文书的省札由于下发程序简易，被广为使用。在完成人事任命决议而来不及下发正式委任状时，会以省札的形式迅速下发人事任命。朱熹《辞免知漳州状》载："熹准尚书省札子，奉圣旨差知漳州，填见阙，不候受敕，疾速之任，候任满前来奏事者。"②目前未发现作为命官文书的省札文书原文，但南宋绍熙年间周煇曾批判"宜差"入衔是一种"可补笑林之遗"之事："又一辈衔内必带'宜差'二字，有俾除去，乃云：'元被受差札上带下来，怎敢擅除！'"③此处的"差札"，即作为人事任命文书的省札，"宜差＋差遣职任"这一模式也是尚书省札的内容。可以认为，南宋官员在接到省札时，会将命官文书的结衔方式，书写为自己的官衔。

上述的这种先省札后敕牒的南宋命官文书程序，洪迈《容斋随笔》中曾做总结：

> 凡朝廷除郡守，先则除目，但云某人差知某州，替某人。及录黄下吏部，但前衔后拟云："某官姓名。宜差知（或权知，权发遣）某州、军州兼管内劝农营田事，替某人到任成资阙（或云年满），仍借紫借绯，候回日却依旧服色。"④

洪迈的总结至少包含了任官文书由省札到敕牒的两个层次：①尚书省（元丰改制后）先将任官信息形成"除目"，以省札的形式下发吏部；②吏部录黄省札后，制作包含"宜差＋某差遣"的敕牒/敕黄，送付到官员本人。由上可见，"宜差"的来源，是尚书省敕牒中注授某任差遣的特定用语，实际上，除"宜差"外，命官敕牒也存在"改差""特改差"等。

在南宋，出于情况紧急及行政效率考量，官员仅仅收到省札就去赴任的情况大有人在，很多人没有告身，甚至连敕牒也来不及收到。另一方面，从原则上看省札的对接给付对象不应该是本人，而是吏部。在紧急情况下，吏部抄录省札，马上把副本给付官员本人，这种情况下，难免出现参差，"宜差"进入了官员结衔之中。官员将"宜差"书写入自己的官衔中，正是在这一背景下发生的。

三、南宋官员差遣书写中"宜差"入衔用例

钱大昕认为，南宋官员在官衔中书写"宜差"，起因是这些官员为边境地区帅臣的属

---

① （宋）徐度：《却扫编》卷上，朱易安、傅璇琮等主编《全宋笔记》第 3 编第 10 册，大象出版社，2008 年，第 131 页。
② 《晦庵先生朱文公集》卷二二，收入《朱子全书（修订本）》第 21 册，第 1028 页。
③ （宋）周煇撰，刘永翔校注：《清波杂志校注》卷九，中华书局，1994 年，第 416 页。
④ （宋）洪迈撰，孔凡礼点校：《容斋随笔·五笔》卷四，中华书局，2005 年，第 878—879 页。"替某人到任成资阙"原标点作"替某人。到任成资阙"，今径改。

官,在"未奉朝旨",也就是没有收到正式命官文书前,临时性地在官衔中加上"宜差"二字。南宋经略安抚使等帅臣奉敕便宜行事,除军事指挥权外,确实存在一定人事自主权。① 这些帅臣属官的差遣注授方式主要是"诸司诱人填阙,皆先领职而后奏给付身"②。《朝野类要》卷三在解释"辟差"时也说:"帅抚、监司、郡守,或奉选使堪倚用之人,具名指阙奏差。"③那么,"宜差"入衔的这种官衔书写,其适用范围是否如钱大昕所言,仅仅存在于南宋帅臣属官群体之中? 钱大昕在札记中所引庆元五年(1199)石刻《万寿山修观音祠记》中"宜差通判军州兼管内劝农营田事刘震书并篆盖",明显并非属官,而是地方亲民官差遣。可见,结衔"宜差"并不一定与当时的种种征辟制度有直接对应关系。

笔者搜集部分宋代官员结衔"宜差"的实例,发现这些官员的差遣职任属性、所处年代、所在地域等方面的信息均有可供分析探讨之处。为便于行文,先将有关信息绘制成表1。

表1　南宋"宜差"入衔实例

序号	时间	官衔书写	差遣职任性质	所处路分	出处
1	庆元五年(1199)	承议郎宜差通判阶州军州兼管内劝农营田事赐绯鱼袋刘震	通判	利州路阶州	张寅:《万寿山修观音祠记》,赵迭夫主编《陇南金石校录》,社会科学文献出版社,2018年,第1364页。
2	庆元六年(1200)	忠翊郎宜差监洋州在城清酒务曹椿	监当官	利州路洋州	宋伯鲁、吴廷锡纂修:《(民国)续修陕西通志稿》卷一六五,民国二十三年铅印本,叶35a,北京大学图书馆藏,典藏号:X/981.65/4624。
3	嘉泰二年(1202)	从政郎宜差充利州路提刑司检法官杨申之	宪司属官	利州路	王玉、陶新:《四川安岳县老鸹山南宋墓清理简报》,《考古与文物》2009年第1期,第19页。
4	嘉泰四年(1204)九月二十三日	从政郎宜差充成都府府学教授史渐 从政郎宜差知绵州巴西县主管□□公□公孙继之	学官 知县(亲民)	成都府路成都府 成都路绵州	史渐:《宋涌泉寺碑》,刘喜海编《金石苑》卷六,收入国家图书馆善本金石组编《宋代石刻文献全编》第二册,北京图书馆出版社,2003年,第1032页。
5	嘉泰四年(1204)十一月旦日	迪功郎宜差充潼川府府学教授马载甫	学官	潼川府路潼川府	《潼川府修庙学碑》,《八琼室金石补正》卷一一七,吴兴刘氏希古楼刊本,收入《宋代石刻文献全编》第一册,第538页。

---

①《宋会要辑稿·兵》一四记载了安抚使大量"便宜行事"史实。
②(元)脱脱等《宋史》卷一六〇《选举志六》,中华书局,1977年,第3755页。
③(宋)赵升撰,王瑞来点校《朝野类要》卷三,中华书局,2007年,第68页。

续表

序号	时间	官衔书写	差遣职任性质	所处路分	出处
6	嘉定十三年（1219）七月日日	迪功郎宜差西和州大潭县令主管劝农营田公事搜捉饷钱出界兼营兵马公事总管忠胜军马郭忆	县令	和州大潭县	马郭忆：《鼎勋堂记》，礼县老年书画协会、礼县博物馆编《礼县金石集锦》，2001年，87页。
7	宝庆二年（1226）	桂柔夫　迪功郎宜差金州司法转从仕郎	州曹官	利州路金州	《王会龙榜》，杨辰杰修、黄联珏纂《（同治）贵溪县志》卷七。
8	宝庆二年（1226）	奉节郎、宜差监洋州在城商税吴伦　修职郎、宜差监四川总领使所户部洋州赡军仓库郭邴	监当官	利州路洋州	《宋故太孺人陈氏墓志铭》，中国文物研究所、陕西省古籍整理办公室编《新中国出土墓志·陕西（一）》上册，文物出版社，2000年，第158页。
9	宝庆二年（1226）十月十五日	承节郎宜差监洋州在城商税吴伦　修职郎宜差四川总领使所户部洋州赡军仓库郭邴	监当官总领所属官	利州路洋州	《王仁杰妻陈氏墓志铭》，陈显远编著《汉中碑石》，三秦出版社，1996年，第139页。
10	宝庆三年（1227）正月旦日	朝散郎新宜差权通判绵州军州兼管内劝农事赐绯鱼袋臣冉木　文林郎宜差知合州赤水县主管劝农公事臣杨炳	通判（亲民）知县（亲民）	成都府路绵州潼川路合州	《宁宗皇帝明德颂》，《（民国）合川县志》卷三六，民国九年刻本；又据罗洪琳《重庆市合川区龙多山摩崖石刻研究》所载录文补正，参见罗洪琳《重庆市合川区龙多山摩崖石刻研究》，西华师范大学硕士学位论文，2015年，第100页。
11	绍定三年（1230）五月重五日	门生奉议郎宜差文州曲水县主管劝农公事杨应发　门生承直郎宜差文州州学教授文敏	知县（亲民）学官	利州路文州	《重修慈霈庙记》，何浑纂《（乾隆）续修文县志·艺文志》，清乾隆刻本；亦见于《陇南金石校录》，第1645页。
12	绍定六年（1233）	承直郎宜差洋州州学教授权兴道县事兼任签判通判九峰陈材	学官、知县、签判通判	利州路洋州	《〔统制李侯〕重建州治记碑》，陈显远编著《汉中碑石》，三秦出版社，1996年，第143页；洋县地方志编纂委员会编：《洋县志》，三秦出版社，1996年，第678、691—692页。
13	嘉熙元年（1237）十一月朔	从政郎宜差充蕲州州学教授吴葳	学官	淮西路蕲州	周应合：《景定建康志》卷三二，叶11b，《宋元方志丛刊》，1878页。

序号	时间	官衔书写	差遣职任性质	所处路分	出处
14	嘉熙三年（1239）十月二十五日	承务郎宜差监温州支盐仓范炜	监当官	浙江东路温州	范炜：《宋范炜妻王道心墓志》，绍兴市档案局（馆）、会稽金石博物馆编《宋代墓志》，西泠印社出版社，2018年，第254—255页。
15	嘉熙三年（1239）十一月七日	承直郎宜差监潭州南岳庙邹斌	祠禄官	江南西路潭州	邹斌：《有宋夫人吴氏志铭》，江西抚州出土，上海市哲学社会科学规划重大课题《全宋石刻文献（墓志铭之部）》所得拓本。
16	嘉熙四年（1240）	承信郎新宜差监信州□口镇酒税兼排岸梅成	监当官	江南东路信州	《云和福胜庙敕牒碑》，《栝苍金石志》卷八，收入《宋代石刻文献全编》第三册，第846页。
17	淳祐元年九月	朝散郎宜差权知藤州军州兼管内劝农事赐绯鱼袋臣李万	知州（亲民）	广南西路藤州	《古藤志》，解缙主编《永乐大典》卷二三四三，叶9a，中华书局，1986年，第1003页。
18	淳祐九年（1249）三月	宜差权通判池州军州兼管内劝农营田事暂事借绯臣刘鉴	通判（亲民）	江南东路池州	刘鉴：《纪理宗御书禁赐宴烹宰碑》，王崇纂修《（嘉靖）池州府志》卷九，明嘉靖刻本，叶4a，收入《天一阁藏明代方志选刊》第32册，上海古籍书店，1982年。
19	淳祐九年（1249）十二月	朝请郎宜差权知信州军州兼管内劝农营田事徐（谓礼）迪功郎宜差信州州学教授吕遇龙迪功郎宜差信州永丰县西尉兼柘阳镇烟火公事兼催纲余应龙武经郎宜差信州兵马都监兼在城巡检巡捉私茶盐矾私铸铜器郑炜承信郎宜差信州杉溪渡巡检巡捉私茶盐矾私铸铜器兼催纲陈珏	知州（亲民）学官武臣县尉武臣巡检巡检	江南东路信州	《淳祐九年十二月 日知信州第一考成》，《武义南宋徐谓礼文书》，第258—259页。

续表

序号	时间	官衔书写	差遣职任性质	所处路分	出处
20	淳祐十一年(1251)十二月	朝散大夫宜差权知信州军州兼管内劝农营田事徐(谓礼) 成忠郎宜差信州上饶县沙溪寨巡检捉私茶盐矾私铸铜器兼催纲田泽 进武校尉宜差权监信州汭口镇酒税兼排岸白仲璧 训武郎宜差信州弋阳县丫岩寨巡检巡捉私茶盐矾私铸铜器兼催纲马俊	知州(亲民)	江南东路信州	《淳祐十一年十二月 日知信州第三考成》,《武义南宋徐谓礼文书》,第262—265页。
21	淳祐十二年(1252)六月	朝散大夫前宜差权知信州军州兼管内劝农营田事徐(谓礼) 从政郎宜差兼信州户部赡军酒库	知州(亲民) 监当官	江南东路信州	《淳祐十二年六月 日知信州零考成》,《武义南宋徐谓礼文书》,第265—267页。
22	宝祐年间(1253—1258)	迪功郎宜差监绍□□□□□□□□□库王清叔	监当官	两浙东路绍兴府	《沈氏墓志》,张梅坤《赵伯泽家族的兴衰和史弥远废立之变——南宋安定郡王赵伯泽及其家族墓志考析》,《杭州大学学报》1986年1期,第89页。
23	宝祐四年(1256)八月初吉	从政郎宜差监行在杂卖场兼尚书省印契局褚但之	监当官	行在临安	《衡山澄心院舍山记》,徐乃昌纂《安徽通志稿·金石古物考四》,收入国家图书馆善本金石组编《宋代石刻文献全编》第二册,第492页
24	宝祐五年(1257)六月七日	修职郎新宜差充瑞州州学教授田□子	学官	江南西路瑞州	田□子:《宋郑氏兄弟墓志铭》,收入李灿煌《晋江碑刻选》,厦门大学出版社,2002年,第276—278页。
25	景定元年(1260)	文林郎宜差充沿江制置大使司干办公事吴季子	制置使属官	江南东路	《南厅壁记》,周应合《景定建康志》卷二四,叶20b、21a,《宋元方志丛刊》,第1717、1718页。
26	景定二年(1261)	儒林郎宜差干总领淮西江东军马钱粮所准备差遣赵与鎏	总领所属官	江南东路	家之巽:《都作院记》,周应合《景定建康志》卷三九,叶19b,《宋元方志丛刊》,第1978页。

序号	时间	官衔书写	差遣职任性质	所处路分	出处
27	景定四年（1263）	迪功郎宜差兴化军涵江书院山长祝洙	学官	福建路兴化军	祝穆撰，祝洙增订，施和金点校：《方舆胜览》卷一三，中华书局，2003年，第220页。
28	景定四年（1263）	奉议郎宜差充沿江制置使司主管机宜文字杨巽	制置使属官	淮西路	杨巽：《建学记》，周应合《景定建康志》卷三十，叶9a，《宋元方志丛刊》，第1836页。
29	景定四年（1263）孟冬朔	奉议郎宜差知安庆府桐城县主管劝农管田公事兼弓手寨兵军正尤	知县（亲民）	淮西路安庆府	《无锡县徐偃王庙庵记》，《（至正）无锡志》卷四中，明刻本，叶20a，收入北京大学图书馆编《北京大学图书馆藏稀见方志丛刊》第108册，国家图书馆出版社，2013年，第281页。
30	景定五年（1264）冬	从事郎宜差充两浙西路提点刑狱司同提领镇江府转般仓分司幹办公事臣黄震	宪司属官	浙江西路	黄震：《高宗赐宗忠简公亲礼碑阴记》，黄震《黄氏日钞》卷八六，收入张伟、何忠礼主编《黄震全集》，浙江大学出版社，2013年，第2315页。
31	咸淳二年（1266）长至前三日	承事郎宜差签书建康军节度判官厅公事方山京	幕职官	江南东路建康军	方山京：《友德堂记》，卢熊纂修《（洪武）苏州府志》卷四七，明洪武十二年刻本，叶53a，收入《中国方志丛书·华中地方》第432号，成文出版社有限公司，1983年，1999页。
32	咸淳五年（1269）十二月	迪功郎宜差监潭州永丰仓兼谷仓郑铸	监当官	荆湖南路潭州	叶谦：《宋故推官权县文林叶公圹志》，江西省博物馆藏拓片，曾枣庄、刘琳主编《全宋文》卷八三四一，第360册，上海辞书出版社、合肥教育出版社，2006年，第162页。
33	咸淳七年（1271）八月辛酉	从政郎宜差招信军军学教授包云龙朝奉郎新宜差通判和州军州兼管内劝农营田事赐绯鱼袋赵崇原	学官通判（亲民）	淮南东路招信军淮南西路和州	《周国太夫人墓志铭》，南京市博物馆编《南京考古资料汇编》第4册，凤凰出版社，2013年，1995页。
34	宝庆年间（1225—1227）之前①	（刘）炜叔朝奉大夫宜差主管华州云台观	宫观官		《通判赠金紫光禄大夫刘公墓志》，陈宓《复斋先生龙图陈公文集》卷二二，顾廷龙主编《续修四库全书》编纂委员会编《续修四库全书》影印南京图书馆藏清抄本，1319册，上海古籍出版社，2002年，第685页。

① 本墓志传主刘润直卒于淳熙二年（1175），年五十四。陈宓的生平年代大致为淳熙至宝庆之间。刘炜叔为刘润直之曾孙，按照20年一世代及入仕年岁来推测，其所活动年代可能在嘉定时期。

应该说明的是，以上搜集的"宜差"入衔实例仅仅几十例，而南宋中后期官僚数常年维持在三四万人的规模。① 但笔者仍认为，这些例子具有一定的代表性。首先，从差遣类别来看，冠以"宜差"的差遣非常多元，基本涵盖了亲民官、监当各种类型。既有随帅臣、监司分巡各地的属官，也有如知州、通判、州学教授、知县等亲民之官，还有巡检地方保境安民的各种县尉巡检、监当官库的厘务官，等等。这些官员，大部分都是在地方任职。这也进一步说明，当时有相当部分的官员在一般性差遣之前，结衔"宜差"。其次，从任官的地域分布来看，此类官员大多供职于当时的远地（如四川地区），但也并不绝对，两浙地区的官员结衔"宜差"也大有存在。再次，从时间上看，"宜差"入衔现象，是从南宋中期开始出现的。这也从侧面反映出，南宋时代授官程序中省札、敕牒搭配使用已经深入人心，文书中的用语已被官员本人所接受，并写入官衔。

余　　论

南宋时期，部分官员在书写自己的官衔时，会在作为实际职任的差遣之前，加上"宜差"二字。在唐宋时期的种种命官文书的行政用语中，"宜差"始终与作为实际职任的"差遣"搭配使用。

清人梁章钜曾说："古人称谓，各有等差，不相假借。"②官衔内容，与政治制度运作、政治史都有密切关系。③ 一般而言，官员如何书写自己的官衔，强烈体现了本人的意愿和主张。例如，淳熙四年（1177）朱熹被授待制、试讲的差遣，由于拒绝担任待制，他在《谢御笔以次对系衔供职奏状》中要求面见皇帝时的官衔中删去"待制"二字。④ 此外，"隐结衔"也意味着像陶弘景一样的辞官行为。⑤ 南宋以来（特别是孝宗后期以降），由于省札和敕牒的授官方式进一步普遍，官员接任新差遣后，在署衔时冠以"宜差某某差遣"，似乎可理解为本人对自己差遣的一种重视，同时也成为一种习惯。

本文通过结衔"宜差"这一个案，试图关注整个唐宋的政治体制演进、选官制度及命

---

① （宋）李心传撰，徐规点校：《建炎以来朝野杂记·甲集》卷一二，中华书局，2000 年，第 249、250 页。

② （清）梁章钜：《称谓录·序》，中华书局，1996 年，第 2 页。

③ 比如，大庭脩曾通过分析西汉的两次官名改称与吴楚七国之乱等政治事件的关系，来解释官名改称的意义。参见大庭脩：《秦汉法律史の研究》，创文社，1989 年，第 22—30 页。

④ 《晦庵先生朱文公集》卷二二，收入《朱子全书（修订本）》第 21 册，第 1049 页。

⑤ 方岳《挽彭制机》："每笑陶弘景，尤将隐结衔。"（宋）方岳：《秋崖先生小稿》卷一二，明嘉靖刻本，叶 5a，收入舒大刚主编、四川大学古籍整理研究所编《宋集珍本丛刊》第 85 册，线装书局，2004 年，278 页。

官文书方式转变对南宋官员群体官衔书写的具体影响。实际上，"宜差"入衔外，目前还见"新"①"改差"②"宜特改差""宜就差"③"特差"④"新差"⑤"衔差"⑥"就差"⑦等语汇入衔，有待进一步研究。

---

① 如，嘉熙四年（1240）冯大受《赵鼎圹志》载"儒林郎新徽州司理参军孙祖开"，参见绍兴市档案局（馆）、会稽金石博物馆编：《宋代墓志》，第256—257页。

② 如，淳祐八年（1248）林宗任《宋杨怀玉墓志》载"奉议郎改差通判庆元军府兼管内劝农事借绯曹部"，参见章国庆编著：《宁波历代碑碣墓志汇编·唐五代宋元卷》，上海古籍出版社，2012年，第282页。

③ 如，史渐《宋涌泉寺碑》载"迪功郎宜就差绵州司户参军席震炎"。参见《金石苑》卷六，收入《宋代石刻文献全编》第二册，第1032页；淳熙十年（1183）何预《合州濂溪祠记》载"承议郎宜就差合州军事判官厅公事唐安何预"，参见傅增湘原辑，吴洪泽补辑：《宋代蜀文辑存校补》，重庆大学出版社，2014年，第2054页。

④ 如，绍定元年（1228）胡希坊《胡净皎圹记》载"从事郎特差充江淮荆浙福建广南路都大提点坑冶铸钱司检踏官赵公师向"，参见慈溪市文物管理委员会办公室、宁波市江北区文物管理所编：《慈溪碑碣墓志汇编·唐至明代卷》，浙江古籍出版社，2017年，第208—209页。

⑤ 如，建炎二年（1128）张邦彦《宋卢君（应中）墓志铭》载"奉议郎新差签书归州军事判官厅公事情赐绯鱼袋张邦彦"，参见章国庆编著：《天一阁明州碑林集录》，上海古籍出版社，2008年，第15页；嘉定十三年（1220）叶景明、叶景昌《叶宗鲁圹志》载"宣义郎新差通判隆兴军府兼管内劝农营田事郑如松"，参见郑嘉励、梁晓华编：《丽水宋元墓志集录》，浙江古籍出版社，2013年，第66页。

⑥ 如，绍定二年（1229）吕光远《移建后土祠碑记》载"文林郎衔差重西和州州学教授吕光远"，参见《陇南金石校录》，第675页。

⑦ 如，开禧二年（1209）任普敏《遵奉圣旨住庵文据》载"迪功郎定差成州司法兼签厅公事定、文林郎就差成州知录事参军兼检察仓库赵"，参见《陇南金石校录》，第1037页。

南宋太学补试制度沿革及特例

——兼从补试看"国子学太学化"

浙江大学　丁　晨

太学,中国古代官方设于京师的高等学校。它起源于古之大学。据记载,五帝时期设成均,夏代名东序,商代有右学与瞽宗,周代天子曰辟雍、诸侯曰泮宫。这一时期,它们多作为贵族参与议政、祭祀、养老兼及习射、习乐、习礼等公共活动的场所,"并非独立的、纯粹的教育机关"①。严格意义上传授知识的太学始于汉武帝时期,元朔五年(前124)在原有博士官的基础上创设太学,招收博士弟子。此后,太学长期发挥着培养与选拔人才的功用。②

隋唐至两宋,科举制产生并发展,科举取士成为新兴的人才培养与选拔方式。这一时期,官学开始与科举发生联系,太学教育逐渐融入科举考试之中。就北宋而言,庆历新政中太学正式兴起,并要求士人在官学就读一定时间才能应举;熙丰变法推行太学三舍法,生员有机会通过逐级升舍获得免解、免省试或释褐授官的优待,亦可弥补科举在考察品行上的局限。太学教育成为科举考试的必要条件,又跃升为参与科举或入仕为官的直接途径;甚至在崇宁年间"县学—州学—太学"逐级升贡的体制下,曾一度取代科举成为官方选拔人才的唯一途径。科举制下,北宋太学在人才培养与选拔中的作用日益明显。

南宋时期,太学依旧发挥着人才储备的重要作用。它不仅是科举之外国家选拔人才的又一途径,更为科举考试提供和培养了预备人选。终南宋一朝,太学最多有近一千七百员额,补试最多有三万九千余人,显示出其重要影响。当前对南宋太学的研究,多集中在士人入学后,即教学培养、学校生活、舍选释褐、发解考试等。在此之前的入学考

---

① 孙培青:《中国教育史》,华东师范大学出版社,2000 年,第 12 页。
② 李弘祺:《宋代官学教育与科举》,联经出版事业公司,1994 年,第 59—62 页;孙培青:《中国教育史》,第 11—14 页;陈伟生:《宋朝太学教育管理研究》,湖南师范大学硕士学位论文,2007 年,第 3—5 页。

试,即太学补试,不同于北宋先后实行的八品子弟及俊异庶人入补法、州学升贡法和八行法,①南宋采用混补与待补两种方式。大多研究在述及南宋太学补试时,只关注少数几个时间节点,以及普遍认同南宋太学招生"在'混补'和'待补'之间换来换去"②"始终未成定制"③的观点,少有系统、详细的梳理。南宋特有的"京学类申"现象,学界尚无关注,更未将其纳入太学补试的研究范畴。

除太学外,国子学也是宋代中央官学的重要组成。宋室南渡,国子学规模大为缩小,斋舍附于太学,丧失了独立办学地位。进入国子学就读,仍需通过补试。目前学界对于南宋国子学补试的关注不多。针对两宋太学与国子学的关系,李弘祺认为:"宋朝的高等教育史可以看作是'国子监太学化'的过程。"④张邦炜进而提出:"宋初大体沿袭唐代旧制,但此后中央官学的体制逐渐由'唐型'向'汉型'回归,国子学走向太学化。"⑤学界对"国子学太学化"这一命题的研究,长期集中于北宋,对南宋太学与国子学的关系尚缺乏详细认识。

因此,本文希望通过对传世文献再加钩稽,以现有成果为基础,进一步梳理南宋太学补试法的更替与沿革,将"京学类申"作为新材料引入南宋太学补试制度研究,并从太学与国子学补试的角度看"国子学太学化"趋势在南宋的发展。

一、混补与待补:南宋太学补试法的沿革

两宋时期,太学始终设有固定员额。⑥ 每逢科举,都有一批生员因通过发解、特恩免试、舍选释褐等而成功"毕业",也有部分士人尚未完成学业就选择离开,带来员额的空缺。因此,太学需要通过按时考试招收新生,以补校内生员之不足。这种入学考试,就被称为"太学补试"。南宋时期,太学补试主要有"混补法"与"待补法"两种招生方式,二者不断交替。"待补法"是指允许当年未通过发解试但表现优异者、当年未通过省试者和往年已通过发解试者三类举子参与太学补试。"混补法"是指允许在科举考试中取

---

① 朱重圣:《宋代太学之取士及其组织》,《书目季刊》1985 年第 19 卷第 2 期,第 27 页。

② 苗春德、赵国权:《南宋教育史》,上海古籍出版社,2008 年,第 29 页。

③ 何忠礼:《南宋科举制度史》,人民出版社,2009 年,第 63 页。

④ 李弘祺:《宋代教育史研究的几个方向》,《宋代教育散论》,东升出版事业有限公司,1980 年,第 75 页。

⑤ 张邦炜:《宋代学校教育的时代特征:着眼于唐宋变革与会通的观察》,《四川师范大学学报(社会科学版)》2016 年第 5 期,第 5—13 页。

⑥ 北宋时,太学最少有 100 员,最多有 3800 员;南宋时,太学最少有 300 员,最多有 1636 员。(李春燕:《宋代太学研究》,华东师范大学博士学位论文,2020 年,第 309—310 页)

得一定的成绩的举子与其他来源的士人混同参与太学补试。其他来源的士人主要指地方官学生,有时也包括符合科举报考条件的普通士人。这两种招生方式的根本区别在于考试对象的不同,待补法的招生范围更窄,仅面向科举士人。

由于文献搜集与解读上的差异,学界对南宋太学补试方法的认识还存在不足与分歧。如,目前普遍认为嘉定至端平间实行待补法,这一结论有待商榷;自嘉熙至咸淳间太学的招生方式,袁征认为是混补,①张维玲则归为待补,②这两种认识有着根本上的差异。因此,以下将通过文献解读重新梳理南宋太学补试制度的更替与沿革,以期弥合分歧、解决遗留的问题。

(一)绍兴十三年(1143)至淳熙二年(1175):混同补试

将这一时段的太学补试法概括为"混同补试",实质与"混补法"无异,仅从称名上加以区别。一方面,此时期混补尚未形成定制,仍在间断调整和开行;另一方面,"混补"一词尚不见于官方文书,未得到正式认可。

绍兴十三年(1143),宋室以岳飞旧宅作为国子监太学,正式恢复招生与教学。同年,因国子司业高闶奏请,朝廷下诏:

> 补太学生,以诸路住本贯学满一年、三试中选、不曾犯第三等以上罚,游学者同。或虽不住学,而曾经发解,委有士行之人,教授委保,申州给公据,赴国子监补试。其今秋四方士人来就补试,恐有已到行朝,或见在路。其间有不曾住本贯学之人,难以阻回。权将执到本贯公据人,许补一次。③

诏令规定,有资格参与太学补试的群体有二:一是在本贯地方官学就读满一年、三次私试合格且未曾受第三等以上罚的学生或游学士人;二是曾通过发解试、操行良好且拿到保状、公据的举人。考虑到诏令下达至各州时,可能已有不符合条件的士人抵达临安或正在途中,所以当年的补试标准有所放宽。朝廷允许学校系统中的地方官学生与科举系统中的发解举人同场考试,成为太学混同补试的开端。

此后,补试资格进一步放宽。据绍兴二十一年(1151)司勋员外郎、权国子司业孙仲

---

① 袁征:《宋代教育》,广东高等教育出版社,1991年,第155—168页。

② 张维玲:《南宋的待补与待补太学生》,《中华文史论丛》2012年第4期,第89—121、387—388页。但她在文章中也提到:"待补虽在南宋后期持续施行,但嘉熙元年(1237)似乎是惟一的例外,该年又下诏行混补。"对这一史实的认识,她与袁征是相同的。

③ (清)徐松辑,刘琳、刁忠民、舒大刚、尹波等校点:《宋会要辑稿·崇儒》一之一三二至三三《宗学》,上海古籍出版社,2014年,第2745—2746页。

鳌所言,"近制士人愿入上庠,州县次第勘验,于贡举无违碍,及非殿举屏斥之人,给据赴补"①。说明在此之前,补试对象已扩大到符合科举应考标准且不曾受停考处罚的士人。这使太学补试几乎覆盖了与科举同样的群体,此后十年也成了南宋太学招生范围最广的一段时期。

绍兴三十一年(1161),补试范围骤然缩减,并带有州学升贡的意味。"今欲依仿绍兴三十一年旧令,诸州教官,岁取本州岛士人住学最久、试中最多者,从上保明。"②通过淳熙二年(1175)礼部侍郎赵雄的谏言可以还原出,绍兴三十一年(1161)的补试对象为地方官学生,各州的推荐标准是入学时长与公、私试成绩。此时太学"每岁春季补试一次"③,这一规定在第二年便得到执行。中央与地方的官学再次连为一体,州县学成为太学的唯一一招生来源。借由官学体系,从地方向中央贡入人才,这是南渡以来恢复北宋州学升贡法的第一次尝试。

至隆兴元年(1163),礼部再未接受各州推荐并公开召集补试,而是将省试落第人留在行都,根据太学缺额单独考试,拨入生员。这次实践后,六月二十九日朝廷正式诏"罢太学补试",同时规定:

> 每遇有试年分,本学刷具见阙人数,以诸州解发举人赴省试下者,随缺额多少拨入。如阙多则以逐州解额十分为率拨二分,阙少则以逐州解额十分为率拨一分之类。临时斟酌,并从逐州解榜上名拨入。上名已过省,更不拨下名。其合拨人不愿入学者听,不许以次人充填。其合升拨之人,并赴帘前试讫,注籍为太学生。④

根据诏令,只有通过发解试但未通过省试的举子可以参与补试。进入太学将不再考试,改为根据名次直接划拨。太学缺额较多时,以科举解额的百分之二十为准,各州内举子按科举成绩排列入学。其中,已通过省试者,所占名额不能向后顺延;不愿入太学者,听从个人意愿。在缺额较少的年份,改为各州解额的百分之十。符合条件的举子还需通过一次帘试⑤才能注册学籍。这一规定颁布后,太学的招生方式以划拨取代考试,更加注重科举成绩;招生范围由州县学生员变为省试落第人,切断了地方官学与中央官学的联系,搭建起由科举进入太学的桥梁。这种改革思路与待补法只允许科举士人应考不

---

① (宋)李心传撰,胡坤点校:《建炎以来系年要录》卷一六二,绍兴二十一年冬十月丁卯朔条,中华书局,2013年,第3081页。

② 《宋会要辑稿·崇儒》一之四一《宗学》,第2751页。

③ 《宋会要辑稿·职官》二八之二五《国子监》,第3774页。

④ 《宋会要辑稿·崇儒》一之三八《宗学》,第2748页。

⑤ "补试中者,再于长官帘前试一次。治经人作《语》《孟》义,辞赋人作省题诗。优者行食。"参见(宋)赵升撰,王瑞来点校:《朝野类要》卷二"帘试",中华书局,2007年,第51—52页。

谋而合,可以看作是待补法的先声。

后有陈兴宗等人陈请,"若永罢补试,止拨省试下进士,即四方未曾得解士人,更无可以入学之望,难以杜绝士人词讼"①。为使更多举子有就读机会,乾道元年(1165)诏"太学依旧补试,更不拨入省试下人",恢复了绍兴十三年(1143)至三十年(1160)间允许科举士人与州县学生混同补试的方法。

因乾道二年(1166)混同补试人数过多,六月十四日朝廷诏令:"遇省试年分,将当年诸州请到文解到省试下,并以前曾经得解之人,许行补试。"②太学的招生范围缩小到通过解试但未通过省试之人,不论是当年还是曾经发解的举子均可补试。这一规定在隆兴元年(1163)的基础上朝着待补法更进一步演化,招生对象单一化的趋势仍在继续。

至迟乾道六年(1170),太学再度实行混同补试。当年六月二十三日诏:"太学武学生员见有阙额,特与放行今年秋补一次。仍不以得解人为限,并依乾道二年以前指挥体例施行……今后太学阙二百人,武学阙三十人,取旨试补。"③据此规定,凡太学缺额达到二百员,将依照乾道二年(1166)以前科举士人与州县学生混同的方法进行补试,并于当年特别开行一次秋补。

在经历一段时期的混同补试后,至淳熙二年(1175),"太学补试进士多至万六千人,场屋殆不能容"。礼部侍郎赵雄谏言此后仿绍兴三十一年(1161)之制,各州保荐本地官学中就读时间最长、公私试成绩最佳的学生参与补试,诏从之。④ 这是州学升贡观念在南宋的又一次闪现,不过最终未能得到施行。

自绍兴十三年(1143)至淳熙三年(1176),太学补试多呈现混同补试的局面。由于考试人数过多,弊端愈加显露,因此召集单一群体开补的尝试也屡有发生。绍兴三十一年(1161)与淳熙二年(1175)下令招收地方官学生,是北宋州学升贡观念的遗留,说明其影响依然存在;隆兴元年(1163)与乾道二年(1166)下令招收科举士人,逐渐形成待补法的雏形。这三十年间,南宋太学补试尚未形成稳定的考试方法,仍处于不断反复的摸索阶段。

(二)淳熙四年(1177)至绍熙四年(1193):待补

淳熙四年(1177),待补法正式确立:

①《宋会要辑稿·崇儒》一之三八至三九《宗学》,第 2749 页。
②《宋会要辑稿·职官》二八之二六《国子监》,第 3775 页。
③《宋会要辑稿·职官》二八之二六《国子监》,第 3776 页。
④《宋会要辑稿·崇儒》一之四一《宗学》,第 2751 页。

十一月二十七日,礼部、国子监言:"每遇科举年分,诸州依解额取定合格人赴省试外,乞将其余解发不到试卷,纽计终场人数,每一百人取三人,零分不及三十亦取一人,名曰待补太学生。考试院具姓名,申本州岛置籍。俟太学开补,本州岛给据,申国子监,赴补试一次。其以前曾实得解到省试下人,愿就补者,召保官一员。当年得解赴省人,只照元发解公据赴补。"从之。

据此,待补法的招生对象有三类人:一是当年①未通过发解试的举子,需"于经义诗赋论策内,有两场或一场文理优长"②,以保证各州推荐的人选确有才学。二是当年通过发解试的举子,其中可能既有未通过省试的,也有因各种原因未能参加省试的。三是曾经发解但省试落第的举子,需有一名官员做保。

至淳熙十年(1183)八月,朝廷诏令各州推荐补试人选的比例,由发解试终场人数中每百人推三人,上升为每百人推六人。③ 这意味着更多的举子有机会通过待补进入太学,扩大了考试规模;同时也加剧了补试的内部竞争,提高了入学难度。而淳熙八年(1181)朝廷曾允许临安府学生员类比待补太学生参与补试④,是为特例,也是京学类申的源头。

"因仍岁时,弊将益甚。"绍熙三年(1192),朝臣关于补试方法议论纷纭,仅实行过四次的待补法濒临废罢。考虑到混同考试与待补法"彼此相形,得失居半",朝廷最终依吏部尚书赵汝愚等人谏言,"仿舍法以育才,因大比而贡士。考终场之数,定所贡之员",试图恢复州学升贡法。又因临近补试日期,绍熙四年(1193)依旧实行待补法,成为此时段最后一次补试。⑤

待补法颁行后,再度切断了南宋地方官学与中央官学间本不稳固的联系,使部分州县学生不得不转投科举以谋出路。北宋制定太学解试与舍选制度,使士人走出太学时与科举发生关联;南宋确立待补法,又使其进入太学时系连上了科举,太学更加脱离"地方—中央"的官学教育体系。这种补试方法,给予科举士人一条额外的发解、免解甚至释褐授官的途径;且就解额而言,它比普通科举更为宽松。对此,朝廷规定待补太学生只有一次补试机会。

---

①南宋时,发解试一般在上一年秋天(8—9月)举行,省试则要等到来年正月。所以严格来说,并不是"当年"未通过发解试的举子,"当次"更为准确,也就是当前这一次科举中未通过发解试的举子。

②《宋会要辑稿·崇儒》一之四二《宗学》,第 2753 页。

③"自今诸州解试终场人,以百人取六人充待补。"(《宋会要辑稿·崇儒》一之四二《宗学》,第 2753 页)

④《宋会要辑稿·选举》一七之三《教授》,第 5585 页。

⑤《宋会要辑稿·崇儒》一之四六至四七《宗学》,第 2756—2758 页。

（三）庆元元年（1195）至开禧元年（1205）：混补

将这一时段的太学补试法概括为"混补"，一方面，此时期混补已形成定制；另一方面，庆元元年（1195）有"议复太学混补"①，是公文中首次出现"混补"一词，得到了官方认可。

宁宗即位，适逢臣僚以"待补之法，行之稍久，冒滥之弊，不可不革"上奏，同时为示登极之恩、笼络士心，太学补试正式改行混补法。针对此前有人数猥多、场屋难容的问题，除礼部贡院外，朝廷又下令设临安府与两浙转运司两处贡院为考场，并"以诗赋人尽于礼部贡院引试，经义人临时约度人数，径分两处收试"②。据嘉泰二年（1202）六月十四日秘书省校书郎杨炳针对太学混补的奏言："庆元二年之数二万八千余人，今岁三万九千余人。前者四处③试院合经义、诗赋为一场，今则分为两场。"④此年，分科引试的规定才真正执行，三处贡院各分诗赋与经义两场同试。增开试院的方法在短期内缓解了人多地少的问题。

此外，混补法考校不精的问题也亟待解决。发解试锁院到开院有一定期限，因此考校中常发生脱漏、纰缪等情况，使最终成绩无法完全反映举子的真实水平。以此为基础确定补试人选，有失荐取遗才的本意。经尚书省奏言，嘉泰四年（1204）下令："仰诸路运司以逐州累举终场人数，斟酌多寡，量行添展日分支费，行下试院，精加考校。将来解到待补卷子，令国子监抽摘点检，如见得有纰缪疏脱，定将元考校官镌降施行。"⑤各路转运司可据当年发解试终场人数，自行延长各州开院时间，力求细致考校。同时，设立责任追究制度，由国子监负责抽检补试人的发解试卷，如有问题，发解试考校官将受到降级处罚。增开试院、精细考校，这两项举措是混补法恢复后针对自身弊端做出的改进，也是其能够实行一段时期的原因。

据前文梳理，相比待补法，混补出现更早但定型更晚；同样，"待补"在淳熙四年（1177）成词，"混补"则是约二十年后才归纳产生的概念。"混"是相对于待补法的单一生源，只要有不同来源的士人混同考试，就可称为混补法。因此，最可靠、最根本的判断方法是看有无不同生源的士人应考，进一步来说，就是看是否有地方官学生参与。

---

① 《宋会要辑稿·崇儒》一之四八至四九《宗学》，第 2759 页。
② 《宋会要辑稿·崇儒》一之四八至四九《宗学》，第 2759 页。
③ 笔者推测，或将礼部贡院与其别试所分作两处。
④ 《宋会要辑稿·选举》五之二六《贡举杂录三》，第 5353—5354 页。
⑤ 《宋会要辑稿·选举》五之二八《贡举杂录三》，第 5355 页。

(四)嘉定元年(1208)至咸淳十年(1274):待补之名、混补之实

"待补之名"指现存文献对这一时期的补试方法均记作"待补"。"混补之实"指此时专门设有临安府学生员补试太学的规定,太学补试实际为地方官学生与科举士人的混补。

早在嘉泰四年(1204),尚书省已有"勘会太学混补,已是难行"①之言。至迟嘉定元年(1208)省试后,太学补试已改为待补法:

> 自开禧元年为始,每年将堂试中选分数高者,校二百人并职事,遇补试径行收试。其选校不及一分以上人,遇补试前一月类试,取四百人,赴太学补试,见今施行。今来更化之初,四方士子喜观上国之光,不期而集,若一切杜绝,又恐士子远来,不得一试,亦有可念。乞将见在都下不应赴补试士人,仿漕司附试例,特于漕司收试。候见终场人数,量与取放一次。仍下国子监,晓谕士人,各体朝廷优厚之意,许赴今来补试外,其诸州取中待补②及临安府学校定类试条法指挥,日后遵守,永不冲改。③

由于未见改行待补的相关记载,确切时间难以判断。但至少自嘉定元年(1208)补试始,招生对象已改为各州推荐的科举士人与临安府学生员两类。这一规定与此前的混补法有所不同,多数地方官学生被排除在补试范围外,只有临安府学因在"驻跸之地"获得优待,保留了补试资格。补试范围缩减后,京城游士无法应考。朝廷为安抚士心,嘉定元年(1208)特别允许这一群体至两浙转运司附试,并据终场人数酌情补入太学。④

开禧元年(1205)是太学补试专门为临安府学订立规定的开始。据引文,临安府学中不仅有两百名成绩优异或担任职事的生员可直接补试太学,而且另有四百人可通过类试获得参补资格。这样算来,临安府学共有六百个考试名额,可谓是"每从优厚"⑤。至淳祐间,类似规定在文献中多以"(京学)类申"一词出现,参与补试的府学生每三十人取一人。详细论述将在第二章第二节中展开。自开禧元年(1205)以来,临安府学生员补试太学的规定长期存在。正因为有这批士人的参与,所以尽管南宋后期太学招生实行待补法,其实质还是科举与官学的混同补试。

嘉定元年(1208)记载引试"诸州取中待补"人,是现存文献中南宋重新推行待补法

---

① 《宋会要辑稿·选举》五之二八《贡举杂录三》,第 5355 页。
② "待补"指向补试人选中经过科举发解的那一部分。
③ 《宋会要辑稿·选举》六之四《贡举杂录四》,第 5360 页。
④ 《宋会要辑稿·选举》六之四《贡举杂录四》,第 5360 页。
⑤ 《宋会要辑稿·选举》六之四《贡举杂录四》,第 5360 页。

的开始。至嘉定四年（1211）太学补试，地方已严格恢复此法。当年七月，省试已过，国子正张方有为四川士人固定补试录取名额的谏言，礼部对此论奏：

> 国子博士楼观等看详，待补之法，所以录贡举之遗，作成于天子之学也。蜀中三岁大比，州郡漕司例取待补人数。蜀去行都万里，士之一试，得失未可必，是以中待补者多不克试，几成虚设。张方所陈允当，今议每举拨太学阙额一十五名，充蜀中待补试中太学之数。①

最终议定从补试员额中划拨十五名专门录取四川士人，以激励蜀人赴京考试。在此之前，蜀地则采用每三年开科后按比例推荐士人赴临安补试的方法，即待补法。又有国子博士楼观所说，实行待补法能补录科举遗才。这两点均说明在嘉定四年（1211）七月前，各州已执行过待补取士的方法。嘉定十四年（1221）诏"以百人取三人，充待补人数"②，恢复了待补法最初的规定。直到理宗朝，"复百取六人之制"③。

南宋末期太学待补的记载多见于地方志、行状、墓志铭等文献，并集中在咸淳年间。如，郭景星"咸淳五年以乡试待补贡太学生"④，王则之于咸淳末"试乡郡，待补太学诸生"⑤，吴德明之父吴庭兰"宋咸淳间由乙科待补太学生"⑥。以上材料，士人均是在发解后补入太学就读，说明直至南宋末期，太学招生在全国仍实行待补法。

这一时期内，也曾有两次混补。第一次在嘉熙二年（1238）⑦，朝廷诏令"省试下第及游学人"⑧混同考试。但补试地点文献说法不一：《宋史》记在临安的两浙转运司；《宋史全文》记在各路转运司；吴潜《奏乞遵旧法收士子监漕试》有"秖缘得废待补，以致次年（笔者按：即嘉熙二年[1238]）分路补试"之说。不过是分于各路转运司补试，还是于两

---

①《宋会要辑稿·选举》六之二二《贡举杂录四》，第5370页。

②《宋会要辑稿·选举》六之四一《贡举杂录四》，第5379页。

③《宋史》卷一五七《选举志》三《学校试》，中华书局，1985年，第3671页。

④（元）脱因修，（元）俞希鲁纂：《至顺镇江志》卷一九《人材·仕进·土著》，《宋元方志丛刊》第3册，中华书局，1990年，第2860页。

⑤（元）黄溍著，王颋点校：《黄溍集》卷二二《处州路儒学教授致仕王君墓志铭》，浙江古籍出版社，2013年，第828页。

⑥（元）李存：《俟庵集》卷二四《樟南吴山人墓铭》，《景印文渊阁四库全书》第1213册，台湾商务印书馆，1986年，第765页。

⑦现有记载，仅《宋史全文》作嘉熙三年（汪圣铎点校：《宋史全文》卷三三《宋理宗三》，嘉熙元年十二月丁酉条，中华书局，2016年，第2728页）。嘉熙二年曾开省试，太学补试按例在省试后进行，混补时间当系于嘉熙二年。

⑧《宋史》卷一五六《选举志》二《科目下》，第3641页。

浙转运司内分路补试,并未说明。① 第二次在景定三年(1262),诏太学补试仿"嘉熙二年例"②。

淳祐间,朝堂对聚集临安的游士愈发不满,认为其不知约束、败坏风气。③ 进而不断调整中央与地方的考试制度,希望借此遣散寓居游士。端平间,就曾有罢转运司牒试、增地方解额的举措,意在促使各地士子回归乡里,通过地方就试中央,但执行效果并不理想。于是,淳祐十年(1250)省试后,朝廷又下诏修改太学补试法:

> 国家以儒立国,士习嫩恶,世道所关。端平初,增诸郡解额,寝遭闱牒试,正欲四方之士安乡井,修孝悌,以厚风俗。比岁殊失初意,可令逐州于每举待补人数内分额之半,先就郡庠校以课试,取分数及格者,同待补生给据赴上庠补试。其天府一体施行。④

根据诏令,各州从补试名额中分出一半给在地方官学就读并通过考试的士人,这一举措恢复了混补之法。同时,朝廷下令各州拨出一半补试名额,也说明州县学生本不在补试范围内,在此之前太学招生采用的是待补法。

自嘉定元年(1208)至咸淳十年(1274),全国通行待补法,同时又有专门针对临安府学的补试规定。此时期,太学补试由各州举子与临安府学生共同参与,实际执行混补之法。其间虽曾出现如嘉熙二年(1238)、淳祐十年(1250)等开行混补的诏令,但很快便恢复旧制。以待补之名,行混补之实。这是南宋后期太学补试的重要特点,也是前人研究产生分歧的根源所在,关键之处就是临安府学这一特殊存在。

咸淳十年(1274)末,朝廷有旨:"国步多艰,沿江清野,应三学及京学流寓游学士人,权与放散,各令逐遍。"⑤至此,太学正式废罢,生员流散,南宋太学补试也随之终结。

自绍兴十三年(1143)至咸淳十年(1274),南宋太学持续了近一百三十二年。通过对传世文献重加梳理,文章归纳出百余年间,太学补试法先后经历了"混同补试—待补—混补—待补之名、混补之实"四个阶段的沿革。以官学生员和科举士人为对象的混补法和以举子为对象的待补法交替而行,构成了补试制度的主流。南宋时期,混补法下

---

①《宋史》卷一五六《选举志》二《科目下》,第 3641 页;《宋史全文》卷三三《宋理宗三》,嘉熙元年十二月丁西条,第 2728 页;《宋史全文》卷三六《宋理宗六》,景定三年正月戊辰条,第 2908 页;(宋)吴潜:《许国公奏议》卷三《奏乞遵旧法收士子监漕试》,《丛书集成初编》第 906 册,中华书局,1985 年,第 74 页。

②《宋史全文》卷三六《宋理宗六》,景定三年正月戊辰条,第 2908 页。

③(宋)周密撰,张茂鹏点校:《齐东野语》卷六《杭学游士聚散》,《唐宋史料笔记丛刊》本,中华书局,1983 年,第 110 页。

④《宋史全文》卷三四《宋理宗四》,淳祐十年十月丙午条,第 2803 页。

⑤(元)佚名撰,王瑞来笺证:《宋季三朝政要笺证》卷四"甲戌(一二七四)",中华书局,2010 年,第 367 页。

的太学吸收州县官学生，生员由地方贡向中央，最终借由科举找到出路，这为国家培养、选拔了更多人才。待补法下的太学只吸收落第举子，成为科举制的弥补；举子考试失利后仍可通过太学解试与舍选重归科举，额外开辟了一条曲线入仕的通路。但待补法忽略了地方官学生员，遏制了该群体向上发展的途径，这是其不断被替代的主要原因之一。

南宋太学补试法中，自宁宗时期逐渐形成的"京学类申"是其中十分重要但至今鲜有关注的现象。

二、四川拨额与京学类申：南宋太学在特殊地域的补试方法

南宋太学补试开行的一百三十余年间，参与过科举发解和就读于地方官学的士人是其主要考试对象，混补法与待补法便围绕这两大群体不断交替、调整。除此之外，南宋太学也曾有针对特殊地域应考群体的补试方法，主要是面向蜀地士人的"四川拨额"与面向临安府学的"京学类申"。

（一）四川拨额

"四川拨额"指嘉定四年（1211）以来，朝廷为激励蜀人赴京考试，从太学补试员额中划拨出十五名，用以专门录取四川士人。

这一规定源于嘉定四年（1211）七月，国子正张方奏言：

> 蜀去天日，邈焉万里，士非贡于类省，无路观上国之光。而三岁大比，州郡漕司例放待补，徒为虚设。挟才抱艺者岂不愿奋于贤士之关，特以困于僻远，不能自至，间有至者，不过一二，使作人之意不遍于海宇，臣甚惜之。朝廷念蜀士之远，取士有类省，选吏有外铨，独于布韦始进，可不示其恩意哉？莫若每举于太学阙额内分拨二三十人，于蜀中类省之后，合六十州待补之士，中选者令径入太学。其于学额所占不多，使远方之士常达于王都，作兴士心，所补不细。乞付有司施行。[①]

宋室南渡后，四川地区至行都临安的路程依然遥远，蜀人赴京参与省试、补试、铨选等都极为不便。至嘉定年间，针对四川地区已制定有类省试和定差制度，将科举、铨选的部分权力下放。但在补试制度上，蜀地依然同全国其他地区一样，推荐士人赴中央统一考试。四川地区的才学之士多受地理限制难以赴考；即便辛勤跋涉抵达临安，也无法保证

---

① 《宋会要辑稿·选举》六之二二《贡举杂录四》，第5369—5370页。

最终的补试结果。得失权衡之下，大多蜀士便放弃应考。如此，通行的补试制度在四川地区几乎形同虚设，难以发挥其补录遗才的作用。

张方谏言在太学缺额中拨二三十人给蜀地。经由礼部审议，决定"每举拨太学阙额一十五名，充蜀中待补试中太学之数"①。即此后每次太学补试，固定将其中十五个录取名额留给四川地区。赴京应考后中选的蜀士，与其他地区士人并无区别，一同入读太学。至此，针对四川这一特殊地域内的应考群体，太学补试形成了固定拨额的规定，通过保证录取人数来鼓励应考、稳定士心。嘉定七年（1119），太学缺额达到二百四十七人，国子监"从嘉定四年七月三日指挥，拨十五名充蜀中待补入学之数。其余二百三十二人系诸路赴补试士人合使阙额"②。这正是对四川拨额这一特殊补试方法的落实。

（二）京学类申

"京学类申"是指临安府学生员可以类申的方式补试太学。这一规定自开禧元年（1205）制定临安府学补试法后逐渐调整、成型，至宋末太学补试消亡前一直实行。

"京学"又称为杭学，指临安府学。黄潜言，"杭于宋为行都，士之所聚为京学"③。

"类申"指相关部门将符合条件士人的档案或凭证归类上报至礼部。其本义与太学补试无关，在两宋文献中多用来表示一种行政流程。它常以政府机构为对象，如类申朝廷、类申刑部、类申转运司等；此外，宾语也可是人或职官，如"类申本路同官之贤"④"类申提举漕臣廉访使者"⑤"类申机察"⑥等。还有跟科举、太学相关的用例。如，"以举人奸弊滋多，命诸道漕司、州府、军监，凡发解举人，合格试卷姓名，类申礼部"⑦。为防舞弊，开禧二年（1206）下令各地发解试后要将合格举人的试卷及姓名上报至礼部备案。再如，"更乞内自太学，外自州军学，各以月试取到前三名程文，申御史台考察。太学以月，诸路以季。太学则学官径申，诸路则提学司类申"⑧。庆元二年（1196）下令，日后官

---

①《宋会要辑稿·选举》六之二二《贡举杂录四》，第5370页。

②《宋会要辑稿·选举》六之二二《贡举杂录四》，第5369页。

③《黄潜集》卷一四《杭州路儒学兴造记》，第529页。

④（宋）黄震撰，张伟、何忠礼主编：《黄氏日抄》卷七六《又岁终劾官状》，《黄震全集》第7册，浙江大学出版社，2013年，第2184页。

⑤司义祖整理：《宋大诏令集》卷二一九《应州郡并建仁济亭三楹于神霄宫门之隅御笔手诏》，中华书局，1962年，第843页。

⑥（宋）孙应时纂修，（宋）鲍廉增补，（元）卢镇续修：《琴川志》卷六"义役省札"，《宋元方志丛刊》第2册，中华书局，1990年，第1216页。

⑦《宋史》卷一五六《选举志》二《科目下》，第3635页。

⑧《宋会要辑稿·选举》五之一七至一八《贡举杂录三》，第5349页。

学每月考试中位列前三的文章都要送御史台考察，中央太学由学官每月上报一次，地方官学由各路提学司每季度上报一次。这些文献中，"类申"均已成词，有上报之意，用于下级对上级汇报政事或信息。

关于它的形成及具体含义，可参考《宋会要辑稿》绍圣三年（1096）六月十二日一条记载下的注文：

> 后礼部言："得解举人，许于发解开院限半月投纳家保状，委开封府、国子监类聚，限十日连申礼部。特奏名及免解举人，于五月已前叙陈举数，连家保状两本，经所属自陈，勘验诣实类聚，限八月已前结罪保明，亦连申礼部。"①

文中先后两次出现"类聚"与"申礼部"二词。所涉之事是礼部要求发解试后分别由相关部门聚集得解举人与特奏名和免解举人的家状、保状，在期限内申报至礼部，符合此前分析"类申"常用的语境和含义。由此可说，"类申"就是"类聚"与"申（部门/职官）"的缩写，具体指下级部门按类别汇聚后申报给上级部门。临安府学生员补试太学，也需要相关部门将应考士人的档案或凭证归类上报，因此使用了"类申"；而这种规定只针对临安府学，于是有"京学"一说。进而逐渐成词，合称为"京学类申"。

现存文献记载的"（京学）类申"，时间主要集中在理宗朝及理宗朝以后。而太学补试对临安府学的格外关注，早在孝宗时期就已出现。淳熙八年（1181）三月，诏令在籍的临安府学生员"从教授保明指实，委无伪冒，申州勘会给据，比类诸州待补太学生，许赴太学补试一次"②，当时不在学的生员，即"府学遗籍等人"不在此次补试范围内。淳熙八年（1181）特别允许临安府学生参与补试，应当只是一次偶发行为，此后一段时期内再未有记载。这类规定的反复或持续，到宁宗朝才真正出现。"临安府学系驻跸之地，每从优厚。"③开禧元年（1205）曾特许两千多位具有临安籍贯的士人参与补试。这年过于宽松的名额导致冒名、冒籍现象严重，谏论纷纷，促使朝廷对临安府学补试进行规范。至迟嘉定元年（1208）始，太学补试改行待补法，仍旧保留了这套补试规定，具体内容在第一章第四节中已有述及。或是由于南宋后期文献留存不足，之后一段时期内文献再无提及，直到淳祐十年（1250）才有关于"（京学）类申"的记载。开禧元年（1205）制定临安府学补试法，特别允许生员继续参与补试，是太学招生对临安府学的优待，也是京学类申的源头。

---

① 《宋会要辑稿·选举》三之五六《贡举杂录一》，第 5315 页。
② 《宋会要辑稿·选举》一七之三《教授》，第 5585 页。
③ 《宋会要辑稿·选举》六之四《贡举杂录四》，第 5360 页。

"京学类申"在特定语境下常省写为"类申"。记载这一规定最典型、最清晰的文献是宋末元初文学家戴表元所作跋文中的一段自序：

> 先生姓戴氏，名表元，字帅初，一字曾伯……先生生淳祐甲辰（笔者按：即淳祐四年[1244]）……杭学每岁贡士得三百员试礼部，中者十人入太学，谓之类申。二十六岁己巳（笔者按：即咸淳五年[1269]）用类申入太学。①

据戴氏所记，类申场所设于礼部，临安府学的考试名额共计三百，最终录取十人，比例为三十取一。宋人刘宰在《丁澹斋墓志铭》中提到："淳熙丁酉……始命举场于岁贡外，三十取一，为待补太学生。"②淳熙丁酉即淳熙四年（1177），当时待补法的解额为"每一百人取三人，零分不及三十亦取一人"③。对比可知，宋人所说百人取三即等同于三十取一，京学类申与待补法的录取比例完全相同。临安府学生员与各地待补士人同场补试已是特许之制，在录取方面并未再有优待。

戴氏自序还为理解类申提供了两个关键要素：一是"杭学"，二是"入太学"，这在其他文献记载中多能找到对应。吴潜奏议中提到"但于内有府学诸生，月书分数，类申国子监者，三年在学，实为辛勤"④。此处"府学"即临安府学，生员每就读三年⑤都有机会通过类申进入太学。宋人方大琮所书录黄中记载有"临安府类申学生李子道"⑥。宋人郑朴翁墓志铭中称其"生于嘉熙庚子（笔者按：即嘉熙四年[1240]）……癸亥（笔者按：即景定四年[1263]），以类申补太学；戊辰（笔者按：即咸淳四年[1268]），升内舍"⑦。另有元人黄溍所记："杭于宋为行都，士之所聚为京学。凡著籍其间，得以类申补太学诸生，人以比古之外廱，四方之士咸附集焉。"⑧除本贯士人外，各地游士也能附于临安府学就

---

① 莫伯骥著，曾贻芬整理：《五十万卷楼群书跋文》下册《剡源集二十八卷》，中华书局，2019 年，第 603 页。

② （宋）刘宰：《漫塘文集》卷二九《丁澹斋墓志铭》，四川大学古籍整理研究所编《宋集珍本丛刊》第 72 册，线装书局，2004 年，第 460 页。

③ 《宋会要辑稿·崇儒》一之四二《宗学》，第 2753 页。

④ 《许国公奏议》卷三《奏乞遵旧法收士子监漕试》，《丛书集成初编》第 906 册，第 74 页。

⑤ 宋高宗时，太学补试法尚未形成定制，补试时间先后经历一年春秋两补、三年一补与每年春季补试等变化。据《宋会要辑稿·职官》二八之二五《国子监》："孝宗隆兴元年（1163）三月二十三日，诏特许开补一次，其取到人，候有阙拨填。先是，都省勘会：'……欲自今举以后，应省试年分，于二三月间许开补一次。已降指挥依奏。'"（第 3775 页）直到隆兴元年，又恢复为每逢科举省试年开补。此后未见更改。因南宋科举逐渐稳定在三年一开科，故太学补试也是三年一补。

⑥ （宋）方大琮：《宋宝章阁直学士忠惠铁庵方公文集》卷三《缴奏御笔李子道邹云从应诏论事文理可采并特补将仕郎录黄》，四川大学古籍整理研究所编《宋集珍本丛刊》第 78 册，线装书局，2004 年，第 738 页。

⑦ （宋）林景熙著，（元）章祖程注，陈增杰补注：《林景熙集补注》卷五《故国子正郑公墓志铭》，浙江古籍出版社，2012 年，第 461 页。

⑧ 《黄溍集》卷一四《杭州路儒学兴造记》，第 529 页。

读,并适用类申之法。根据以上文献中出现与京学和补太学相关的信息,基本可以确定"(京学)类申"的本质就是太学补试,是对自开禧元年(1205)以来逐渐形成的临安府学补试太学规定的一种称名。

此外,"(京学)类申"与太学补试的关系还可从淳祐十年(1250)前后朝廷诏罢类申的相关记载中得到印证。淳祐间,临安已聚集了众多游学士人,愈发招致时人不满。周密在《杭学游士聚散》中写道:"朝议以游士多无检束,群居率以私喜怒轩轾人,甚者,以植党挠官府之政,扣阍揽黜陟之权,或受赂丑诋朝绅,或设局骗胁民庶。"①时人以为游士不仅败坏了临安的社会风气,甚至影响到官府行事与朝政。因此,以宰相郑清之为代表,中央朝廷"罢京学类申,欲令四方之士各归乡校"②。士人选择赴临安游学,除有物质条件、文化氛围的考虑外,太学相对宽松的解额与免解、释褐等机会更是重要原因。太学招生有针对临安府学的类申规定,临安府学也允许四方士人就读,这使通过府学进入太学成为一条捷径。如果失去类申规定,临安府学恐怕也不再具有特殊的吸引力,废罢京学类申从理论上能遏止士人寓居并驱散现有游士。同时,朝廷"行下各州,自试于学,仍照旧比分数,以待类申"③,允许地方官学自行考校,推荐人选参与补试,为这批计划通过官学补试太学的士人安排出路。这些举措与同时间太学补试法"于每举待补人数内分额之半,先就郡庠校以课试,取分数及格者,同待补生给据赴上庠补试"④的记载正相呼应。且这条诏令后还有"其天府一体施行"一句,特别强调行在临安也要共同执行。从目的上来看,均为促使各地士人尤其是寓居临安的游士回归乡里、安于地方;从政策上来看,都试图恢复地方官学参与太学补试、向中央贡入人才的模式;加之时间同在淳祐十年(1250)前后。因此,可以判断两者实为一事,罢京学类申就是停止临安府学补试太学的行为。

不过据文献来看,这次废罢最终未能成功。时有朝臣程公许奏言:

> 近一旦忽以乡庠教选而更张之,为士亦当自反,未可尽归咎朝廷也……今士子扰扰道途,经营朝夕……京邑四方之极,而庠序一空,弦诵寂寥,遂使逢掖皇皇,市廛敢怨而不敢议,非所以作成士气、尊崇教化也。⑤

---

①《齐东野语》卷六《杭学游士聚散》,第 110 页。
②《宋史全文》卷三四《宋理宗四》,淳祐十一年七月癸未条,第 2808 页。
③《齐东野语》卷六《杭学游士聚散》,第 110 页。
④《宋史全文》卷三四《宋理宗四》,淳祐十年十月丙午条,第 2803 页。
⑤《宋史》卷四一五《列传·程公许》,第 12459 页。

可以看出,诏令下达后,众多士人有反对之意,依旧逗留临安,"未还乡井"①。程公许认为,短时间内完全以地方官学替代临安府学作为补试途径,操之过急,难免有怨反之声,不利于鼓舞士气、推崇教化。朝堂上,在宰相郑清之授意下,殿中侍御史陈垓弹劾程氏;但也有参知政事吴潜、同知枢密院徐清叟等人责论陈垓以支持程氏。朝臣对罢类申的举措本就褒贬不一。"太学生刘黻等百余人、布衣方和卿伏阙上书论垓",也再次说明士人对此多持反对态度。② 又逢教官林经德针对士子上请失言③,加剧了士人群体与中央政府间的矛盾。于是,此后朝廷虽表面仍声称"科举在近,可令临安守臣晓谕士子,早还本乡";但实际已经选择了缓和与妥协:诏"其游士出学年久不能赴乡举者,与赴浙漕试,令行考校,仍取待补,以示优恤",允许游士继续停留临安并赴两浙转运司单独进行补试,稳定士心。④ 在具体执行中,临安府学"以三百名内,一半取土著,一半取游士"⑤。从考试对象和名额来看,与此前的京学类申并无差别。另外,姚勉在宝祐元年(1253)殿试对策中也曾提及此事:"朝廷曩欲士子之安乡井,乃遍州郡而行类申⑥。曾不几时,又复中变,于是补闱之士云集京师。"⑦因此说,淳祐年间朝廷罢类申、遣散游士的尝试以失败告终。

现有记载中,参与过京学类申的实例除戴表元、李子道、郑朴翁外,宝祐元年(1253)状元姚勉也是其中之一。据考证,姚勉曾先后于淳祐七年(1247)和十年(1250)两次参与太学补试,但最终都未发解。⑧ 他曾以京学类申补试太学,这点在其多篇诗文中可以找到印证:《贺新郎·剑吼蛟龙怒》与《贺新郎·长啸山中卧》两篇词作,题目后分别注有"京学类申时作"和"京学类申后作",可视为直接证明。在通过发解后写给地方考官的《发解谢判府蔡寺丞启》中,有"屡罢辟雍之群试,遂媒京泮之类申"一句,京泮就指临安府学;另一篇《发解谢新昌赵判县启》中载"虽报罢公闱之旅进,亦尝魁天邑之类申",称自己曾在发解试中落第,也曾参与过临安的类申。宝祐五年(1257)姚勉奉旨任签判官,他在《得旨责任金判一次申省状》中写自己"虽尝挂京泮之名,不过就类申之试",直言在

①《宋史全文》卷三四《宋理宗四》,淳祐十一年七月癸未条,第 2808 页。

②《宋史》卷四一五《列传·程公许》,第 12459 页。

③"会教官林经德对士子上请语微失,于是大哄肆骂。"(《齐东野语》卷六《杭学游士聚散》,第 110 页)

④《宋史全文》卷三四《宋理宗四》,淳祐十一年七月癸未条,第 2808 页。

⑤《齐东野语》卷六《杭学游士聚散》,第 110 页。

⑥此处及周密《杭学游士聚散》的"以待类申"中,"类申"都泛指补试。

⑦(宋)姚勉著,曹诣珍、陈伟文校点:《姚勉集》卷七《癸丑廷对》,上海古籍出版社,2012 年,第 57 页。

⑧李莉:《宋季科举社会视角下的姚勉研究》,华中师范大学硕士学位论文,2020 年,第 22—23 页。

临安府学就读不过是为通过类申补试太学，亦为一证。①

自开禧元年（1205）制定临安府学补试法以来，太学补试逐渐形成京学类申的规定。这是南宋临安府学生员这一来自特殊地域应考群体独有的补试方法，更是影响了南宋后期太学补试法走向与性质的重要规定。"（京学）类申"在文献中集中出现在理宗朝及以后，始终与南宋后期实行的待补法共同存在，所以该时期太学补试的实质是混补。将京学类申作为新材料引入南宋太学补制度的研究，能补正此前对南宋后期太学补试方法的认识。

三、太学补试与国子学补试：从南宋补试看"国子学太学化"

首先需要明确，南宋时作为行政机构的"国子监"与作为教育机构的"国子学"已截然有别。国子学与太学都是中央官学的重要组成，隶属于国子监，接受其管理。针对两宋时太学与国子学的关系，李弘祺率先提出北宋两学经历了合二为一的过程，南宋以后两学在组织及师生成员上没有分别。② 朱瑞熙、张邦炜与其观点相近，认为入宋后国子学逐渐向太学转化，并最终二学归一，回复到太学单轨制。③ 在李弘祺"国子监太学化"④的基础上，张邦炜将这一趋势细化为"国子学走向太学化"⑤。

绍兴十三年（1143），朝廷下令修立监学新法，⑥恢复国子学的招生与教学。相比北宋二百人的员额，南宋国子学仅保留有八十人，⑦规模缩小，始终未见增额。太学规模在南宋则有所扩大，初设三百员，到开禧、咸淳间曾两次达到近一千七百员。同隶属于国子监管理，国子学在其中的占比日渐缩小，与太学的人数差距逐渐增大。国子学开始

---

① 《姚勉集》卷四四，第 507、508 页；卷二三，第 271、274 页；卷二七，第 317 页。

② 李弘祺：《宋代教育及科举散论》，《宋代教育散论》，第 98 页。

③ 朱瑞熙、张邦炜：《论宋代国子学向太学的演变》，原载邓广铭等主编《宋史研究论文集》，河南人民出版社，1984 年，后收入张邦炜《宋代政治文化史论》，人民出版社，2005 年，第 430—451 页。

④ 李弘祺：《宋代教育史研究的几个方向》，《宋代教育散论》，第 75 页。

⑤ 张邦炜：《宋代学校教育的时代特征：着眼于唐宋变革与会通的观察》，《四川师范大学学报（社会科学版）》2016 年第 5 期，第 5—13 页。

⑥ "（绍兴）十三年二月二十三日，诏有司将元祐、绍圣监学法并见行条法一处参定，修立监学新法，悠久遵守。"（《宋会要辑稿·职官》二八之二三《国子监》，第 3773 页）

⑦ "（绍兴十三年）五月十六日，诏国子监生不以已未出官，权以八十人为额。先是，比部郎中林保有请，国子监勘会，旧国子生二百人为额，内有官人不得过四十人，故有是命。"（《宋会要辑稿·职官》二八之二三《国子监》，第 3773 页）

附于太学就读,沦为其中一斋。① 从物理空间看,国子学已融入太学;在日常运转中,又丧失了独立办学的地位。以上史实,似乎有利于佐证"国子学太学化"的观点,但这种趋势在南宋是否得到推进? 以下从太学与国子学补试的角度出发,对南宋国子学与太学的关系进行考察,认为南宋时没有进一步实现"国子学太学化"。

第一,从太学与国子学补试的资格认定来看,待补太学生与待补国子生界限分明。想通过补试进入太学就读的群体,被称为"待补太学生";想通过补试进入国子学就读的群体,被称为"待补国子生"。此处"待补"不再指狭义的补试方法,而是"等待补入"的意思。绍兴十六年(1146)规定,国子生"若所随亲替移,听改充太学生",其入学时长、在学积分等数据在国子学的基础上继续计算。② 至乾道二年(1166),又规定"如太学生遇有期亲任清要官,更为国子生",并与普通国子生一样不能参与升舍、不能担任校内职事。③ 由此来看,太学生与国子生的身份是双向流动的,发生转换的标准就是当年国子学的招生要求。亲属所任官超出招生范围,生员将由国子学生变为太学生;反之,则由太学生变为国子学生。其中,国子学招生要求包括亲属职官品阶与血缘关系远近两部分。据现有研究,不论从哪项要求来看,南宋国子学的招生范围都是逐渐缩小的。④ 虽然这种双向转换发生在士人入学、失去待补身份后,但恰从侧面说明,南宋时对国子学生与太学生还有着严格区分,二者边界清晰,并不存在融合的现象。待补太学生与待补国子生也是如此。

第二,从太学与国子学补试的文书凭证来看,太学补试必须持有官员保状与地方公据,国子学补试必须持有官方牒文,二者要求不同。首先讨论保状与公据。太学补试,官员保状与地方公据缺一不可。据绍兴十三年(1143)太学补试法规定,"虽不住学,而曾经发解,委有士行之人,教授委保,申州给公据,赴国子监补试"⑤。曾经通过发解且品行良好的举人,必须拿到地方官学教授的保状和州府提供的官方证明后才能参与补试。而国子学补试,官员保状或地方公据有一种即可。据绍兴十六年(1146)五月十六日诏:"国子生免住本贯学,只令依条召京朝官二员委保。如有本贯公据,免召保官,并

---

① "宗庠之设……依国子生附太学例,于太学辟一斋以处之。"(《宋会要辑稿·崇儒》一之一四《宗学》,第2734 页)

② 《宋会要辑稿·职官》二八之二四《国子监》,第 3774 页。

③ (元)马端临撰,上海师范大学古籍研究所、华东师范大学古籍研究所点校:《文献通考》卷四二《选举考》三《太学》,中华书局,2011 年,第 1233 页。

④ 袁征:《宋代教育》,第 175—179 页。

⑤ 《宋会要辑稿·崇儒》一之三二至三三《宗学》,第 2745—2746 页。

补试，别为考校。"①待补国子生参与补试需两位京朝官做保，如能提供本贯官府出具的证明，则可免保。在武义出土的徐谓礼文书录白印纸中，保存有两份与国子学补试相关的保状，时间均在淳祐七年（1247）四月。② 其中一份，是徐谓礼为大监上官涣酉的亲属所写：

> 行在国子监
>
> 　据本官状："委保应补国子生上官子直、上官鹏举、上官子龙、上官必强、上官当可、上官必胜、上官祐之、上官涣深、上官涣大、上官仲舒、上官必得，委系上官大监涣酉小功以上亲，今欲依已降指挥，合赴国子监补试，即无违碍。如有伪冒不实，甘从绍兴十一年二月十三日及节次近降指挥施行。"须至批书者。
>
> 　淳祐七年四月　　日。
>
> 官押。

另一份，是其为阁门宣赞舍人杨克宽的亲属所写：

> 行在国子监
>
> 　据本官状："委保应补国子生杨元泽、杨元溥，委系阁门宣赞杨舍人克宽亲男，见今随侍同居，依已降指挥，合赴国子监补试，即无违碍。如有伪冒不实，甘从绍兴十一年二月十三日及节次近降指挥施行。"须至批书者。
>
> 　淳祐七年四月　　日。
>
> 官押。

通过这两份文书，徐谓礼分别保证上官子直、上官鹏举、上官子龙等十一人是上官涣酉的小功以上亲以及杨元泽、杨元溥两人同为杨克宽之子，并无伪冒身份的现象，符合国子学补试要求。这两份录白印纸的传世，真实还原出南宋国子学补试所需保状的书写内容与格式。

其次讨论牒文。入宋，太学开始承担起教育民众的功能，补试对象除低品阶官员的亲属外，更多为俊异庶人。国子学补试对象则更具特殊性，全为官员亲属，因此补试国子学一定需要牒文。如乾道二年（1166）六月礼部有言："待补国子生，欲将有期亲在朝作清要官，谓太学博士馆及监察御史以上。许牒子弟作待补国子补试。"③明确规定在朝清要官期亲以上可做待补国子生，参与国子补试需要官方出具牒文。此外，在宋人刘

---

① 《宋会要辑稿·职官》二八之二四《国子监》，第 3774 页。
② 包伟民、郑嘉励编：《武义南宋徐谓礼文书》录白印纸第九卷，中华书局，2012 年，第 251—252 页。
③ 《宋会要辑稿·职官》二八之二六《国子监》，第 3775—3776 页。

攽的《彭城集》中保存有一篇《国子监补监生牒词》，作："国家以诗书礼乐教育，诸生以德行道艺应选，上下相待，如此其重。虽未列于爵禄，而士子已贵矣。然国家与人不求备，故占小善者皆不遗之焉。而诸生有志于古人，则其自任者宜勉之耳。"这篇牒词虽为北宋时所作，但也能大致勾勒出宋代国子学补试所需牒文的部分面貌。

第三，从太学与国子学补试的应考待遇来看，除补试外，待补国子生还享有直接参与国子监发解试的资格。乾道四年(1168)国子监上言："元许见任职事官以上牒大功以上亲，作待补国子，赴发解试，即乾道五年(1169)国子补试，合依上项待补国子解试，属牒送施行。"①国子监谏言允许现任职事官以上的官员持牒文推荐大功以上亲属做待补国子生，并可参加乾道四年(1168)的国子监发解试。乾道五年(1169)国子学补试，将按照待补国子生此次赴发解试的条例，需出具牒文才能考试。这条文献明确记载了待补国子生不仅可以参加国子学补试，甚至可以参加开行时间更早的国子监发解试。另，据乾道四年(1168)国子监发解所上言，规定解额内，"不满年太学生""满年国子生"和"待补国子生"都出现了不足录取一名的零头没有解额取放的问题。② 参加国子监发解试的太学生与国子学生，无论就读时长是否达标，理应归发解所管辖。但预备参加补试的待补国子生，也存在解额问题并由发解所处理，说明的确有待补国子生参与了乾道四年(1168)国子监发解试。除官方奏令外，文献中还记有此类实例。绍熙四年(1193)，士人余游补试中选，随即遭遇丁忧，直至庆元元年(1195)七月服丧期满，返回太学。此时，符合条件的在学生员皆已免解，只有余游一人要参加国子监发解试，他主动提出"情愿折分，与待补国子生一处收试"③，表明待补国子生也可以参加发解。待补国子生发解时还未进入国子学，但发解后的出路与普通国子生、太学生并无区别。如，《宋史》绍定四年(1231)记有"待补国子生到省者"④，这批士人应当就是以待补国子生的身份参与国子监发解试，通过后进入省试，绕开官学走上科举仕进之路。在除补试以外能否额外应考这一方面，待补国子生的确享有优于待补太学生的待遇。

第四，从太学与国子学补试的录取比例来看，本文所见的四条材料显示，国子学补试的录取比例高于一般太学补试，并远高于京学类申。据绍兴十六年(1146)五月十六日诏，"国子生……补试，别为考校。仍仿庆历取解例，每十人取三人，零分计数约

---

①《宋会要辑稿·职官》二八之二六《国子监》，第 3776 页。
②《宋会要辑稿·选举》一六之一五《发解三》，第 5571 页。
③《宋会要辑稿·选举》一六之二九《发解三》，第 5578 页。
④《宋史》卷一五六《选举志》二《科目下》，第 3639 页。

取"①。国子学补试每十人录取三人，不及十人可酌情处理，录取比例在 30％；如果当次考试成绩不佳，可将合格率降低五厘，即 25％。另据袁征所言，"孝宗朝以后，国子监入学考试的合格率视考生人数临时决定，最高不超过三分之一，最低不少于五分之一"②，比例在 20％—30％③间。据乾道五年（1169）五月十四日诏，"太学补试，七人取放一名，零数更取一名"④。太学补试每七人录取一人，不及七人亦取一人，比例在 14％，比国子学取人比例降低了约一半。本文第二章第二节曾指出，京学类申作为南宋太学特殊的补试方法，每三十人录取一人，比例在 3％。如果不算太学补试从地方推荐到中央时曾经过初次淘汰，仅就最终录取而言，京学类申的补试方法是以上三项中比例最低、取人最难的，国子学补试则是最为宽松的。

南宋一朝，太学与国子学共同接受国子监的领导和管理，同为中央官学的重要组成。虽然国子学在物理空间上向太学移动、融合，呈现出"附"的现象；但从补试的角度出发，太学补试与国子学补试在认定考生身份资格、获取考试文书凭证、赋予考生额外待遇、制定考试录取比例四个方面还存在着非常显著的区别。南宋太学与国子学在人才培养上可以概括为走向同一的趋势，但在人才选拔这个关键环节上仍是界限分明。有宋一代，尤其是在北宋突出发展的"国子学太学化"趋势，在南宋时未能得到实质性的推进。

四、结　语

绍兴十三年（1143），太学与国子学恢复了招生和教学。自此之后，南宋太学补试在混补法与待补法之间交替实行，先后经历了"混同补试—待补—混补—待补之名、混补之实"四个阶段的沿革。在太学的招生对象中，有两类来自特殊地域的士人受到优待：一类是蜀地士人，有为其单独划分入学员额的"四川拨额"；一类是临安府学生员，南宋后期逐渐形成"京学类申"。通过解读有关京学类申的文献，并与同时期补试记载进行对应，可以认为从开禧元年（1205）起，太学长期以类申的方式向临安府学生员开放入读机会。自此之后，文献记载虽仍有待补之说，实际开行却是混补之法。这成为南宋后期

---

① 《宋会要辑稿·职官》二八之二四《国子监》，第 3774 页。
② 袁征：《宋代教育》，第 177 页。
③ 本文在第 12 页曾对宋人的比例进行讨论，"宋人所说百人取三即等同于三十取一"。由此推算，三分之一与 30％亦为同一比例。
④ 《宋会要辑稿·崇儒》一之一三九《宗学》，第 2750 页。

太学补试的一大特点，也是前人研究尚未厘清之处。

　　两宋太学生经私试、公试可以升等，获得免发解试甚至免省试的待遇，少数优秀者更可直接释褐为官。宋代科举中，发解试是竞争最为激烈的考试，江南地区的录取比例约在百分之一；省试是最为关键的考试，宋代逐渐形成"殿试不黜落"的规定后，如无意外，省试合格便意味着科举登第。因此，入读太学成为众多士子登科入仕的捷径。南宋太学补试的混补法与待补法各有利弊：混补法能扩大选拔人才的范围，除举子外，底层官员子弟及乡贤庶士等符合条件者均可被保荐参与太学补试；也正因其取士广泛，官方对补试资格的审查难度加大，伪造履历、假冒身份等舞弊现象增多。待补法只允许参加科举的士人补试太学，有违其广纳人才、为国养士的宗旨；又因举子曾在科举中经过严格的资质审查，减少了伪造、冒滥现象的发生。南宋一朝，太学补试在混补与待补间交替施行，互为补正，晚期又出现了待补与京学类申并存的规定。南宋太学补试法的确立与沿革，为明代"科举必由学校"①的考试模式奠定了基础。

　　国子学作为南宋中央官学的组成之一，生员规模缩小，斋舍附于太学。进入其中就读，待补国子生仍需通过国子学补试。针对学者提出的有宋"国子学太学化"这一命题，本文认为南宋两学在地理空间、机构管理等人才培养方面渐趋融合，但在资格认定、文书流程、考试待遇、录取比例等关系重大的人才选拔方面依旧呈现出严格区分。由此，"国子学太学化"的趋势终南宋一朝未有进一步发展。

---

① (清)张廷玉等：《明史》卷六九《选举一》，中华书局，1974 年，第 1675 页。

宋代"宾兴"的定位与作用

闽江学院 毛晓阳

21世纪以来,随着科举学日益成为一门新兴的显学,有关科举宾兴的研究,也日益引发了人们的关注。① 何谓"宾兴"? 最常见的义项是指古代的一种以助考为目的的教育公益基金组织。但这不是唯一的解释,自《周礼》"宾兴"释义开始,至清代科举中的"宾兴",历来众说纷纭。兹选取宋代"宾兴"的涵义,予以讨论,期有助于理清宾兴与宋代科举的关系。

有宋一代,扬文抑武,理学勃兴。宋儒满怀自信,欲为天地立心,主张"六经注我"。对于周代选士制度,宋儒不仅开始以"宾兴"进行称谓,而且以之作为典故,在论及以科举制为主的历代选士制度时,开始用"宾兴"代指当时的科举制,或特指科举制中的解试。而随着贡士庄、进士庄等助考公益基金的大量出现,个别地方的此类助考基金也开始以"宾兴"命名。

一、首称周代选士制度为"宾兴"

北宋时期,人们已经开始用"宾兴"或"宾兴之礼""宾兴之法""宾兴之制""宾兴贤能"或"三物宾兴"等词语指代周代的选士制度。他们不仅在注解经书时这样用,在日常书写时也是如此。如张方平(1007—1091)《三公为乡老论》言及周代选士制度:"贤者能者,则行宾兴之礼而献于王。"②汪藻(1079—1154)《柳州修学记》谈及三代教育、选举之制:"更六七圣人而至成周,教养、宾兴之法备矣。"③袁燮(1144—1224)《絜斋毛诗经筵

---

① 毛晓阳:《清代科举宾兴史》,华中师范大学出版社,2014年;毛晓阳:《清代宾兴公益基金组织管理制度研究》,人民出版社,2014年;杨品优:《科举会社、州县官绅与区域社会——清代民国江西宾兴会的社会史研究》,中国社会科学出版社,2018年。
② (宋)张方平:《乐全集》卷一六《论》,《景印文渊阁四库全书》第1104册,台湾商务印书馆,1986年,第129页。
③ (宋)汪森:《粤西文载》卷二五《记》,《景印文渊阁四库全书》第1466册,第73页。

讲义》言古代下层百姓无权参与选士："兔罝之人，执此贱役，教养之所不预，宾兴之所不及，宜其才质暗劣，不足与进于善也。"①王与之(生卒年不详，南宋温州乐清县人)《周礼订义》："(三老)三年大比，乃与乡大夫帅其吏与其众寡，而行宾兴贤能之礼。"②宋儒用"宾兴"直接代指周代选士制度，使"宾兴"从最初的偏正结构动词发展为专有名词。

　　宋儒对"宾兴"的这种用法，一般是在人们讨论科举制的利弊得失时出现，而大致肇始于王安石托古制变科举前后，且大多认为周代宾兴是最为理想的选才方式。如吕陶(1028—1104)在《西汉论》中批评西汉王朝"舍其远者大者，而取其近者小者以行之"，其表现之一便是"不遵贤能宾兴之制，而务察孝廉"③，认为西汉察举制不如周代"贤能宾兴之制"。刘安节(1068—1116)《州郡立学皆置学官》也说："愚尝谓三舍之法，视宾兴为不足，视科举为有余。何以言之？宾兴之法，详于行而略于言。三舍之法，详于言而略于行。则取人以言者，不若行之为愈也。三舍之法，屡试而后补，科举之法，一试而得之，则取人以暂者，不若久之为愈也。"④也就是认为"科举之法"不如"三舍之法"，"三舍之法"又不如"宾兴之法"。吕祖谦(1137—1181)对比科举与宾兴的区别时，则特别指出了宾兴制对人才的尊重："《周礼》以乡三物教民，谓之宾兴。只看'宾'之一字，当时盖甚尊事。详考前一段。他是一个本末度数，精详具备，固不必说。只看他宾兴之三年大比，献贤能之书于王，王拜受之，登于天府，内史贰之。如此其重！及至后世，如饮墨水、如夺席脱容刀，如棘围，如糊名，若防奸盗然。"⑤显然，吕祖谦对于周代宾兴确实是由衷地赞叹。

　　宋儒用"宾兴"等相关词语称谓周代选士制度，对后世影响很大。如元人杨恭懿(1224—1294)议科举法："三代以德行六艺宾兴贤能。"⑥明人俞汝楫(生卒年不详，万历年间藏书家)《礼部志稿》："国初仿古宾兴之制，定以子午卯酉年秋八月，各直省皆试士于乡，中试者贡于礼部。"⑦清人李周望(1669—1730)《进士题名碑录序》："乡士曰选士，

①(宋)袁燮：《絜斋毛诗经筵讲义》卷一《诗序一》，《景印文渊阁四库全书》第74册，第10页。
②(宋)王与之：《周礼订义》卷一八，《景印文渊阁四库全书》第93册，第298页。
③(宋)吕陶：《净德集》卷一六《论》，《景印文渊阁四库全书》第1098册，第124页。
④(宋)刘安节：《刘左史集》卷四《策》，《温州文献丛书》，上海社会科学院出版社，2006年，第75页。
⑤(元)马端临：《文献通考》卷三二《选举考五·举士》，《景印文渊阁四库全书》第610册，第711—712页。
⑥(明)冯从吾：《元儒考略》卷二，《景印文渊阁四库全书》第453册，第776页。
⑦(明)俞汝楫：《礼部志稿》卷二三《仪制司职掌·贡举·科举》，《景印文渊阁四库全书》第597册，第423页。

升于国曰造士,大司马所辨论则曰进士,此三物宾兴之典也。"①而当今学者在谈及古代人才选拔制度时,也有人直接将周代的选士制度称为"宾兴"。如谌新民等编著《人员测评技巧》将古代人员素质测评的方法大致分为选、举、考、用等几种,其中"选"的具体形式便包含了宾兴制、禅位制等,认为宾兴制"一般是召集乡里民众,把最具有贤与能的人推选出来,担任官职"②。谢燮正《中国人才制度史略》则发明了"物教宾兴制"这一名称,该书第四章第 2 节的标题即为"周代的物教宾兴之法"③。

前文已指出,尽管郑玄、孔颖达等汉唐时期的经学家将《周礼》《礼记》中的选士制度描述为一个统一的整体,但在《周礼》和《礼记》的原文中,二者事实上存在较大的差异。对此,宋儒并不甘心无条件接受汉唐学者的观点。如王与之《周礼订义》便指出:"成周宾兴之法,初不过宾之于乡,而用之于乡耳。"④认为周代宾兴只施行于"乡"一级。而唐仲友(1136—1188)《帝王经世图谱》卷十的"乡遂宾兴之图"与"王制升选之图",就是用图的形式将周代的选士制度分为《周礼》的"乡遂宾兴"与《礼记》的逐级"升选"两种类型。⑤ 当然,也有一些学者接受汉唐经学家的观点,认为二者其实就是一种选士制度,如张方平便认为,"周之取士,爰始庠塾。乡老举秀茂而宾其礼,司徒教行艺而升诸学,乐正品俊造而进其名,司马辨官材而定其论"⑥,也就是认为周代人才经过"庠塾"等地方学校的培养,然后由乡老选拔、举送给司徒,司徒经过进一步教育之后,通过考选升入大学,由大乐正加以培养、考选,最后经由司马考定等次,由相关部门封官定爵、颁禄考计。

宋儒关于周代选士制度的两种观点,对后世也形成了较大的影响。如明代丘浚《大学衍义补》便认为,夏商周三代都是施行同一种选士制度:"乡学所教之士,大夫论其秀者升之司徒,则谓之选士……选士之中,有不安于小成者,司徒又论而升之国学……此二等,皆谓之造士。造者,成也。由选士而为造士,是乡学所进者,则用之为乡遂吏;由俊士而为造士,是国学所进者,则进之于大乐正。大乐正于是乎论其秀颖者以告于王,

①(清)文庆、李宗昉纂修,郭亚南点校:《钦定国子监志》卷七九《艺文志》,北京古籍出版社,2000 年,第 1423 页。按:此段引文点校本作"此三物,宾兴之典也",将"三物"误作选士、造士和进士,当误。"三物"其实是指"六德、六艺、六行",它与"宾兴"一起组成固定表述,不可断开。
②谌新民、刘善敏:《人员测评技巧》,广东经济出版社,2002 年,第 20 页。
③谢燮正:《中国人才制度史略》,吉林人民出版社,1987 年,第 132 页。
④(宋)王与之:《周礼定义》卷一八,《景印文渊阁四库全书》第 93 册,第 303 页。
⑤(宋)唐仲友:《帝王经世图谱》卷一〇,《摛藻堂四库全书荟要》第 245 册,台湾世界书局,1990 年,第 401 页。
⑥(明)杨士奇:《历代名臣奏议》卷一六四《选举》,台湾学生书局,1985 年,第 2174 页。

而升诸大司马焉,是之谓进士也。"①而清代秦蕙田《五礼通考》则表示,周代选士有两种方式:"古者取士于乡有二法,一则由乡而升司徒,由司徒而升大学,学成然后用之,《王制》所谓造士是也;一则三年大比,兴其贤能,直达于王,不复令入国学,《周礼》所谓宾兴是也。"②

二、用"宾兴"代指科举制

从史籍的记载来看,用"宾兴"代指科举制,最早也是始于宋朝。如度正(1166—1235)《奉谒夔州何异侍郎》:"制置侍郎阁学台座俯从乡论,营求胜地,改建贡闱,严严翼翼,实称朝廷所以宾兴贤能之意。"③又如南宋绍兴十年(1140)下诏:"三岁宾兴之制,肇自治平,爰暨累朝,遵为彝典。"④再如吕祖谦《白鹿洞书院记》:"熙宁初,明道先生在朝建白,学制、教养、考察、宾兴之法,纲条甚悉。"⑤最后如文天祥《门谢表》:"宾兴下诏,同天地宗祀之彝;科举取人,代造化爵贤之柄。"⑥都是直接用"宾兴"对接当时的科举制度。

宋儒对"宾兴"的这种用词方式,也被元、明、清时期继续沿用。如元人揭傒斯(1274—1344)《许处士许墓志铭》:"延祐宾兴贤能,乃大治毛、郑及朱子之说,以继先业。有司举进士试,则以经未明、行未修,谢不敢出。"⑦李存(1281—1354)《送朱可方序》:"圣天子又忧乎林岩之间,有不屑于自进,而非常调所得者,复为成周宾兴之礼以来之。"⑧明人金幼孜(1368—1432)《赠进士萧迪哲序》:"(永乐十五年)适当宾兴贤能之秋,天下之士来会试者凡三千余人,而迪哲亦与计偕。"⑨杨荣(1371—1440)《送进士周南巽还吉水诗序》:"朝廷重科目之选,每宾兴之岁,合天下所贡之士,会试于京师,拔其尤者,礼部以其名闻于上,乃亲策而试之。"⑩清代《钦定大清通礼》:"岁届宾兴,殿试胪

---

①(明)丘浚:《大学衍义补》卷九,京华出版社,1999年,第74页。

②(清)秦蕙田:《五礼通考》卷一七三《嘉礼·学礼》,《景印文渊阁四库全书》第139册,第162页。

③(宋)度正:《性善堂稿》卷三《五言律诗》,《景印文渊阁四库全书》第1170册,第170页。

④(元)马端临:《文献通考》卷三二《选举考五》,《景印文渊阁四库全书》第610册,第692页。

⑤(宋)吕祖谦:《东莱集》卷六,《景印文渊阁四库全书》第1150册,第54页。

⑥(宋)王应麟:《宋宝祐四年登科录》卷四,《景印文渊阁四库全书》第451册,第117页。

⑦(明)程敏政辑撰,何庆善、于石点校:《新安文献志》卷八八,黄山书社,2004年,第2177页。

⑧(元)李存:《俟庵集》卷一六,《景印文渊阁四库全书》第1213册,第688页。

⑨(明)金幼孜:《金文靖集》卷七,《景印文渊阁四库全书》第1240册,第713页。

⑩(明)杨荣:《文敏集》卷一四,《景印文渊阁四库全书》第1240册,第217页。

传后,诸进士诹吉,诣国学释褐,乃释菜于先师。"①乾隆《永福县志》卷七《选举志》:"国朝宾兴大典,文武并重,乡会试仍明旧制。"②而 1901 年湖南石门县人阎镇珩(1846—1909)所著《六典通考》则用"宾兴"统称历代的人才选拔制度,该书设有"宾兴考"5 卷,其中前 2 卷为"周宾兴",后 3 卷为"历代宾兴",包括两汉、魏、晋、南北朝的察举制与九品中正制以及隋唐至明清的科举制,还包括历代的童子科和武科举。③

三、用"宾兴"代指解试

由于《周礼》《礼记》对周代选士制度具体内容的记载有所不同,宋儒对其也形成了两种理解。其中,认为周代宾兴仅仅施行于"乡"的观点,也导致宋儒以周代的"乡"对应于宋代的"府""州""军",从而用"宾兴"代指宋代的解试。如《景定严州续志》:"贡院,在州学之西。宾兴就试者逾七千人,解额仅十八人。"④程珌(1164—1242)《徽州贡院记》:"新安贡宇,地于宣和,嗣建未遑也。岁宾兴,则假诸宣庙、州庠。"⑤严州、徽州贡院是宋代举行发解试的地方,文中的两处"宾兴"自然都是指解试。

宋儒的这种用词方法,也影响了元明清时期的学者。不过,元明清时期改解试为乡试,因而时人便常用"宾兴"代指乡试。如元人苏天爵(1294—1352)《常州路新修庙学记》:"故必孝弟称于乡间,信义服于朋友,始得宾兴于乡,荐之春官,贡于天子之廷,论定而后官之。"⑥明人王直(1379—1462)《兵部尚书赠荣禄大夫少保兼尚书邝公神道碑》:"宾兴之岁,公设科取士,厚其礼而峻其防,得人为多。且撙节其费,以待会试。"⑦周叙(1481—1560)《祝先生墓表》:"每宾兴之岁,藩方争聘为考试官。所历四川、河南、江西、福建,皆称得人,而江西尤盛。"⑧清人张玉书(1642—1711)《十三太史合稿序(代)》:"酉岁肇举宾兴,令甲未布,余不佞承匮典南省试。"⑨万际瑞(1667—1737)奏称:"文科宾兴

————————

① (清)弘历:《钦定大清通礼》卷一一《吉礼·先师春秋释奠》,《景印文渊阁四库全书》第 655 册,第 188 页。

② (清)陈焱:《乾隆永福县志》,成文出版社,1967 年,第 281 页。

③ (清)阎镇珩:《六典通考》,江苏广陵古籍刻印社,1990 年,第 396—422 页。

④ (宋)方仁荣、(宋)郑瑶:《景定严州续志》卷三《贡举》,《景印文渊阁四库全书》第 487 册,第 547 页。

⑤ (宋)程珌:《洺水集》卷七,《景印文渊阁四库全书》第 1171 册,第 312 页。

⑥ (元)苏天爵:《滋溪文稿》卷三,《景印文渊阁四库全书》第 1214 册,第 42 页。

⑦ (明)王直:《抑庵文集》卷七,《景印文渊阁四库全书》第 1241 册,第 149 页。

⑧ (明)程敏政:《明文衡》卷九四,《景印文渊阁四库全书》第 1374 册,第 739 页。

⑨ (清)张玉书:《张文贞集》卷五,《景印文渊阁四库全书》第 1322 册,第 466 页。

之期,钦命廷臣典试,抚臣为之监临。"①《台湾"私法"人事编》载"绅衿法例":"科考列一、二等者,册送宾兴。三等候考遗才,录取者册送,不取者不准乡试。"②由于用"宾兴"代指乡试的现象日益普遍,因而清代某些省份便用"宾兴"来命名该省之乡试法规。如康熙五年(1666)福建省布政司印行的乡试考场规则,便是题为《宾兴事宜》。③

四、用"宾兴"命名助考公益基金

两宋时期,重文轻武,进士科风光无两,科举的社会影响日益广泛。各府州参加解试的人数不断增多,南宋时期更是动辄过万。如福州为"八闽"之一,北宋元祐(1086—1094)年间解试考生"才三千",不久便增加到 5 倍,南宋乾道元年(1165)达到了 17000 多人,淳祐元年(1241—1252)更增加到 2 万人,而福州所分配到的解额仅为 62 人④。激烈的考试竞争使不少士子因考致贫,陷入了进退两难的境地。为了帮助本地考生赴试,很多地方官便设法建立贡士庄、兴贤庄等助考公益基金,利用田租收入资助赴试考生。也有一些地方的贡士庄是由官员或地方士绅捐资设立。⑤

在宋代贡士庄等助考公益基金组织中,也出现了用"宾兴"命名的案例,如江南西道临江军新喻县便有"宾兴庄"。据隆庆《临江府志》卷十三《杂志》:"(新喻县)宾兴庄,宋绍兴初,郡守赵思雄置。今废。"⑥又同治《新喻县志》卷五《学校志》记载,新喻县学"又有宾兴庄、贡士庄,皆置于宋。明景泰间尚存。今亡"⑦。尽管相关地方志并未明确记载宋代新喻县宾兴庄的具体职能,但宾兴庄被载于《学校志·学田》部分,且与"义廪""贡士庄"归在一处,表明其性质应当也是一种助考公益基金。

---

① (清)胤禛:《世宗宪皇帝朱批谕旨》卷一五九《朱批万际瑞奏折》,《景印文渊阁四库全书》第 422 册,第 659 页。
②《台湾"私法"人事编》,《台湾文献丛刊》第 117 种,台湾银行经济研究室,1957 年,第 105 页。
③ 杨一凡、田涛:《中国珍稀法律典籍续编》第 7 册,黑龙江人民出版社,2002 年,第 175—197 页。
④ (宋)梁克家:《淳熙三山志》卷七《公廨类一》,《宋元方志丛刊》第 8 册,中华书局,1990 年,第 7849—7852 页。
⑤ 参见毛晓阳:《清代科举宾兴史》,华中师范大学出版社,2014 年,第 54—62 页。
⑥ (明)管大勋:《隆庆临江府志》卷一三《杂志》,上海古籍书店,1962 年,原书未编页码。
⑦ (清)文聚奎、祥安:《同治新喻县志》卷五《学校志》,清同治十二年刻本,第 36/2 页。

唐宋"名片"与官僚政治

西北师范大学　崔健健　施惠芳

中国以"礼仪之邦"闻名于世,注重交际礼仪更是古今常态。王符《潜夫论》有云:"人惟旧,器惟新,昆弟世疏,朋友世亲,此交际之理,人之情也。"①叶梦珠《阅世编》亦云:"交际之礼,始乎情,成乎势,而滥觞于文。"②都反映出古人对于交际礼仪的重视程度。其中,"名片"作为社会交际中互通姓名的重要媒介,更是古代交际礼仪的集中体现。唐宋以降,随着国家在政治、经济、思想、文化、科技等领域实现全方位的飞跃式发展,"名纸""门状"等新型"名片"兴起,彻底取代汉晋"谒""刺"作为社会主流通名工具的地位,并与当时的官僚政治产生千丝万缕的联系:一方面,"名片"是士人阶层的政治价值愈发明彰,通过科举制度分割国家政治权力的历史缩影;另一方面,"名片"作为官场交际礼仪的产物,其官民共用的现象是唐宋之际官方"礼制下移"的重要表现。本文拟以唐宋时期的"名片"为切入点,对其源流、形制、书写体例、交际功能,以及与官僚政治的重要联系,进行初步梳理与考察。

一、唐宋时期的"名片"

考诸史志典籍,唐宋时期使用的"名片"有"名帖""刺""谒""名纸""门状"等。"名帖"一称最早见于刘存《事始》,曰:"古昔削木以书姓名,故谓之刺。后世以纸书,谓之名帖。"③刘存主要活跃于晚唐社会,有唐一代其他传世文献则不见关于"名帖"的记载。南宋时,宋臣金人宇文懋昭《大金国志》亦录有"名帖"一说,曰:"进士参贺仪:外任官长初到任,如有管内进士参贺,并用名帖,具儒服。子外躬揖问候,官长位前立答。于佐贰

---

①(汉)王符:《潜夫论》卷七《交际》,中国书店,2018年,第209页。

②(清)叶梦珠撰,来新夏点校:《阅世编》卷八《交际》,中华书局,2007年,第211页。

③(清)赵翼著,栾保群、吕宗力校点:《陔余丛考》卷三〇《名帖》,河北人民出版社,1990年,第526页。

以下,并用客礼。"①结合刘存、宇文懋昭两家之言,唐宋时期的"名帖"主要起到通传姓名的交际功能,属于传统"名片"的范畴;但由于其不作为当时主流通名工具,未能获得长足发展,亦不常为史志典籍所载录。

"谒""刺"是唐宋时期人们对"名纸""门状"等主流"名片"的代称。周辉《清波杂志》载:"大父有手札药方,乃用旧门状纸为策褾。见元祐间虽僧道谒、刺,亦大书'谨祇候起居某官,伏听处分',或云'谨状',官称略不过呼。"②费衮《梁溪漫志》载:"熙丰间,士大夫谒、刺与今略同,而于年月前加一行,云:'牒件状如前,谨牒。'后见政宣间者,则去此一行。"③都是以"谒""刺"代指当时社会交际所广泛使用的"名纸""门状",其实质是追溯唐宋"名片"对前代"谒""刺"的直接继承性。胡三省注《资治通鉴》曰:"孔平仲《续世说》:古者未有纸,削竹木以书姓名,谓之刺。后以纸书,谓之名纸。唐李德裕贵盛,人务加礼,改具衔候起居之状,谓之门状。"④即是对这种继承关系的初步阐述。

(一)"名纸"对"刺"的继承性

"名纸"与"刺"一脉相承,最初是贵族官僚与高士名流之间交际往来的媒介。古昔"削竹木书姓名"以为"刺",其源头已不可考,最早的"投刺"记载是关于东汉初年的名士井丹。《太平御览》引《高士传》云:"井丹,字太春,扶风人也。博学,故京师为之语曰:五经纷纶井太春,未尝书刺候谒人。"⑤东汉桓灵以来,《后汉纪校注》《后汉书》等传世典籍频繁出现官员、名士交际时"投刺""怀刺"等示敬礼仪的记载,⑥应是"刺"在社会交际中扮演的角色、发挥的作用愈发重要的结果。魏晋官场尤盛行一种称作"爵里刺"的通名工具,顾名思义是标识有官员姓名、乡里、官爵等个人信息的"刺"。《三国志·夏侯荣列传》载:"弟荣,字幼权,幼聪惠……文帝闻而请焉,宾客百余人,人一奏刺,悉书其乡邑名氏,世所谓爵里刺也,客示之,一寓目,使之遍谈,不谬一人。"⑦1974年,江西南昌晋墓出

---

① (宋)宇文懋昭撰,崔文印校证:《大金国志校证》卷三五《进士参贺仪》,中华书局,1986年,第506页。

② (宋)周辉:《清波杂志》卷一一《书札过情》,中华书局,1985年,第102页。

③ (宋)费衮:《梁溪漫志》卷二《谒刺》,三秦出版社,2004年,第78页。

④ (宋)司马光:《资治通鉴》卷159《梁纪十五》,中华书局,1956年,第5020页。

⑤ (宋)李昉等:《太平御览》卷四一〇《人事部五一·交友五》,中华书局,1960年,第1891页。

⑥ (晋)袁宏撰,周天游校注《后汉纪校注》卷二二《桓帝纪下》曰:"滂睹时方艰难,知其志不行,乃投刺而去。"天津古籍出版社,1987年,第619页;(南朝宋)范晔《后汉书》卷七六《仇览列传》曰:"林宗因与融赍刺就房谒之,遂请留宿。林宗嗟叹,下床为拜。"中华书局,1965年,第2481页;卷七六《童恢列传》曰:"及赐被劾当免,掾属悉投刺去,恢独诣阙争之。"第2482页;卷八〇《祢衡列传》曰:"始达颖川,乃阴怀一刺,既而无所之适,至于刺字漫灭。"第2652—2653页。

⑦ (晋)陈寿:《三国志》卷九《夏侯荣列传》,中华书局,1964年,第273页。

土"爵里刺"1枚，其行文书"中郎豫章南昌都乡吉阳里吴应年七十三字子远"。① 可知"爵里刺"是应官员的交际需求而出现的标识有个人信息的"木刺"，不仅包含姓名、乡里、官爵，有时还需书明字号和年齿。

南梁前后出现的"名纸"，是魏晋"爵里刺"的书写材料发生重大变革、由竹木转变为纸后的产物。《南史·何思澄列传》载："思澄重交结，分书与诸宾朋校定，而终日造谒。每宿昔作名一束，晓便命驾，朝贤无不悉狎。"②何思澄所作"名"即为"名纸"，古代已有学者对此做过专门考证。如吴曾《能改斋漫录》云："梁何思澄终日造谒，每宿昔作名纸一束……盖名纸始见于此。"③赵钶《鹦林子》亦云："何思澄终日造谒，每宿豫作名纸一束……此巧宦之一端也，人至今能之。"④皆以何思澄"作名"为后世"名纸"之始。当然，"名纸"的出现与当时社会主流书写材料的大变革有着密不可分的联系。古代造纸术在魏晋南北朝有了显著进步，特别是南北朝以来，造纸的设备与技术、纸的产量与质量都发生质的飞跃，纸彻底取代竹简，成为社会的主流书写材料。⑤ 在这一社会背景下，"爵里刺"也不可避免地遭遇强烈冲击，由传统的木质转变为新兴的纸质；为了昭彰书写材料的大变革，"名纸"一称应运而生，成为"爵里刺"的新称谓，迅速风行全国，即陈元靓《事林广记》所言："见长者用名纸，见敌以下用刺，其文书某郡姓名，有爵者并书爵，谓之爵里刺，其实已皆用纸也。六朝时名纸但谓之名。"⑥而因追根溯源之故，后人在敛呈"名纸"时，仍有称其为"投刺"者。⑦

唐宋之世，"名纸"获得长足发展，极大程度影响和改变了人们的交际理念、交际方式，时人谓之："求见之礼，必先通名纸。"⑧而在官场交际中表现得尤为明显：敛呈"名纸"逐渐制度化、体系化，发展为士人阶层向官僚贵族阶层通名、自荐、申敬，下属拜谒长官，以及相互交好的官员之间"相通一番，此后有事，亦可相闻好"的常仪。唐至德间，礼部侍郎杨绾上奏"贡举之弊"曰："矜能者曾无愧色，勇进者但欲凌人，以毁谤为常谈，以向背为己任。投刺干谒，驱驰于要津；露才扬己，喧腾于当代。"⑨明谢肇淛考证唐宋科

---

①余家栋：《江西南昌晋墓》，《考古》1974年第6期，第373—378页。
②（唐）李延寿：《南史》卷七二《何思澄列传》，中华书局，1975年，第1783页。
③（宋）吴曾：《能改斋漫录》卷二《名纸》，中华书局，1985年，第21页。
④（明）赵钶：《鹦林子》卷一，商务印书馆，1937年，第7页。
⑤潘吉星：《中国造纸史》，上海人民出版社，2009年，第130—179页。
⑥《陔余丛考》卷三〇《名帖》，第527页。
⑦《陔余丛考》卷三〇《名帖》，第527页。
⑧（宋）薛居正：《旧五代史》卷一三三《世袭列传第二》，中华书局，1976年，第1760页。
⑨（后晋）刘昫：《旧唐书》卷一一九《杨绾列传》，中华书局，1975年，第3431页。

举时亦言:"唐时士子入试,皆遍谒公卿,投贽行卷;主司典试,亦必广访名流,旁搜寒畯……宋初举人被黜者,犹得击登闻鼓声冤。"①当时官场"投刺"通名的习俗可见一斑。遗憾的是,目前尚未出土唐宋"名纸"的实物,但通过传世文献的记载,亦可观当时"名纸"的形制以及书写体例:

《北梦琐言》载:"古之制字卷纸题名姓,号曰名纸。"②

《御批历代通鉴辑览》载:"唐百官于合门奏榜子,榜子用纸阔四五寸,书乡邑姓名于其中。刺则用纸阔二三寸,书姓名于纸之前,反卷如箸,以红绒要之。凡谒人,必先托门者通进,谓之投刺。"③

《啸亭杂录》载:"先恭王少时,扈驾东巡,于衍圣公孔昭焕宅见唐程知节拜帖。笺长七尺,字如擘窠,色已黝黔如漆,真千载古物。因知唐元载友人乞载书干谒范阳节度,载惟与名刺,友人不得已投之。朱泚已命数人用箱笼舁人,是当时名刺之制,固如是长也。"④

从以上记载看来:唐宋时期的"名纸"并没有固定的尺寸大小,因使用场合、参拜对象的身份等级不同而有着明显的差别;书写体例与魏晋时期的"爵里刺"如出一辙,未及第士子不外乎书其乡里、姓名等个人信息,有官爵者则加书官爵;敬呈"名纸"时,需"反卷如箸",以"红绒要之",犹存古昔削竹木以为"刺"的遗式。

(二)"门状"对"谒"的继承性

"门状"继承了"谒"官场通名、奏事的政治功能,以及有明显官僚阶层烙印的书写体例。"谒"是古代诸多"名片"的源头。《史记·张仪列传》载:"张仪于是之赵,上谒求见苏秦。苏秦乃诫门下人不为通,又使不得去者数日。已而见之,坐之堂下,赐仆妾之食。"⑤是古代参见尊贵者而先自通姓名的滥觞。秦汉魏晋以来,官员日常交际、公务往来时以"谒"通名、奏事的官场习俗日渐流传开来;凡下位者拜访上位者,如朝觐君王、参

---

①(明)谢肇淛:《五杂俎》卷一四《事部二》,上海书店出版社,2009年,第288页。

②(五代)孙光宪撰,林青、贺军平校注:《北梦琐言》卷九,三秦出版社,2003年,第166页。

③《陔余丛考》卷三〇《名帖》,第527页。

④(清)昭梿:《啸亭杂录》,中华书局,1980年,第514页。

⑤(汉)司马迁:《史记》卷七〇《张仪列传》,中华书局,1959年,第2280页。

拜王侯、请见长官等，皆可"上谒""奉谒"，以求通传。① 新中国成立后的考古发掘中，数次出土了魏晋时期"谒"的实物，如西郭宝墓出土西汉中晚期谒2枚②、尹湾汉墓出土西汉晚期谒10枚③、长沙东牌楼出土东汉末年谒1枚④、安徽朱然墓出土东吴谒3枚⑤等。从这些考古实物看来，相较于"刺"使用场合较为随意，主要用于官员交际、应酬的功能特点，"谒"适用于更为正式的政治场合，更加注重官场"公事"上的交接往来。⑥ 同时，"谒"所用的"进（奏）＋受谒者的敬称 上谒者的官爵＋再拜 谒 上谒者的名或字""上谒者的乡里＋名＋再拜 谒 姓＋字"等书写体例，也更具官僚色彩。

"门状"又称"门启"，形成于唐后期，最初是下层官员向宰相以及清要官通名、奏事的"公状"。关于其起源，主要流传着两种说法：一云始自李德裕。李匡乂《资暇集》载："门状，文宗朝以前无之，自朱崖李相贵盛于武宗朝，且近代稀有生一品，百官无以希取其意，以为旧刺轻，相扇留具衔候起居状。"⑦二云起自薛保逊。孙光宪《北梦琐言》载："大中年，薛保逊为举场头角，人皆体效，方作门状。洎后仍以所怀列于启事，随启诣公相门，号为门状、门启。"⑧李匡乂生活在距"门状"起源更近的晚唐社会，北宋学者王谠在考证唐代的"门状"时，也基本认同李说，⑨故"门状"始于李德裕，应更具说服力。值得审视的是，李匡乂、王谠以"门状"上承"旧刺"，则是唐宋以来"谒""刺"逐渐退出历史舞台，世人遂将二者混为一谈的表现。如颜师古注《汉书》曰："为谒者，书刺自言爵里，若今参见尊贵而通名也。"⑩胡三省注《资治通鉴》曰："书姓名以自通求见曰刺，秦汉之间谓之谒。"⑪李匡乂、王谠显然也不例外。

"门状"无论官场通名、奏事的政治功能，还是具有浓厚官僚色彩的书写体例，都继

---

① 司马迁《史记》卷八七《李斯列传》曰："赵高待二世方燕乐，妇女居前，使人告丞相：'上方间，可奏事。'丞相至宫门上谒，如此者三。"第2558页；卷九七《郦生陆贾列传》曰："沛公引兵过陈留，郦生踵军门上谒。"第2704页；班固《汉书》卷六六《陈万年列传》曰："丞相丙吉病，中二千石上谒问疾。"中华书局，1962年，第2899—2900页；卷七七《何并列传》曰："欲无令留界中而已，即且遣吏奉谒侍送。"第3266页。

② 连云港市博物馆：《连云港市陶湾黄石崖西汉西郭宝墓》，《东南文化》第三辑，江苏古籍出版社，1988年，第17—21页。

③ 连云港市博物馆等编：《尹湾汉墓简牍》，中华书局，1997年，第133—137页。

④ 长沙市文物考古研究所、中国文物研究所编：《长沙东牌楼东汉简牍》，文物出版社，2006年，第111页。

⑤ 丁邦钧：《安徽马鞍山东吴朱然墓发掘简报》，《文物》1986年第3期，第1—15页。

⑥ 郭浩：《汉晋"名片"习俗探究》，《史学月刊》2011年第9期，第131—134页。

⑦ （唐）李匡乂：《资暇集》卷下，中华书局，1985年，第26页。

⑧ 《北梦琐言》卷九，第166页。

⑨ （宋）王谠撰，周勋初校证：《唐语林校证·辑佚》，中华书局，1987年，第754页。

⑩ 《汉书》卷一《高祖本纪上》，第3页。

⑪ 《资治通鉴》卷五五《汉纪四十七》，第1773页。

承于"谒",而非"刺"。唐制,"门状"起初是五品以上清要官都堂参见宰相之礼,不书前衔,只曰"某谨祗候""某官谨状";其人亲在,即曰"谨祗候""某官兼起居,谨状"等,"祗候""起居"不并称,各有其适用的场合;若"参辞谢事先具事因,申取处份,有非一事",则称"牒件状如前,谨牒"。宰相要于"门状"后判"引",方许见。① 后渐施及私第,清要官之间公务往来,所递"门状"与都堂见宰相之礼相类,不书前衔,自称"某";而府县见长吏,诸司僚属见长官,藩镇入朝见宰相、台参等,皆具前衔,曰"右某谨祗候""某官伏听处分""牒件状如前,谨牒"等。② 宋制,"门状"有"大状""小状"之分:"大状"用全纸,"小状"又称"平状",用半纸。③ 吴曾《能改斋漫录》载:"故事:知制诰见宰相,止用平状;非朔望而见,则去靴笏。张文节公知白在中书,颇重典故。时徐奭知制诰,初投刺,以大状;后又请见,多具靴笏。张力辞此二事,且述旧制,谓徐曰:'且勿破他故事。'"④ 可知其大小之分,实是官场体面以及官员交际礼仪隆重程度的体现。熙宁、元丰以后,诣事上官者"无高下一例用之,谓之大状",以致时人感叹:"送门状习以成风,既劳于作伪,且疏拙露见为可笑。"⑤ 综上,唐宋官场盛行的"门状"整体继承了"谒"在公务往来中"请见"的政治功能,而非"刺"在交际应酬中"通名"的社交功能;"门状"的功能也决定了其书写体例如"谒"一般,具有浓重的官僚阶层烙印。

二、"名片"与官僚政治

古代官场交际之风炽盛,其背后却经常充斥着官员企图获取名利的欲望之心。既往已有学者指出,汉晋官场流行的"上谒""投刺"之仪,实则是先秦时期人们正常的交际行为发生"变异现象"后,士人、官吏开始为了取得仕进途径上的多助而热衷于交际的表象化。⑥ 唐宋之世,随着隋朝诞生的科举制度日趋成熟,以及继承于"刺""谒"的"名纸""门状"等新型"名片"获得长足发展,官场交际中投送"名片"的初衷,进一步由"昆弟世疏,朋友世亲"的情感表达向"飞黄腾达,扶摇直上"的政治诉求倾斜。

---

①(宋)沈括著,侯真平校点:《梦溪笔谈·补笔谈》卷一《故事》,岳麓书社,1998年,第239页。
②(宋)叶梦得:《石林燕语》卷三,商务印书馆,1941年,第21页。
③(宋)周密撰,王根林校点:《癸辛杂识》前集《送刺》,上海古籍出版社,2012年,第19页。
④《能改斋漫录》卷一《勿破他故事》,第15页。
⑤《清波杂志》卷六《阙亡投刺》,第57页。
⑥王彬:《汉晋间名刺、名谒的书写及其交往功能》,《出土文献》2016年第1期,第221—235页。

（一）"名片"与科举制度

科举对于古代国家政治权力的重新分配，具有里程碑式的意义。唐宋以降，随着科举制的兴起与蓬勃发展，官僚政治获得进一步发展，官僚体系渐趋庞杂的同时，各官僚集团拉结朋党、相互引援的现象愈演愈烈；广大士人阶层也通过科举制度，分割国家的政治权力，政治价值愈发明彰，成为官僚集团争相拉拢的对象，主要表现为：一，各官僚贵族集团加紧对朝廷"文柄"的激烈争夺，科举争为主考，且广开门庭，招纳门生。唐制，科举放榜例行"关试"一节，吏部员外郎"于南省试判两节"，诸生谢恩，自称门生，时人谓之"一日门生"①；又有及第士子执弟子礼，"投刺"私室，以主司为座主，而自称门生。②宋制，一日称门生而终生事之，"范文正公以晏元献荐入馆，终身以门生事之，后虽名位相亚亦不敢少变。庆历末，晏公守宛丘，文正起南阳，道过，特留欢饮数日。其书题门状，犹皆称门生。"③如此"怀赏拔之私惠"，难免滋生朋党之嫌，引起皇帝的猜忌。按会昌三年（843）十二月二十二日圣旨："不欲令及第进士，呼有司为座主……自谓门生，遂成朋比。"又按建隆三年（962）九月丙辰圣旨："及第举人，不得拜知举官子弟，及目为恩门师门，并自称门生。"④二，及第士子大多成为各豪门贵族的座上贵宾，享尽殊荣。建中年间，"水部赵郎中需方应举，自江淮来，投刺于赞，误造何侍御第"；何文哲本是武臣出身，"以需进士，称犹子谒之，大喜，因召入宅"。过数日，何文哲仍以"赵需"为"何需"，戏说云："侄之名宜改之，且'何需'似涉戏于姓也。"赵需遂以本姓相告，"文哲大愧，乃厚遣之而促去"⑤。大中、咸通之世，刘允章为文学之宗，"气颇高介"，后进晚学、循常之士罕有敢于登门入谒者。咸通中，"皮日休登第，将归觐于苏台，路由江夏，因投刺焉；刘待之甚厚，至于饔饩有加等，留连累日"⑥。又辛文房《唐才子传》载卢延让有"卓绝之才"，"吴融为侍御史，出官峡中，时延让布衣，薄游荆渚，贫无卷轴，未遑赘谒"；逢吴融弟得延让诗百篇，吴融览其警联，叹其"自成一体名家"，必垂名文坛，"遂厚礼遇，赠给甚多……后夺科第，多融之力也"⑦。皆可为证。

官僚贵族此举，反又促成士子阶层纷纷为"参见尊贵而通名"，加快了士人阶层分割

---

① （五代）王定保：《唐摭言》卷三《关试》，三秦出版社，2011年，第38页。
② 《五杂俎》卷一四《事部二》，第289页。
③ 《石林燕语》卷九，第86页。
④ （清）赵吉士：《寄园寄所寄》卷七《獭祭寄》，黄山书社，2008年，第495—496页。
⑤ 《唐语林校证》卷六《补遗》，第533页。
⑥ （宋）李昉等：《太平广记》卷二六五《轻薄一·崔昭符》，中华书局，1961年，第2082页。
⑦ （元）辛文房著，徐明霞校点：《唐才子传》卷十《卢延让》，辽宁教育出版社，1998年，第136页。

国家政治权力的步伐。一则饱学之士热衷于"投刺"自荐，以希冀获取官僚贵族在仕途上的帮扶。戴叔伦，"贞元十六年陈权榜进士"，吏部尚书刘昌裔、祠部员外郎张继书博访选材，"叔伦投刺，一见称心，遂就荐"①。牛僧孺始举进士，"致琴书于灞浐间，先以所业谒韩文公、皇甫员外"；二公见"刺"，及接见，询问其《说乐》"拍板"之由来，牛僧孺对曰："谓之乐句。"二公喜，有意提携，遂扬镳至其门，署曰"韩愈、皇甫湜同谒几官先辈"；不逾半日京城名士咸往观之，牛僧孺之名"由是赫然矣"。②又会昌中，周瞻进士及第，因慕李德裕高义，数月入谒而未得见，及问阍者，对曰："公讳'吉'，君姓中有之；公每见名纸，即颦蹙。"③此外，官场还流行一种以诗文自寓"入仕"之志的新风尚：孟郊《答韩愈、李观别，因献张徐州》云："祢生投刺游，王粲吟诗谒。高情无遗照，朗抱开晓月。"元稹《重酬乐天》云："百篇书判从饶白，八米诗章未伏卢。最笑近来黄叔度，自投名刺占陂湖。"刘鲁风"投刺"江西刺史张又新，赋一七绝曰："万卷书生刘鲁风，烟波千里谒文翁。无钱乞与韩知客，名纸毛生不为通。"既以诗文"投刺"自荐于先达名宿之家，又委婉表达了自己"入仕"的志愿，可谓别出心裁。二则"投刺"通名与每年科举放榜后国家例行的"谢恩""期集""过堂"等诸仪紧密结合起来，成为科举不可或缺的一部分。谢恩时，状元"到主司宅门下马，缀行而立，敛名纸通呈"④；谢恩过后便是期集，同年及第士子"出抽名纸钱，每人十千文，其敛名纸，见状元"⑤；之后又有过堂，"宰相既集，堂吏来请名纸，生徒随座主过中书，宰相横行，在都堂门里叙立"⑥。显然在这一套流程中，"名纸"大多时候只在"形式"上起到通传姓名的作用，但敛呈"名纸"已发展成为科举常仪，无法更逆了。

（二）"名片"与"礼制下移"

所谓"上行而下效"，唐宋官场广泛流行的投送"名片"的礼仪习俗，很快为社会民众所争相模仿，敛呈"名纸"、投送"门状"等交际行为日渐成为新的社会风尚，是下层社会主动联结上层社会的重要途径；同时，以及第士子热衷"投刺"风月场所的妓女为典型代表，"名片"又逐渐形成从"上"到"下"、从"良"至"贱"的流通渠道。如此，"名片"及投送

---

①《唐才子传》卷五《戴叔伦》，第68页。

②《唐摭言》卷七《升沈后进》，第100—101页。

③《唐语林校证》卷七《补遗》，第614页。

④《唐摭言》卷三《谢恩》，第35页。

⑤《唐摭言》卷三《期集》，第36页。

⑥《唐摭言》卷三《过堂》，第37页。

"名片"之仪渐趋"下移"，从而促进了整个社会阶层的"交际"互通，也是唐宋之际官方"礼制下移"的一个重要表现。

唐宋士人入试前后，要向达官显贵、豪门望族以及名宿先达"投刺"通名自是常态，前文已有讨论。值得注意的是，传世文献中还有及第士子"投刺"风月场所的记载。冯贽《云仙杂记》云："长安平康坊，妓女所居，新进士以红笺名纸游其中，时谓此坊为'风流薮泽'。"①王定保《唐摭言》又云："裴思谦状元及第后，作红笺名纸十数，诣平康里，因宿于里中。诘旦，赋诗曰：'银缸斜背解鸣榼，小语偷声贺玉郎。从此不知兰麝贵，夜来新惹桂枝香。'"②"红笺名纸"本是科举放榜后及第士子谢恩"主司"之仪，而"投刺"于风月场所的妓女，应是其附庸官场交际风尚的结果。除士人以外，史志典籍亦常见释道中人与统治阶层交际通名的记载：

> 《北梦琐言》云："沙门贯休，钟离人也，风骚之外精于笔札……休公初至蜀，先谒书书记庄，而长乐公后至，遂与相见，欣然抚掌曰：'我与你阿叔有分。'长乐怒而拂袖。它日谒之竟不逢迎，乃曰：'此阿师似我礼拜也。'自是频投刺字，终为阍者所拒。"③

> 《太平广记》云："唐汝阳王好饮，终日不乱，客有至者，莫不留连旦夕……明旦，有投刺曰：'道士常持满。'王引入，长二尺。既坐，谈胚浑至道，次三皇五帝、历代兴亡、天时人事、经传子史，历历如指诸掌焉。"④

> 《夷坚丁志》云："郡人王浪仙，本书生，读书不成，决意往从学……时杭守喜方技，至者必厚待之，然久而乖戾，辄置诸罚，不少贷。王书刺曰：术士王浪仙，守延入。"⑤

> 《清波杂志》云："大父有手札药方，乃用旧门状纸为策褙。见元祐间虽僧道谒刺，亦大书'谨祗候起居某官，伏听处分'，或云'谨状'，官称略不过呼。"⑥

> 《唐才子传》云："清塞，字南卿，居庐岳为浮屠，客南徐亦久，后来少室、终南间。俗姓周，名贺。工为近体诗，格调清雅，与贾岛、无可齐名。宝历中，姚合守钱塘，因携书投刺以丐品第，合延待甚异。"⑦

---

① （唐）冯贽：《云仙杂记》卷十《风流薮泽》，北京：中华书局，1985 年，第 74 页。
② 《唐摭言》卷三《慈恩寺题名游赏赋咏杂纪》，第 50 页。
③ 《北梦琐言》卷二〇，第 313—314 页。
④ 《太平广记》卷七二《道术二·叶静能》，第 450—451 页。
⑤ （宋）洪迈：《夷坚丁志》卷一《王浪仙》，明祝允明抄本。
⑥ 《清波杂志》卷一一《书札过情》，第 102 页。
⑦ 《唐才子传》卷六《清塞》，第 75—76 页。

　　从这些僧道交际通名的记载看来:其参谒的对象主要是身居高位的达官显贵、地方大员,以及享誉天下的高士名流。所投"名片"也分"名纸"和"门状"两种:敛呈"名纸"者,只是简单书明姓名,加以谦称,如"道士常持满""术士王浪仙"等,以"通姓名于主人而为之先容";投送"门状"者,按照官场固例,书"谨祇候起居某官,伏听处分""谨状"等。也有携生平所著诗文"投刺"者,类似于饱学之士以诗赋自荐、委婉表达"入仕"之志的官场习俗;有所不同的是,释道之人多清心寡欲,以诗文"投刺"的初衷也是为了切磋文采、增贤广识。

　　复次,唐宋"名片"本身的变化即是当时"名片"之仪渐趋"下移"的重要表现。"门状"本是唐代清要官都堂参见宰相之礼,后"渐施于执政私第";入宋以来,又有"大状""小状"之分,更有甚者不论官品高下,一例用之"大状",投送"名片"之仪已然"下移",但仍旧属于统治阶层内部交际礼仪的范畴。而随着宋代"手状"的兴起,"名片"不再为统治阶层所专属,"渐演变成一般百姓参见大官时所用的起居问候之礼敬"①。"手状"又称"手刺",出现于元丰以后,"大不盈掌",俱不书衔,曰"某谨上,谒某官,某月日",故得名。② 元祐中,其书写体例再次发生变动。据张世南《游宦纪闻》载,其家藏"元祐十六君子墨迹",其间有"观敬贺子允学士尊兄,正旦,高邮秦观";"庭坚奉谢子允学士同舍,正月日,江南黄庭坚";"耒谨候谢子允学士兄,二月日,著作郎兼国史院检讨张耒";"补之谨谒谢子允同舍尊兄,正月日,昭德晁补之"等诸多"手状"。③ 虽已与元丰间"手状"书写"某谨上,谒某官,某月日"的体例大相径庭,但仍有其不具官衔,且完整书明入谒者、受谒者以及投送日期的遗意。综观唐宋时期的"公状"和"手状",二者一脉相承,"手状"是官场投送"公状"之仪渐趋"下移"的产物:投送"公状"时,除清要官都堂参见宰相以及同列之间交际往来,其他场合皆书官衔,而"手状"俱不书衔,应是受入宋以来官民共用"手状"现象的深刻影响;因官场体面和官员交际礼仪的隆重程度不同,"公状"有全纸和半纸之别,而"手状"大不盈掌,以致时人感叹"足见礼之薄矣"④,则是"公状"在"下移"过程中,社会民众对其规制、投送仪式删繁就简的结果。

---

① 王使臻:《敦煌遗书中的"门状"》,《寻根》2014年第5期,第95—100页。
② (宋)陆游撰、杨立英校注:《老学庵笔记》卷三,三秦出版社,2003年,第107—108页。
③ (宋)张世南:《游宦纪闻》卷一,商务印书馆,1936年,第6页。
④ 《癸辛杂识》前集《送刺》,第19页。

余　论

　　唐宋之际,"名片"出现官民共用的现象并不是偶然的,其与当时官方礼制的整体"下移"密切相关。本文以士人、僧道、妓女为主要考察对象,对唐宋时期"名片"渐趋"下移"这一社会现象做了初步考证。后续研究中,扩大对民间使用"名片"人群的考察范围,并与当时官方"礼制下移"的社会背景紧密联系起来,最大程度揭示"名片"从官场走向民间的本质及其政治内涵、社会内涵、文化内涵,是值得继续探讨的问题。

宋代焚黄考

——以文官为中心

浙江大学　陈雨笛

宋代达到一定品级的官员,其亲属可以获得朝廷封赠的官衔。以文官为例,按品阶从低到高可以分为选人、京官、朝官三等,朝官享有封赠亲属的待遇,低品阶官员也可以通过回授的方式,让亲属获得封赠。封赠严格意义上来讲包含生封、死赠两种情况,给予生者的称为封,给予死者的称为赠。在宋代文献中"封赠"一词有广义、狭义之分。广义的封赠包含叙封、追赠两种情况,狭义的封赠则是专指对死者的追赠。[①] 本文所说的封赠专指后者,封赠对象为亡者。

焚黄是和封赠紧密相关的一种祭祀活动。"焚"即焚烧,"黄"指"焚黄告"。宋代朝廷封赠亡者除了会颁发告身外,还会发放焚黄告。焚黄告是写在黄纸上的告身的副本,是一种文书,简称为"焚黄"。官员在亡者墓前焚烧焚黄告以告知封赠情况,这一过程称为"焚黄",又称"燎黄""燔黄"。因此,焚黄一词实际上有两种含义:一指焚黄告,一指焚烧焚黄告的祭祀活动。为了区分二者,本文将前者称为"焚黄告"或"焚黄文书",后者称为"焚黄""焚黄活动"。

目前学界对宋代焚黄问题的研究以李旭、孔祥林为代表,侧重对焚黄礼仪性的探讨。李旭《宋代家祭礼及家祭形态研究》一文比较了宋代焚黄文与时祭文,认为焚黄是在国家要求下进行的,因此焚黄祭文体现了浓厚的政治色彩。[②] 孔祥林《焚黄考说》一文关注焚黄的礼仪性,探讨了焚黄从唐至明清的演变,认为焚黄是伴随封赠制度产生的一种告祭形式,唐宋时期,官员焚黄的地点由家庙变成了墓地。[③]

实际上,不管是官方文献对于焚黄的记载,还是文人所作的焚黄祭文,都可以从中

---

① 参见孙健:《宋代"封赠"制度考论》,《中国史研究》2011 年第 2 期,第 124 页。

② 李旭:《宋代家祭礼及家祭形态研究》,《武汉大学学报(人文科学版)》2014 年第 2 期,第 65—72 页。

③ 孔祥林:《焚黄考说》,《光明日报》2018 年 2 月 10 日,第 11 版。

看出，焚黄是受到朝廷支持的祭祀活动，带有一定政治意义。因此，本文拟在现有研究基础上，以宋代文官为中心，梳理焚黄在唐宋时期的演变，重点考察宋代焚黄活动的实际操作情况，进而探讨这一祭祀活动背后的政治性因素。

一、唐五代焚黄

1. 唐代

宋代焚黄直接承自唐五代，焚黄较早见于唐代文献中。因此，以下从目前所见材料，追溯焚黄在唐五代时期的发展。

据笔者所见，"焚黄"一词最早见于唐代元稹的《告赠皇考皇妣文》中：

> 嗣子稹等，谨以常馔嘉蔬之奠，敢昭告于皇考赠右散骑常侍，皇妣赠荥阳郡太君：今皇帝二月五日制书，泽被幽显。小子稹参奉班荣，得用封赠。越七月二十八日，乃诏先夫人曰荥阳郡太君，洎八月之九日，复诏先府君曰右散骑常侍。……谨于先太君载诞之日，祗告赠典。并焚黄制以献。号慕罔及，痛毒肝心。伏惟尚飨！[1]

关于此篇的创作时间，吴伟斌《新编元稹集》考定为唐宪宗元和十五年（820）元稹母亲郑氏生日当天，具体时间无法确定，大概在八月九日与当年秋分之间，[2]当时元稹任祠部郎中、知制诰。元和十五年（820）七月二十八日，郑氏受封为荥阳郡太君，同年八月九日，其父元宽受封为右散骑常侍。于是，元稹选择在郑氏生日那天，对亡父母进行祭祀，焚烧"黄制"，以告知他们受封的情况。元稹当时是否亲至父母墓前焚烧"黄制"，由于材料有限，无法判断。

元和十二年（817），时任山南西道节度使的权德舆在《告王考礼部府君文》中提到，他也通过焚黄来告知其祖父获得封赠的情况：

> 维元和十二年岁次丁酉，七月戊子朔，十五日壬寅，孤孙山南西道节度管内支度营田观察处置等使、银青光禄大夫、检校吏部尚书、兴元尹、御史大夫、扶风郡开国公，食邑二千户某，敢昭告于王考赠尚书礼部郎中府君：伏惟尊行令德，不丁于时，义方教忠，贻厥延耀。今王姚灵靖，至自泽国，龟筮叶吉，启祔有期。圣慈孝理，赠典褒贲。敢用远日，祗焚命书。襚服徽数，加大夫之饰，官守拘限，不获躬亲。谨

---

① （唐）元稹著，吴伟斌辑佚、编年、笺注：《新编元稹集》第 11 册，三秦出版社，2015 年，第 5523—5524 页。

② 《新编元稹集》第 11 册，第 5540 页。

遣男监察御史里行璩,以柔毛刚鬣,嘉荐醴齐,将命襄事,伏惟尊灵降格！①

据同样创作于元和十二年(817)七月的《王姚夫人弘农杨氏祔葬墓志铭》②记载,权德舆的祖母杨氏卒于唐肃宗至德二年(757),当时葬于江南东道杭州富阳县。元和十二年(817),权德舆决定将祖母的灵柩迁至河南道河南府伊阙县,与他祖父合葬。《告王考礼部府君文》中所谓"今王姚灵辅,至自泽国,龟筮叶吉,启祔有期",说的就是迁葬祖母的事。据文意,当时权德舆为山南西道节度使,治所在兴元府,无法亲自迁葬,因此派了时任监察御史里行的儿子权璩前去。权璩一共做了两件事,一是合葬曾祖父母,二是在墓前焚烧曾祖父受封赠的"命书"。尽管权德舆无法亲至,但他依然为此写了祭文。

由以上可知,唐代就已经存在官员通过焚黄将封赠情况告知已逝先祖的事例,但是这种情况并不多见,笔者仅能找到四例,时间大都集中在唐宪宗元和年间。当时焚黄活动是否都是在墓前进行的也不能确定。此外,焚烧的"黄制""命书"究竟是什么文书,从唐代现存的典章制度中,笔者尚未找到朝廷颁发相关文书的记录,无法妄下推断。

2. 五代

焚黄在五代时期依然存在。在墓志铭中就有两条关于五代焚黄的材料。第一条是2003年出土的后梁龙德元年(921)的雷景泽墓志铭,其中就提到"追崇褒赠,礼典周旋。焚黄告弟,显布灵廷"③之事。第二条是宁波出土的后周广顺二年(952)的吴越国元图墓志,提到吴越朝廷在忠献王钱佐时期对其父亲元倡"漏泽焚黄,始加追赠"④的事。这两则材料在时间、空间上跨度较大,说明焚黄活动在五代可能是一种较为普遍的行为。

五代时,焚黄中用来焚烧的文书由官方制作发放,该文书被直接称为"焚黄"。《五代会要》卷一四《司封》记载,后唐同光二年(924)九月二十八日,臣僚上奏云:

> 除堂封送到书及国夫人已下叙封告身外,当司所给诸色官员告牒、焚黄等,诸选定书写吏人并所供绫罗纸三人,各录姓名入案。及给牒,知使省号印子为验。⑤

这段材料提到,尚书省吏部司封司有吏人负责告身、敕牒、焚黄等文书的文字书写、提供制作材料等工作。引文中的"焚黄"就是指焚黄活动中用来焚烧的文书。此处将焚黄与

---

①(唐)权德舆撰,蒋寅笺,唐元校,张静注:《权德舆诗文集编年校注》,辽海出版社,2013年,第705页。

②《权德舆诗文集编年校注》,第704页。

③赵君平、赵文成编:《河洛墓刻拾零》图版481《梁雷景从墓志并盖》,北京图书馆出版社,2007年,第655—656页。

④章国庆编著:《宁波历代碑碣墓志汇编》(唐五代宋元卷)《唐吴越国故昭信军节度判官知明州军事务兼盐铁富都监事朝议大夫检校司农卿柱国赐紫金鱼袋钱唐郡元公(图)墓志铭并序》,上海古籍出版社,2012年,第55页。

⑤(宋)王溥:《五代会要》卷一四,中华书局,1998年,第184页。

告身、敕牒并提，说明当时这种文书已经是由官方制作提供了。

敦煌文献中，就有发放焚黄的事例，据法藏敦煌文献 P.4065《归义军曹氏表文》三件之一记载：

> 臣某言：旌节官告国信使副某至，奉宣圣旨，赐臣手诏一封，赠臣亡父官告一道、告弟一通、焚黄一通；故兄赠太保官告一通、告弟一道、焚黄一道者。①

李正宇认为此表或为天福七年（942）所作。② 这是沙州归义军节度使曹元深上呈后晋朝廷的一封答谢表文。当时，前任归义军节度使曹元德（曹元深兄长）去世，曹元深继任后，将曹元德的讣闻上报朝廷，朝廷遣使至沙洲，对曹元深亡父曹议金及曹元德进行封赠，各颁发了官告、告弟、焚黄一共三份文书：官告即是授予封赠的告身。告弟，据张小艳考定，应是朝廷颁下的"宣告赠官于受封者府第的诏书"③。焚黄就是用来在焚黄仪式中焚烧的文书。

综上，五代时期，焚黄活动在时间、空间上均分布较广，官方在颁发封赠告身的同时，会授予焚黄文书。但当时焚黄文书究竟长什么样？因材料有限，目前尚不可知。

二、宋代焚黄

宋代焚黄直接沿袭自唐、五代，以下分焚黄告、请假焚黄、焚黄仪式、南宋告庙四个方面进行考察。

1. 焚黄告

五代时期，官方文献中将焚黄所用的文书称为"焚黄"。宋代沿袭了五代制度，也是由朝廷发放用以焚黄的文书，而且，宋代官方文献对焚黄活动和用于焚黄的文书在称呼上进行了区分，一般将后者称为"焚黄告"，意为封赠告身的副本。这种称呼细化、专门化的现象，说明焚黄活动在宋代更趋普遍和烦琐。

北宋神宗年间，陈师道所作《代郭氏焚黄文》就明确提到了"焚黄告"是告身副本这一点：

> 故事，天子祀享天地，同休诸臣，施及存殁。某甲以散郎窃位于朝，与有追荣之典。自卫尉少卿、卿、中大夫三告于第，其所以褒郭氏之意甚宠。既藏于家，又焚其

---

① 赵和平辑校：《敦煌表状笺启书仪辑校》，江苏古籍出版社，1997 年，第 354 页。
② 李正宇：《归义军曹氏"表文三件"考释》，《文献》1988 年第 3 期，第 8 页。
③ 张小艳：《敦煌社会经济文献词语论考》，上海人民出版社，2013 年，第 384 页。

副书,以追锡于地下,则天子孝治之道亦已至矣。①

郭氏是陈师道妻子的娘家。卫尉少卿、卫尉卿是元丰改制前的本官,中大夫则是元丰改制以后的寄禄阶,由此可以推断,这应当是对同一个人的三次封赠,而最新一次封赠应当是在元丰改制以后的郊祀。宋神宗朝共有四次南郊,②元丰改制以后仅有元丰六年(1083)十一月一次,此处"祀享天地"应当就是指元丰六年(1083)的南郊大礼。另外,《后山诗注补笺》目录中《送外舅郭大夫概西川提刑》一诗的标题后有宋人任渊所作注文:"据《实录》,元丰七年五月,朝请郎郭概,提点成都府路刑狱。"③引文中"某甲以散郎窃位于朝"应该就是指郭概,他是陈师道的岳父。郭概当时寄禄阶是朝散郎,属正七品朝官,遇到郊祀大礼,有封赠父母的资格。因此笔者推断,此文当是陈师道代其岳父郭概所作。卫尉少卿、卫尉卿、中大夫三次封赠都是给郭概父亲的。据引文来看,郭概将亡父所受三次封赠的告身藏于家中,又将告身的副本即焚黄告在焚黄仪式中焚烧,以告知亡父封赠的情况。

此外,还有很多宋代文献中也同样提到了焚黄告,以下举三例,第一例是北宋中期孔武仲的《焚黄疏》:

> 粤今四月,得告赠先考中散大夫,先妣德化县君。已附递往火山军文仲收掌供养。外有录黄二轴,谨因武仲南归,焚献于坟下。④

第二例是南宋初期郑刚中的《庚申岁焚黄祭文》:

> 而又赠典得于丁巳,副黄焚于庚申。⑤

第三例是南宋中期杨万里的《焚黄祝文》:

> 乃得以纶告之副燋之,以告先茔。⑥

可以看出,用以焚烧的焚黄告其实就是告身的副本,因此"焚黄告"在宋代又有"录黄""副黄"等别称。

焚黄告的发放仅限于封赠亡者。楼钥《工部加赠焚黄祝文》四首其四中可以明确看出这一点:

> 伏自嘉泰三年郊祀大礼,考加赠银青光禄大夫,妣加封安康郡夫人。恩命未

---

① (宋)陈师道:《后山居士文集》卷一七,上海古籍出版社,1984年,780—781页。

② 参见杨高凡:《宋代明堂礼制研究》附录1,河南大学博士学位论文,2006年,第149页。

③ (宋)陈师道撰、(宋)任渊注,冒广生补笺,冒怀辛整理:《后山诗注补笺》,中华书局,1995年,第1页。

④ (宋)孔文仲、(宋)孔武仲、(宋)孔平仲著,孙永选校点:《清江三孔集》,齐鲁书社,2002年,第306页。此处原文断句作"已附递往火山军文仲收掌。供养外有录黄二轴",据《全宋文》改。

⑤ (宋)郑刚中:《北山文集》卷一四,中华书局,1985年,第181页。

⑥ (宋)杨万里著,辛更儒笺校:《杨万里集笺校》卷一○三,中华书局,2007年,第3885页。

颁，显妣遽弃诸孤，忧苦摧割，未遑蒇事。去岁天子宗祀合宫，又赠考金紫光禄大夫，妣安定郡夫人。呜呼！显考捐馆于今二十有六年，告第之典至十有二。……惟是奉显妣色养之久，近经初忌，又首行燔黄之礼，某等不胜哀慕之剧，谨并以四告三黄展仪茔下。①

这篇祝文详细讲述了整个封赠过程。引文中提到楼钥的父母受到的两次封赠：第一次是在南宋宁宗嘉泰三年（1203）的郊祀大礼中，楼钥父亲加赠为银青光禄大夫，母亲加赠为安康郡夫人。按照《宋会要辑稿·仪制》一〇之六记载，符合封赠条件的官员首先要由有司奏请，经过一系列流程后，朝廷才会颁发告身等文书。② 郊祀大礼时，楼钥的母亲尚在人世，但还没有等到朝廷走完封赠流程、颁发告身，楼钥的母亲就去世了。之后，皇帝祭祀先祖，朝廷再次加赠楼钥父亲为金紫光禄大夫、母亲为安定郡夫人。第二年，楼钥亲至父母墓前，带着四通告身、三通焚黄告举行了焚黄仪式。焚黄告之所以比告身少了一通，是因为在嘉泰三年（1203）郊祀封赠的时候，楼钥的母亲尚未离世，尽管后来楼钥母亲去世时还没有拿到告身，朝廷依然按照叙封生者的规定，仅仅颁发了告身，没有发放焚黄告。可见，焚黄告的发放以官员的申请为准。官员为活着的人请求叙封，即使受封人在告身发放之前去世，朝廷也不会发放焚黄告。

由于宋代的焚黄告是用来焚烧的，我们现在无法看到它的实物，但从传世文献的记录中尚且可以窥见一二。

首先，宋代的焚黄告并不仅仅是一张纸，也有精美的装帧。北宋神宗元丰元年（1078）苏轼所作《祭老泉焚黄文》中提到"谨遣人赍告黄二轴"③，南宋真德秀《焚黄祝文》中也提到"某谨以清酌庶羞之奠并赠告二轴"④。可见，宋代焚黄告的装帧形式与告身相同，都是采用卷轴装。

其次，关于焚黄告的系带据《宋会要辑稿·仪制》一〇之三中记载：

（高宗绍兴）五年三月五日，工部言："据文思院下界申，见承官告院牒，诸色官告万数浩瀚，系告青白丝线带子系用机织造，阙少人匠，织造不前。今相度乞将封赠并焚黄告除四品以上及职事官监察御史以上并用丝线带子，其余官依造空名官

---

① （宋）楼钥著，顾大朋点校：《楼钥集》卷八三《工部加赠焚黄祝文》，浙江古籍出版社，2010 年，第 1436 页。
② （清）徐松辑，刘琳、刁忠民、舒大刚、尹波等校点：《宋会要辑稿·仪制》一〇之六《臣僚恩庆封赠》记载，"学士及刺史以上、内侍都知、押班皆中书奉行，余则有司奏请"，上海古籍出版社，2014 年，第 2499 页。
③ （宋）苏轼著，李之亮笺注：《苏轼文集编年笺注》卷六三《祭老泉焚黄》，巴蜀书社，2011 年，第 474 页。
④ （宋）真德秀：《西山先生真文忠公文集》卷五〇《焚黄祝文》，《四部丛刊》景明正德刊本，商务印书馆，1919 年，第 14 叶左。

告料,权用碧绿绫带子充代,每五十条为一料。其合用工料,令户部量审支给,候将
来告命稀空日依旧。"从之。①

以上是宋高宗绍兴五年(1135)工部的上奏,其中提到由于官告数量太多,导致官告系带
不够用,因此工部提出,除了寄禄阶在四品以上或者职事官在监察御史以上的官员,他
们亲属的封赠官告和焚黄告依然使用青白丝线带以外,其余官员亲属的封赠官告和焚
黄告先暂时改用质量差一些的碧绿绫带。由此,可以看出绍兴五年(1135)以前,焚黄告
和封赠官告用的都是用青白丝线带子。绍兴五年(1135)以后,除了部分官员亲属的焚
黄告仍然使用青白丝线带子外,其他官员的焚黄告都用碧绿绫带。

　　最后,宋代的焚黄告有专门的用纸。《宋会要辑稿·仪制》一○之三四记载:

　　　　乞将应内命妇迁转并封赠及外命妇封赠郡夫人以上,并依格用网袋外,其余以
　　　　次并权不给。其赠诰合用焚黄纸七张,红罗青里褾,碧绿绫带。②

引文来自绍兴二十七年(1157)官告院的上奏,后一句话提到了"焚黄纸",应当是焚黄告
的专用纸张。这一段奏文的主旨是削减告身用料,结合前一句所说的削减告身所用的
网袋,焚黄纸应当不如原来赠诰所用绫纸珍贵。可见,宋代焚黄告的用料和装潢应该低
于告身,但也有专用的纸张、装裱、绫带,在形式上具备比较正规的文书形态。

　　2. 请假焚黄

　　宋代官员焚黄的时间并不固定。

　　如果官员是在任期间返乡焚黄,就需要向朝廷请假。《宋会要辑稿·礼》三九之一
收录了两条官员请假焚黄的奏文:

　　　　英宗治平二年二月二十九日,天章阁待制司马光言:"父母坟墓在陕州夏县,久
　　　　不展省,欲乞给假拜扫及焚黄。"从之。③

　　　　仁宗庆历五年三月四日,权御史中丞王拱辰言:"昨经郊礼,蒙恩赐先臣姚官
　　　　封。今遇寒节,欲暂乞假,至尉氏县焚黄洒扫,节假中却回,暂带本台人从随行。"
　　　　从之。④

第一条是司马光请假的奏文,司马光父母的坟茔在陕州夏县,司马光时任谏院,由于公
务繁忙,已经很久没有去拜扫了,因此申请回乡展墓焚黄。说明宋代官员在任期间需要

①《宋会要辑稿·仪制》一○之三《官诰》,第 2498 页。
②《宋会要辑稿·仪制》一○之三四《宗室外戚内外臣僚伪国王外臣等叙封母妻》,第 2520 页。
③《宋会要辑稿·礼》三九之一《拜扫》,第 1607 页。
④《宋会要辑稿·礼》三九之一《拜扫》,第 1607 页。

向朝廷请假才能返乡焚黄。第二条是宋仁宗庆历五年（1045），权御史中丞王拱辰申请回乡焚黄的奏文。据《宋史》卷一六三《职官志》记载，宋代寒食节有七天假期。[①] 王拱辰的祖茔在尉氏县，属于京畿路开封府辖下，离开封并不远，在寒食节七天假期中就可返回。但王拱辰依然为此提交申请。可见，在任期内，即使是节假时，官员想要返乡焚黄，也需要请假，批准后方能成行。

　　宋代官员虽然任职要回避原籍，但有时候任职的地方离家乡较近。在这种情况下，很多外任官员往往选择在赴任或离任途中返乡焚黄，这种现象在很多焚黄文中都可以看到，以下举三例，第一例是北宋中期韦骧的《告焚黄文》：

　　　　今兹恭承朝命，往守四明，道繇乡邦，获望松楸，乃克具蘋藻之荐，奉丝纶之告，焚黄于丘垄之侧，殆阴有所相，而成此幸会也。[②]

第二例是韦骧的《焚黄祭文》：

　　　　某以守符四明，不克继时恭叩丘陇之侧。今受代还朝，道经乡土，谨奉纶告，敬宣王言。[③]

第三例是南宋中期真德秀的《焚黄祝文》：

　　　　被命南泉，遂有过家上冢之幸，谨以诏黄，燎于隧道。[④]

前两条引文都是关于韦骧的。韦骧家乡在临安府钱塘县，北宋哲宗元符二年（1099），韦骧被任命为明州知州，两地同属两浙路，相去不远。在上任途中，韦骧取道钱塘，进行了第一次焚黄。三年任满后（崇宁元年，1102），韦骧返回开封述职，又经过钱塘，再次焚黄。最后一条引文是真德秀的，他在嘉定十年（1217）新授泉州知州，上任途经家乡福建浦城，顺道展墓焚黄。可见，官员在赴任或离任途中返乡焚黄是一个非常普遍的现象。

　　出于人性化考虑，朝廷对于官员在上任或离任途中顺道返乡焚黄的请假申请一般都会批准，所以申请的人越来越多，甚至出现了官员不等朝廷批复就擅自返乡焚黄的现象。《续资治通鉴长编》卷八〇记载了真宗大中祥符六年（1013）夏四月御史段晔的奏状：

　　　　戊寅，刑部员外郎、兼知杂御史段晔言："群臣外任官满，多以焚黄、省亲为名，奏牍不待报而去，有累月不赴朝请者。望自今请告半月者听行，半月以上者

————————

① （元）脱脱等：《宋史》卷一六三《职官志》三《礼部・祠部郎中、员外郎》，中华书局，1985年，第3853页。

② （宋）韦骧著，李玲玲、郜同麟点校：《钱唐韦先生文集》卷一六《告焚黄文》，《杭州文献集成》第14册，杭州出版社，2014年，第451页。

③ 《钱唐韦先生文集》卷一六《焚黄祭文》，第451页。

④ 《西山先生真文忠公文集》卷五〇《焚黄祝文》，第15叶左。

奏裁。"从之。①

说明这种情况在北宋前期已经相当普遍。当时在地方任职的官员,任满后,往往以回乡焚黄、省亲为由请假,甚至不等朝廷批复,就擅自离职而去。因此段晔认为,针对这种情况,朝廷索性适度放开,即凡是请假不到半个月的官员,都不再需要向朝廷打报告申请,可以自行离去;只有请假需半月以上的官员,才要走请假申请—审批流程,等得到朝廷批复同意后方能离去。

3. 焚黄仪式

宋代焚黄是一个较为正式的家族性祭祀活动。

首先,宋代的焚黄一般都是在墓前进行的。官员由于任官辗转多地等原因,并不能在每一次得到亲属封赠后都及时赶回墓前焚黄,因此他们往往会将焚黄告积攒起来,等到有机会亲至墓前的时候,再一并焚烧。周必大《曾祖曾祖妣焚黄祝文》中就提到了这一点:

> 维淳熙十六年岁次己酉十月丁亥朔十一日丁酉,曾孙具位某谨以清酌庶羞之奠及太傅、太师、莱国公、郑国公、魏国公、周国夫人、鲁国夫人、燕国夫人、汉国夫人、魏国夫人告十通,敬祭于曾祖太师魏国公、曾祖妣魏国夫人郭氏之灵曰:……厥后乙巳之冬,国家南郊礼成时,则有太傅暨周国之命。丁未之春,某叨升右相,时则有太师暨鲁国之封。戊申之秋,天子大享明堂,时则有莱国启土、燕国改封之诏。逮己酉正月,恩迁左揆,于是曾祖进封于郑,实惟乡国,祖妣进封于汉,愈为大邦。今年二月今上受禅,然后曾祖、祖妣始获并封于魏。魏,大名也。储祉焘后,庶其在此。属某罢政来归,涓日以致上命。②

淳熙十六年(1189)五月,周必大罢相,然后返乡焚黄。周必大进行了三次焚黄,分别是在曾祖父母、祖父母、父母墓前,此篇是他为曾祖父、曾祖母写的焚黄祝文。该祝文中共提到五次封赠:1. 宋孝宗淳熙十二年十一月(1185),南郊大礼,周必大时任枢密使,享有封赠三代的待遇,他的曾祖父被封为太傅,曾祖母被封为周国夫人。2. 孝宗淳熙十四年(1187)二月,周必大为右丞相,按《宋会要辑稿·仪制》一〇之六记载,"国朝宰相、使相正一品并赠曾祖、祖、父"③,周必大的曾祖父、曾祖母分别受赠为太师、鲁国夫人。

① (宋)李焘:《续资治通鉴长编》卷八〇,大中祥符六年四月戊寅条,中华书局,2004 年,第 1823 页。
② 王蓉贵,[日]白井顺点校:《周必大全集·省斋文稿》卷三九《曾祖曾祖妣焚黄祝文》,四川大学出版社,2017 年,第 362—363 页。
③《宋会要辑稿·仪制》一〇之六《臣僚恩庆封赠》,第 2499 页。

3.淳熙十五年(1188)九月,明堂大礼,周必大的曾祖父、曾祖母被赠予莱国公、燕国夫人。4.淳熙十六年(1189)正月,周必大升为左丞相,曾祖父、曾祖母分别晋封为郑国公、汉国夫人。5.同年二月,宋光宗受禅登极,周必大身为左宰相,得以封赠三代,曾祖父、曾祖母分别受封为魏国公、魏国夫人。五年间,周必大的曾祖父、曾祖母受到了以上五次封赠,共有十通告身,周必大在淳熙十六年(1189)五月罢相归乡后,一并于曾祖父母的坟前进行焚黄。

有时候,官员若实在不能亲自去墓前焚黄,也会委托近属(如兄弟、子、侄)前往。曾巩《皇妣仙源县太君周氏焚黄文》就提到这种情况:

> 巩薄陋,获守绪业,常惧失坠。赖先君、先夫人余泽,有列位于朝。今天子始郊,加恩群臣,皆得追荣其先,故先君、先夫人咸被命书,赠官封邑。巩伏念厥由,不任感慕。隶职京师,谨遣弟布、肇奉告第焚黄,诣墓次以告。①

汤江浩推断这篇焚黄文中"天子始郊"是指宋英宗治平二年(1065)十一月的南郊大礼,②《曾巩年谱》推断此篇的写作在治平四年(1067)至熙宁元年(1068)间。③ 原则上来说,曾巩母亲周氏的焚黄活动,曾巩和两个弟弟曾布、曾肇都是要到场的,但由于当时曾巩在开封任职,不得闲暇,因此只能派遣曾布、曾肇二人返回江南西路建昌军南丰县焚黄。尽管曾巩无法亲至,但他依然为此写作了祭文,请弟弟们代为祝告。

其次,参与焚黄的人一般都是与亡者关系密切的人。元丰元年(1078),苏轼知徐州,作《祭老泉焚黄文》,其中提到:"谨遣人赍告黄二轴,集中外亲,择日焚纳。"④根据"集中外亲"推断,参与焚黄仪式的群体不仅包括苏氏家族内部的人,很可能也包括苏轼母亲家族成员。南宋官员史浩《焚妻赠黄祝文》中也提到了焚黄仪式:"躬率诸子若孙若曾孙与诸亲姻,迎奉赠告,展礼燔黄,副以衣章,告于幽域。"⑤可见,参加焚黄仪式的亲眷,除了亡者的子孙后代之外,也包括姻亲。至于"诸亲姻"具体包含哪些人,尚无法确定。

除了上述有血缘、婚姻关系的亲属之外,亡者的好友似乎也能参加焚黄仪式。林希

①（宋）曾巩撰,陈杏珍、晁继周点校:《曾巩集》卷三九《皇妣仙源县太君周氏焚黄文》,中华书局,1984年,第536页。

②汤江浩:《曾易占及夫人周氏、吴氏、朱氏与所生子女考略——曾巩及其主要亲属行实考略(三)》,《华中学术》(第一辑),华中师范大学出版社,2009年,第179页。

③李震:《曾巩年谱》卷二,苏州大学出版社,1997年,第243页。

④《苏轼文集编年笺注》卷六三《祭老泉焚黄文》,第474页。

⑤（宋）史浩撰,俞信芳点校:《史浩集》第一册《鄮峰真隐漫录》卷三〇《又乞归田里札子》,浙江古籍出版社,2016年,第556页。

逸作《贺余宅燎黄札》中就提到："某自惭倚玉,莫预炷香。"①"倚玉"用了《世说新语》中
"蒹葭倚玉树"的典故。② 这句是林希逸自谦自己的品貌才德与友人相去甚远,很遗憾
没有能参加焚黄,为亡者添一炷香。这是否说明,林希逸作为好友原本可以参加余氏家
族的焚黄活动的,可惜最终未能成行? 这一猜测尚待实例佐证。

宋代的焚黄仪式如何进行? 这在文献中并没有具体的记载,但从诸多焚黄文中可
以推想一二。史浩《焚妻赠黄祝文》中的记载较为详尽:"躬率诸子若孙若曾孙与诸亲
姻,迎奉赠告,展礼燔黄,副以衣章,告于幽域。"这句话是说,在集合了内亲外戚以后,就
要进行焚黄仪式。仪式中,有人托着封赠的告身站在一旁,墓前摆放着赐下的冠帔。史
浩本人念诵祝文,并将焚黄告在墓前焚化。之后应当还有在场诸人奉香祭拜的过程。
至于其余环节,由于材料较少,尚不可得知。

宋人在焚黄仪式中会读诵一篇提前写就的祭文,称为焚黄祭文,又称焚黄祝文。到
南宋时,焚黄祭文形成了一定的格式,主要包括受封时间、受封官职、受封原因等内容。
相比一般祭文,焚黄祭文更为注重叙述朝廷厚恩。以下分别列唐代焚黄文、宋代焚黄
文、宋代一般祭文进行比较,第一篇是唐代元稹《告赠皇考皇妣文》:

> 嗣子稹等,谨以常馔嘉蔬之奠,敢昭告于皇考赠右散骑常侍、皇妣赠荥阳郡太
> 君:今皇帝二月五日制书,泽被幽显。小子稹参奉班荣,得用封赠。越七月二十八
> 日,乃诏先夫人曰荥阳郡太君。洎八月之九日,复诏先府君曰右散骑常侍。祗命陨
> 越,哀号不逮。追念顾复,若亡生次。惟积洎稹,幼遭闵凶。积未成童,稹生八岁。
> 蒙骇孩稚,昧然无识。遗有清白,业无樵苏。先夫人备极劳苦,躬亲养育。截长补
> 败,以御寒冻。质价市米,以给晡旦。依倚舅族,分张外姻。奉祀免丧,礼无遗者。
> 始亡兄某得尉兴平,然后衣服饮食之具粗有准常,而犹卑薄俭贫,给不暇足。慈训
> 备至,不肖乃立。积初一命,稹始奉朝。供养未遑,奄忽遗弃。衅罪不死,重罗缨
> 裳。迁换因循,遂阶荣位。大有车马,丰有俸秩。书扇虽存,旧老已尽。顾是所有,
> 将焉用之? 呜呼! 生我者父母,享此者妻子。勤悴者兄嫂,优余者婢仆。追孝不过
> 于一奠,荐宠不过于扬名。哀哀勋劳,亦又何报? 摧圮陨裂,酸伤五情。谨于先太
> 君载诞之日,祗告赠典。并焚黄制以献。号慕罔及,痛毒肝心。伏惟尚飨!③

第二篇是南宋周必大的《先妣焚黄祝文》:

---

①(宋)林希逸:《鬳斋续集》卷一四《贺余宅燎黄札》,故宫博物院藏清文渊阁四库全书本,第20叶右。
②(南朝宋)刘义庆著,徐震堮校笺:《世说新语校笺》卷下《容止第十四》,中华书局,1984年,第334页。
③《新编元稹集》第11册,第5523—5524页。

维淳熙十一年岁次甲辰十月丙辰朔,男通奉大夫、枢密使、荣阳郡开国公、食邑三千六百户、食实封一千户某,谨以清酌庶羞之奠及硕人、淑人、庐陵、临汝郡、吉国、相国夫人黄告六通,告于先妣相国夫人王氏之灵曰:某向以自吉祖信,展墓失时,爰即寓邦,改卜兆域,而贪禄忘归,阻望松楸者十年矣。不孝不虔,为罪滋大。粤自淳熙三祀恭值郊霈,明年冒登翰苑,于是皇妣有硕人、淑人之封。厥后忝预政事,一经宗祀,再迁枢庭,于是皇妣有两郡、两国小君之赠。恭惟圣主之恩济及泉壤,而某于公未有秋毫之报,于私久阙拜扫之礼,而又稽留诏命,夙夜滋不遑安。谨遣弟迪功郎、新永州司户参军必先以告。尚飨!①

第三篇是南宋周必大《祭叔母李氏孺人文》:

维绍熙元年岁次庚戌三月乙卯朔二十四日戊寅,侄具位周某谨遣使臣文立方以清酌庶羞之奠,致祭于叔母孺人李氏之茔。某去秋归自浙西,亟欲躬走墓道,而非间于风雨,则有疾病,因循累月,未能遂区区之志。念夏序将临,大惧以稽缓获罪于幽,涓辰代礼,良非得已。仰惟淑灵,俯赐鉴享!②

唐代元稹的告赠文尽管写了亡父母的受封过程,但通篇更侧重于怀念父母对自己的恩情,书写自己对于亡父母的眷恋与哀悼。后两篇同为周必大所作之文,一为焚黄文,一为祭文,两相比较,焚黄文尽管也提及了自己对亡者的眷恋,但更多侧重封赠过程,以表达对朝堂恩宠的感念,而祭文则更侧重对亡者的情谊。

也就是说,和唐代告赠文及宋代同时期的祭文相比,宋代焚黄文内容上最大的特点,在于突出朝廷恩典这一政治色彩。其原因应该在于:焚黄是伴随封赠产生的,封赠是官方恩典,焚黄告又由官方制作并发放。其背后,是朝廷用以维系、巩固与官员个人之间亲密关系的一种手段。因此对宋代焚黄活动,我们不能将其视作一种纯粹的家族内部祭祀告慰祖先的仪式,而应注意到这种浓重的官方化背景。

4.南宋告庙

南宋时期,在焚黄仪式以外,又衍生出了告庙这一环节。由以上可知,宋代官员无法在封赠后及时返乡焚黄,因此,有些官员就会暂时将告身及焚黄告供奉于亡者神主之前,并以祝文的方式告知亡者所受封赠,等到有机会再返乡焚黄。这种祭祀活动就是告庙,是对于焚黄的一种补充。

告庙,有时候并不是指家庙,而是指祠堂。朱熹《家礼》中有《祠堂》一节,其中提到

---

①《周必大全集·省斋文稿》卷三九《先妣焚黄祝文》,第363页。
②《周必大全集·省斋文稿》卷三八《祭叔母李氏孺人文》,第358页。

家庙与祠堂的区别：

> 古之庙制不见于经，且今士庶人之贱亦有所不得为者，故特以祠堂名之。①

元人吴澄对此进行补充："以家庙非有赐不得立，乃名之曰'祠堂'。"②也就是说，朱熹认为当时大部分人所修建的用以四时祭祀的场所不能被称为家庙，而应当被称作祠堂。主要有两个原因：第一，古代的家庙在经书中并没有具体的记载，南宋修建的祠堂与古人所说的"家庙"并不是一回事。第二，在南宋时，并不是所有高阶官员都有资格建立家庙的，家庙的建立是一种恩赐，只有受到皇帝的恩赐，才能建立家庙。据统计，南宋时期建立了家庙的高级官员仅有十三名，包括高宗时期的秦桧、韦渊、吴益、杨存中；孝宗时期的吴璘、虞允文、史浩、已故大臣韩世忠；宁宗时期的史弥远及已故大臣韩琦、张浚、刘光世；理宗时期的贾似道。③其他官员尽管没有建立家庙的资格，却依然有对祖先四时祭祀的需求，因此便有了祠堂的产生。据笔者所见，现存宋人文集中收录告庙祝文的有两人：周必大、方大琮，但他们二人都没有建立家庙，因此他们所说的"告庙"，实际上应当是告祠堂。

告庙祝文与焚黄文差别不大，比如周必大的《郊祀加封三代告庙祝文》：

> 维淳熙十三年岁次丙午正月庚辰朔十九日戊戌，曾孙具位某谨以清酌庶羞之奠，致昭告于曾祖太傅、曾祖妣周国夫人郭氏、先祖太师、祖妣荆国夫人潘氏、祖妣益国夫人李氏、祖妣邓国夫人张氏、先考太师莒国公、先妣莒国夫人王氏：去岁冬至日，天子亲执圭币，郊见上帝，大赉四海，泽及乎幽明。某备位西府，实相厥事，恩章加厚，覃及三世。师傅之官、列国之封，王言如纶，粲其盈轴。虽未获躬拜墓道，而告虔家庙，其曷敢缓？是涓吉旦，敬致上命。伏惟明灵如在，实嘉飨之。谨告。④

与上文周必大所写焚黄文相比，二者格式相差不大，只是在内容上，告庙祝文更加侧重官方的封赠，可见其目的仅在于告诉先祖所受封赠，而不牵涉情感。

在告庙以后，宋人会对亡者神主牌位上的官衔进行修改，南宋郑兴裔《焚黄告文》就提到这一点："既告于庙，更题神主。兹炳告黄，谨奉典礼，清酌庶羞，恭荐墓几。"在南宋，由于地域所限，展墓焚黄难以及时实现，告庙仪式结束以后，对亡者的封赠就算是完成了，"更题神主"就是将神主牌位上原来的封号改为最新受封的封号。

---

①（清）郭嵩焘：《校订朱子家礼》卷一，梁小进主编《郭嵩焘全集》第 2 册，岳麓书社，2012 年，第 626 页。

②（元）吴澄：《吴文正集》卷四六《豫章甘氏祠堂后记》，故宫博物院藏清文渊阁四库全书本，第 8 叶右。

③常建华：《宋以后宗族的形成及地域比较》，人民出版社，2013 年，第 40 页。

④《周必大全集·省斋文稿》卷三九《郊祀加封三代告庙祝文》，第 364 页。

三、宋代焚黄的意义

宋代焚黄对于官员和他得到封赠的已逝亲属都具有重要意义。

对官员来说，举行焚黄仪式一方面彰显了自己的孝道，另一方面，也是一个光耀门楣的举动。《愧郯录》卷三《赠官回避》就说道："锡告荣先，焚黄丘垄，为人子之荣也。"[①]可见在宋代官员眼中，能够有机会封赠先人，展墓焚黄，是作为人子的荣光。也是因此，在文集中甚至能见到祝贺友人焚黄的文字，例如林希逸所作的《贺余宅燎黄札》：

> 禋恩弛远，燎祀展仪。黄制前陈，谐告墓显亲之志；绿袍后拜，兼呼班擢第之荣。福萃一门，辉联三世。某自惭倚玉，莫预炷香。善积庆余，侈有子有孙之美；利成宰彻，想为宾为客之华。薄效菲輴，厚祈容亮。[②]

林希逸的友人余氏焚黄，林希逸虽然没能参与其中，但他专门写了一篇祝贺文字，以颂扬余氏家族的光荣。

另外，在宋人观念中，焚黄仪式还能带给亡者切实的阴间福利。南宋李昌龄所著《乐善录》中记载了这样一个故事：

> 孔埙任宜黄令，丁母忧，既葬，屏服，历官至秘书丞。母范氏叙封金华县君。始归焚黄。既归，亲识相睹无虚日。一日，天雨晦冥，群儿戏后圃，见一老儿以巾挂手胸前，曰："我埙母也，埙今何在？"群儿奔告。埙与妇刘氏急造，母不许近，且大詈曰："汝不孝，弃我坟茔。……复以误杀牲事赴阎王殿狱就劾，方收系三日，以金华叙封。到阴律例，得告百二十日还世。居二女家，誓不汝顾，欲罪汝以警世。"至夜，月暝遂失不见。埙发冢，果如母言，遂择地改葬，设庭宇守护。……人以其事告左仆射王荆公，公异之。元丰二年，以河北便籴授埙，埙至相府。荆公以所闻语埙，埙尽泣而后对，公亦潸然。[③]

孔埙其人，无法考定。《乐善录》一书是为导人向善而著，这个故事的主题是劝孝，告诫世人要经常展省先人坟茔。故事中孔埙的母亲被封为金华县君当是早前的事了，而直到孔埙回乡焚黄，亡母的魂灵方才现世，并且她还强调说，按照阴间的律例，受封为金华县君可以拥有一百二十天重返阳世的福利。可见，在宋人眼中，焚黄可以起到沟通生死

---

① （宋）岳珂：《愧郯录》卷三《赠官回避》，中华书局，2016 年，第 40 页。

② 《鬳斋续集》卷一四《贺余宅燎黄札》，第 20 叶右。

③ （宋）李昌龄：《乐善录》卷三，《续古逸丛书》影印宋刻本，商务印书馆，1935 年，第 1—2 叶。

的作用,并且能够使亡者在阴间获得实际的利益。焚黄能给亡者带来福利,只有经历了焚黄,封赠流程才算是真正完成。

宋代焚黄与朝廷直接相关的主要有焚黄告、焚黄假期两个方面。朝廷在授予官员封赠告身的同时,颁发焚黄告。对于有焚黄需求的官员,朝廷也完善了相关请假制度,使其更加人性化。可见,宋代朝廷支持甚至鼓励官员焚黄。宋代官员因此将焚黄视为一种家族的荣誉,自发地完善焚黄的各个环节,使焚黄仪式更加庄严、烦琐,发展到南宋,甚至衍生出了告庙这一环节。

焚黄是伴随着封赠制度而产生的一种祭祀活动。由于封赠为朝廷对群臣的恩赏,是朝廷维系、巩固与群臣之间关系的一种方式,因此,焚黄在其产生之初便具有政治性,正是这种政治性使其区别于官员的其他家祭活动。

政治与人物

范仲淹的为政之道

北京大学　张希清

　　范仲淹(989—1052)以《岳阳楼记》一文,名传千古;其"先天下之忧而忧,后天下之乐而乐"的名言,几为妇孺皆知。但他不仅是一位伟大的文学家,而且主要是一位政治家、思想家、军事家、教育家。他从宋真宗大中祥符八年(1015)三月蔡齐(988—1039)榜进士及第,四月授广德军(治今安徽广德)司理参军差遣,到宋仁宗皇祐四年(1052)五月,殉职于赴知颍州(治今安徽阜阳)任途中的徐州,先后为官从政 37 年。他既历知州县,又位登两府;既出宋夏战争前线为将(陕西四路都部署、经略安抚兼缘边招讨使),又入朝廷为相(参知政事,即副宰相)。宋朝著名历史学家、政治家司马光(1019—1086)代宋仁宗、英宗、神宗三朝宰相韩琦(1008—1075)所撰《代韩魏公祭范希文文》曰:"公之存世,包羲蹈禹。雄文奇谋,天忠伟节。充塞宇宙,照耀日月。前不愧于古人,后可师于来哲。固有良史直书,海内公说,亘亿万世,不可磨灭。"①宋神宗朝宰相王安石(1021—1086)评论他:"呜呼我公,一世之师。由初迄终,名节无疵。"②宋朝大诗人、大书法家黄庭坚(1045—1105)则称:"范文正公,当时文武第一人,至今文经武略,衣被诸儒,譬如蓍龟,而吉凶成败不可变更也。"③在范仲淹的从政生涯中,蕴涵着极为宝贵的政治思想和智慧,也蕴涵着极为丰富的经验和教训。而其为政之道最为突出的,则是"以天下为己任"。宋朝理学集大成者朱熹(1130—1200)说:"范公平日胸襟豁达,毅然以天下国家为己任。"又说:"且如一个范文正公,自做秀才时便以天下为己任,无一事不理会过。一旦仁宗大用之,便做出许多事业。"④《宋史》卷三一四《范仲淹传》亦云:"及陕西用兵,天子

①李裕民、[日]佐竹靖彦共编:《增广司马温公全集》卷一〇八《代韩魏公祭范希文文》,汲古书院,1993 年。
②(宋)王安石撰,唐武标校点:《王文公文集》卷八一《祭范颍州仲淹文》,上海人民出版社,1974 年,第 873 页。
③(清)张照、梁诗正等:《石渠宝笈》卷二九《宋范仲淹道服赞》黄庭坚跋,《景印文渊阁四库全书》第 825 册,台湾商务印书馆,1986 年,第 193 页上栏。
④(宋)黎靖德编,王星贤点校:《朱子语类》卷一二九《自国初至熙宁人物》,中华书局,1986 年,第 3088 页。

以（范）仲淹士望所属，拔用之。及（吕）夷简罢，召还，倚以为治，中外想望其功业，而仲淹以天下为己任，裁削侥滥，考核官吏，日夜谋虑兴致太平。"关于范仲淹的研究，可谓硕果累累，不胜枚举，本文即对其以"以天下为己任"为宗旨的为政之道，从新的视角，就范仲淹这一历史名人进行专门研究。

一、忧患意识："有忧天下之心"

（一）忧国忧民忧天下

范仲淹的"以天下为己任"，首先表现在他"有忧天下之心"。① 中国古代士人，历来具有比较强烈的忧患意识。② 所谓忧患意识，是指人们面临自然、人生、社会所遭遇的苦难而产生的忧虑与思索。春秋战国时期，孔子（前 551—前 479）说："君子忧道不忧贫。"③ 又说："德之不修，学之不讲，闻义不能徙，不善不能改，是吾忧也。"④ 孔子的忧患主要在于"君子"个人的道德情操。孟子（约前 372—前 289）说："天将降大任于斯人也，必先苦其心志，劳其筋骨，饿其体肤，空乏其身，行拂乱其所为，所以动心忍性，曾益其所不能。人恒过，然后能改；困于心，衡于虑，而后作；征于色，发于声，而后喻。入则无法家拂士，出则无敌国外患者，国恒亡。然后知生于忧患而死于安乐也。"⑤ 孟子认为，如果没有"苦难"的磨炼，要培养出刚强意志、奋发精神，是不可能的。忧患足以使人生存发展，安乐足以使人沉沦死亡。孟子的忧患意识则成为一种人生哲学。西汉初年，贾谊（前 200—前 168）多次向汉文帝（前 180—前 157 在位）上书陈述政事，说："臣窃惟事势，可为痛哭者一，可为流涕者二，可为长太息者六，若其它背理而伤道者，难遍以疏举。进言者皆曰天下已安已治矣，臣独以为未也。曰安且治者，非愚则谀，皆非事实知治乱之体者也。"⑥ 贾谊所忧患的是国家的安危治乱，他的忧患意识则是一种忧国、忧民、忧天下的社会责任感。

"有忧天下之心"一语大概最早见于唐朝政治家、文学家韩愈（768—824）的上宰相

---

①（宋）欧阳修撰，李逸安点校：《欧阳修全集》卷六七《与范希文书》，中华书局，2001 年，第 983 页。

② 参见张岂之：《历史上的忧患意识》，《炎黄春秋》2000 年第 11 期。

③《论语·卫灵公篇第十五》，中华书局，1980 年，第 168 页。

④《论语·述而篇第七》，第 67 页。

⑤《孟子》卷十二《告子章句下》，中华书局，1960 年，第 298 页。

⑥（汉）班固：《汉书》卷四八《贾谊传》，中华书局，1962 年，第 2230 页。

第三书,他说:"今天下一君,四海一国,舍乎此则夷狄矣,去父母之邦矣;故士之行道者不得于朝,则山林而已矣。山林者,士之所独善自养,而不忧天下者之所能安也;如有忧天下之心,则不能矣。故愈每自进而不知愧焉,书亟上、足数及门而不知止焉。"①韩愈是"有忧天下之心"的,他"以天下为己任",所以"书亟上、足数及门而不知止",目的在于"行道"于朝。范仲淹在《上资政晏侍郎书》中也说:

> 某天不赋智,昧于几微,而但信圣人之书,师古人之行,上诚于君,下诚于民。
>
> 韩愈自谓"有忧天下之心",由是时政得失,或尝言之,岂所谓不知量也?②

范仲淹的心与韩愈是相通的,都是"有忧天下之心",而谏诤不已。同时代官至参知政事的欧阳修(1007—1072)也认为范仲淹"有忧天下之心"。他在《与范希文书》中写道:

> 自去岁在洛阳,闻以言事出睦州。及来京师,又知移常州,寻复得苏州,迁延南方,岁且终矣。南方美江山,水国富鱼与稻,世之仕宦者举善地,称东南。然窃惟希文登朝廷,与国论,每顾事是非,不顾自身安危,则虽有东南之乐,岂能为有忧天下之心者乐哉!③

这里的"有忧天下之心者",即是指因极谏废郭皇后被贬而出知睦州的范仲淹。

范仲淹不但自己"有忧天下之心",而且认为其他臣僚也应该有忧天下之心。他在《上资政晏侍郎书》中说道:"今朝廷必欲求有道之言,在其择而必行,不在其诱于必赏。言而无赏,则真有忧天下之心者,不废其进焉。"④他在知苏州时的《上吕相公并呈中丞谘目》中也说:"某已具此闻于相府,仰惟中丞有忧天下之心,为亦留意于此焉。"⑤他还以此衡量他人。如在《推委臣下论》中指出,宰辅大臣应该有忧天下之心,建议宋仁宗广为询访,精意求贤,"其深于正道,有忧天下之心,可备辅相者,记之"⑥。其《举张昪自代状》亦云:

> 右,臣伏蒙圣慈特授尚书礼部侍郎。臣伏见工部郎中、集贤院修撰、知润州张昪筮仕以来,清介自立。精思剧论,有忧天下之心;纯诚直道,无让古人之节。朝野推重,臣所不如。乞回臣所授,以允公议。⑦

———————

① (唐)韩愈撰,阎琦校注:《韩昌黎文集注释》卷三《后廿九日复上书》,三秦出版社,2004年,第244页。
② (宋)范仲淹:《范文正公文集》卷十《上资政晏侍郎书》,李勇先等点校《范仲淹全集》,中华书局,2020年,第198页。
③ 《欧阳修全集》卷六七《与范希文书》,第983页。
④ 《范文正公文集》卷十《上资政晏侍郎书》,《范仲淹全集》,第200页。
⑤ 《范文正公文集》卷十一《上吕相公并呈中丞谘目》,《范仲淹全集》,第230页。
⑥ 《范文正公文集》卷七《推委臣下论》,《范仲淹全集》,第132页。
⑦ 《范文正公文集》卷十九《举张昪自代状》,《范仲淹全集》,第383页。

范仲淹举张昇(992—1077)自代的理由之一就是"有忧天下之心"。张昇后历官御史中丞、参知政事、枢密使,均卓有政绩。他"见帝春秋高,前后屡进言储嗣事,卒与韩琦同决策"。"王曾称其有公辅器"。宋哲宗朝宰相司马光也称"昇为人忠谨清直,不可干以私"①。确实也是一位"有忧天下之心"者。此外,范仲淹在《户部侍郎赠兵部尚书蔡公墓志铭》中也特意表彰其同年状元蔡齐(988—1039):"在政府,浩然示至公于中外,以进贤为乐,以天下为忧;见佞色则疾,闻善言必谢;孜孜论道,以致君尧舜为心。"②蔡齐历官翰林学士、权御史中丞、参知政事,政绩卓著,也是一位"有忧天下之心"者。

(二)"进亦忧,退亦忧","居庙堂之高,则忧其民;处江湖之远,则忧其君"

一般士大夫均如孟子所说:"穷则独善其身,达则兼善天下。"③而范仲淹因以天下为己任,有忧天下之心,所以他"进亦忧,退亦忧","居庙堂之高,则忧其民;处江湖之远,则忧其君"。④ 这是他的思想境界远远超出一般士大夫之处。

宋真宗乾兴元年(1022)十二月,时任文林郎、试秘书省校书郎、权集庆军节度推官、监泰州西溪镇盐仓的范仲淹,即上书尚书右丞、枢密副使张知白(?—1028)曰:

> 某何人也,可预陶甄之末? 其大幸者,生四民中,识书学文,为衣冠礼乐之士;研精覃思,粗闻圣人之道。知忠孝可以奉上,仁义可以施下,功名可存于不朽,文章可贻于无穷,莫不感激而兴,慨然有益天下之心,垂千古之志,岂所谓不知量也? ……而当世大君子,以某雕虫之技而怜之者有矣,未有谓某之诚可言天下之道者。今复吏于海隅葭菼之中,与国家补锱铢之利,缓则罹咎,猛且贼民,穷荒绝岛,人不堪其忧,尚何道之可进! ……恭惟右丞,播洪钧之仁,矜其不肖,以一言置于左右。……使某会遇之日,有益于当时,有垂于将来,乃右丞之道传,传而不朽矣。⑤

这不是一封普通的自荐书,而是北宋中期一位新兴士大夫的自白和呼唤。从中可以看出,范仲淹虽然只是一个从九品33阶的身处海隅的监当官,但他"慨然有益天下之心,垂千古之志",渴望有机会"可言天下之道"、"有益于当时,有垂于将来"。这充分展现出他以天下为己任、有忧天下之心的广阔胸怀和远大志向。

宋仁宗天圣三年(1025)四月,范仲淹又直接向垂帘听政的章献刘太后(1022—1033

---

① (元)脱脱等:《宋史》卷三一八《张昇传》,中华书局,1977年,第10363页。
② 《范文正公文集》卷十四《户部侍郎赠兵部尚书蔡公墓志铭》,《范仲淹全集》,第288页。
③ 《孟子》卷十三《尽心章句上》,第304页。
④ 《范文正公文集》卷八《岳阳楼记》,《范仲淹全集》,第165页。
⑤ 《范文正公文集》卷九《上张右丞书》,《范仲淹全集》,第177页。

听政)和宋仁宗(1022—1063 在位)上了一封《奏上时务书》,直言极谏,"欲倾臣节,以报国恩"。他提出了救文弊、讲武备、选贤俊、抑侥幸、崇圣德、少巡幸、纳远谋、勿独断等八项建议,着重指出要"外防夷狄、内防奸邪","防之于未萌,治之于未乱"。① 此时范仲淹仍为文林郎、监泰州西溪镇盐仓,只不过其阶官升为"守大理寺丞",即从 33 阶升为 26阶。仍然是身在海隅,心忧天下,而且其忧患更为具体了。真所谓"处江湖之远,则忧其君"。

天圣五年(1027),范仲淹因丁母忧而执教于应天府(治今河南商丘)书院,教学之余,他又向宰相王曾(978—1038)、张知白(?—1028),参知政事吕夷简(978—1044)、鲁宗道(966—1029)上了一封洋洋万言的《上执政书》。范仲淹在这封万言书的开头即写道:

> 某居亲之丧,上书言事,逾越典礼,取笑天下,岂欲动圣贤之知,为身名之计乎?某谓居丧越礼,有诛无赦,岂足动圣贤之知耶?……盖闻忠孝者,天下之大本也。其孝不逮矣,忠可忘乎!此所以冒哀上书,言国家事,不以一心之戚,而忘天下之忧,庶乎四海生灵,长见太平。……

> 今朝廷久无忧矣,天下久太平矣,兵久弗用矣,士曾未教矣,中外方奢侈矣,百姓反困穷矣。朝廷无忧,则苦言难入;天下久平,则倚伏可畏;兵久弗用,则武备不坚;士曾未教,则贤材不充;中外奢侈,则国用无度;百姓困穷,则天下无恩。苦言难入,则国听不聪矣;倚伏可畏,则奸雄或伺其时矣;武备不坚,则戎狄或乘其隙矣;贤材不充,则名器或假于人矣;国用无度,则民力已竭矣;天下无恩,则邦本不固矣。倘相府思变其道,与国家磐固基本,一旦王道复行,使天下为富为寿数百年,由今相府致君之功也。倘不思变其道,而但维持岁月,一旦乱阶复作,使天下为血为肉数百年,亦今相府负天下之过也。②

居母亲之丧期间,按礼是不应该上书言事的。那么,范仲淹为什么冒哀上书、言国家事呢?是为了自己的名声利禄吗?不是。而是"不以一心之戚,而忘天下之忧,庶乎四海生灵,长见太平",即心忧天下,为国尽忠。

如何磐固国本、复行王道呢?范仲淹说:

> 某窃谓相府报国致君之功,正在乎固邦本,厚民力,重名器,备戎狄,杜奸雄,明国听也。固邦本者,在乎举县令,择郡守,以救民之弊也;厚民力者,在乎复游散,去

---

① 《范文正公文集》卷九《奏上时务书》,《范仲淹全集》,第 179 页。
② 《范文正公文集》卷九《上执政书》,《范仲淹全集》,第 179—180 页。

冗僭，以阜时之财也；重名器者，在乎慎选举，敦教育，使代不乏材也；备戎狄者，在乎育将材，实边郡，使夷不乱华也；杜奸雄者，在乎朝廷无过，生灵无怨，以绝乱之阶也；明国听者，在乎保直臣，斥佞人，以致君于有道也。①

《上执政书》中的这六项改革措施，较之两年前《奏上时务书》中的八项建议，更加完备成熟、切实可行了。翰林学士苏轼（1037—1101）评论说："公在天圣中，居太夫人忧，则已有忧天下、致太平之意，故为万言书以遗宰相，天下传诵。至用为将，擢为执政，考其平生所为，无出此书者。"②

范仲淹平生所为或有超出此书者，但由此足可以看出他"已有忧天下、致太平之意"。此书一出，天下传诵。相府宰执虽未付诸实施，但却获得当时首相王曾的极力赞赏。次年，晏殊（991—1055）入朝为御史中丞，当荐馆职。王曾遂指示晏殊推荐范仲淹应试学士院。于是，在服丧期满之后，范仲淹被任命为秘阁校理，踏上立朝行道之路。十五年后，他被擢为执政（参知政事），遂得以将当年的《上执政书》付诸实施。

范仲淹"进亦忧"，为国事直言极谏。"居庙堂之高，则忧其民"。宋仁宗庆历三年（1043）八月，他入朝为参知政事；九月，即上《答手诏条陈十事》，奏言："我国家革五代之乱，富有四海，垂八十年。纲纪制度，日削月侵；官壅于下，民困于外；夷狄骄盛，寇盗横炽，不可不更张以救之。"其忧国忧民之情，溢于言表。当他遭贬黜，到外地做官，则"退亦忧"，"处江湖之远，则忧其君"。如范仲淹在《祭英烈王文》中说："某长叨近辅，来守是邦，忧国爱民，此其职也。"③又如庆历五年（1045）正月，范仲淹罢参知政事，以右谏议大夫、资政殿学士知邠州（治今陕西彬州），兼陕西四路沿边安抚使。他在《谢授知邠州表》中说："臣敢不即日首途，奉召行事？生民疾苦，可得询求；边塞机宜，更当筹虑。用罄臣节，以酬圣知。"④十一月，改知邓州（治今河南邓州），范仲淹在《邓州谢上表》中说："敢不孜孜于善，战战厥心？求民疾于一方，分国忧于千里。上酬圣造，少罄臣诚。"⑤宋仁宗皇祐四年（1052）五月，范仲淹病逝于赴知颍州任途中的徐州。他在临终所上《遗表》中还说："伏望陛下，调和六气，会聚百祥，上承天心，下徇人欲。明慎刑赏，而使之必当；精审号令，而期于必行。尊崇贤良，裁抑侥幸。制治于未乱，纳民于大中。如此，则不独

①《范文正公文集》卷九《上执政书》，《范仲淹全集》，第 181 页。

②（宋）苏轼撰，（明）茅维编，孔凡礼点校：《苏轼文集》卷十《范文正公文集叙》，中华书局，1986 年，第 311 页。

③《范文正公文集》卷十一《祭英烈王文》，《范仲淹全集》，第 242 页。

④《范文正公文集》卷十八《谢授知邠州表》，《范仲淹全集》，第 364 页。

⑤《范文正公文集》卷十八《邓州谢上表》，《范仲淹全集》，第 367 页。

微臣甘从于异物,庶令率土永寖于淳风。"①真可谓心忧天下,进退皆忧,鞠躬尽瘁,死而后已。

(三)"先天下之忧而忧,后天下之乐而乐"

宋仁宗庆历六年(1046)九月,范仲淹在邓州,应谪知岳州(治今湖南岳阳)的同年挚友滕宗谅(991—1047)的请求,撰写了传诵千古的《岳阳楼记》。其篇末云:

> 嗟夫! 予尝求古仁人之心,或异二者之为,何哉? 不以物喜,不以己悲。居庙堂之高,则忧其民;处江湖之远,则忧其君。是进亦忧,退亦忧,然则何时而乐耶?其必曰:"先天下之忧而忧,后天下之乐而乐。"噫! 微斯人,吾谁与归!

"先忧后乐"正是范仲淹"以天下为己任"的又一突出表现,也是他的思想境界远远超过一般士大夫之处。"先天下之忧而忧,后天下之乐而乐"的名句虽然在他五十八岁时才见诸文字,但却是他一贯的思想。官至参知政事的欧阳修《资政殿学士户部侍郎文正范公神道碑铭》云:"公少有大节,于富贵、贫贱、毁誉、欢戚,不一动其心,而慨然有志于天下,常自诵曰:'士当先天下之忧而忧,后天下之乐而乐也。'其事上遇人,一以自信,不择利害为趋舍。其所有为,必尽其力。"②说明"先忧后乐"是范仲淹经常"自诵"的格言;他之所以有"先忧后乐"的思想,正是因为他具有"慨然有志于天下"的"大节"。

孟子曰:"乐民之乐者,民亦乐其乐;忧民之忧者,民亦忧其忧。乐以天下,忧以天下,然而不王者,未之有也。"③孟子劝告齐宣王(约前320—前301在位):与天下百姓同忧同乐,才能使天下归服。欧阳修曾对孟子的"乐以天下,忧以天下"做过解释。他说:

> 圣人忧以天下,乐以天下。其乐也,荐之上帝、祖考而已,其身不与焉。众人之豫,豫其身耳。圣人以天下为心者也,是故以天下之忧为己忧,以天下之乐为己乐。④

欧阳修进一步解释说,圣人是"以天下为心者",所以"以天下之忧为己忧,以天下之乐为己乐"。而范仲淹"有忧天下之心",所以不但"以天下之忧为己忧,以天下之乐为己乐",而且"先天下之忧而忧,后天下之乐而乐"。其思想境界显然远远超过了亚圣孟子。

范仲淹不但是这样说的,也是这样做的。他一生为官清白,总是"先天下之忧而忧,后天下之乐而乐"。欧阳修《文正范公神道碑》云:"公为人外和内刚,乐善泛爱。丧其母

---

①《范文正公文集》卷十八《遗表》,《范仲淹全集》,第375页。
②《欧阳修全集》卷二一《资政殿学士户部侍郎文正范公神道碑铭》,第333页。
③《孟子》卷二《梁惠王章句下》,第33页。
①《欧阳修全集》卷七六《易童子问》卷一,第1109页。

时尚贫,终身非宾客食不重肉,临财好施,意豁如也。及退而视其私,妻子仅给衣食。"①与范仲淹"师友僚类殆三十年"②的宋仁宗、神宗朝宰相富弼(1004—1083)《范文正公墓志铭》云:"公天性喜施与,人有急,必济之,不计家用有无。既显,门中如贱贫时,家人不识富贵之乐。……而殓无新衣,友人醵资以奉葬。诸孤亡所处,官为假屋韩城以居之。"③范仲淹《告诸子书》亦云:"吾贫时,与汝母养吾亲,汝母躬执爨,而吾亲甘旨未尝充也。今而得厚禄,欲以养亲,亲不在矣,汝母亦已早世。吾所最恨者,忍令若曹享富贵之乐也。"④

范仲淹的为官清廉与清官典范包拯(999—1062)极为相似。包拯"居家俭约,衣服、器用、饮食,虽贵,如初宦时"⑤。范仲淹亦是"既显,门中如贱贫时,家人不识富贵之乐"。包拯与妻子同甘共苦:"孝肃渐贵,夫人与公终日相对,亡声伎珍怪之玩,素风泊然。"⑥范仲淹亦是"及退而视其私,妻子仅给衣食"。

宋仁宗庆历二年(1042),范仲淹在宋夏战争前线上《让观察使第一表》云:"自古将帅与士旅同其安乐,则可共其忧患,而为国家之用。故士未饮而不敢言渴,士未食而不敢言饥。"⑦富弼《范文正公墓志铭》云:"公天性喜施与……每抚边,赐金良厚,而悉以遗将佐。"⑧

范仲淹晚年知杭州,"子弟以公有退志,乘间请治第洛阳,树园圃,以为逸老之地"。他断然拒绝,说:

> 人苟有道义之乐,形骸可外,况居室哉!吾今年逾六十,生且无几,乃谋树第治圃,顾何待而居乎?吾之所患,在位高而艰退,不患退而无居也。且西都士大夫园林相望,为主人者莫得常游,而谁独障吾游者?岂必有诸己而后为乐耶?俸赐之余,宜以赒宗族。若曹遵吾言,毋以为虑。⑨

于是,"尽余俸买田于苏州,号义庄,以聚疏属"⑩。范氏义庄历九百年而不衰,为范氏家族的繁衍发展起到了重要作用,远超乎"树第治圃"之上。范仲淹之乐是"道义之乐",已经远远超出"形骸""居室"之外。"心忧天下"即是其乐。

---

① 《欧阳修全集》卷二一《资政殿学士户部侍郎文正范公神道碑铭》,第 336 页。
② (宋)富弼:《祭范文正公文》,《范仲淹全集》附录九《历代祭祝赞文》,第 1093 页。
③ 洪业、聂崇岐等编纂《琬琰集删存》卷二,富弼《范文正公仲淹墓志铭》,上海古籍出版社,1990 年,第 192 页。
④ 《范文正公文集续补》卷二《告诸子书》,《范仲淹全集》,第 702 页。
⑤ (宋)包拯撰,杨国宜校注:《包拯集校注》附录一《国史本传》,黄山书社,1999 年,第 270 页。
⑥ 《包拯集校注》附录一《宋故永康郡夫人董氏墓志铭》,第 281 页。
⑦ 《范文正公文集》卷十七《让观察使第一表》,《范仲淹全集》,第 350 页。
⑧ 《琬琰集删存》卷二,富弼《范文正公仲淹墓志铭》,第 192 页。
⑨ (宋)朱熹撰,李伟国校点:《五朝名臣言行录》卷七之二《参政范文正公》引《遗事》,《朱子全书》第 12 册,上海古籍出版社、安徽教育出版社,2002 年。第 219 页。
⑩ 《琬琰集删存》卷二,富弼《范文正公仲淹墓志铭》,第 192 页。

正因为范仲淹"先天下之忧而忧,后天下之乐而乐",所以到处受到尊敬与爱戴。正如参知政事欧阳修《文正范公神道碑》所云:"其为政,所至民多立祠画像。其行己临事,自山林处士、里闾田野之人,外至夷狄,莫不知其名字,而乐道其事者甚众。"①南宋大史学家李焘(1115—1184)《续资治通鉴长编》卷一七二亦载:"死之日,四方闻者莫不嗟惜。为政忠厚,所致有恩,邠、庆二州之民与属羌皆画像立生祠;及其卒也,羌酋数百人为举哀于佛寺,号之如父,斋三日而去。"②

范仲淹身后,其生前所到之处多建有范文正公祠。如宋仁宗嘉祐五年(1060),范仲淹刚去世八年,环庆路马步军都部署、经略安抚使兼知庆州周沆(999—1067)即在庆州(今甘肃庆阳)建范文正公祠;宋徽宗宣和五年(1123),宇文虚中帅庆州,上书请赐庙额,宋徽宗赐额"忠烈",遂在庆州建忠烈庙。宋室南迁,庆州隔绝,绍兴二十年(1150)遂在范仲淹故里苏州天平山仿建忠烈庙。宋度宗咸淳十年(1274),平江府(治今江苏苏州)知府潜说友(1216—1288)又在范仲淹故里建范文正公祠。宋英宗治平二年(1065),知县韩泽在范仲淹的第二故乡淄州长山县(今山东邹平县长山镇)建范文正公祠。宋高宗绍兴九年(1139),知广德军洪兴祖(1090—1155)在范仲淹初筮之地广德军(治今安徽广德县)建范文正公祠。庆历五年(1045)十一月,范仲淹知邓州(今属河南),他在邓州任职三年有余,撰写了千古名篇《岳阳楼记》,政绩卓著,离任后邓州百姓即建生祠以祀之;他去世后,又更名为范文正公祠。这些祠堂历代屡经重修,至今仍存,以供祭祀瞻仰。

二、主体意识:士大夫与天子"共治天下"

(一)士大夫与天子"共治天下"是宋朝君臣的共识

随着士大夫主体意识的逐步觉醒,北宋中期出现了士大夫与天子"共治天下"的政治思潮和政治局面。③

---

① 《欧阳修全集》卷二一《资政殿学士户部侍郎文正范公神道碑铭》,第 336 页。

② (宋)李焘:《续资治通鉴长编》(以下简称《长编》)卷一七二,皇祐四年五月丁卯,中华书局,2004 年,第 4147 页。

③ 参见程民生:《论宋代士大夫政治对皇权的限制》,《河南大学学报(社会科学版)》1999 年第 3 期;张其凡:《"皇帝与士大夫共治天下"试析》,《暨南学报(哲学社会科学版)》2001 年第 6 期;王瑞来:《宋代士大夫主流精神论——以范仲淹为中心的考察》,《宋史研究论丛》第 6 辑,河北大学出版社,2005 年;余英时:《朱熹的历史世界:宋代士大夫政治文化的研究》,生活·读书·新知三联书店,2004 年;邓小南:《祖宗之法——北宋前期政治述略》,生活·读书·新知三联书店,2006 年;诸葛忆兵:《范仲淹与北宋士风演变》,《中国人民大学学报》2006 年第 5 期等。

在北宋之前，天子与士大夫"共治天下"一语尚不常见，检索《四库全书》，仅有20多处；到北宋真宗（997—1022在位）之后，才开始多起来。如宋真宗大中祥符五年（1012），龙图阁待制张知白（？—1028）的上言："《汉史》载宣帝为明盛之主，美其任人责成，知王道之根本，常曰：'与我共治天下者，其惟良二千石乎！'斯言也，传示不朽，后之人孰不称颂哉！"①宋真宗时，右正言夏竦（985—1051）所进《议选调》策云："国家膺天成命，司牧元元，分命庶官，共治天下。"北宋节孝处士徐积（1028—1103）《策问》说："天子之所与共天下者，其人皆出乎士也。"②北宋人李若水（1093—1127）《上何右丞书》说："夫人君之所以治天下以有民，所以共治以有士。"③等等。至南宋，谈论士大夫与天子"共治天下"者就更多了。如两宋之际的宰相李纲（1083—1140）《用人材以激士风札子》说："臣闻人主所以共治天下者，莫先于人材；所以激励天下者，莫先于士风。"④再如两宋之际的陈渊（？—1145）则说："夫士大夫，天子所与共理者也。"⑤南宋人王质（1127—1189）《兴国军大冶县学记》云："天子非人才无与共治天下。人才也者，其源在乡，其流在郡，其归在朝廷。"⑥其士大夫的涵义也更加宽泛，以至于扩大到"士"和"人才"了。

"共治天下"一词因避唐高宗李治名讳，后亦作"共理天下"，如唐武则天时宰相王方庆（？—702）《魏郑公谏录》卷三《对为政之要务全其本》载：唐太宗对群臣说："朕与公辈共理天下，令中夏乂安，四方静肃，并由公等咸尽忠诚，共康庶绩之所致耳。朕实喜之。"宋敏求（1019—1079）《唐大诏令集》卷一〇四《察访刺史县令诏》亦云："汉宣帝云：'与我共理天下者，其惟良二千石乎！'"范仲淹文集中未见"共治天下"一词，只有宋仁宗天圣三年（1025）四月《奏上时务书》说："自古帝王，与佞臣治天下，天下必乱；与忠臣治天下，天下必安。"⑦但言"共理天下"者，则至少有10处之多。如天圣三年（1025）四月，他在《奏上时务书》中说："臣又闻先王建官，共理天下，必以贤俊授任，不以爵禄为恩。故百僚师师，各扬其职，上不轻授，下无冒进。此设官之大端也。"宋仁宗庆历三年（1043）二月，他在《论转运得人许自择知州奏》中说："内［外］官虽多，然与陛下共理天下者，唯守宰最要耳。"⑧庆历三年（1043）九月，他在《答手诏条陈十事》中又说："臣闻先王建侯，以

---

①《长编》卷七八，大中祥符五年七月己巳，第1774页。

②（宋）徐积：《节孝集》卷二九《策问》，《景印文渊阁四库全书》第1101册，第935页上栏。

③（宋）李若水：《忠愍集》卷一《上何右丞书》，《景印文渊阁四库全书》第1124册，第670页上栏。

④（宋）李纲著，王瑞明点校：《李纲全集》卷三九《用人材以激士风札子》，岳麓书社，2004年，第485页。

⑤（宋）陈渊：《默堂集》卷十六《答廖用中正言》，四部丛刊三编本。

⑥（宋）王质：《雪山集》卷七《兴国军大冶县学记》，四部丛刊初编本。

⑦《范文正公文集》卷九《奏上时务书》，《范仲淹全集》，第173页。

⑧《范文正公集补编》《论转运得人许自择知州》，《范仲淹全集》，第643页。

共理天下。今之刺史、县令,即古之诸侯,一方舒惨,百姓休戚,实系其人。故历代盛明之时,必重此任。"①他在《六官赋》中说:"今国家博采遗贤,陟明多士,将五帝以齐迈,命六官而共理。"②庆历五年(1045),他在《谢转给事中移知邓州表》中也说:"臣敢不寅奉朝经,躬修民政?孜孜共理,少望于前贤;蹇蹇一心,无忘于大节。"③据初步统计,在北宋的士大夫中,范仲淹大概是谈论士大夫与天子"共治天下"最多者之一。

但是,文彦博(1006—1097)所说的"与士大夫治天下"与范仲淹所说的与士大夫"共治天下"却大不相同。据《长编》卷二二一记载,熙宁四年(1071)三月戊子,宋神宗召见中书门下和枢密院大臣,与枢密使文彦博等有这样一场对话:

> 彦博又言:"祖宗法制具在,不须更张以失人心。"上曰:"更张法制,于士大夫诚多不悦,然于百姓何所不便?"彦博曰:"为与士大夫治天下,非与百姓治天下也。"上曰:"士大夫岂尽以更张为非,亦自有以为当更张者。"

此为关于是否需要"更张法制"实行变法的一场争论。宋神宗与王安石等主张变法,文彦博认为"不须更张以失人心"。宋神宗说:变法对于士大夫诚然多有不悦,但对于百姓有什么不便利?文彦博说:天子是为了士大夫治理天下的,不是为了百姓治理天下的。这里的"为"意为"是",与"非"相对;"与"意为"替""为了""帮助"。"为与士大夫治天下"意为天子"是替士大夫治天下的""是为了士大夫治天下的"。文彦博希望宋神宗站在士大夫的立场上,而不是站在百姓的立场上。可见,文彦博所说的"与士大夫治天下"与范仲淹所说的"与士大夫共治天下"的含义是大不相同的。

宋朝的皇帝也大多是认可天子与士大夫"共治天下"的。如绍熙四年(1193),楼钥(1127—1213)代宋光宗(1189—1194在位)所撰《敕赐进士及第陈亮承事郎签书建康军节度判官厅公事》云:"敕:具官某。三岁大比,人徒知为布衣进身之途。艺祖皇帝有言,曰:'国家设科取士,本欲求贤,以共治天下。'大哉王言!朕所当取法也。"④又如雍熙二年(985)十二月,宋太宗(976—997在位)曾对宰相李昉(925—996)等说:"中书、枢密,朝廷政事所出,治乱根本系焉。且天下广大,卿等与朕共理,当各竭公忠,以副任用。"⑤淳化三年(992)三月,科举取士,宋太宗对宰相说:"天下至广,借群材共治之。今岁登科第

①《范文正公政府奏议》卷上《答手诏条陈十事》,《范仲淹全集》,第468页。
②《范文正公别集》卷二《六官赋》,《范仲淹全集》,第422页。
③《范文正公文集》卷十八《谢转给事中移知邓州表》,《范仲淹全集》,第366页。
④(宋)楼钥:《攻媿集》卷三十六《敕赐进士及第陈亮承事郎签书建康军节度判官厅公事》,四部丛刊初编本。
⑤《长编》卷二六,雍熙二年十二月,第600页。

者，又千余人，皆朕所选择，此等但能自检，清美得替而归，则驯至亨衢，未易测也。"①蔡襄（1012—1067）为宋仁宗（1022—1063 在位）所撰《戒励臣僚奏荐敕》也说："敕：朕制临天下，思与贤材而共治之，故开荐举之路；又于群臣无有疑间，故所荐多亦升任。"②沈遘（1028—1067）为宋仁宗所撰《戒励贡士敦尚行实诏》亦云："凡尔守令师帅官，吾所以共治天下者也，岂不念此！"③《长编纪事本末》卷五十九《王安石事迹上》载：

> 熙宁元年四月乙巳，诏新除翰林学士王安石越次入对。……上曰："唐太宗何如主？"对曰："陛下每事当以尧舜为法。唐太宗所知不远，所为不尽合法度。……"上曰："卿可谓责难于君矣。然朕自视眇然，恐无以副卿此意。卿可悉意辅朕，庶几同济此道。"

王安石变法就是宋神宗与王安石等士大夫"共治天下"。宋太祖、太宗、仁宗、神宗、光宗对于天子与士大夫"共治天下"的认识是一致的。

（二）宋朝士大夫与天子"共治天下"的时代背景

宋朝为什么会出现士大夫与天子"共治天下"的局面呢？首先，五代时期的政权更迭频繁，梁、唐、晋、汉、周五代仅 53 年就换了 13 个皇帝，至于吴、南唐、南北汉、前后蜀等十国称帝称王者则有 40 余人，历史发展到宋代，"君权神授"的观念已经几乎被打得粉碎，天子不再是神，而是人。秦朝末年，陈胜（？—前 208）、吴广（？—前 208）起义时就曾提出："王侯将相宁有种乎！"④五代时期，后晋使相安重荣（900—942）更直接地说："天子，兵强马壮者当为之，宁有种耶！"⑤宋朝以军事政变得国，"天命"说已经没有太大市场。天子既然是人，就会犯错误，就不应该一人独裁。正如范仲淹上章献刘太后和宋仁宗的《奏上时务书》所说：

> 圣人之至明也，临万机之事而不敢独断；圣人之至聪也，纳群臣之言而不敢偏听。独断则千虑或失，偏听则众心必离。人心离，则社稷危而不扶；圣虑失，则政教差而弥远。故先王务公共、设百官而不敢独断者，惧一虑之失也；开言路、采群议而不敢偏听者，惧众心之离也。⑥

---

① 《长编》卷三三，淳化三年三月辛丑，第 735 页。
② （宋）蔡襄著，吴以宁点校：《蔡襄集》卷十《戒励臣僚奏荐敕》，上海古籍出版社，1996 年，第 182 页。
③ （宋）沈遘：《西溪文集》卷四《戒励贡士敦尚行实诏》，四部丛刊三编本。
④ （汉）司马迁：《史记》卷四八《陈涉世家》，中华书局，1959 年，第 1952 页。
⑤ （宋）薛居正等：《旧五代史》卷九八《安重荣传》，中华书局，1976 年，第 1302 页。
⑥ 《范文正公文集》卷九《奏上时务书》，《范仲淹全集》，第 175 页。

既然如此，就需要天子与士大夫"共治天下"。

其次，由于儒学的复兴，宋朝君臣认识到"君臣以义合"①，"道理最大"②，在天子之上还有一个儒家的"圣人之道"③。《孟子》卷三《公孙丑章句上》载："宰予曰：'以予观于夫子，贤于尧舜远矣。'"孟子对他的学说也非常自信，曾说："夫天未欲平治天下也；如欲平治天下，当今之世，舍我其谁也？"④《论语·八佾篇第三》载："定公问孔子：'君使臣，臣事君，如之何？'孔子对曰：'君使臣以礼，臣事君以忠'。"《说文解字》云："忠，敬也，尽心曰忠。"君对臣要以礼相待，臣对君要尽心尽力。《论语·先进篇第十一》载孔子答弟子季子然问曰："所谓大臣者，以道事君，不可则止。"⑤臣应以仁义之道事君。孟子进一步说："民为贵，社稷次之，君为轻。"⑥他又曾告诉齐宣王（前 320—前 301 在位）说："君之视臣如手足，则臣之视君如腹心；君之视臣如犬马，则臣之视君如国人；君之视臣如土芥，则臣之视君如寇仇。"⑦范仲淹说："尧舜则舍己从人，同抵于道。"⑧王安石说："君臣相与，各欲致其义耳。为君则自欲尽君道，为臣则欲自尽臣道，非相为赐也。"⑨要治理好天下，天子与士大夫必须"以义合"，天子的言行必须合于"圣人之道"。而"圣人之道"往往掌握在宗经学古的士大夫手中。如程颐（1033—1107）在《明道先生墓表》中说："周公没，圣人之道不行；孟轲死，圣人之学不传。……先生（按指程颢）生千四百年之后，得不传之学于遗经，志将以斯道觉斯民。……圣人之道得先生而复明，为功大矣。"⑩士大夫有责任，也有能力与天子"共治天下"。沈括（1031—1095）《续笔谈》载：

> 太祖皇帝尝问赵普曰："天下何物最大？"普熟思未答间，再问如前。普对曰："道理最大。"上屡称善。

宋太祖（960—976 在位）与宰相赵普（922—992）的问对在北宋未见其他记载，而南宋孝宗（1162—1189 在位）之后，却屡被引述。《增入名儒讲义皇宋中兴两朝圣政》卷四

---

① （宋）杨简：《杨氏易传》卷七，上海古籍出版社，1990 年，第 79 页下栏。

② （宋）沈括：《续笔谈》，《梦溪笔谈校证》，上海古籍出版社，1987 年，第 1062 页。

③ 《中庸》第二十七章："大哉圣人之道！洋洋乎！发育万物，峻极于天。优优大哉！"《河南程氏文集》卷十一《明道先生墓表》："周公没，圣人之道不行；孟轲死，圣人之学不传。"（宋）程颢、（宋）程颐著，王孝鱼点校：《二程集》，中华书局，2004 年，第 640 页。

④ 《孟子》卷四《公孙丑章句下》，第 109 页。

⑤ 《论语·先进篇第十一》，第 117 页。

⑥ 《孟子》卷十四《尽心章句下》，第 328 页。

⑦ 《孟子》卷八《离娄章句下》，第 186 页。

⑧ 《范文正公文集》卷一《用天下心为心赋》，《范仲淹全集》，第 19 页。

⑨ （宋）陆九渊著，钟哲点校：《陆九渊集》卷十九《荆国王文公祠堂记》，中华书局，1980 年，第 232 页。

⑩ 《河南程氏文集》卷十一《明道先生墓表》，《二程集》，第 640 页。

十七载：

> 乾道五年三月戊午，明州州学教授郑耕道进对，奏："太祖皇帝尝问赵普曰：'天下何物最大？'对曰：'道理最大。'太祖皇帝屡称善。夫知道理为大，则必不以私意而失公中。"上曰："固不当任私意。"

> 臣留正等曰：天下惟道理最大，故有以万乘之尊而屈于匹夫之一言，以四海之富而不得以私于其亲与故者。若不顾道理，而曰："予无乐乎为君，惟予言而莫予违也。"私意又安得不肆？寿皇圣帝（按指宋孝宗）因臣下论道理最大，乃以一言以蔽之曰："固不当任私意。"呜呼！尽之矣。①

这里的"道理"就是儒家的"圣人之道"。早在汉代，戴德《大戴礼记·易本命》云："王者动必以道，静必以理。"在北宋时期，关于"道""理"或"理道"大于天子的说法，也是不少见的。如范仲淹在《睦州谢上表》中说："理或当言，死无所避。"②在《答手诏条陈十事》中说："若条贯差失，于事有害，逐处长吏，别见机会，须至便宜而行者，并须具缘由闻奏。委中书、枢密院详察，如合理道，即与放罪。仍便相度，别从更改。"③在《遗表》中仍然说："伏念臣生而遂孤，少乃从学。游心儒术，决知圣道之可行；结绶仕途，不信贱官之能屈。才脱中铨之冗，遽参丽正之荣。耻为幸人，窃论国体。"④范仲淹一生都是用"圣人之道"与天子"共治天下"的。"道理最大"是宋朝君臣的共识和为政的准则，天子与士大夫都是按照"道理"共治天下的。

其三，宋朝在政治制度的架构上，也是士大夫与天子"共治天下"。北宋前期即宋神宗元丰五年（1082）改官制前，宋朝中央设中书门下、枢密院二府，分掌民政、军政。中书门下设同中书门下平章事、参知政事为正副宰相，枢密院设枢密使（知枢密院事）、枢密副使（同知枢密院事、签书枢密院事、同签书枢密院事）为正副长官。中书门下、枢密院为参与决策和执行机构。如凡大除拜即立后妃、太子，拜宰相、枢密使等，由皇帝头天晚上直接召对翰林学士起草制书，第二天付中书门下宣布执行；其他一般除拜及御札，则先由中书门下议定"除目"进呈皇帝，待皇帝批准后，再由中书门下拟定"熟状"进呈皇帝复审；皇帝用御宝"封出"后，即交学士院起草诏书，然后付中书门下宣布执行；至于赦书、德音等例行公事，则由中书门下送学士院起草诏书，不需再上奏皇帝批复，直接以皇

① （宋）佚名撰，孔学辑校：《皇宋中兴两朝圣政辑校》卷四七，乾道五年三月戊午，中华书局，2019年，第1059页。

② 《范文正公文集》卷十六《睦州谢上表》，《范仲淹全集》，第336页。

③ 《范文正公政府奏议》卷上《答手诏条陈十事》，《范仲淹全集》，第474页。

④ 《范文正公文集》卷十八《遗表》，《范仲淹全集》，第374页。

帝的名义付中书门下宣布执行即可。① 宋朝中央还另设有通进银台封驳司,以知通进银台司兼门下封驳事为长官,负责对诏令制敕的点检、审读,并对不便和未妥的诏令制敕进行论奏、封驳,可以直接呈请皇帝责令中书门下或枢密院重新审议讨论,进而改变决策。②

北宋后期即宋神宗元丰五年(1082)改官制后,宋朝中央改设中书、门下、尚书三省和枢密院,分掌民政、军政。三省设尚书左仆射兼门下侍郎、尚书右仆射兼中书侍郎为左右相,设门下侍郎、中书侍郎、尚书左丞、尚书右丞为副宰相,枢密院仍设枢密使(知枢密院事)、枢密副使(同知枢密院事、签书枢密院事、同签书枢密院事)为正副长官。其中央决策机制改为:"中书省面奉宣旨事,别以黄纸书,中书令、侍郎、舍人宣奉行讫,录送门下省为画黄。受批降若复请得旨,及入熟状得画事,别以黄纸亦书,宣奉行讫,录送门下省为录黄。枢密院准此,惟以白纸录送,面得旨者为录白,批奏得画者为画旨。门下省被受画黄、录黄、录白、画旨,皆留为底,详校无舛,缴奏得画,以黄纸书,侍中、侍郎、给事中省审读讫,录送尚书省施行。"即中书省取旨,门下省复奏,尚书省施行。③

元丰八年(1085)三月,宋神宗病逝,年仅九岁的宋哲宗(1085—1100 在位)继位,宋英宗皇后、神宗生母、哲宗祖母太皇太后高氏垂帘听政,其中央决策机制逐渐由中书省取旨,门下省复奏,尚书省施行改为三省同进拟同取旨,尚书省施行。④

北宋前后期即元丰改官制前后,无论中央官僚机构和决策机制如何变化,都是士大夫与天子"共治天下"。宋朝"典故":"凡制敕所出,必自宰相。"⑤宋度宗咸淳三年(1267),刘黻(1217—1276)拜监察御史,论内降恩泽曰:

> 治天下之要,莫先于谨命令;谨命令之要,莫先于室内批。命令,帝王之枢机,必经中书参试,门下封驳,然后付尚书省施行。凡不由三省施行者,名曰"斜封墨敕",不足效也。……故政事由中书则治,不由中书则乱,天下事当与天下共之,非人主所可得私也。⑥

可见,按照制度规定,中书门下(三省)、枢密院的宰辅们是与天子"共治天下"的。

另外,宋朝中央还设有御史台和谏院,作为监察机构,负责规谏皇帝、参议朝政和弹

①参阅田志光:《北宋宰辅政务决策与运作研究》第四章《元丰改制前中书宰辅的政务决策及运作》,人民出版社,2013 年。

②参阅田志光:《北宋宰辅政务决策与运作研究》第六章《银台封驳司在中枢决策中的封驳权》。

③《长编》卷三二三,元丰五年二月癸丑朔,第 7775 页。

④参阅田志光:《北宋宰辅政务决策与运作研究》第四章《元丰改制后三省决策与政务运作》。

⑤《长编》卷十八,太平兴国二年四月乙卯,第 403 页。

⑥《宋史》卷四〇五《刘黻传》,第 12247—12248 页。

劾百官。元丰改官制前，御史台设御史中丞、侍御史知杂事为正副长官，下设侍御史、殿中侍御史、监察御史等。谏院设知谏院、同知谏院为正副长官，下设左、右司谏和左、右正言。元丰改官制后，御史台以御史中丞、侍御史为正副长官，下设殿中侍御史、监察御史等。谏院被废，中书省下设右谏议大夫、右司谏、右正言，门下省下设左谏议大夫、左司谏、左正言，行使原谏院职能，并行使封驳之权；南宋高宗建炎三年（1129），又恢复了谏院。① 台谏官虽小，也是可以参议朝政影响决策的。如宋仁宗明道二年（1033）四月，范仲淹被召入朝，任右司谏。时任西京留守推官的欧阳修在《上范司谏书》中写道：

> 谏官虽卑，与宰相等。天子曰不可，宰相曰可；天子曰然，宰相曰不然：坐乎庙堂之上，与天子相可否者，宰相也。天子曰是，谏官曰非；天子曰必行，谏官曰必不可行：立殿陛之前，与天子争是非者，谏官也。宰相尊，行其道；谏官卑，行其言，言行，道亦行也。

可见，台谏官与宰相一样，也是最能直接"左右天子"、与天子"共治天下"的。

其四，科举出身士大夫群体的崛起，是士大夫与天子"共治天下"的人才基础。宋朝科举制度日趋完备，宋太宗之后科举取士人数大量增加，宋太宗淳化三年（992）孙何（961—1004）榜取士 1317 人；宋真宗景德二年（1005）李迪（971—1047）榜取士 3049 人。据统计，宋朝共取士 11 万人，其中正奏名 6 万人，特奏名 5 万人。宋朝科举及第后，除第五甲需守选外，前四甲均可立即授官，而且授官优渥，升迁较非科举出身者也快，甚至不到十年即升为宰相。据统计，北宋九朝共有宰相 92 人，其中科举出身者 83 人，占 90％；共有副宰相 176 人，其中科举出身者 162 人，占 92％。科举所取之士，一般经过一二十年"治经阅史"的读书生涯，又经过解试、省试、殿试三级比较严格的考试，数百里挑一甚至千里挑一，方能及第授官。他们一般具有相当的文化知识，比较注重地主阶级的整体利益和长远的利益，虽然也有不少庸碌无能之辈，但较之门荫补官、胥吏出职及进纳买官，在素质上，显然要好得多。正如北宋台谏官上官均（1038—1115）所说："今之自文职入流者凡四：进士、补荫与夫纳粟得官、百司胥吏是也。自武职入流者凡三：武举、补荫与夫百司胥吏是也。计其才行，可以居官治事，纳粟、胥吏不如补荫，补荫不如进士、武举。"②在宋朝科举出身的士大夫已经成为一个庞大的群体。科举出身官至翰林学士、三司使的蔡襄（1012—1067）说："今世用人，大率以文词进：大臣，文士也；近侍之

---

① 参见贾玉英：《宋代监察制度》，河南大学出版社，1996 年。

② 上官均：《上哲宗乞清入仕之源》，（宋）赵汝愚编，北京大学中国中古史研究中心校点整理《宋朝诸臣奏议》卷七十，上海古籍出版社，1999 年，第 770 页。

臣，文士也；钱谷之司，文士也；边防大帅，文士也；天下转运使，文士也；知州郡，文士也，虽有武臣，盖仅有也。"①这些科举出身的士大夫饱读经书，深谙圣人之道，立志"修身、齐家、治国、平天下"，"以天下为己任"，大都像范仲淹一样，具有强烈的忧患意识、主体意识和担当精神，有愿望、有能力与天子"共治天下"。

天子与士大夫应该"共治天下"，在北宋中期已经形成一种共识，这在范仲淹的意识中尤为强烈。对天子而言，是应该与士大夫"共治天下"，这是范仲淹等士大夫们的奏章中经常谈到的；对士大夫而言，是应该与天子"共治天下"，这在范仲淹等士大夫们的文章中虽然没有明说，但毫无疑义，都是具有这种为政意识的。欧阳修《文正范公神道碑》中说："公（按指范仲淹）少有大节，于富贵、贫贱、毁誉、欢戚，不一动其心，而慨然有志于天下"，就是有志于与天子"共治天下"。被称为"高平（按指范仲淹）门人"的张载（1020—1077）说："为天地立心，为生民立道，为去圣继绝学，为万世开太平"②，也是要与天子"共治天下"。与天子"共治天下"这一为政之道是北宋士大夫的一种主体意识、参与意识和社会责任感。范仲淹就是其中最为典型的代表人物。

三、担当精神："左右天子谓之大忠"

范仲淹在《范文正公文集》卷八《杨文公（亿）写真赞》中写道：

> 昔王文正公（旦）居宰府仅二十年，未尝见爱恶之迹，天下谓之大雅；寇莱公（准）当国，真宗有澶渊之幸，而能左右天子，如山不动，却戎狄，保宗社，天下谓之大忠；枢密扶风马公（知节），慷慨立朝，有犯无隐，天下谓之至直。此三君子者，一代之伟人也。公与三君子深相交许，情如金石，则公之道，其正可知矣。

宋真宗景德元年（1004）九月，契丹发兵号称二十万，大举南下，"围瀛州（今治河北河间），直犯贝（治今河北清河）、魏（治今河北大名），中外震骇"③。十一月，兵临澶州（治今河南濮阳）城下，直接威胁京城开封。宰相寇准（961—1023）力促宋真宗亲征澶州，渡过黄河，登上北城门楼。"将士望见黄屋，皆呼万岁，声震原野，勇气百倍"。④ 此前二

①《蔡襄集》卷二二《国论要目·任材》，第383页。
②此据《张载集》之《张子语录》及《近思录拾遗》，中华书局，1978年，第376页。另，《文天祥全集》卷三《御试策》及《宋元学案》卷十七《横渠学案》上作："为天地立心，为生民立命，为往圣继绝学，为万世开太平。"遂流行至今。
③《宋史》卷二八一《寇准传》，第9530页。
④《五朝名臣言行录》卷四之二《丞相莱国寇忠愍公》引《遗事》，《朱子全书》第12册，第117页。

日，契丹统军使萧挞览（？—1004）被宋军伏弩射死，士气大挫。经过多次往返交涉，双方遂订立"澶渊之盟"。参知政事王钦若（962—1025）认为："澶渊之役，（寇）准以陛下为孤注，与虏博耳。"①范仲淹则认为：宰相寇准"能左右天子，如山不动，却戎狄，保宗社，天下谓之大忠"。《说文解字》云："忠，敬也，尽心曰忠。从心，中声。"忠就是尽心做事。南宋历史学家王称说："人臣以公正为忠。"②忠就是公正。"左右天子谓之大忠"，只有范仲淹才能做出这样的评论。他以天下为己任，与天子共治天下，自然就会把为了"却戎狄，保宗社"而"左右天子"看作"大忠"了。而他自己为官从政也正是这样做的。今人有云："天下者，我们的天下；国家者，我们的国家。我们不说，谁说？我们不做，谁做？"当年范仲淹"以天下为己任"，也是敢想敢说、敢做敢当的。

（一）直言极谏，愈黜愈奋

范仲淹曾在朝廷担任秘阁校理、右司谏、天章阁待制、判国子监、权知开封府等职，多次上书，直言极谏，虽然因而三次被罢黜，但却愈黜愈奋。他认为："有犯无隐，人臣之常；面折庭诤，国朝之盛。有阙即补，何用不臧！然后上下同心，致君亲如尧舜；中外有道，跻民俗于羲黄。"③"有犯无隐"语出《礼记·檀弓》："事君有犯而无隐。"对君主尽忠就要犯颜直谏，这是人臣的职责。面折庭诤，乃是国朝的盛事。范仲淹还说："臣不兴谏，则君道有亏；君不从谏，则臣心莫写。……岂不以君之德也，贵纳谏而温恭。"④所以，"儒者报国，以言为先。"⑤"事君有犯无隐，有谏无讪，杀其身有益于君则为之。"⑥立志要像灵乌一样："警于未形，恐于未炽。……虽死而告，为凶之防。""宁鸣而死，不默而生。"⑦其目的在于："致君于无过，致民于无怨，政教不坠，祸患不起，太平之下，浩然无忧。"⑧他是这样说的，也是这样做的。

1. 一迁一黜：迁为秘阁校理，谏宋仁宗率群臣为章献刘太后拜寿，黜为河中府通判

宋仁宗天圣六年（1028）十二月，经御史中丞晏殊推荐，范仲淹入朝升迁为秘阁校理。天圣七年（1029）冬至，时章献刘太后（1022—1033 听政）垂帘听政，宋仁宗欲率百官

①（宋）司马光撰，邓广铭、张希清校点：《涑水记闻》卷六，中华书局，1989 年，第 116 页。

②（宋）王称：《东都事略》卷九六《李清臣传》，《景印文渊阁四库全书》第 382 册，第 626 页上栏。

③《范文正公文集》卷十六《睦州谢上表》，《范仲淹全集》，第 337 页。

④《范文正公别集》卷二《从谏如流赋》，《范仲淹全集》，第 424 页。

⑤《范文正公文集》卷十七《让观察使第一表》，《范仲淹全集》，第 352 页。

⑥《范文正公文集》卷十《上资政晏侍郎书》，《范仲淹全集》，第 198 页。

⑦《范文正公文集》卷一《灵乌赋》，《范仲淹全集》，第 8 页。

⑧《范文正公文集》卷十《上资政晏侍郎书》，《范仲淹全集》，第 202 页。

于会庆殿为章献刘太后拜寿,"诏下草仪注,缙绅失色相视,虽切切口语,而畏惮无一敢论者"①。唯独范仲淹上疏言:"天子有事亲之道,无为臣之礼;有南面之位,无北面之仪。若奉亲于内,行家人礼可也;今顾与百官同列,亏君体,损主威,不可为后世法。"②"疏奏,遂罢上寿仪。"③又上疏请章献刘太后还政,说:"陛下拥扶升躬,听断大政,日月持久。今上皇帝春秋已盛,睿哲明发,握乾纲而归坤纽,非黄裳之吉象也。岂若保庆寿于长乐,卷收大权,还上真主,以享天下之养。"④"后颇不怿,寻出为河中府通判。"⑤

《长编》卷一○八记载:"晏殊初荐仲淹为馆职,闻之大惧。召仲淹,诘以狂率邀名且将累荐者。"⑥天圣八年(1030)四月,范仲淹写了一封很长的《上资政晏侍郎书》,说明自己是出于"有忧天下之心",与天子"共理天下",所以"事君有犯无隐,有谏无讪,杀其身有益于君则为之"。"国家冬至上寿之礼"若不正之,"后代必有舅族强炽,窃此为法,以抑制人主者",那时就无可奈何了。"是故轻一死而重万代之法"。此乃"忠臣之分",并非越职言事,"好奇邀名"。⑦ 晏殊终于表示愧谢,范仲淹此举给宋仁宗也留下了深刻的印象。

2.二迁二黜:迁为右司谏,谏废郭皇后,黜为知睦州

宋仁宗明道二年(1033)二月,章献刘太后崩。四月,范仲淹被召入朝,升迁为右司谏。士大夫们对范仲淹寄予重望,相与语曰:"我识范君,知其贤也。他日闻有立天子陛下,直辞正色面争庭论者,非他人,必范君也。"⑧范仲淹也果然不负众望,在右司谏任上,做了许多"直辞正色面争庭论"的事情。

第一件事,是反对立杨太妃(984—1036)为皇太后、参决军国事。富弼《范文正公墓志铭》云:

> 明年,章后弃长乐,擢为右司谏。属朝廷用章后遗令,策太妃杨氏为皇太后预政。制出,都下汹汹。公上疏极陈:"王者立太后,所以尊亲也,不容冀幸于其间,未闻武武相蹑,一二而数,况复称制以取惑天下耶?臣恐后世有以窥之者。"上悟,第

---

① 《琬琰集删存》卷二,富弼《范文正公仲淹墓志铭》,第186页。
② 《长编》卷一○八,天圣七年十一月癸亥,第2526—2527页。
③ 《琬琰集删存》卷二,富弼《范文正公仲淹墓志铭》,第186页。欧阳修《文正范公神道碑》云:"其事遂已。"
　《长编》卷一○八云:"疏入,不报。"今从富弼《墓志铭》与欧阳修《神道碑》。
④ (宋)文莹:《续湘山野录》,中华书局,1984年,第76页。
⑤ 《琬琰集删存》卷二,富弼《范文正公仲淹墓志铭》,第186页。
⑥ 《长编》卷一○八,天圣七年十一月癸亥,第2527页。
⑦ 以上均见《范文正公文集》卷十《上资政晏侍郎书》,《范仲淹全集》,第197—292页。
⑧ 《欧阳修全集》卷六七《上范司谏书》,第974页。

存后位号而止。

因为范仲淹等人的建言，未让杨太妃参决军国事，而仅仅保留了皇太后的称号。

第二件事，是建言遣使安抚江、淮、京东灾伤。宋仁宗明道二年（1033），江、淮、京东大旱，蝗虫成灾，范仲淹多次上疏，建议遣使巡行救灾，均无答复。他利用一个机会，当面对宋仁宗说："宫掖中半日不食，当如何？今数路艰食，安可置而不恤！"七月，乃命范仲淹为江、淮体量安抚使。他"所至开仓廪，赈乏绝，毁淫祀，奏蠲庐舒折役茶、江东丁口盐钱"①。还把太平州（治今安徽当涂）、广德军（治今安徽广德）饥民所吃的乌昧草子封进奏给宋仁宗。他在《封进草子乞抑奢侈》的奏章中说："窃见贫民多食草子，名曰'乌昧'，并取蝗虫曝干，摘去翅足，和野菜合煮食。……民于饥年艰食如此，国家若不节俭，生灵何以昭苏！臣今取前件草子封进，伏望宣示六宫、藩戚，庶抑奢侈，以济艰难。"②封进饥民所食草子，让天子宣示后妃、宗室、外戚，以抑制奢侈这样的事情，大概只有范仲淹才做得出来。

第三件事，是极谏废郭皇后（1012—1035）。富弼《范文正公墓志铭》云：

> 适议废郭后，公上书曰："后者君称，以天子之配至尊，故称后。后所以长养阴教而母万国也。故系如此之重，未宜以过失轻废立。且人孰无过？陛下当面谕后失，放之别馆，拣妃嫔老而仁者，朝夕劝导，俟其悔而复其宫，则上有常尊而下无轻议矣。"书奏，不纳。明日，又率其属及群御史伏阁门，论列如前日语。上遣中贵人挥之，令诣中书省。宰相窘，取汉唐废后事为解。公曰："陛下天姿如尧舜，公宜因而辅成之，奈何欲以前世弊法累盛德耶？"中丞孔道辅，名骨鲠，亦扶公论，议甚切直。又明日晨，率道辅将留百辟班，挹宰相庭辩。抵漏舍，会降知睦州，台吏促上道。

宋仁宗明道二年（1033）十二月丙辰，右司谏范仲淹与权御史中丞孔道辅（985—1039）同时被贬，范仲淹出知睦州（宋徽宗宣和三年[1121]改为严州，治今浙江建德），孔道辅出知泰州（今属江苏）。"又遣使押道辅及范仲淹亟出城。仍诏谏官、御史，自今并须密具章疏，毋得相率请对，骇动中外。……（杨）偕奏乞与道辅、仲淹俱贬，（郭）劝及（段）少连、富弼再上疏，皆不报。"富弼在上疏中一再指出："陛下纵私忿，不顾公议，取笑四方，臣甚为陛下不取也。""今陛下举一事而获二过于天下：废无罪之后，一也；逐忠臣，二也。此二者皆非太平之世所行，臣实痛惜之。""今天下凶歉，盗贼如麻，国用空虚，人心惶扰。

---

① 《长编》卷一一二，明道二年七月甲申，第2623页。
② 《范文正公集补编》，《封进草子乞抑奢侈》，《范仲淹全集》，第626—627页。

奸雄观此,已有窥觊之心。陛下当兢兢惕惕,宵衣旰食,日与臣僚讲论安天下之计,犹恐不及。而乃自作弗靖,废嫡后,逐谏臣,使此丑声闻于四方,知陛下不纳谏臣,朝政不举,则奸雄益喜,以为内外皆乱,事势相符,必可集事。臣一念至此,心寒骨颤。此已然之兆,固非臣之臆说也。望陛下审思之,明察之。"①宋仁宗(1022—1063 在位)都置之不理。

废郭皇后既是宋仁宗的家事,更是宋朝的国事。在这一事件的背后既有帝、后之间的矛盾,后、妃之间的矛盾,皇帝与太后之间的矛盾,又有宰相与皇后之间的矛盾,台谏官与宰相之间的矛盾,台谏官与皇帝之间的矛盾,等等。其中既有权位之争,又有道义之争。② 范仲淹在被贬至睦州(治今浙江建德东)后所上《睦州谢上表》中说:

> 昨闻中宫摇动,外议喧腾。以禁庭德教之尊,非小故可废;以宗庙祭祀之主,非大过不移。初传入道之言,则臣遽上封章,乞寝诞告;次闻降妃之说,则臣相率伏阁,冀回上心。议方变更,言亦翻覆。臣非不知逆龙鳞者搵齑粉之患,忤天威者负雷霆之诛,理或当言,死无所避。盖以前古废后之朝,未尝致福。

范仲淹认为,郭皇后无大过,不当废,而且前朝废皇后,未尝致福而却遭祸,理所当言,所以有犯无隐,死无所避。虽遭贬黜,仍不曲从。范仲淹作为谏官,在君权、相权高压之下,被贬外任,未能"左右天子"而行其道,但在道义上却是胜利者,他表示仍然"含忠履洁,敢移金石之心"。③

3. 三迁三黜:迁为天章阁待制、权知开封府,弹劾宰相吕夷简,黜为知饶州

宋仁宗景祐二年(1035)八月,范仲淹由知苏州第三次被召入朝,升迁为礼部员外郎、天章阁待制、判国子监,跻身侍从之列。他这次入朝为官不到十个月,也主要做了三件事。第一是揭发入内都都知阎文应(? —1035)的罪恶。阎文应"专恣不恪,事多矫旨以付外,执政知而不敢违"。两年前他与宰相吕夷简相勾结,怂恿宋仁宗废了郭皇后;现在又因有毒死郭皇后之嫌被罢职外任,而称病不去。范仲淹"闻之不食,将入辩,谓若不胜,必不与之俱生。即以家事属长子。明日,尽条其罪恶,闻于上。上始知,遽命窜文应岭南,寻死于道"④。这样,为国家铲除了一大祸害。

---

①《长编》卷一一三,明道二年十二月丙辰,第 2653 页。

②参见刘静贞:《范仲淹的政治理念与实践——借仁宗废后事件为论》,台湾大学文学院编《纪念范仲淹一千周年诞辰国际学术研讨会论文集》,1990 年;又收入范国强主编:《范仲淹研究论文集》(二),人民出版社,2003 年。

③《范文正公文集》卷十六《睦州谢上表》,《范仲淹全集》,第 338 页。

④《琬琰集删存》卷二,富弼《范文正公仲淹墓志铭》,第 187 页。

第二是治理开封府。富弼《范文正公墓志铭》云："公自还阙，论事益急。宰相阴使人讽公：'待制主侍从，非口舌任也。'公曰：'论思者，正侍臣之事，予敢不勉！'宰相知不可诱，乃命知开封府，欲挠以剧烦，而不暇他议；亦幸其有失，即罢去。公处之朞月，威断如神，吏缩手不敢舞其奸，京邑肃然称治。"当时京城有民谣曰："朝廷无忧有范君，京师无事有希文。"①"范君"即指范仲淹；范仲淹字"希文"，亦指范仲淹。

第三是弹劾宰相吕夷简。吕夷简是宋太宗、真宗朝三度入相的吕蒙正（944—1011）的侄子，宋仁宗初即位，他就为参知政事，后也三度入相，共长达十一年之久，是宋仁宗时期任期最长、最受信任的宰相。② 吕夷简长期把持朝政，"进者往往出其门。仲淹言官人之法，人主当知其迟速、升降之序，其进退近臣，不宜全委宰相。又上《百官图》，指其次第，曰：'如此为序迁，如此为不次；如此则公，如此则私，不可不察也。'"夷简大为恼火，趁机说："仲淹迂阔，务名无实。""仲淹闻之，为四论以献，一曰《帝王好尚》，二曰《选贤任能》，三曰《近名》，四曰《推委》，大抵讥指时政。"③范仲淹建言对宰辅等臣僚应该"委以人臣之职，不委以人君之权""区别邪正，进退左右，操荣辱之柄，制英雄之命，此人主之权也，不可尽委之于下矣"。不然就会发生三家分晋、王莽（前145—23）篡汉、李林甫（683—753）专权天下丧乱之祸。④ "又言：'汉成帝信张禹，不疑舅家，故终有王莽之乱。臣恐今日朝廷亦有张禹坏陛下家法，以大为小，以易为难，以未成为已成，以急务为闲务者，不可不早辨也。'夷简大怒，以仲淹语辨于帝前，且诉仲淹越职言事，荐引朋党，离间君臣。仲淹亦交章对诉，辞愈切，由是降黜。侍御史韩渎希夷简意，请以仲淹朋党榜朝堂，戒百官越职言事。从之。"⑤

宋仁宗景祐三年（1036）五月丙戌，范仲淹由天章阁待制、权知开封府落职知饶州（治今江西鄱阳）。集贤校理余靖（1000—1064）、馆阁校勘尹洙（1001—1047）、馆阁校勘欧阳修上书论救，相继遭贬。西京留守推官蔡襄（1012—1067）作《四贤一不肖诗》（"四贤"指范仲淹、余靖、尹洙、欧阳修，"一不肖"指高若讷），一时传诵天下。范仲淹《饶州谢上表》云："有犯无隐，惟上则知；许国忘家，亦臣自信。……此而为郡，陈优优布政四方；必也入朝，增謇謇匪躬之节。庶从师训，无负天心。"⑥表示自己是以身许国，犯颜直谏。

---

①《东都事略》卷五九上《范仲淹传》，《景印文渊阁四库全书》第382册，第368页上栏。

②参见王德毅：《吕夷简与范仲淹》，《史学汇刊》第四期，1972年4月；又收入《范仲淹研究论文集》（二），人民出版社，2003年。

③以上均见《长编》卷一一八，景祐二年五月丙戌，第2784页。

④《范文正公文集》卷七《推委臣下论》，《范仲淹全集》，第130—133页。

⑤《长编》卷一一八，景祐二年五月丙戌，第2784页。

⑥《范文正公文集》卷十六《饶州谢上表》，《范仲淹全集》，第339页。

现在出知饶州,宽和施政,造福一方;将来一旦入朝,将更加直言极谏,以尽臣节。这是遵从圣人之道,以不辜负皇上的一片心意。

范仲淹在因谏废郭皇后第二次被贬后所上《睦州谢上表》中说:"既竭一心,岂逃三黜?"不幸被其言中,果然难逃"三黜"之劫。但他却愈黜愈奋,"不以毁誉累其心,不以宠辱更其守"①,"徒竭诚而报国,弗钳口以安身"②。"乐道忘忧,雅对江山之助;含忠履洁,敢移金石之心"③。正如富弼《范文正公墓志铭》所云:

> 公为学好明经术,……立朝益务劲雅,事有不安者,极意论辩,不畏权幸,不蘧忧患,故屡亦见用。然每用必黜之,黜则欣然而去,人未始见其有悔色。或唁之,公曰:"我道则然。苟尚未遂弃,假百用百黜亦不悔。"噫! 如公乃韩愈所谓"信道笃而自知明"者也。④

韩琦在《文正范公奏议集序》中亦云:

> 公以王佐之才,遇不世出之主,竭忠尽瘁,知无不为,故由小官擢谏任,危言鲠论,建明规益,身虽可绌,义则难夺。天下正人之路,始公辟之。⑤

富弼、韩琦是与范仲淹同时为官从政的宰执大臣,他们的评论无疑是入木三分的。

(二)出将入相,敢做敢当

1.出将:抵御西夏入侵

宋仁宗宝元元年(1038)十二月,宋闻西夏主李元昊(1032—1048在位)称帝,遂命知永兴军(治今陕西西安)夏竦(985—1051)、知延州(治今陕西延安)范雍(981—1046)负责抵御西夏。宋仁宗康定元年(1040)正月,李元昊于延州的三川口大败宋军,宋主将刘平等被俘,朝野震惊。三月,范仲淹因韩琦推荐,由知越州(治今浙江绍兴)为天章阁待制、知永兴军,旋改陕西都转运使;五月,又与韩琦同为陕西经略安抚副使、同管勾都部署司事。当时,延州新败,人心惶惶,八月,范仲淹主动请求兼知延州。"属亡战日久,兵无纪律,猝有外警,荡然不支。公(按:指范仲淹)于是大阅州兵,得万八千人,析为六将,分命裨佐,训敕不数月,举为精锐,士气大振,莫不思战。而寇知我有备,即引去。朝廷

①《范文正公文集》卷十八《邠州谢上表》,《范仲淹全集》,第365页。
②《范文正公文集》卷十六《润州谢上表》,《范仲淹全集》,第340页。
③《范文正公文集》卷十六《睦州谢上表》,《范仲淹全集》,第338页。
④《琬琰集删存》卷二,富弼《范文正公仲淹墓志铭》,第191页。
⑤(宋)韩琦撰,李之亮、徐正英笺注:《安阳集编年笺注》卷二二《文正范公奏议集序》,巴蜀书社,2000年,第724页。

推其画诸路，诸路皆以为法。"①其法即为后来"将兵法"的雏形。西夏兵相戒曰："无以延州为意，今小范老子（按：指范仲淹）腹中自有数万兵甲，不比大范老子（按：指范雍）可欺也。"②西线战局得到初步稳定。

　　面对西夏，是攻还是守？宋仁宗（1022—1063 在位）与二府大臣展开了激烈的讨论，最后决定采用韩琦所画攻策。康定元年（1040）十二月"乙巳，诏鄜延、泾原两路取正月上旬同进兵，入讨西贼"。③早在康定元年（1040）五月，范仲淹在陕西都转运使任上就曾上言："为今之计，莫若且严边城，使持久可守；实关内，使无虚可乘。……又闻边臣多请五路入讨，臣窃计之，恐未可以轻举也。"④现在，"朝廷既用韩琦等所画攻策，先戒期师"。宋仁宗庆历元年（1041）正月，知延州范仲淹又上言，请求所在鄜延路正月不要出兵，他说："臣所以乞存此一路者，一则惧春初盛寒，士气愈怯，二则恐隔绝情意，偃兵无期。"⑤诏从范仲淹所请。范仲淹又言："鄜延路入界，比诸路最远。若先修复城寨，却是远图。请以二月半合兵万人，自永平寨进筑承平寨，俟承平寨毕功，又择利进筑，因以牵制元昊东界军马，使不得并力西御环庆、泾原之师，亦与三路俱出无异。"⑥范仲淹终于修复承平等前后十二寨，蕃汉之民，相继复业。

　　宋仁宗庆历元年（1041）二月，韩琦命环庆副部署任福（981—1041）率兵出击，又招致好水川之败。三月，朝议欲悉罢诸路行营之号，明示招纳，使贼骄怠，仍密收兵深入讨贼。诏范仲淹体量士气勇怯，如不至畏懦，即可驱策前去，乘机立功。范仲淹曰："今乞且未进兵，必恐虚有劳敝，守犹虑患，岂可深入？臣非不知，不从众议则得罪必速，奈何成败安危之机，国之大事，臣岂敢避罪于其间哉？"⑦十一月，又上《攻守二议》，建议："国家用攻，则宜取其近，而兵势不危；用守，则必图其久，而民力不匮。"⑧庆历二年（1042）正月，又上《再议攻守疏》，进一步说明："攻其远者则害必至，攻其近者则利必随；守以土

①《琬琰集删存》卷二，富弼《范文正公仲淹墓志铭》，第 188 页。

②《长编》卷一二八，康定元年八月庚戌，第 3036 页。

③《长编》卷一二九，康定元年十二月乙巳，第 3062 页。

④《长编》卷一二七，康定元年五月甲戌，第 3012 页。《范文正公别集》卷四《论西事札子》，《范仲淹全集》，第 458 页。

⑤《长编》卷一三〇，庆历元年正月丁巳，第 3081 页。《范文正公文集补编·论夏贼未宜进讨》，《范仲淹全集》，第 630 页。

⑥《长编》卷一三〇，庆历元年正月戊午，第 3081 页。

⑦《长编》卷一三一，庆历元年三月丙辰，第 3111 页。

⑧《长编》卷一三四，庆历元年十一月，第 3203 页。《范文正公文集》卷七《上攻守二策状》，《范仲淹全集》，第 137 页。

兵则安,守以东兵则危。"并指出:"招纳之策,可行于其间。"①在"近攻久守"的战略思想指导下,范仲淹采取了一系列措施:一是进修城寨,如在延州修筑青涧城(今陕西清涧),在庆州修筑大顺城(今甘肃华池县东北)等城寨,有力地加强了防御能力。二是招抚属羌,大力争取宋夏交界处的少数民族。三是用土兵,兴营田。四是选将练兵,严明号令。②庆历二年(1042)十一月,又以范仲淹与韩琦、庞籍(988—1063)为陕西四路都部署、经略安抚兼缘边招讨使,并许"便宜从事"。在范仲淹、韩琦等的指挥下,经过三年的努力,宋夏战争的局面得到扭转。边境上有民谣曰:"军中有一韩,西贼闻之心骨寒;军中有一范,西贼闻之惊破胆。"③事实证明,范仲淹的战略思想和行动举措是正确的。正如富弼《范文正公墓志铭》所说:

> 公周施安集,坐可守御,蓄锐观衅,适图进讨。会羌人复修贡,朝廷始议息兵,而从其请,于是不能成殄灭之功。然其阅武练将,可以震敌;城要害,属杂羌,可以扼寇,此后世能者未易其过也。至于垦田阜财,立法著信,爱民全国体,赫赫在人耳目,皆可为破贼之地者,又可道哉!

早在宋仁宗庆历元年(1041)正月,李元昊派高延德假意请和,"仲淹既见延德,察元昊未肯顺事,且无表章,不敢闻于朝廷,乃自为书谕以逆顺,遣监押韩周同延德还抵元昊"④。二月,因好水川之败,李元昊再次来书,语辞更加傲慢,范仲淹当着使者面焚毁其书,而潜录副本闻奏。因被劾不当与李元昊通书,又不当将其书焚毁,范仲淹被降知耀州(治今陕西耀州区)。庆历三年正月,延州言李元昊遣使请和,但自称"男邦泥定国兀卒曩霄上书父大宋皇帝",而不称臣。二月,范仲淹不计较两年前被黜知耀州之事,和韩琦一起又上《论元昊请和不可许者三大可防者三奏》,表示:"臣等是以不敢念身世之安,忘国家之忧,须罄刍荛,少期补助。其元昊来人到阙,伏望圣慈于纳和御侮之间,审其处置,为圣朝长久之虑,天下幸甚!"⑤庆历四年(1044)五月,宋夏以李元昊称臣,宋岁赐银七万二千两、绢十五万三千匹、茶三万斤(共二十五万五千两匹斤)等而达成和议。范仲淹是主张"化干戈为玉帛"的,他在庆历二年(1042)正月所上《再议攻守疏》中,就指出:"招纳之策,可行于其间。"⑥但

---

①《长编》卷一三五,庆历二年正月壬戌,第 3217 页。《范文正公文集补编》《再议攻守疏》《范仲淹全集》,第 634 页。

②参见李涵等:《范仲淹传》第三章《抵御西夏的帅才》,中州古籍出版社,1991 年。

③《五朝名臣言行录》卷七之二《参政范文正公》,《朱子全书》第 12 册,第 213 页。

④《长编》卷一三〇,庆历元年正月末,第 3085 页。

⑤《范文正公集补编》《论元昊请和不可许者三大可防者三》《范仲淹全集》,第 642 页。

⑥《长编》卷一三五,庆历二年正月壬戌,第 3217 页。《范文正公集补编》《再议攻守疏》《范仲淹全集》,第 634 页。

是,他在《奏陕西河北和守攻备四策》中又指出:"为今之谋者,莫若择帅练兵,处置边事,日夜计略,为用武之策,以和好为权宜,以战守为实事。彼知我有谋有备,不敢轻举,则盟约可久矣。如不我知,轻负盟约,我则乘彼之骄,可困可击,未必能为中国患也。"①这些都是以天下为己任、敢做敢当、许国忘身的表现。

2.入相:推行庆历新政

庆历三年(1043)三月,宋仁宗曾派内侍宣谕范仲淹、韩琦、庞籍:"候边事稍宁,当用卿等在两地,已诏中书札记。此特出朕意,非臣僚荐举。"②四月,以范仲淹、韩琦为枢密副使,五辞,不许,乃就任。八月,以范仲淹为参知政事、富弼为枢密副使。宋仁宗超擢范仲淹、韩琦、富弼荣登两府之后,"每进见,必以太平责之,数令条奏当世务"。九月,又再赐手诏督促曰:"比以中外人望,不次用卿等,今琦暂往陕西,仲淹、弼宜与宰臣章得象尽心国事,毋或有所顾避。其当世急务有可建明者,悉为朕陈之。"然后,"又开天章阁,召对赐坐,给笔札,使疏于前。仲淹、弼皆皇恐避席,退而列奏"。范仲淹所奏即是《答手诏条陈十事》。其十事谓:一曰明黜陟,二曰抑侥幸,三曰精贡举,四曰择官长,五曰均公田,六曰厚农桑,七曰修武备,八曰减徭役,九曰覃恩信,十曰重命令。"上方信向仲淹等,悉用其说。当著为令者,皆以诏书画一,次第颁下。独府兵,辅臣共以为不可而止。"③

《答手诏条陈十事》是范仲淹面对"夷狄骄盛、寇盗横炽",正本清源进行改革的总纲领,也是他为官从政近三十年的总结。如前所述,宋仁宗天圣三年(1025)四月,他曾向章献刘太后和宋仁宗上《奏上时务书》;天圣五年(1027),他又向当时的宰相王曾等上《上执政书》;天圣八年(1030),他又曾向当时的宰相吕夷简上《上时相议制举书》,但都没有得到答复,更不用说付诸实施了。另外,他还撰写了《任官惟贤材赋》《得地千里不如一贤赋》《选任贤能论》等,在政治上也没有起到太大的作用。这次位登政府,为参知政事,得到皇帝的信任,他才得以将以往的建言总结、归纳、概括为《答手诏条陈十事》,付诸实施,史称"庆历新政"。

"庆历新政"的主要内容是吏治改革。第一,在官员的选拔方面,一是要改革恩荫制度,限制官僚子弟及其他亲戚荫补入仕的官阶与资格和出官的年龄与资格;"两府、两省

①《范文正公政府奏议》卷下《奏陕西河北和守攻备四策》,《范仲淹全集》,第518页。

②《长编》卷一四〇,庆历三年三月末,第3361页。《范文正公文集》卷十七《谢传宣表》,《范仲淹全集》,第359页。

③《长编》卷一四三,庆历三年九月丁卯,第3444页。参见朱瑞熙:《范仲淹"庆历新政"行废考实》,《学术月刊》1990年第2期;方健:《范仲淹评传》第三章《庆历新政》,南京大学出版社,2001年。

不得陈乞子弟、亲戚馆阁职任"，此即十事中的"抑侥幸"。① 二是改革科举制度，"为立学舍、保荐送之法"，和"先策论过落、简诗赋考式、问诸科大义之法"，此即十事中的"精贡举"。② 第二，在官员的升降方面，一是京朝官须任满三年、无杖以上私罪、有清望官五人保任，方可磨勘。"自请厘务于京师，五年一磨勘，因举及选差勿拘。""凡有善政异绩，或劝农桑获美利，鞫刑狱雪冤枉，典物务能革大弊，省钱谷数多，准事大小迁官升任，选人视此。"此即十事中的"明黜陟"。③ 二是令转运使副兼按察使，澄汰所属州县年老、病患、赃污、不材的官员；令待制以上每年举荐省府判官、转运使副、提点刑狱、转运判官。此即十事中的"择官长"。④ 第三，在官员的待遇方面，定天下职田，"给其所未给，均其所未均；约为差等，概令周足。""使其衣食得足，婚嫁丧葬之礼不废，然后可以责其廉节，督其善政。"此即十事中的"均公田"。⑤ 范仲淹深知："王者得贤杰而天下治，失贤杰而天下乱。"⑥"固邦本者，在乎举县令、择郡守，以救民之弊也。"⑦吏治腐败是最大的腐败。吏治改革是最为艰难的改革。但他知难而进，锐意革新。结果"按察使多所举劾，人心不自安；任子恩薄，磨勘法密，侥幸者不便"⑧，因为遭到大量贪官、庸官的反对，范仲淹的吏治改革多遭废罢，但他的改革精神却是不可磨灭的。

"庆历新政"的第二项内容是富民强兵。第一，是发展农业生产。范仲淹认为："圣人之德，惟在善政；善政之要，惟在养民；养民之政，必先务农。"⑨所以，对务农非常重视。庆历四年(1044)正月二十八日，宋仁宗颁《劝农诏》云："自今在官有能兴水利，课农桑，辟田畴，增户口，凡有利于农者，当议量功绩大小，比附优劣，与改转或升陟差遣，或循资、家便，等第酬奖。……至于省徭役，宽赋敛，使百姓而乐于务农，亦所以广劝民之道也。"⑩此

---

①参见《范文正公政府奏议》卷上《奏重定臣僚奏荐子弟亲戚恩泽事》，《范仲淹全集》，第 501—503 页；《宋大诏令集》卷一六一《任子诏》，中华书局，1962 年，第 612—613 页；《宋大诏令集》卷一九三《诫约两府两省不得陈乞子弟亲戚馆阁职任诏》，第 708 页。

②(清)徐松辑，刘琳、刁忠民、舒大刚、尹波等校点：《宋会要辑稿·选举》三之二三，中华书局，1957 年，第 4263 页上栏。

③《长编》卷一四四，庆历三年十月壬戌，第 3431 页；《宋会要辑稿·职官》一一之一三，第 2629 页下栏。

④《长编》卷一四四，庆历三年十月丙午，第 3437 页；《长编》卷一五四，庆历五年二月乙卯，第 3750 页。

⑤《宋大诏令集》卷一七八《定职田诏》，第 642 页；《范文正公政府奏议》卷上《奏重定职田顷亩》，《范仲淹全集》，第 504—506 页；《范文正公政府奏议》卷上《答手诏条陈十事》，《范仲淹全集》，第 469 页。

⑥《范文正公文集》卷七《选任贤能论》，《范仲淹全集》，第 128 页。

⑦《范文正公文集》卷九《上执政书》，《范仲淹全集》，第 181 页。

⑧《长编》卷一五〇，庆历四年六月壬子，第 3637 页。

⑨《范文正公政府奏议》卷上《答手诏条陈十事》，《范仲淹全集》，第 470 页。

⑩《宋会要辑稿·食货》六三之一七九至一八〇，第 6077 页。

即十事中的"厚农桑"，亦即王安石"农田水利法"的雏形。第二，减省徭役。其主要办法是合并县治，以省职役。如"庆历四年五月二十八日，省河南府颍阳、寿安、偃师、缑氏、河清五县，并为镇"①。五县虽然不久又复旧了，但这一措施却为王安石变法所继承。此即为十事中的"减徭役"。第三，广施恩信，使郊祀赦书中"宽赋敛，减徭役，存恤孤贫，振举滞淹"等惠及百姓的事情，一一得到施行。此即十事中的"覃恩信"。② 第四，十事中的"修武备"，惜未能施行，但其精神却为王安石的"保甲法"所继承。

"庆历新政"的第三项内容是加强法制。即"重其法令，使无敢动摇，将以行天下之政"③。立法要慎重，有法要执行；法律有差失，必须上报，经中书、枢密院审查，确有不当，然后再更改。此即十事中的"重命令"。

早在宋仁宗景祐三年（1036），宰相吕夷简将范仲淹贬出朝廷的三大理由之一就是"荐引朋党"。范仲淹荣登二府，推行"庆历新政"，以夏竦为首的反对派也是以"朋党"作为主要武器攻击范仲淹的。欧阳修说："夫欲空人之国而去其君子者，必进朋党之说；欲孤人主之势而蔽其耳目者，必进朋党之说；欲夺国而与人者，必进朋党之说。……惟以朋党罪之，则无免者矣。"④与以往不同的是，面对反对派的攻击，范仲淹等并不忌讳朋党。庆历四年（1044）四月，当夏竦把杜衍（978—1057）、范仲淹、欧阳修看作党人时，欧阳修乃作《朋党论》上奏给宋仁宗，公然说：

> 臣闻朋党之说，自古有之，惟幸人君辨其君子、小人而已。大凡君子与君子，以同道为朋，小人与小人，以同利为朋，此自然之理也。……故为人君者，但当退小人之伪朋，用君子之真朋，则天下治矣。⑤

《长编》卷一四八又载：

> 庆历四年四月戊戌，上谓辅臣曰："自昔小人多为朋党，亦有君子之党乎？"范仲淹对曰："臣在边时，见好战者自为一党，而怯战者亦自为一党，其在朝廷，邪正之党亦然，唯圣心所察耳。苟朋而为善，于国家何害也？"

欧阳修、范仲淹二人所言皆为事实。其能直言不讳，是一种自信的表现。范仲淹等人互相往来，彼此支持，乃是出于公心，即"有忧天下之心"，由于"同道"，即"圣人之道"，绝非结党营私。正如韩琦祭范仲淹文中所说："与公并命，参翊万枢。凡有大事，为国远

---

① 《宋会要辑稿·方域》一二之一八，第7528页下栏。
② 《范文正公政府奏议》卷上《答手诏条陈十事》，《范仲淹全集》，第473—474页。
③ 《范文正公政府奏议》卷上《答手诏条陈十事》，《范仲淹全集》，第474页。
④ （宋）欧阳修：《新五代史》卷三五《唐六臣传·论》，中华书局，1974年，第382页。
⑤ 《长编》卷一四八，庆历四年四月戊戌，第3580—3581页；《欧阳修全集》卷十七《朋党论》，第297页。

图。争而后已,欢言如初。指之为党,岂如是乎!"①但是,"朋党"乃皇帝的一大忌讳,欧阳修、范仲淹的直言忠告不但未能消除宋仁宗的疑虑,反而造成了严重的后果。②

庆历四年(1044)六月,夏竦等人施行阴谋诡计构陷富弼等革新派人士,谤毁新政。范仲淹自请宣抚河东;不久,富弼也宣抚河北,庆历新政陷于危局。庆历四年(1044)十一月己巳,宋仁宗下诏诫励朋党,范仲淹乞罢参知政事,诏不许。庆历五年(1045)正月乙酉,右正言钱明逸(1015—1071)秉承宰相章得象(978—1048)等人的旨意,攻击范仲淹、富弼"更张纲纪,纷扰国经。凡所推荐,多挟朋党。……乞早废黜,以安天下之心"③。宋仁宗遂罢范仲淹参知政事,出知邠州(治今陕西彬州);罢富弼枢密副使,出知郓州(治今山东东平),庆历诸项新政先后被废。因此,后来不少人将庆历新政失败的主要原因归结为朋党之争。这恐怕需要推敲。庆历新政失败的原因非常复杂,从中值得汲取的经验教训甚多,容以后进一步探讨。恐怕既得利益集团的反对和宋仁宗的始从终弃,才是庆历新政失败的重要原因。

由以上可以看出,范仲淹推行的"庆历新政",可以说是"士大夫与天子共治天下"的一次实践,也可以说是"左右天子谓之大忠"。这次改革虽然失败了,但其在历史上的地位和进步作用应该予以充分肯定;范仲淹等一大批士大夫所表现出来的担当精神,至今仍然闪耀着不灭的光辉。

宋朝理学集大成者朱熹说:"祖宗以来,名相如李文靖(沆)、王文正(旦)诸公,只恁地善,亦不得。至范文正时,便大厉名节,振作士气,故振作士大夫之功为多。"④《宋史·范仲淹传》也说:"每感激论天下事,奋不顾身,一时士大夫矫厉尚风节,自仲淹倡之。"其所说"名节""风节",其实主要就是指"先天下之忧而忧,后天下之乐而乐"的忧国忧民忧天下之心;与天子"共治天下"的士大夫主体意识的觉醒;直言极谏,敢做敢当,"左右天子谓之大忠","为万世开天平"的担当精神。

总之,"有忧天下之心"的忧患意识,与天子"共治天下"的主体意识,"左右天子谓之大忠"的担当精神,就是范仲淹"以天下为己任"的为政之道。范仲淹以其先进的思想、宽阔的胸怀、人格的魅力成为当时士大夫公认的领袖,也成为中国古代官员的楷模,直至今天,也仍然具有重要的借鉴价值和教育意义。

(2007 年 3 月初稿,2021 年 2 月修订)

---

①《增广司马温公全集》卷一〇八《代韩魏公祭范希文文》。
②参见江小涛、李晓:《中国政治通史》第六卷《士大夫的崛起与仁宗朝的政治革新》,泰山出版社,2003 年。
③《长编》卷一五四,庆历五年正月乙酉,第 3740—3741 页。
④(宋)黎靖德编,王星贤点校:《朱子语类》卷一二九《自国初至熙宁人物》,中华书局,1986 年,第 3086 页。

宋代的红色颜料及染色

河南大学　程民生

按照传统的五星德运,宋朝属于火德尚赤,红色是宋朝政府的一种政治标志和文化力量,其在礼仪等方面作了一系列的规范,赋予红色更多的效应。任何人文色彩的展现利用,都需要原料、技术和资金,依赖于经济领域。宋代红色的流行,使对红色颜料的需求不断扩大,促进了红色颜料产业的大发展。宋代的红色颜料大多还是药材,有着很高的经济价值。主要分为矿物颜料即无机颜料,植物颜料即有机颜料(又称染料),另有少量的动物颜料。如狒狒血"亦堪染绯"①,还有言猩猩血染绯者,②多是文学家形容血红之词以及传说,即便是真实情况,毕竟因为资源有限,用途无法广泛,本文不予讨论。关于宋代颜料尤其是红色颜料,尚未见议论,试予初探,以就教学界。

一、红色矿物颜料与产地

宋代红色矿物颜料按产量多少和价格贵贱,有高低档之分。低档者如赭石、代赭石、红土即赤垩,主要用作涂料,粉刷墙壁以及其他建筑材料。如代赭石(又名土朱)是氧化类刚玉族矿物赤铁矿:"代赭石(土朱、土黄同,如块小者不捣)先捣令极细,次研以汤,淘取华,次取细者,及澄去砂石,粗脚不用。"③以此涂抹建筑材料。还常研磨为汁,用于在书上句读断句和教师批改学生作业:"八九顽童一草庐,土朱勤点七言书。"④红土指富含氧化铁的土,主要在南方地区,如湖州长兴(今浙江长兴)"有赤土,可以腥宫

① (宋)唐慎微撰,陆拯、郑苏、傅睿校注:《重修政和经史证类备用本草》卷一七《狒狒》,中国中医药出版社,
　2013年,第1061页。
② (宋)杨亿口述,(宋)黄鉴笔录,(宋)宋庠重订,李裕民整理《杨文公谈苑》卷七《猩猩》:"太祖平岭南,求得
　猩猩,如雄鸭而大,取其血以染,色如渥丹。"《全宋笔记》第6册,大象出版社,2019年,第299页。
③ (宋)李诫:《营造法式》卷一四《彩画作制度》,中国书店,2006年,第293页。
④ 宋伯仁:《西塍集·村学究》,《景印文渊阁四库全书》第1183册,台湾商务印书馆,1986年,第178页。

殿"①,是可涂抹宫殿的好颜料。宋真宗建造玉清昭应宫时,调集全国优质建材,颜料中有"河南之赭土,衢州之朱土"②。北方个别地方如河南(今河南洛阳)也有。常用于高贵的建筑装饰,朱熹谈到南方州郡的社稷坛外壁时说:若以"赤土饰之,又恐僭于郊坛,不可用也"③。朝廷用于最崇高的祭天坛,州县的社稷坛还不敢用。

高档者主要来自朱砂,又称丹砂,以此研磨制造的红色纯正、鲜艳,深受人们喜爱,况且朱砂自古以来还是有镇静、安神和杀菌等功效的中药材,更有辟邪作用,所以应用广泛。受地质构造的限制,朱砂矿的分布范围较小。土产朱砂的州郡,宋初有商州(今陕西商洛市商州区),"今贡一斤";桂州(今广西桂林)、宜州(今广西河池市宜州区);抚水州(今广西环江毛南族自治县东北)比较集中,有"固屑场:出朱砂",当属民间开采,另有官营的富安砂监,辖一百六十八丁,每年采朱砂一千八十斤,④平均每丁每年开采六斤余,可见艰难。桂州丹砂,曾是朝廷指定的玉清昭应宫建筑颜料,⑤可见适宜作涂料。宋神宗时三地贡朱砂:沅州(今湖南芷江)土贡朱砂二十两,黔州(今重庆彭水苗族土家族自治县)土贡朱砂十两,容州(今广西容县)土贡朱砂二十两。⑥ 宋徽宗时,辰州(今湖南沅陵)、沅州、绍庆府即黔州(今重庆彭水)三地贡朱砂。⑦ 官府设场开采的朱砂矿,有商州(今陕西商洛商州区)场、宜州场、富顺监(今四川富顺)场、⑧另外湖南营道县(今湖南道县)有朱砂坑,康定元年(1040)置,庆历三年(1043)罢,⑨当为出产不多。阶州(今甘肃武都)、容州、广东路也出朱砂。

另有铅丹,又名朱丹,即氧化铅和过氧化铅,是一种不透明的橙红色料。宋真宗建造玉清昭应宫时调集各地优质建材,其色彩中就有"虢州之铅丹"⑩。

就质量而言,各地有着很大的差距。"丹砂,生符陵山谷,今出辰州、宜州、阶州、而

①(宋)谈钥:《嘉泰吴兴志》卷二〇《物产》,《宋元方志丛刊》,中华书局,1990年,第4867页。

②(宋)李攸:《宋朝事实》卷七《道释》,中华书局,1955年,第108页。

③(宋)朱熹著,郭齐、尹波点校:《朱熹集》卷六八《答社坛说》,四川教育出版社,1996年,第3594页。

④(宋)乐史撰,王文楚等点校:《太平寰宇记》卷一四一《商州》、卷一六二《桂州》、卷一六八《宜州》《抚水州》,中华书局,2007年,第2735、3099、3215、3221—3222页。

⑤《宋朝事实》卷七《道释》,第108页。

⑥(宋)王存撰,魏嵩山、王文楚点校:《元丰九域志》卷六《沅州》、卷八《黔州》、卷九《容州》,中华书局,1984年,第275、365、421页。

⑦(元)脱脱等:《宋史》卷八八、八九《地理志》,中华书局,1977年,第2196、2226页。

⑧《宋史》卷一八五《食货志》,第4524页。

⑨(清)徐松辑,刘琳、刁忠民、舒大刚、尹波等校点:《宋会要辑稿·食货》三三之五,上海古籍出版社,2014年,第6720页。

⑩《宋朝事实》卷七《道释》,第108页。

辰州者最胜,谓之辰砂……虽号辰砂,而本州境所出殊少,往往在蛮界中溪淑、锦州得之
……宜砂绝有大块者,碎之亦作墙壁,但罕有类物状,而色亦深赤,为不及辰砂…… 阶
砂又次,都不堪入药,惟可画色耳。"① 其评价依照的是药用标准,如按颜料标准而言,西
南地区的辰砂、宜砂、西北地区的阶砂都是好颜料,辰砂质量最优,宜砂可以作刷墙壁的
涂料,阶砂能作图画。

就产量而言,有元丰元年(1078)朝廷的收入总计:商州朱砂坑,原额(约为宋仁宗时
的定额,下同)朱砂八十九斤四两,元丰元年收二百六十斤四两;宜州原额朱砂一千七百
八十九斤九两七钱六分,元丰元年收三千三百八十六斤一十四两四钱。另有黔州土贡
朱砂一十两,辰州土贡光明砂十五两,沅州土贡朱砂二十两,容州土贡朱砂二十两。朱
砂坑冶原额总计一千八百七十八斤一十三两七钱六分,元丰元年总收三千六百四十六
斤一十四两四钱。② 从中可以看出,元丰元年朱砂产量大为提高,意味着需求增长,生
产水平提高。官营坑冶产量宜州最多,另有官方在此购买民间开采的朱砂,也是个不小
的数量,如建炎四年(1130),朝廷停罢了宜州岁市朱砂二万两。③ 除了官营坑冶自己开
采、地方土贡外,租税收入中也有朱砂实物,广南西路有二千五百零三斤,陕西永兴军路
有二百零五斤。④

西南地区的少数民族政权,常将土产朱砂以进贡名义和宋朝交易。如太平兴国五
年(980),西南蕃王龙汉瑭遣顺化王子心驰来贡马二匹、朱砂二十两;都甲头王子若从、
诸州蛮录事司马赵才胜等七百七十四人,共进马二百九十匹、朱砂二千三百五十两,⑤
满足了宋朝的大量需求。

总的来看,朱砂产地全在西部,主要在西南地区。北宋时期,全国官府收纳、收购的
朱砂约七千余斤,加上少数民族和海外的进贡输入,全年近万斤。当然,民间的开采、交
易、使用,数量更多。

以上所论都是原料,不能作为颜料直接使用。北宋朝廷设置有后苑烧朱所,"掌烧
变朱红以供丹漆作绘之用"⑥,是朝廷唯一制作宫廷用颜料的机构,专门制作唯一的颜
色朱红漆。以制成品而言,红色颜料主要有朱砂制成的朱红。对各个官府机构来说,朱

---

① 《重修政和经史证类备用本草》卷三《丹砂》,第 176—177 页。
② 《宋会要辑稿·食货》三三之五,第 6725 页。
③ 《宋史》卷一八六《食货志》,第 4564 页。
④ 《宋会要辑稿·食货》三四之二八,第 6730 页。
⑤ 《宋会要辑稿·蕃夷》五之一〇至一一,第 9843—9844 页。
⑥ 《宋会要辑稿·职官》三六之七六,第 3928 页。

红用于印泥、批注文字等，与文房四宝一样属于办公文具，以季度为单位按两定额配发。① 绍兴四年（1134），宋高宗诏邵武军（今福建邵武）"每岁用上供钱收买上色朱红二十两，限至四月终，差人管押赴行在左藏库"②。则南宋朝廷主要使用福建邵武军所产的朱红。按此地并无出产朱砂的记载，当属加工技术高超所致；据其数量之少和"上色"的档次，显然不是配发百官使用的。

二、红色植物颜料类别与产地

宋代红色植物颜料即染料很多，主要有茜草、红花、苏木。

茜草是一种多年生攀援草本植物，又名血见愁、地血，其根部含茜素，是上乘的大红染料。宋代产地比较普遍："今近处皆有之。染绯草也。"③其中相州朝歌城（今河南淇县西）盛产茜草："出茜草最多，故相缣名天下。"④因茜草染色而名满天下。其他如淮南路的光州（今河南潢川）、寿州（今安徽凤台）土产茜草，泉州（今福建泉州）土产茜绯，⑤这些州郡的茜草当是种植的经济作物。而浙江台州有茜，"生山谷中，三棱可以染绛"⑥，当是野生植物。茜草染色需要较为复杂的发酵、水解、高温等媒染工序，所染为土红，专业术语为土耳其红。从下文可知，茜染在宋代的风头逐渐减弱。

红花又名红蓝花、刺红花，一年生菊科红花属植物，可食用、药用，其红花素更是著名的红色染料。与茜草不同，红花所染为"真红"，而且可直接染色，工艺简便，在红色染料中有重要的地位。南宋人言："今则盛种而多染，谓之真红，赛苏方木所染。"⑦始自西汉，原产"梁、汉及西域，今处处有之"⑧。由于其染色功能超过了茜草也超过了苏木，所以在宋代种植范围相当普及。北宋初期，泾州（今甘肃泾川北）、灵州（今宁夏灵武西南）、邛州（今四川邛崃）、梓州（今四川三台）、泉州、兴元府（今陕西汉中）、文州（今甘肃

①《宋会要辑稿·职官》三五之一二，第3879页。
②《宋会要辑稿·食货》五一之二七，第7156页。
③《重修政和经史证类备用本草》卷七《茜根》，第471页。
④（宋）楼钥著，顾大朋点校：《楼钥集》卷一一九《北行日录上》，浙江古籍出版社，2010年，第2098页。
⑤《太平寰宇记》卷一二七《光州》、卷一二九《寿州》、卷一〇二《泉州》，第2513、2544、2031页。
⑥（宋）陈耆卿：《嘉定赤城志》卷三六《风土门一·草之属》，《宋元方志丛刊》，第7565页。
⑦（宋）罗愿撰，石云孙点校，吴孟复、王福庭审订：《尔雅翼》卷三《燕支》，黄山书社，1991年，第6页。
⑧《重修政和经史证类备用本草》卷九《红蓝花》，第592页。

文县）等地土产红花。① 宋神宗时，兴元府土贡红花五十斤，②并延续到宋徽宗朝，是当时两个土贡红花的州郡；另一为福建福州，贡红花蕉布。③ 但最著名的产地却是安州（今湖北安陆），至少在北宋中后期是朝廷所用红花的主要供应基地。熙宁年间，安州每年购买红花一万斤送到开封，宋神宗以道远扰民停罢。④ 然而不久即又恢复，只是换了形式，派员到安州采购。安州大约一年出产红花二万斤，元丰年间，有宦官奉旨来此买红花万斤后，"又继买五万斤"⑤。远远超出了实际产量，说明其质量为朝廷垂意，无疑会极大刺激当地的红花生产。

宋人已有一套成熟的红花种植与加工方法："人家场圃所种，冬而布子于熟地，至春生苗，夏乃有花。下作柎汇，多刺，花蕊出柎上。圃人承露采之，采已复出，至尽而罢。柎中结实，白颗如小豆大。其花暴干，以染真红及作燕脂。"⑥冬种夏收，一年一季，但可以多次采花，这是北宋时期北方地区的情况。东南地区如宋孝宗时的福州（今福建福州）红花："闽县、怀安、福清、长乐等县皆有之，花如刺结，秋末种，春末采，可染绛。"⑦宋宁宗时的台州红花，与福州相同："秋末种，春末乘露采之，可以染绛。"⑧在南方地区仍是一年一收，只是因气候温暖生长期短，提前到春末采摘。

如上文所言，红花还是制作胭脂的基本原料，红色的胭脂是涂抹脸面的化妆品，可谓精细美艳的涂料。朝廷后苑造作所中，专设有"绵胭脂作、胭脂作"⑨。兴元府土贡红

---

① 《太平寰宇记》卷三二《泾州》、卷三六《灵州》、卷七五《邛州》、卷八二《梓州》一〇二《泉州》、卷一三三《兴元府》、卷一三四《文州》，第692、760、1523、1649、2611、2031、2632页。

② 《元丰九域志》卷八《兴元府》，第354页。

③ 《宋史》卷八九《地理志》，第2221、2207页。

④ 《宋史》卷一七九《食货志》，第4354页。

⑤ （宋）李焘：《续资治通鉴长编》卷三二九，元丰五年八月癸亥，中华书局，2004年，第7922页。

⑥ 《重修政和经史证类备用本草》卷九《红蓝花》，第592—593页。

⑦ （宋）梁克家：《淳熙三山志》卷四一《土俗类三》，《宋元方志丛刊》，中华书局，1990年，第8252页。另有（宋）吴怿撰、（宋）张福补遗，胡道静校录《种艺必用》载："移红花，二、三月初雨后，速种，地欲良熟，如种麻法。锄陪种者省子，而科又易断治。花开日，日乘凉摘，必须净尽，留余即随合去，五月，子熟，收干打取，不得令花开日，日乘凉摘，必须净尽，留余即随合去，五月子熟，收于打取，不得令喝。五月种晚花，还用春子，七月摘之，其子可为油，极美。晒花法：摘得花，即熟挼令匀，入器中，布盖，经一宿。明日趁早，筒席上晒取苗内干胜作饼，不早干者，多喜喝也。种晚红花：若旧收得子，此月便种。若待新花熟收了，则太晚。去七月摘之，其色鲜浓，耐久不喝，胜春种者多。若人并摘一顷，收三百斛。"（农业出版社，1963年，第42—43页）然此为吴怿摘录自贾思勰《齐民要术》卷五《种红蓝花栀子》，不可作宋朝生产状况。

⑧ 《嘉定赤城志》卷三六《土产·货之属》，第7560页。

⑨ 《宋会要辑稿·职官》三六之七三，第3926页。

花之外,也贡胭脂。① 民间制造更多,满足着广大女子和演员化妆的需要。如宋徽宗时,"京师厢王家卖胭脂也"②,南宋杭州有张古老胭脂铺、染红王家胭脂铺等。③

苏枋,又名赤木、红柴、红苏木、苏方木,宋代称苏木,是热带豆科云实属小乔木。原产马来西亚、印度尼西亚等地,唐代传入中国,苏木就是印尼语红色树木的音译。多在东南亚国家和西南少数民族地区出产,宋初琼州(今海南海口)即出苏木。④ 宋太宗时,吴越国王钱俶曾进贡苏木万斤。⑤苏木"民采取,去皮晒干,其色红赤,可染绯紫"⑥。其名气虽不大,但应用广泛,常被当作茜来使用:"今人染蒨者,乃假苏方木,非古所用。"⑦甚至有人说:"如相州相缬,只南中苏木染之,特水异耳。"⑧意思是相缬其实并非都是因为当地产茜,还大量使用了苏木,意味着茜染衰退,产品卖的是老品牌,拼的是传统技术。苏木还用之于建筑装饰彩色,《营造法式》云:"中绵烟脂四片:若合色,以苏木五钱二分,白矾一钱三分,煎合充。"⑨以苏木在建筑材料上涂染红色。苏木染红后来居上,成为宋代主要的红色染料。

如果按市场份额排名,红花第一,依次是苏木、茜草。

此外,草木葱茏的南方地区还生长着诸多可供染红的其他植物。如薯莨,又名朱砂莲、红孩儿、赭魁、鸡血莲、血母等,为薯蓣科翼蓼属植物。沈括言:"今赭魁南中极多,肤黑肌赤,似何首乌。切破,其中赤白理如槟榔,有汁赤如赭,南人以染皮制靴。"⑩药用以外,主要用于染红皮革。虎杖草,多年生草本蓼科植物,"似红草而大,可染赤"⑪,"今处处有之"⑫,相当普遍。还有一种冬青,"其叶堪染绯"⑬。麒麟竭,又名血竭、血结、血力花,为棕榈科植物麒麟竭果实渗出的树脂加工制成,原来主要用作药材,北宋时,"今医

①《宋史》卷八九《地理志》,第 2221 页。
②(宋)曾敏行著,朱杰人标校:《独醒杂志》卷一○,上海古籍出版社,1986 年,第 93 页。
③(宋)吴自牧撰,阚海娟校注:《梦粱录新校注》卷一三《铺席》,巴蜀书社,2015 年,第 220 页。
④《太平寰宇记》卷一六九《琼州》,第 3236 页。
⑤《宋史》卷四八○《吴越钱氏世家》,第 13902 页。
⑥(宋)赵汝适原著,杨博文校释:《诸蕃志校释》卷下《苏木》,中华书局,1996 年,第 191 页。
⑦《尔雅翼》卷四《茹藘》,第 41 页。
⑧(宋)林希逸:《鬳斋考工记解》卷上,《景印文渊阁四库全书》第 95 册,台湾商务印书馆,1986 年,第 6 页。
⑨《营造法式》卷二七《彩画作》,第 582 页。
⑩(宋)沈括撰,胡静宜整理:《梦溪笔谈》卷二六《药议》,《全宋笔记》第 13 册,第 205 页。
⑪《淳熙三山志》卷四二《土俗类四》,第 8262 页。
⑫《重修政和经史证类备用本草》卷一三《虎杖根》,第 900 页。
⑬《重修政和经史证类备用本草》卷一二《女贞实》,第 823 页。

方亦罕用,惟染家所须耳。"①主要用于染红褐色,产自东南亚地区。

三、红色颜料买卖及染红价格

红色颜料是宋代颜料中的重要商品,流通量很大,也是宋代社会中使用量最大的颜料。史料所见,以官民贸易为多。

宋太宗时,洛阳因为官私之间买卖红土估价不公,打起一场惊动皇帝的官司:"洛阳官市赤垩,吏第其价为三第,民有诉其罔上者,事下河南府,逾年不能决,命茂宗驰传视之。茂宗径诣出赤垩处按验,垩皆同色,无他异,吏伏罪。"②洛阳出产红土,③有人卖给官方时,胥吏评定了低价,引起诉讼,致使皇帝派御史张茂宗审理予以解决。

太平兴国八年(983),汴河漕运船纲出现滞留一个多月的事故,原因是有关官员"除常载外,别科置皮革、赤垩、铅锡、苏木等物,守藏者不即受故也"④。纲运的不仅是粮食,还有红土、苏木等来自东南地区的红色颜料。宋神宗时期多次主持重大工程的宋用臣,被谏官指责有诸多钱物账目问题,其中包括"苏木等物约四十六万余斤"⑤,数额巨大。这两例史实,反映了官方在京师使用红色原料、颜料数量的浩大。私人贩运量同样很大,如王安石指责苏轼回四川老家为父亲办丧事时,"却贩数船苏木入川"⑥。在开封收购了大量苏木顺路贩往四川,说明开封是全国苏木集散地,大概有批发价格,比较低廉;而四川消费量大,价格高,加上千里迢迢的运费,还有利润,差价至少一倍。

朝廷在各地大量收购红花以供官府染色。例如包拯言:官府每年在陕西"买红花四千斤"⑦。此为一路之数,全国总数有庆历二年(1042)中书的报告:"三司每岁买红花、紫草各十万斤,民不能供。"宋仁宗"诏止买五万斤,禁中及外人应给红、紫罗帛者,给染价"⑧。可知所买红花等是为了统一染罗帛给朝廷和官员服用,因官府采购量大,很可

①(宋)苏颂编撰,尚志钧辑校:《本草图经》卷一一《麒麟竭》,学苑出版社,2017年,第391页。
②(宋)钱若水修,范学辉校注:《宋太宗皇帝实录校注》卷七九,至道二年九月癸酉,中华书局,2012年,第754页。
③(宋)李觏撰,王国轩点校《李觏集》卷三四《常语下》:"文王献洛西之地,赤壤之田,请纣除炮烙之刑"。中华书局,1981年,第394页。
④《续资治通鉴长编》卷二四,太平兴国八年八月辛亥,第551页。
⑤《续资治通鉴长编》卷三八五,元祐元年八月丁酉,第9378页。
⑥(宋)佚名撰,汪圣铎点校:《宋史全文》卷一一,熙宁二年十一月己巳,北京:中华书局,2016年,第655页。
⑦(宋)包拯撰,杨国宜校注:《包拯集校注》卷二《请权罢陕西州军科率》,黄山书社,1999年,第109页。
⑧《续资治通鉴长编》卷一三五,庆历二年三月丙寅,第3229页。

能主要是价格过低，民间无法供应，朝廷只好改变方式，指标减半，发钱让官员自己染色。

南宋中期，朱熹按劾台州（今浙江台州）长官唐仲友在次子娶妇时，用公款到其私家在婺州（今浙江金华）所开彩帛铺内，"高价买到暗花罗并瓜子、春罗三四百匹，及红花数百斤，本州收买紫草千百斤，日逐拘系染户在宅堂及公库变染红紫"①。大量的红色服装等消费，多是自家买红花染色。

红色颜料价格，仅见朱砂两例。北宋时，辰州朱砂连所附白石矿床，大者重七八斤，"价十万"即一百贯，小者值五六十贯。② 两宋之际，朝廷每年在广西宜州收买回蕃朱砂二万两，"合用钱四千余贯"③，合每两二百余文，这笔钱在北宋末可在开封买二斤从黄河等外地运来的鱼，④是比较贵重的商品。

令人惊讶的是，宋政府曾禁止朱红等颜料出境。天禧二年（1018）六月，朝廷下令禁止陕西州军"将黑漆、朱红于北界货鬻"⑤。不准把朱红等颜料贩卖给西夏，表明宋朝的珍视，反映着国内需求紧张，一时列为禁止出口的物资。

匹帛织成后，大部分需要染色，相当部分会染红，是匹帛增值的最大方式："俗说愚人以八百钱买匹绢，持以染绯，工费凡千二百，而仅有钱四百，于是并举此绢，足其数以偿染工。"⑥将一匹价值八百文的绢染成绯红色，价钱为一贯二百文，是绢价的150%，相当昂贵。这条史料反映的年代，从绢价而言当在北宋中期，如宋仁宗皇祐年间，在淮南舒州（今安徽潜山）"市卖一绢，钱七百"⑦。传说的笑话虽是调侃，但如果没有价格的相对真实性，便无笑料可言，故而有一定的参考价值。对普通百姓而言，红色服装主要不是政治、审美问题，而是经济问题，贫穷者穿不起红色。

四、染红匹帛

北宋时期最著名的染色匹帛，无过于"相缬"：河北路相州（今河南安阳）所产的红色

---

① 《朱熹集》卷一八《按唐仲友第三状》，第 733 页。
② （宋）张师正撰，李裕民整理：《倦游杂录》卷四《辰砂》，《全宋笔记》第 10 册，第 72 页。
③ 《宋会要辑稿·食货》三四之一二，第 5394 页。
④ （宋）孟元老著，伊永文笺注：《东京梦华录笺注》卷四《鱼行》，中华书局，2006 年，第 447—448 页。
⑤ 《宋会要辑稿·兵》二七之二〇，第 9192 页。
⑥ （宋）赵与时撰，齐治平校点：《宾退录》卷五，上海古籍出版社，1983 年，第 63 页。
⑦ （宋）吕南公：《灌园集》卷二〇《故袁州李君墓志铭》，《景印文渊阁四库全书》第 1123 册，第 183 页。参见程民生：《宋代物价研究》，人民出版社，2008 年，第 233—237 页。

匹帛,即上文所言"相缬名天下"。政和三年(1113),宋徽宗下诏禁止民间仿后苑作制造的雕版印染,"除降样制并自来民间打造二红相缬外,并行禁止"①。可知二红(浅红)相缬的流行,也是宋代最早的雕版印染史料。相缬因而常被士大夫用来做比喻。如元丰中,"苏门四学士"之一的晁补之文名叮当,陈师道以诗戏之云:"闻道新文能入样,相州红缬鄂州花","盖是时方尚相州缬、鄂州花也"②。南宋前期的杨万里也有诗说道:"如今场屋号作家,相州红缬洛中花"③。将美文、相州缬与洛阳牡丹花相媲美。南宋中期,尚有"相缬时所爱,轻踈贵侯王"④,属于高档红色面料。南宋时相州属于金国,但人们仍念念不忘相缬。

得益于地理环境和传统技术,宋代四川丝织品生产非常发达,染红也很著名。南宋有人曾将川帛与吴罗、潮绫在四川染红,到都城临安(今浙江杭州)后,经历梅雨潮湿气候,吴罗、潮绫"色皆渝变,唯蜀者如旧",仍然鲜艳。什么原因呢?四川人道出个中奥秘在于:"蜀之蓄蚕,与他邦异。当其眠将起时,以桑灰喂之,故宜色。""然世之重川红,多以染工之良,盖不知由蚕所致也。"⑤不仅养蚕有绝招,还与水土密切相关。宋初李用和《游蜀记》云:"左绵绯红,三川所尚。绵州左绵郡有水所染绯红,于此水濯后益鲜,故人之所重。"⑥绵州(今四川绵阳)之水宜于红帛,染色后经此洗濯,润色增艳。四川彩帛因此成一绝,尤以川红为优,名重天下。川红具体是什么色彩呢?北宋江西人吴中复有诗,题为《江右谓海棠为川红》,⑦可见川红即海棠花般的红色,十分娇艳可爱。宋祁指出:"蕉中盖自一种,叶小,其花鲜明可喜。蜀人语染红者,谓之蕉红。盖欲仿其殷丽云。赞曰:蕉无中干,花产叶间。绿叶外敷,绛质凝殷。"⑧从仿海棠花的川红到仿美人蕉的蕉红,说明四川人喜爱红色,而且注重取法自然界的红色花卉。两浙人陆游曾问学者高似孙:"比在成都市时,见采帛铺,榜曰:'翠色真红'。殊不晓所谓,红而曰翠,何也?"高似孙解释道:"嵇康《琴赋》曰:'新衣翠灿,缨徽流芳。'班婕妤《自悼赋》曰:'纷翠灿兮纨素声。''翠灿'取其鲜明也。东坡《牡丹》诗云:'一朵妖红翠欲流',盖取乡语。"陆游听闻

---

① 《宋会要辑稿·刑法》二之六〇,第8316页。
② (宋)王直方:《王直方诗话·晁无咎时文》,郭绍虞辑《宋诗话辑佚》,中华书局,1980年,第3页。
③ (宋)杨万里撰,辛更儒笺校:《杨万里集笺校》卷五《赠彭云翔长句》,中华书局,2007年,第273页。
④ (宋)邓林:《瓮茧吟》,(宋)陈起编《江湖小集》卷一三,《景印文渊阁四库全书》第1357册,第98页。
⑤ (宋)吴曾:《能改斋漫录》卷一五《川帛宜色》,上海古籍出版社,1979年,第461页。
⑥ 《太平寰宇记》卷八三《绵州》,第1662—1664页。
⑦ (宋)陈思撰辑:《海棠谱》卷下,吴中复《江右谓海棠为川红》,当代中国出版社,2014年,第43页。
⑧ (宋)宋祁:《景文集》卷四七《红蕉赞(并序)》,《景印文渊阁四库全书》第1088册,第426页。

后"击节大喜"！① "翠灿"大约如同璀璨的意思。以跳色出圈的"翠"色来形容川红之美妙，四川人对红色的喜爱或其染出的红色到了无以言表的地步。正所谓"却恨韶华偏蜀土，更无颜色似川红"②。四川出售彩帛的商铺当然不会只卖一种颜色者，却以红色为标榜，想必红色匹帛销售量最大。

东南地区手工业发达，红色匹帛有名产。如越州（今浙江绍兴）土贡茜绯花纱十匹，福州（今福建福州）土贡红花蕉布三十匹，③作为名优纺织品，都是全国上贡皇帝之特产中仅见的。西南地区的广西盛产苎麻，"洁白细薄而长，土人择其尤细长者为练子。暑衣之，轻凉离汗者也。……有花纹者，为花练，一端长四丈余，而重止数十钱，卷而入之小竹筒，尚有余地。以染真红，尤易着色。厥价不廉，稍细者，一端十余缗也"④。这种麻练洁白而密薄，尤其适合染真红，质地优势与色彩优势相辅相成，故而价格昂贵：四丈长的染红花练价值十多贯，而十贯钱当时就可以在河东代州买一亩良田，⑤染红花练的价值之高，令人惊讶。

结　语

宋代使用的都是天然颜料，充分利用自然资源创造美、妆扮生活，形成色彩制度，红色就是色彩的顶端。按照历史传统的五行德运，宋朝为火德尚赤，红色成为时代的国色与流行色、幸运色，红色颜料因而成为宋代社会中使用量最大的颜料，促进了红色染料产业的大发展。如同红色属于南方色一样，红色颜料以南方尤其是西南地区最丰富，代表性的颜料为丹砂和后来居上的苏木。红花功能多、种植广泛，生产发达。染色的彩帛以红色为主，以相缬和川红为代表，诸多匹帛一经染红，身价倍增。红色颜料的生产与销售，事物虽小，但关乎国运，作为商品化的种植业和手工业、商业，在宋代社会经济中有一定的地位，是宋代尚红政治和风尚的物质保障。

---

① （宋）高似孙著，左洪涛校注：《高似孙〈纬略〉校注》卷一〇《翠粲》，浙江大学出版社，2012 年，第 211—212 页。
② 《海棠谱》卷下，吴中复《江右谓海棠为川红》，第 43 页。
③ 《元丰九域志》卷五《越州》，卷九《福州》，第 209、400 页。
④ （宋）周去非著，杨武泉校注：《岭外代答校注》卷六《练子》，中华书局，1999 年，第 225 页。
⑤ （宋）洪迈撰，何卓点校：《夷坚志·三志壬》卷六《卫校尉见杨王》，中华书局，2006 年，第 1512 页。

宋代墓志中的师友渊源

《北京大学学报》编辑部　　管　琴

宋代墓志有别于唐代墓志的一个重要方面，在于对逝者履历往往有着清晰追溯，尤其是关于墓主的立身行事、家学出处、师友渊源等。从涉及崇儒兴学的庆历年间起，逝者的师友渊源即开始较多地浮出水面。此后，在涉及墓主的生平与学问成就经历时，一般都不会遗漏与周边师友的交往，其学术面貌与践履也在此考索中逐渐清晰。学如积薪，转而不衰。在道学逐渐占据思想史主流之后，有关师友渊源的描述也随着道统与学统的叙述逐渐篇幅加大，尤其在南宋中后期墓志中有普遍的体现。

所谓"父诏兄授，师传友习"①，本是儒者常态。《汉书·董仲舒传》引刘歆语，"考其师友渊源所渐，犹未及乎游、夏"②，这是"师友渊源"一词的最早出处。中唐时期，师道在韩愈文中复盛，宋人既继承韩愈道统说，师道说也一并得以昌明。师道既然在儒家传统中得到框定，随着宋代儒学门派兴起、授受范围扩大并层层交叠以后，对师友渊源的重视，移步到墓志碑铭中，也意味着学术谱系向传记文类的渗透。在受道学濡染的思潮背景下，衍生出新鲜的学术史意味。

一、宋学之兴起与广义之"师友"

北宋前期墓志在叙写墓主的日常交往时，时常论述其求学履历，烘托墓主在学术与才华上的突出，一般对孝友著于宗党、游于朋辈长者之间的传统美德予以强调。不过在儒学发展前期、宋学思潮未及全盛之前，这些指述多为泛称，例如杨亿的柴成务墓志铭：

---

① （宋）魏了翁：《鹤山先生大全文集》卷七六《隆州教授通直郎致仕谯君墓志铭》，《四部丛刊初编》第1254册，商务印书馆，1922年，第19页。
② （汉）班固：《汉书》卷五六《董仲舒传》，中华书局，1962年，第2526页。

"横经就学,昂昂有千里之姿;从赋干名,籍籍致同人之誉。"①尚属泛泛而论。这类宋初墓志的师友部分,还远未成气候。

　　大范围地标举师友要到仁宗朝。众所周知,宋学起于"宋学三先生",而北宋墓志中最为集中地借师友渊源以光大门楣者,其源流亦可推至围绕胡瑗、孙复、石介等人的师友授受。尤其是胡瑗、孙复,钱穆推为初期宋学肇祖,"首当注意者,是他们的重振师道。此乃王通所游想,韩愈所力言,而至是始实现"②。重振师道与兴学并起之态势,实是北宋思想史的重要一环。其中胡瑗最为突出,元代李祁称"安定之门人才辈出"③,洵非虚语。涉及胡瑗学生的墓志多将墓主出于胡瑗门下、跟随求学的经历加以重点表述,如富弼所作范纯祐墓志:

　　　　时天下庠序未甚兴,公(仲淹)典姑苏,首建郡学,聘安定胡瑗为先生。瑗条立学规良密,生徒数百,多不率教,公患之。君尚未冠,辄白于庭,入学,齿诸生之末,尽行其规约。久之,人皆随而不敢犯,自是苏之学遂为诸郡倡。④

范仲淹知苏州的第二年,也就是景祐二年(1035),聘胡瑗为苏州郡学教授,其子范纯祐也跟随胡瑗求学。苏州郡学是当时最早兴起的庠序代表,吴学甲于东南的地位,大致就从当时的苏州郡学始。胡瑗的教师经历延续数十年,文同在《试秘书省校书郎赵君墓志铭》中讲到赵峸"游太学,事先生胡瑗,授诸经。钩深摘抉,造诣深隐,纂譔辞语,精简浑重,瑗独常称之"⑤。皇祐四年(1052)以后,胡瑗主持太学,赵抃之子赵峸从学胡瑗,而于经典钩索较深。文同通过师生互动,赞颂赵峸对于经典的掌握。

　　嘉祐二年(1057),欧阳修作孙复墓志,称扬孙复退居泰山讲学、开辟师道之盛:

　　　　少举进士不中,退居泰山之阳,学《春秋》,著《尊王发微》。鲁多学者,其尤贤而有道者石介,自介而下皆以弟子事之。⑥

北宋墓志中写到师事孙复的情况较为多见。例如王安石的刘牧墓志,讲到刘牧受学于

①(宋)杨亿:《武夷新集》卷一〇《宋故太中大夫行给事中上柱国临汾郡开国侯食邑一千二百户赐紫金鱼袋平阳柴公墓志铭》,《景印文渊阁四库全书》第1086册,台湾商务印书馆,1986年,第470页。

②钱穆:《初期宋学》,《中国学术思想史论丛》(五),联经出版事业公司,1998年,第1页。

③(宋)李祁:《云阳集》卷七《范文正公书院记》,《景印文渊阁四库全书》第1219册,第717页。

④(宋)富弼:《范纯祐墓志铭》,(宋)吕祖谦编,齐治平点校《宋文鉴》卷一三九,中华书局,1992年,第1957页。《宋史》范纯祐传即据墓志而来。

⑤(宋)文同:《丹渊集》卷三八《试秘书省校书郎赵君墓志铭》,《景印文渊阁四库全书》第1096册,第778页。

⑥(宋)欧阳修:《居士集》卷二七《孙明复先生墓志铭》,洪本健校笺《欧阳修诗文集校笺》,上海古籍出版社,2009年,第746页。

范仲淹，又"学《春秋》于孙复，与石介为友"①。苏颂在宋拯墓志中提到对方"学《易》于徂徕石守道，《春秋》于泰山孙明复"②。张景修撰朱长文墓志："泰山孙明复讲《春秋》于太学，往从之，明复题焉。"③范纯仁所撰祖无择墓志称："公幼而好学，长喜为文。时泰山孙复通《春秋》，淮西穆修唱古文，公遂与之为友。"④故此，宋学初兴，墓志虽未明确以"师友渊源"相标志，却很少遗漏墓主跟随孙复、胡瑗等人的求学履历。

庆历时期公学教育兴起，师道渊源渐多公开表述，自此绵延不绝。像石介师从孙复，其后又拓宽师道，讲授于太学。欧阳修于治平三年（1066）所作石介墓志称：

> 先生自闲居徂徕，后官于南京，常以经术教授。及在太学，益以师道自居，门人弟子从之者甚众。太学之兴，自先生始。⑤

石介任南京留守推官时即以经术教授，也是在此时期拜孙复为师。欧阳修指出在太学时石介以师道自居，也是意指石介在弘扬韩愈之师道与重立道统说上的抱负。就师道而言，石介已有足够的自觉承担起这样的任务。

师友渊源既出于传统师道观，又在宋学的大背景下备受重视。学问的标举与门派意识，必须是宋学积累到一定程度才出现，其中一个外在因缘就是官方兴学。庆历兴学以后，教育活动在相关墓志中似晴雨表般有所体现。陆佃在其所写墓志中有言："庆历中，仁宗皇帝以善养天下，开设学校，申敕学者去浮华，而师道盛于东南，士子多吴越之秀。"⑥即道出庆历时期东南之学兴盛的局面。前面讲到师道之盛，也与胡瑗等人在苏湖地区的郡学教育有关。钱穆所谓："我们叙述宋学兴起，最先应注意的，是当时几位大师的人格修养及其教育精神。"⑦这也是墓志中师友渊源最初的精义所在。兴学之外，开科取士也促成了士人中以座主门生相标榜的风气，但与师道之流衍还有距离。

重视师友是宋人之常情，但不一定会着重提炼出师友之道并予特别论述。如果将北宋墓志的相关论述与后来的南宋时期相比较，或可发现北宋时期较多地在传统框架

① （宋）王安石撰，刘成国点校：《王安石文集》卷九七《荆湖北路转运判官尚书屯田郎中刘君墓志铭并序》，中华书局，2021年，第1674页。
② （宋）苏颂撰，王同策、管成学、颜中其等点校：《苏魏公文集》卷五六《寿州霍丘县主簿宋君墓志铭》，中华书局，1988年，第847页。
③ （宋）朱长文：《乐圃余稿》附录，《景印文渊阁四库全书》第1119册，第56页。
④ （宋）范纯仁：《宋故中大夫充集贤院学士知信阳军兼管内劝农使柱国邺郡开国公食邑三千三百户食实封四百户赐紫金鱼袋祖公墓志铭并序》，郭茂育、刘继宝编著《宋代墓志辑释》，中州古籍出版社，2016年，第300页。
⑤ 《居士集》卷三四《徂徕石先生墓志铭》，《欧阳修诗文集校笺》，第897页。
⑥ （宋）陆佃：《朱府君墓志铭》，《景印文渊阁四库全书》第1117册，第180页。
⑦ 钱穆：《宋明理学概论》，《钱宾四先生全集》第9册，联经出版事业公司，1998年，第3页。

下论述。"师友渊源"中的"师",既包括师友关系的详考,也包括学者从学的具体内容。
欧阳修的碑铭祭文中就多叙及师友,不失为一种朴素典雅的人文情感的流露。他在为
谢绛所写祭文中讲到师友时,多表达一种感情上的怀念。与欧阳修同时或稍后较多讲
到师友的,还有苏轼、苏辙、黄庭坚等。苏辙称欧阳修与尹洙等人"迭相师友"①,这也令
人联想到真、仁以后文人士大夫交游的兴盛。庆历"朋党"之称的背后即是君子集团的
同气相求。黄庭坚在书信里也常常提到从与师友昆弟的交往中得到滋养,这和他重视
以古典学问养心,认为孝友忠信是学问之根本是分不开的。黄庭坚认为,师友问学是为
了抵达古人之境。《与俞清老》中说:"清老根慧韵胜,已有退听返闻之功,加以师友问学,
当于古人中相求耳。"②不仅将师友与学问紧密相连,更主张以古人为师,以追配古人为
高格,这代表着一种人文复盛、明晰典雅的宋学风貌。

再如曾巩所作张持墓志:

> 君为人深沉有大度,喜气节,重交游,一时所与之游者甚众。而君所尤称者,广
> 汉张贲;以为年少可进以学者,莆阳陈惇。盖君之学多贲发之,而于惇以师友自
> 处也。③

讲到张持与陈惇以师友自处,作为老师的张持,对弟子的愤悱启发是其中重要方面。所
谓"以师友自处",偏于人情与人际状态的描述。

需指出的是,早期述及师道时,较特殊的一层是专指皇帝的受学。例如王安国《师
友》论天子不可无师友,④綦崇礼引扬雄"学之为王者事,其已久矣"之语,⑤讲君臣之间
的磨砻之益。论者间或引用疏广对宣帝语,论太子之师友应为天下英俊。这种对君臣
应为师友的建言,在后来的论述中很少见到。

上述欧阳修、曾巩、苏辙、黄庭坚等北宋大家,基本在传统儒学框架下论述师友渊
源,师友之中于友道论述更多。墓志中的师友渊源,主要涉及墓主求学经历。随着周、
张、二程之学的发展,师友渊源逐步在学术方面有所特指。碑志中出现较早的是程颐于
元丰八年(1085)所作《明道先生墓表》。墓志中专论洛学渊源,元祐时期也已出现。元
祐二年(1087),李吁为刘绚撰写墓志:"君自幼治《春秋》,其学祖于程氏,专以孔孟之言

---

① (宋)苏辙:《栾城后集》卷二三《欧阳文忠公神道碑》,曾枣庄、马德富校点《苏辙集》,上海古籍出版社,
　　1987 年,第 1425 页。
② (宋)黄庭坚著,刘琳、李勇先、王蓉贵点校:《黄庭坚全集》正集卷一九《与俞清老》,中华书局,2021 年,第
　　436 页。
③ (宋)曾巩:《张久中墓志铭》,陈杏珍、晁继周点校《曾巩集》,中华书局,1984 年,第 590 页。
④ 《宋文鉴》卷一〇四,第 1439 页。
⑤ (宋)綦崇礼:《北海集》卷二一《论唐李绛仇士良语》,《景印文渊阁四库全书》第 1134 册,第 662 页。

断经意。"①李吁作为二程弟子,为同门刘绚撰写墓志,指其学问所从来,这也是最早的洛学同道的墓志之一。随着二程门人队伍的壮大,此类墓志愈发多见,如范祖禹在绍圣元年(1094)所作朱光庭墓志:

> 初,受学于安定胡先生,告以为学之本,主于忠信,公终身力行之。后又从程伯淳、正叔二先生于洛阳,其所闻以致知格物为进道之门,正心诚意为入德之方,公服行之,造次不忘。②

朱光庭起先受知于胡瑗,之后入二程之门,任台谏官时捍卫师门甚力,被称为"洛党之魁"③。盖棺定论地看,朱氏立身行事自然是不负师道的,范祖禹对他的师承经历有着明确论述。

再举周行己为例,周行己作为北宋洛学的重要一支,其所写墓志有别于北宋诸子之处,就在于有较多的篇幅论述理学思想观念与程氏之学的沉涵方式,如他于政和元年(1111)所作《戴明仲墓志铭》:

> 道学不明,世儒蔽聪明于方册文辞之间,不知反身入德之要。……明仲资秉刚明,少而有立。尝从洛阳程氏问学,知圣人之道近在吾身,退而隐于心,合于圣人之言,若自有得。方且沈涵充扩,日进而未已,优游乡党,期以有为于世。④

不但明确提出道学不明,还进一步开启问学合理之路径。戴述与周行己同为"元丰九先生"之一,同学于程门,作为同志之文,周氏与戴氏的共同追求、惺惺之意等也在文中显露无遗。周行己的《邓子同墓志》架构亦与之类似。

以上略举一些北宋墓志中涉及师友的例子,大体来说,它们在"师友渊源"方面大多有四个方面的涉及:

一是通过描述墓主为师友所称,或是列举一些与友朋善辈的交游,从侧面予以褒赞。例如叙及墓主与老成长者游、学问上能困老师宿学、闻名于时,或与朋友交能忠信不二等,其中"信于朋友"往往跟"友于兄弟"并提。交游也包含重干谒等行为,得到名公大儒的揄扬,很多时候会成为可资表彰的重要方面,墓志中也不外乎借此增重。二是详述其学问本原,包括家学、师学等,一一溯源。尤其会讲到多方授受,如张耒《吴天常墓

①(宋)李吁:《刘博士墓志铭》,《伊洛渊源录》卷八,朱杰人、严佐之、刘永翔主编《朱子全书》第12册,上海古籍出版社、安徽教育出版社,2002年,第1024页。

②(宋)范祖禹:《范太史集》卷四三《集贤院学士知潞州朱公墓志铭》,《景印文渊阁四库全书》第1100册,第473页。

③(清)黄宗羲原著,(清)全祖望补修:《宋元学案》卷三〇,中华书局,1986年,第1068页。

④(宋)周行己:《浮沚集》卷七《戴明仲墓志铭》,《景印文渊阁四库全书》第1123册,第670页。

志铭》："公少尝从丁宝臣学,宝臣异其才,荐于欧阳文忠,文忠称焉。"①三是墓主参与了求师择友或是兴学行为,像作为父母为其子"置师友"②,治州县学时能够"新庙学,具师徒"③等。四是在洛学兴起后,在学术方面有所特指。也就是说,逐渐形成专门的学派意识。此时期的意识未如南宋道学极盛之时明晰自觉,但也已渐渐形成道学家述学之雏形。

以上前三方面,可以说是北宋相关墓志所共有的。从内在上讲,是欧阳修、曾巩、苏轼、黄庭坚等人文章已经浸润的、从汉至唐师道传统的延续。从外在说,则是庆历兴学、学统四起之后师道思想勃发的反映。职是之故,北宋墓志中的师友渊源的叙及、对墓主尊师重友的学术行为的擘画,虽未有明确"师友渊源"的提法,但已有思想上的实质准备。

二、南宋时期"师友渊源"在墓志中的盛行

"师友渊源"虽然在各种文体中都早有提出,但这一词在墓志中的首现与大量提出,要到南渡以后。以下估举一些直接使用的例子:

其师友渊源,盖有所自也。④

及得赣学教授,待次凡五年,益用力于经史,讲论先觉师友渊源。⑤

其学师友渊源,于经术必究其微言大法。⑥

其刚决不挠之气,可以观其师友渊源之自矣。⑦

以上墓志除崔敦礼外,多为道学人士所作。胡寅所作许景衡墓志,许景衡为"元丰九先生"之一,较早在浙东传播洛学,胡寅辨析其师友源流,也是为论定其学术地位。张栻所作刘靖之墓志,刘靖之本人身为"朱张同调",是朱、张重要的道学讨论者。崔敦礼淳熙

---

①（宋）张耒撰,李逸安、孙通海、傅信点校:《张耒集》卷六〇《吴天常墓志铭》,中华书局,1990年,第893—894页。

②（宋）范祖禹:《范太史集》卷五一《廉州防御使赠感德军节度使华国公墓志铭》,《景印文渊阁四库全书》第1100册,第539页。

③（宋）陈师道:《后山集》卷一六《魏嘉州墓铭》,《景印文渊阁四库全书》第1114册,第665页。

④（宋）胡寅:《斐然集》卷二六《资政殿学士许公墓志铭》,《景印文渊阁四库全书》第1137册,第684页。

⑤（宋）张栻:《新刊南轩先生文集》卷四〇《教授刘君墓志铭》,杨世文点校《张栻集》,中华书局,2015年,第1374页。

⑥（宋）崔敦礼:《宫教集》卷一二《福建提举钱公俣墓志》,《景印文渊阁四库全书》第1151册,第880页。

⑦（宋）魏了翁:《鹤山先生大全文集》卷八六《苏和父墓志铭》,《四部丛刊初编》第1257册,第1页。

六年（1179）所作钱俣墓志，钱氏虽不是道学中人，但他深通经术，不但有从诸老游的经历，从其学者也往往"优游厌饫"，师友渊源之意自然可以窥见。魏了翁撰写苏在镕墓志，讲到苏在镕任潼川路常平司干办事时，因鸣狱冤，上印而归。魏了翁认为苏在镕的刚决之气来自师友渊源，实际上呼应了之前讲到的苏在镕从游张栻门人范仲黼的经历，意指苏氏受师友精神气质感发，故能如此勇决，也是对师友渊源的曲折表彰。

　　以上简单举一些"师友渊源"的直接用法，其他类似者还有"渊源有自""问学渊源""师友问学"等。渊源并非一定来自师传，家学亦是渊源的重要部分。文中直接出现这一词语还只是表层，南宋出现较大篇幅地对道统、师统方面的述及，是从行动上对师友渊源的详述。而且相关论述如同分界划地，门派意识明显，超越北宋一般意义上论师道的层面。上文所引周行己墓志，可视作北宋洛学意识门派意识的先导，而到南渡之后，师友渊源在程门弟子墓志中有更明晰的体现，如胡安国为杨时所作墓志：

　　　　自孟子没，遗经仅在，而圣学不传。所谓见而知之与闻而知之者，世无其人。则有西方之杰，窥见间隙，遂入中国，举世倾动，靡然从之。于是人皆失其本心，莫知所止，而天理灭矣。宋嘉祐中，有河南二程先生得孟子不传之学于遗经，以倡天下。而升堂睹奥，号称高第，在南方则广平游定夫、上蔡谢显道与公三人是也。①

杨时是南渡洛学重要的传人之一，胡安国在其墓志中，一定不会忽略道统的传递，他以二程继孟子，以游酢、谢良佐、杨时三大弟子继二程，实际上重新框定了道统序列。②

　　二程的另一弟子尹焞，有弟子吕稽中为其所作墓志，也是类似的形容：

　　　　吾闻之先生矣，昔者周公殁，圣人之道不行；孟轲殁，圣人之道不传。从千余载之后，得不传之学者，伊川程夫子也。先生曰："吾晚得伊川之道，四方师事之如伊川。"而稽中也亦事先生二十年矣。嗟乎，孟轲氏殁而道不传，岂无传之者哉？传而差也，差则不胜其蔽。虽有豪杰之士，择焉而不精，小醇而大疵，谓之不传可矣。而程夫子得之。程夫子之语门人，每恨其差也，曰："差之毫厘，谬以千里。"程夫子之殁久，门人高弟日微，而说又差。先生自洛入秦，自秦入蜀，自蜀入吴楚，朝行在所，退老于越，而后学者复闻其正而知其差，而孟氏、程氏之学复明。今先生殁矣，学者

──────────

① （宋）胡安国：《杨文靖公墓志铭》，《伊洛渊源录》卷一〇，朱杰人、严佐之、刘永翔主编《朱子全书》第 12 册，第 1048 页。

② 吕本中所作杨时行状讲到胡安国传杨时之学，胡安国却表示其传授自有来历。在慎终追远的文体中，师友渊源定位的准确与否十分重要。参见朱学博、和溪：《杨时身后形象的人为塑造——兼论杨时墓志撰写的风波》，《复旦学报（社会科学版）》2020 年第 3 期，第 32—42 页。

其谨传之哉！①

吕稽中作为门人为其师志墓，将尹焞对道学谱系的追溯详细地写进去。周公传孟子，孟子传程颐。与胡安国不同的是他舍去了程颢，以程颐直接孟子，之后便是程颐传尹焞，尹焞传吕稽中，道统成为师门之谱系。

道学谱系也与墓志中的相关论述一样，越来越清晰。乾道九年（1173），朱熹完成《伊洛渊源录》。其书除辑录墓志、蔡文、遗事之外，还择取"门人朋友叙述"，实际上在编纂传记性资料时，已有明确师道观相贯穿。师道之具化同时也是门户意识之反映，故四库馆臣说其为"宋人分道学门户"之始。② 尤可注意者，是在叙及王岩叟时，朱熹称：

　　　墓碑、本传记其行事甚详，然不及其学问源流也。③

这是非常重要的一条材料，说明朱熹实际上是期待见到碑志等传记性文章中对其师友渊源的梳理的。朱熹对碑志文体中的相关论述如此在意，说明道学家实有鲜明的意识。此类意识并非后天培养，而是先天地融在道学家血液里。众所周知，朱熹对儒家思想文献的重视超乎寻常，覆盖面也极广，他格外注意到碑铭墓志中师友渊源、学问源流，认为是道学追索不可缺失的方面，足见其眼力之高、谱系意识之强。

道学家不仅从思想上厘清道学谱系，在书写墓志时也在同时做着梳理工作，当道学家身份与墓志书写者的身份结合时，相关论述更显出游刃有余。如汪应辰隆兴二年（1164）所写李侗墓志：

　　　先生幼警悟，既冠，游乡校有声。已而闻郡人罗仲素先生得河洛之学于龟山杨文靖公之门，遂往学焉。受《春秋》《中庸》《语》《孟》之说，不事科举。……其接后学，答问不倦，随其气质，诱之各不同，而要以反身自得而可以入于圣贤之域。④

汪应辰的论述不外乎两方面，一是李侗本人的师承，二是李侗如何接后学、启发弟子。李侗作为朱子之师，在道学谱系中有重要位置，有关其学术承启自然需要予以清晰定位。

乾、淳时期儒学极盛，求学问道的热烈程度可以想见。叶适对此有恰切形容："乾道、淳熙中，问学日盛。士梯山栈谷，自力于善。"⑤随着东南三贤的崛起，着重求学问

---

① （宋）吕稽中：《尹焞墓志铭》，曾枣庄、刘琳主编《全宋文》第 174 册，上海辞书出版社、安徽教育出版社，2006 年，第 423—424 页。

② （清）永瑢等：《四库全书总目》卷五七，中华书局，1965 年，第 519 页。

③ 《伊洛渊源录》卷一四，朱杰人、严佐之、刘永翔主编《朱子全书》第 12 册，第 1105 页。

④ （宋）汪应辰：《文定集》卷二二《延平李先生墓志铭》，《景印文渊阁四库全书》第 1138 册，第 801—802 页。

⑤ （宋）叶适：《水心文集》卷一七《陈叔向墓志铭》，《叶适集》，中华书局，2010 年，第 326 页。

道、师门传授的墓志亦自此蔚为大宗,此种情形一直持续到宋末,不绝如缕。道学者的师友渊源在墓志中逐渐形成稳定表达。

　　且举吕祖谦淳熙元年(1174)所作薛季宣墓志为例:

> 公讳季宣,字士龙,起居之子也。起居学于胡文定公安国,而雅为赵忠简公鼎所厚,其立朝皆有本末。……年十七,起从妻父荆南帅孙汝翼,辟书写机宜文字。荆州善袁溉道洁,虚郡斋迎致之,公遂委己师焉。道洁及登河南程夫子之门,闻蜀隐者薛叟名,晚游蜀,以物色求之莫能得。……道洁亟款门,以弟子礼见。旦往陈所学,叟漠然如不闻。久之乃曰:"经所以载道,圣人作经以明道,子何博而寡要也?"始与深语。未几复舍去。道洁漫浪沔鄂间,讳其学,绝不为人道,独与公倾倒无所靳。公自是笃意于学。……公之学既有所授,博揽精思几二十年,百氏群籍、山经地志、断章阙简,研索不遗。①

吕祖谦此文内容可谓十分详尽,尤其包含多重学术谱系。从薛季宣之父薛徽言的师友授受开始,讲到薛季宣在荆州师事袁溉,从而名列洛学再传,再讲到薛氏自身的学问特点,也即他自扩于洛学之外的,吸收道洁之学的博通一面、着重于"百氏群籍、山经地志"的研索。通过详尽的篇幅,像薛季宣这样辗转受到家学渊源以及洛学的菁华教育、又能自立门户的学人形象在吕祖谦笔下呼之欲出。

　　朱熹及门弟子与后学,在师友渊源的论述方面蔚为大观。朱熹弟子陈宓为同门陈淳写墓志,其中讲到:

> 闻朱夫子讲道武夷,是有真得濂洛之传者,赢粮愿从,尼于无资。天启其逢,夫子出守,实维先生之乡,一见与语,知其用工之深久,直以上达之理发之。……至是夫子之所以教,先生之所以学,彻上彻下,该贯精粗,无复遗恨矣。②

陈宓用至道之语,极力颂扬陈淳学问的纯粹。陈淳从漳州跟晦翁问学,成为朱熹后期重要弟子之一。嘉定年间,陈淳作严陵四讲,其中一讲就是《师友渊源》。陈淳推举朱熹"盖所谓集诸儒之大成,嗣周、程之嫡统,而粹乎洙泗濂洛之渊源者也"③。将师友渊源框定在周程至朱熹之"嫡统"范围内,既有自觉的谱系意识,同时也是将师友渊源窄化为自身所属一支。《师友渊源》和四讲中的另一篇《道学体统》几乎相辅相成,表析渊源就是在做重新厘定道统的工作。陈淳在给友人的书信里讲到,写《师友渊源》是为了反陆

---

① (宋)吕祖谦:《东莱吕太史文集》卷一〇《薛常州墓志铭》,黄灵庚、吴战垒主编《吕祖谦全集》第 1 册,浙江古籍出版社,2008 年,第 160、166 页。

② (宋)陈宓:《复斋集》卷二二《北溪先生主簿陈君墓志铭》,清钞本。

③ (宋)陈淳:《北溪先生大全集》卷一五《师友渊源》,《景印文渊阁四库全书》第 1168 册,第 615—616 页。

氏心学一派，他依晦翁之说，称其为"禅学"①。陈淳既为朱门卫道之有力者，陈宓为其志墓，也有对师门道统的自觉维护。

　　朱熹门人赢粮愿从的场景，多于门人弟子墓志中再现。理宗以后道学家所作墓志，如果对方是道学出身，几乎每篇都会推扬朱学，或涉及朱门授受，光其师传。而更多的人因为不及朱子之门，愿意获交于朱子高弟，以亲近道学为荣。

　　道学家叙述某人的求学经历，师承常常是多方面的，并在一个较长时间段完成。朱熹所写潘畤墓志："公少从中书公学，长婿李氏，又得庄简公为依归。中年游张敬夫、吕伯恭间，切劘不倦。"②在不同时期受到不同的师友影响，是"学者"之常态。袁燮作戴日宣墓志，举汉司马谈、夏侯胜、萧望之为例，这些人的共同点是"所学皆非一师，宜其讲习之精，见闻之广也"③。如此戴日宣的转益多师就有内在理路上的依据。另外，道学家在论师友渊源之时，常会强调有所择取，尤其描写墓主在遭遇正统道学之后，发生学问的翻转。朱熹为潘景宪所写墓志就讲到潘景宪"与东莱吕祖谦伯恭父同年而齿长，闻其论说行身探道之意，慨然感悟，遂弃所学而学焉"④。这种毅然决然的择取，既体现出对道学的忠诚，也说明道学有巨大的吸引力，往往成为超越科举等世俗诱惑方面的存在。

三、"磨礲浸灌"——师友之日常

　　道学家在墓志中叙写学术谱系，既突出师友渊源前后承续的意味，在涉及具体的传授方式时，常有特殊的形容方法，例如用"磨礲浸灌""讲贯磨礲"等词语来表述。"磨礲"之说，起始并非道学家专用，宣和年间王铚在《四六话序》中讲到自唐天宝以后四百年间"师友渊源，讲贯磨礲，口传心授"⑤，不过王铚用来指代骈文。骈文的授受情况毕竟少见，因骈文写作传统虽有技法，却相对松散，不像道学那样紧密咬合、前后相续。"礲"本意为用礲这种工具去掉稻壳，"磨礲浸灌"之说很能代表写作者所向往的师友之间春风化雨的状态，包含通过日常讲学使得对方变化气质的意味。"磨礲"到南宋被广为使用，比如陆游为陆焕之所写墓志：

①（宋）陈淳：《北溪先生大全集》卷二四《答赵司直季仁》，《景印文渊阁四库全书》第1168册，第689页。

②（宋）朱熹：《晦庵先生朱文公文集》卷九四《直显谟阁潘公墓志铭》，朱杰人、严佐之、刘永翔主编《朱子全书》第25册，第4319页。

③（宋）袁燮：《絜斋集》卷一九《台州仙居县主簿戴君墓志铭》，《景印文渊阁四库全书》第1157册，第258页。

④《晦庵先生朱文公文集》卷九三《承事郎致仕潘公墓志铭》，朱杰人、严佐之、刘永翔主编《朱子全书》第25册，第4290页。

⑤（宋）王铚：《四六话序》，王水照编《历代文话》第1册，复旦大学出版社，2007年，第5页。

　　　　与季父象山先生九渊，生同年，学同时，先生不敢以年均狎季父，象山则朋友视
　　　之，磨砻浸灌甚至。①

陆焕之为陆九思之子、九渊之侄，陆游写到他与陆九渊善以朋友共处，在磨砻浸灌之间，
学问日深。

　　　与陆游表述甚为接近的是，袁燮在陈邦臣墓志中也述及他与张逊"同师承，同出处，
有交相浸灌磨砻之益"②。朱熹在《答刘德修》中说："虽已不敢隐其固陋，然磨砻浸润之
功，尚不能无望于终教之也。"③类似语句在朱子给友人的信札中常可见到。浸灌磨砻，
几乎成为道学家的惯常说法。师友之间相互切磋，"声气熏浃，渊源濡渐"④，大概是与
道学家学术理想与理念分外契合之场景，"熏浃""渐摩""浸渍"等词的频举，是对学问传
授之温严、和煦的感知，透露出蔼然儒者气象。

　　　道学遭遇庆元党禁之后，关于墓主在此时期的经历与气节，亦见重点表出。尤其是
朱熹爱徒黄榦所写师门中人墓志，如傅修墓志，讲到晦翁身故后傅修对师门的忠诚：

　　　　未几先生没。明年，且葬，柩行，公怅怅而来，且号且拜，俯伏于道，若将陨焉，
　　　送葬者重为之垂涕。方是时，伪学之禁严，缙绅耻言学，学者更名它师，至有吊赙不
　　　及门者。公独毅然不远千里，哀号痛慕若此。公诚孝人也，以其爱亲者施之师。由
　　　是充之，则凡子瑭之所述，皆可信不疑也。呜呼，道之不明久矣，诸老先生迭起力扶
　　　之。习俗日薄，学者不能尽通其师之意，小廉曲谨不足以救大本之差，博闻多见适
　　　足以为实行之累，顾使阿世之徒得以借口，济其为奸之术，而斯文日以榾晦。今诸
　　　老先生既没，如公之笃实躬行者亦复相继而逝，是岂不重哀也夫！⑤

道学遭遇庆元党禁后，一般人避之唯恐不及，傅修却谨尊师门，气节高尚。又如周谟墓
志讲到朱熹殁后，周谟"冒隆寒，戴星徒走，偕乡人受业者往会葬"⑥。这些写在墓志里
的场景，十分动人。

　　　通过伪学之禁与朱子门人表现的渲染，南宋后期的墓志中涉及道学的部分，除了学

──────────

① （宋）陆游撰，马亚中、涂小马校注：《渭南文集校注》卷三八《山堂陆先生墓志铭》，浙江古籍出版社，2015
　　年，第 4 册，第 162 页。
② （宋）袁燮：《絜斋集》卷一九《陈承奉墓志铭》，《景印文渊阁四库全书》第 1157 册，第 262 页。
③ （宋）朱熹：《晦庵先生朱文公别集》卷一《刘德修》，朱杰人、严佐之、刘永翔主编《朱子全书》第 25 册，第
　　4852 页。
④ （宋）洪咨夔：《平斋文集》卷三一《吏部巩公墓志铭》，侯体健点校《洪咨夔集》，浙江古籍出版社，2015 年，
　　第 738 页。
⑤ （宋）黄榦：《勉斋先生黄文肃公文集》卷三五《笃孝傅公墓志铭》，元刻延祐二年重修本。
⑥ （宋）黄榦：《勉斋先生黄文肃公文集》卷三五《周舜弼墓志铭》，元刻延祐二年重修本。

问的授受此类横贯性质的论述之外，也有涉及具体事件的参与。黄榦对特殊背景下事件的描述，是欲完成对墓主在特殊时期忠于师门行为的表彰，说明道学集团在受攻击、禁锢的形势下，个人如何履行师道理念，以通过现实的严酷考验。

道学家无疑有着共同的学问根基与蛛丝网般的人际关系，乾淳时期像朱熹、张栻、汪应辰、吕祖谦、陈亮、薛季宣、陈傅良、陆九渊等，有着错综复杂的思想、学术、政治上的交往。开启心智、转相授受，在一较长历史时期中，也体现为诸多地域学派的兴起与一传再传。思想上的连接与社会关系紧密捆绑，田浩称道学群体"师友之间的讲习之风和对政府、政治改变的热忱使道学圈内的各种派别结合在一起，而非仅仅是对于某种哲学或形而上原理的忠诚"①，即指出道学群体在思想上的连结有其深刻性和复杂性。他们实际上形成了一种极其稳固的同志关系。"吾党""吾徒"之类称法，均可在此种语境下解读。具体到墓志，南宋中后期道学中人以同志身份志墓，关于学问之本原如何，师友切磋之情况如何，往往能提供第一手证据，有诸多甚可申述之处，以至于在墓志中亦直接衍发出道统说。学说上的再确认无疑出于思想连接上的紧密，思想是指在学术上共同所期的理想之境，也跟党派与政治上的追求同步有关。这可视作儒家师友观在宋代受道学浸润后的一大进境。

伪学之禁解除后，朱子之学逐渐被官方接受，其中有官方主动的因素，也有门人弟子的传播与建构因素。陈荣捷指出："然朱子学系之能在元、明、清大树旗帜者，固非幸运而实有其因素也。因素不一，而门人乃其极重要者。"②所谓"极重要"，即是指门人与后学通过追溯、不断强化师门记忆，在各种体裁中相与揄扬。如果我们追索黄榦、陈淳、陈宓等朱子直系门人所作墓志，可以看到它们几乎是完成了某种覆盖式、倾倒性的论述，不再是简单提及。像魏了翁、真德秀等朱学捍卫者，所作墓志亦是如此。真德秀在各种文体中均对乾道、淳熙间朱、张、陆等道学家以斯文为己任的学风大为揄扬。陆氏门人袁燮、舒璘也不遗余力地加以宣传，像舒璘在书札中讲到壮游太学后，"借师友发明，始知良心之粹，昭若日月"③，良心之粹亦借师友发明，不失鲜明的象山学派特点。发展到南宋末期，像王柏、包恢等人所写墓志也有大量论述与此有关。"学问同源"④，此为共同认识，愈往后枝叶愈密。

① ［美］田浩：《旁观朱子学——略论宋代与现代的经济、教育、文化、哲学》，华东师范大学出版社，2011年，第11页。

② 陈荣捷：《朱门之特色及其意义》，《朱子门人》，华东师范大学出版社，2007年，第17页。

③ 舒璘：《舒文靖集》卷上《与汪清卿》，《景印文渊阁四库全书》第1157册，第520页。

④ 陈傅良：《止斋先生文集》卷三五《与王德修》，《四部丛刊初编》第1113册，第1页。

四、"师友渊源"的广为辐射及对女性墓志的影响

前文讲到，师友渊源的直接源头之一是儒家的师道观，而在理学出现之后，师道观被赋予新的含义。陆九渊形容本朝师道之盛："秦汉以来，学绝道丧，世不复有师。……惟本朝理学，远过汉唐，始复有师道。"①即指出师道与理学的直接关联。土田健次郎称："儒家方面的继承绝学之论，也呈现为师道论的形态。"②墓志中的师友渊源述论也体现了对师道论的重视，写作者是在有意建构儒学师道论的授受与承续。

宋学当然有很多种面向，道学是其中最清晰、也最有凝聚力的一支。南宋的师友渊源较广，并不局限于某一狭义的道学群体中，而是广义的宋代儒学群体都对此有所认同。除了湖湘之学、闽学、婺学等，薛季宣、陈傅良、叶适等永嘉学派学者对师友也多有强调，像叶适多在墓志中追溯北宋周、张、二程学术之要义。此外，还有像杨万里这类心慕道学人士。另如周必大、楼钥等身居要位的词臣，常在墓志中详述某某从事具体的学问。例如楼钥讲到高元之"少读襄陵许公翰书及从沙随程公迥，故尤邃于《春秋》。博采诸儒所长。……吾乡及旁郡之为《春秋》者，多出君之门，或其门人之弟子也"③。高元之受学于程迥，程迥尝受经济于严陵喻氏，于《春秋》等经书有所长。楼钥在墓志中讲到高元之受沙随之学后，又讲《春秋》之学于其乡郡中。四明地区的《春秋》学正以高闶、高元之为代表。楼钥虽非道学中人，但也被《宋元学案》列为"晦翁私淑"。他跟周必大一样，对道学有亲近的一面。

制诏、贺启、序跋等皆属应用类文体，述及师友渊源时，不失泛泛而论的特点，不如墓志详尽而专门。南宋制诏中的"师友渊源"，多见于一些以宋高宗名义颁布的制诏，大手笔汪藻所写制诏也常用"师友渊源"来称美对方。南宋贺启中亦常用"师友渊源"泛泛称美。王十朋、陆九渊等的策问中，也涉及师友渊源。朱熹在日常书信中常用"师友渊源"一词，借书信体裁，剖露心迹。这一时期的师友渊源论，辐射所及，在各种文类中都有出现。到端平元年（1234），刘炳所作《皇朝文鉴序》，文曰："前辈之文粹然出正，盖累朝涵养之泽，而师友渊源之所渐也。"④称道累朝涵养尚可推想，认为这是师友渊源之所渐，似已受到时代风习的熏染。因此，墓志中的师友渊源并非孤立产物，实是学问发展

---

① （宋）陆九渊著，钟哲点校：《陆九渊集》卷一《与李省干》，中华书局，1980年，第14页。
② ［日］土田健次郎著，朱刚译：《道学之形成》，上海古籍出版社，2010年，第470页。
③ （宋）楼钥撰，顾大朋点校：《楼钥集》卷一一〇《高端叔墓志铭》，浙江古籍出版社，2010年，第1892页。
④ 曾枣庄、刘琳主编：《全宋文》第333册，第69页。

到一定程度的结果。"师友渊源"先是在理学中蔚为大观，再辐射到其他文类中。刘子健曾有著名的南宋转向内在的论述，实际上"师友渊源"的大范围使用，某种程度上也是南宋儒学内转化的证明。

墓志作为一种传记文学，其秉笔者有时对写作对象有切身了解，多用一己之视角叙述。例如舒亶《宋故上护军致政罗公墓志铭》："余与公少同笔砚，又为同年生，又尝为同僚，今又为同里，投分实四十年。"①作为交往多年的好友而执笔，娓娓写来，自有一种真实不易之感。又如杨简为舒璘所写墓志："一时师同门、志同业者，则某与沈叔晦、袁和叔也。元质于书无所不贯，尤精于毛、郑《诗》。早游上庠，为南轩识荆。"②杨简为舒璘同门，介绍其学问渊源自成体系。又如曹彦约嘉泰元年（1201）所作彭龟、彭凤墓志，先是讲"晦庵既去，而乡之后生子弟，闻晦庵之学者，往往于先生求之"，接着讲到自己的求学经历："某年十二岁学《春秋》，从先生读三传，由属对以至识音韵，自讲《论语》以至举子业，在先生左右，终始五年。"③如同自述。得到师长授受，且获誉于朋辈，同时撰写者也是见证人，几乎成为描述墓主学术履历的最佳方式。北宋时期墓志一直就有请托名人执笔的风习，到了南宋，在此传统之外，更多地出现同志者执笔的墓志，写实意义突出。

道学家的交游、著作与日常书信中有更多明确的师友渊源的指认，而在墓志碑铭这类重慎终追远的文体写作中，逐渐给学问的来源、发展以较大篇幅。笔者还想举一例说明师友渊源在墓志中的扩大，即女性墓志也出现了此类叙述。在乾、淳道学全盛时期，墓主为女子的墓志中，时常讲到女子通过延请师友，间接主导了学问的授受。如陆游为吕大同妻、方元矩女所作墓志，讲到方氏"为子求师择友，日夜进其业"④。胡铨《易氏夫人墓志铭》讲到易氏夫人继诸子成材之后，继续训饬诸孙，"即所居之南为塾，明窗静几，日延师友游息其间"⑤。韩元吉《安人卢氏墓志铭》述及卢氏"不以衣食劳其子，俾求贤师友而问学焉"⑥。为其子或孙延师求友，作为妇女的美德，在此时期墓志中得到强调，

①（宋）舒亶：《舒懒堂诗文存》卷三《宋故上护军致政罗公墓志铭》，曾枣庄、刘琳主编《全宋文》第 100 册，第 87 页。

②（宋）杨简：《慈湖先生遗书》卷二一《宜州通判舒元质墓志铭》，董平校点《杨简全集》，浙江大学出版社，2015 年，第 2344—2345 页。

③（宋）曹彦约：《昌谷集》卷二〇《梅坡先生彭公墓志铭》，《景印文渊阁四库全书》第 1167 册，第 247—248 页。

④（宋）陆游撰，马亚中、涂小马校注：《渭南文集校注》卷三六《吕从事夫人方氏墓志铭》，第 4 册，第 117 页。

⑤（宋）胡铨：《胡澹庵先生文集》卷二四《易氏夫人墓志铭》，乾隆刻本。

⑥（宋）韩元吉：《南涧甲乙稿》卷二二《安人卢氏墓志铭》，《景印文渊阁四库全书》第 1165 册，第 371 页。

客观上也是社会现实的反映。也许正是南宋的择师重道行为十分兴盛与寻常，墓志中的女性也通过择师教子，参与学术的建构。

　　有意思的是，道学群体格外讲求师友渊源。而在北宋，围绕着苏轼的蜀学周边士人，则多褒赞墓主学问中天才的一面，如苏辙为苏轼所作墓志："公之于文，得之于天。"①张耒的晁补之墓志："其凌丽奇卓出于天才，非酝酿而成者。"②苏轼以及苏门学士以才华富赡见长，却不会导向师友渊源的推论，而多归之为奇才、天才一类。从道理上讲，确实是道学家最重师友渊源。道学家的脚踏实地、鄙薄文辞，与渲染文人才华的"凌丽奇卓"完全不类，张耒强调晁补之的天才"非酝酿而成"，肯定是不为道学家所同意的。在大多数道学家论师友渊源的墓志中，每一种学问的溯源，都需要说明它们非酝酿而成不可。在思想史主流渐渐更替之时，才华得之于天，或者得之于师友问道，成为完全不同的两种语境下的论述。

结　语

　　本文择取墓志这一文体，考述"师友渊源"的表达。宋代墓志中的"师友渊源"，远可承接经学传授之家法，近可溯至韩愈师道观。从整体上看，跟宋代思想史自身的发展演变无疑密切同步。公私学兴起、书院复兴、师徒授受之常见等都为墓志书写侧重点的改变提供了条件，道学扩展与儒学深化则是其中最为核心、深层的内在脉络。"师友渊源"在墓志中的明晰标举，与南渡之后二程之学得到重新标举是同步进行的。"师友渊源"在墓志中的多层次论述，也与道学内部的发展紧密联系着。

　　墓志的传记性质文体也将重点从生平行事、功业等转向思想渊源的追溯，是道学者自发筑起、自外于他人的一道学术壁垒。因此，"师友渊源"为道学家所喜用。我们见到的很多详论师友渊源的墓志，尤其是南宋中后期出现的墓志，往往由道学家所写，学问授受含有道学意义，其论述对象也往往是道学中人，特别是针对朱子门人及后学。道学群体对明师畏友有更明确的需求与认知。"一时师友皆海内英茂"③，乃是道学群体紧密无间的理想状态，而交游、得到延誉的多寡，也成为衡量学问佳否的尺度。"辜负平生师友之教"④，这类语句虽出于谦辞，但远离师友所致的孤立与鄙吝，却也是道学家深感

①《栾城后集》卷二二《亡兄子瞻端明墓志铭》，《苏辙集》，第1421页。
②《张耒集》卷六一《晁无咎墓志铭》，第902页。
③（宋）程珌：《洺水集》卷一〇《吴静翁墓志铭》，《景印文渊阁四库全书》第1171册，第366页。
④《晦庵先生朱文公文集》卷四〇《答何叔京》，朱杰人、严佐之、刘永翔主编《朱子全书》第22册，第1802页。

担心的问题之一。吕祖谦、朱熹等写给友人的信札中反复流露出对块坐穷山、远离师友浸润的遗憾,并非虚语;同师友切磋磨砻,实是道学家理想中的日常。与思想史的发展契合的是,师友渊源在道学家所写墓志中出现表述上的近似、纯然的统一,构起自足周洽的世界。只此一小小窗口,便可窥见二百年间世道人心的改变。

宋辽皇帝与来聘使节的言行互动

台湾东吴大学　蒋武雄

一、前　言

　　宋辽两国的和平外交关系能维持长达一百多年之久,这固然是因为两国君臣对维护友好情谊具有高度的热忱,以及有良好的外交制度所促成。但是除此之外,笔者认为每年双方派遣使节至对方朝廷进行交聘活动,应该也是宋辽能维持长期和平的重要原因之一。因为宋辽朝廷当时是以派遣使节的实际行动,与对方国家君臣作当面的言行互动,更显现出宋辽双方诚挚的友好情谊与和睦的氛围。尤其是两国皇帝与来聘使节的言行互动,更具有代表性,是宋辽交聘活动中很重要的组成部分,值得我们加以探讨。

　　因此笔者特别以"宋辽皇帝与来聘使节的言行互动"为题,针对此一方面的史实,收集相关史料,经过仔细阅读之后,再列举事例作进一步的讨论。至于宋辽皇帝与来聘使节在朝见、辞行礼仪上的公式化互动,以及宋辽两国派遣泛使与对方皇帝在交涉事件上的言行互动,本文则不予以论述。

二、宋皇帝与来聘辽使节的言行互动

　　由于宋辽和平关系史可分为两个阶段,因此早在宋太祖(927—976,960—976 在位)、宋太宗(939—997,976—997 在位)时期,双方六年的和平交往期间,即曾有宋朝皇帝与来聘辽使节互动的记载,例如据李焘(1115—1184)《续资治通鉴长编》(以下简称《长编》)卷一六、一七、一八、一九说:

　　　　开宝八年……三月……己亥(二十五日),契丹遣使克妙骨慎思奉书来聘……及至,馆于都亭驿,是日召见……宴于长春殿。仍召至便殿,观诸班骑射,令其二从者袤屋六、除骨与卫士驰射毛球,截柳枝……八月……壬戌(二十三日),契丹遣左卫大将军耶律霸德、弓箭库使尧卢骨、通事左监门卫将军王英来聘……因令从猎近郊，上亲射走兽，矢无虚发。使者俯伏呼万岁，私谓译者曰："皇帝神武无敌，射必命中，所未尝见也。"……九年……春正月……己卯（十二日）……幸左飞龙院，观卫士射，遂幸北苑，令卫士与契丹使骑射……宋太宗太平兴国二年……十月……己巳（十二日），幸京城西北隅，视卫士与契丹使驰射。又召近臣及刘鋹、李煜、契丹使宴射苑中……三年……十月……庚申（八日）……幸武功郡王德昭第……还，召近臣、契丹使宴苑中。①

以及徐松（1781—1848）《宋会要辑稿·蕃夷》一之四，说：

> 开宝九年正月，（宋太祖）幸北苑，观骑士与契丹使骑射。（宋太宗）太平兴国二年……十月……是月十二日，车驾幸子城西北隅，视卫士与其使骑射……三年十月，遣使太仆卿耶律谐里、副使茶酒库副使王琛等……来贺乾明节。是月，帝畋于朱延顿，因令谐里从猎。帝射中走兔，谐里等贡马为贺……十二月，契丹遣使萧蒲骨只等以良马、方物来贡，贺明年正旦。时帝幸玉津园，又召其使，令观群臣习射。②

由以上的记载，可知宋太祖、宋太宗与来聘辽使节颇有互动的行为，但是据笔者查阅当时相关史书的描述，发现都只记载宋太祖、宋太宗邀请辽使节参与一起打猎或宴射的活动，至于他们彼此言语上的互动，史书中则似乎比较少加以记载。

及至宋真宗（968—1022，997—1022 在位）景德元年（辽圣宗［972—1031，982—1031在位］统和二十二年，1004 年）与辽签订澶渊盟约之后，两国建立起深厚的和平友好关系，因此宋朝皇帝与来聘辽使节常有言行的互动，但是被史书记载下来者，笔者发现仍然不是很多，兹将此类史实事例依时间先后顺序论述如下。

（一）宋真宗尊重辽国礼俗，允许辽使节耶律留宁自便佩刀入见

据《长编》卷六一，说：

> 景德二年……十一月……癸酉（二十九日），契丹国母遣使左金吾卫上将军耶律留宁、副使崇禄卿刘经，国主遣使左武卫上将军耶律乌延、副使卫尉卿张肃，来贺

---

① （宋）李焘：《续资治通鉴长编》（以下简称《长编》）卷一六、一七、一八、一九，宋太祖开宝八年三月己亥条、八月壬戌条、九年正月己卯条、宋太宗太平兴国二年十月己巳条、三年十月庚申条，中华书局，2008 年，第327、344、363、414、434 页。

② （清）徐松辑，刘琳、刁忠民、舒大刚、尹波等校点：《宋会要辑稿·蕃夷》一之四，中华书局，1957 年，第7674 页下栏。

承天节。对于崇德殿，留宁等将见，馆伴使李宗谔引令式，不许佩刀，至上閤门，留宁欣然解之。上闻之曰："戎人佩刀，是其常礼，不须禁以令式。"即传诏听自便，留宁等感悦，谓宗谔曰："圣人推心，置人腹中，是以示信退迩也。"①

以及《宋会要辑稿·蕃夷》一之四，说：

> 景德二年……十一月二十九日，国母遣使左金吾卫上将军耶律留宁、副使崇禄卿刘经来贺承天节……初，留宁等将见，接伴李宗谔引令式，不许佩刀至上閤门，留宁欣然解之。既而曹利用以闻，帝曰："戎人佩刀，是其常礼，不须以此禁之。"即诏其自便。留宁甚喜，刘经等谓宗谔曰："圣上推心置人腹中，足以示信退迩也。"②

宋真宗景德二年（1005）为宋辽订盟之后第一年，双方所进行的交聘活动是否得宜，尚在揣摩、调整阶段，因此辽使节拟依辽国礼俗佩刀晋见宋真宗，遭到宋馆伴使李宗谔的阻止。但是宋真宗闻知后，却不怕可能发生的危险，而说"戎人佩刀，是其常礼，不须禁以令式"，并且下诏由辽使节耶律留宁自行决定。这种推心置腹尊重辽国礼俗的言行，使辽使节甚为感动。

关于宋真宗尊重辽国礼俗的作为，在《长编》卷六〇，有另一则记载，说：

> 景德二年……五月……初，命内侍右班副都閤承翰排办礼信，议者欲以汉衣冠赐契丹使者。承翰曰："南北异宜，各从其土俗可也。"上（宋真宗）从承翰所议。③

而在王曾（978—1038）《王文正公笔录》中，也提到此事，说：

> 内侍都知閤承翰质直强干，景德初，契丹方睦于我，聘使往来凡百，供馈赐与程序未定，俾承翰专掌其事。执行间有欲以汉衣冠赐彼来使者，承翰以为不可，曰："南北异宜，请各从其土俗而已。"上（宋真宗）以承翰所议为定。④

从以上的事例，笔者认为宋真宗这种能尊重辽国礼俗的作为，正是展现了宋真宗诚挚维护宋辽刚订立的澶渊盟约的心意，⑤不仅对订盟初期宋辽和平外交的情谊有促进的作用，而且对两国后来长期和平外交的维持与延续，也具有正面的影响。

（二）宋真宗接受辽使节耶律元所献的食物

据《长编》卷六七，说：

---

①《长编》卷六一，宋真宗景德二年十一月癸酉条，第 1374 页。
②《宋会要辑稿·蕃夷》一之三五，第 7690 页上栏。
③《长编》卷六〇，宋真宗景德二年五月条，第 1343 页。
④（宋）王曾：《王文正公笔录》，《宋代笔记小说》，河北教育出版社，1995 年，第 3 页；
⑤参阅蒋武雄《论宋真宗对建立与维护宋辽和平外交的心意》，《东吴历史学报》十五，东吴大学，2006 年，第 91—116 页。

景德四年……十一月……辛卯(二十八日),契丹遣使左领军卫上将军耶律元、昭德节度使耶律谐里、副使左威卫大将军李琮、殿中少监李操,来贺承天节。蕃俗最重食提狸邦,发土得之,唯以供主母。至是,使者挈数头至,饮以羊乳,遂令庖人造蕃食以献,上许进入,择其味佳者再索之。使感悦。①

关于此事,《宋会要辑稿·蕃夷》一之三九,也说:

(宋真宗景德四年)是月(十一月),契丹使耶律元至,又令庖人来献蕃食。蕃俗家提狸邦,发土得之,如大鼠,唯供母主。至是,挈数头至,日饮以羊乳。帝许其馔告进入,择味佳者再索之,使大感悦。②

以上两则记载,所提到的“提狸邦”,即是指产于辽地的貔狸,据王辟之(1031—?)《渑水燕谈录》卷八《志事》,说:

契丹国产貔狸,形类大鼠而足短,极肥。其国以为殊味,穴地取之,以供国主之馔。自公相下,不可得而尝。常以羊乳饲之。顷年虏使尝携至京,烹以进御。今朝臣奉使其国者,皆得食之,然中国人亦不嗜其味也。③

按,貔狸“形如鼠而大,穴居,食果谷,嗜肉,狄人为珍膳,味如豚子而脆”④。是辽国一道肉类美食,但是味道颇为特殊,宋人并不喜欢。而当时宋真宗却能允许辽使节耶律元进献此类食物,其至于“择味佳者再索之”,让辽使节对于宋真宗诚挚的心意与互动非常感激。

(三)宋仁宗(1010—1063,1022—1063 在位)赐辽副使刘六符(？—1058)飞白书

据陆游(1125—1210)《老学庵笔记》,说:

仁宗皇帝庆历中尝赐辽使刘六符飞白书八字,曰:“南北两朝,永通和好。”会六符知贡举,乃以“两朝永通和好”为赋题,而以“南北两朝永通和好为韵,云:“出南朝皇帝御飞白书。”六符盖为虏画策增岁赂者,然其尊戴中国尚尔如此,则盟好中绝,诚可惜也!⑤

---

①《长编》卷六七,宋真宗景德四年十一月辛卯条,第 1059 页。
②《宋会要辑稿·蕃夷》一之三九,第 7692 页上栏。
③(宋)王辟之:《渑水燕谈录》卷八《志事》,《景印文渊阁四库全书》第 1036 册,台湾商务印书馆,1986 年,第 6 页。
④(宋)沈括:《梦溪笔谈》卷二五,《景印文渊阁四库全书》第 862 册,第 9 页。
⑤(宋)陆游撰,李剑雄、刘德权点校:《老学庵笔记》卷七,中华书局,1979 年,第 92 页。

辽使节副使刘六符曾在宋仁宗庆历年间以泛使副使身份来宋交涉增币事件,使宋国每年予辽的岁币从银绢三十万两匹,提升为五十万两匹,增加了宋国财政的负担。① 但是他与宋仁宗曾经有过上述的言行互动,显现出两国君臣很重视双方和平友好关系的心意。

关于辽副使刘六符这种心意,据范纯仁《富公行状》,说:

> (刘六符)密谓公之介曰:"六符燕人,与南朝之臣本是一家,今所事者乃是北朝,则于公敢不尽情。彼方盛强,且与西夏世婚相党,南朝慎勿与之失欢也。"②

当时刘六符抵宋境,由富弼负责接伴,因此他与富弼这一段关于宋辽和平的言行互动,笔者认为,可以和上述他与宋仁宗的言行互动互相印证。

(四)宋仁宗厚待辽太子来聘

据邵伯温(1057—1134)《邵氏闻见前录》卷二,说:

> 元祐中,北虏主谓本朝使人,曰:"寡人年少时,事大国之礼或未至,蒙仁宗加意优容,念无以为报。自仁宗升遐,本朝奉其御容如祖宗。"已而泣。盖虏主为太子时,杂入国使人中,雄州密以闻。仁宗召入禁中,俾见皇后,待以厚礼。临归,抚之曰:"与汝一家也,异日惟盟好是念,生灵是爱。"故虏主感之。乌乎,帝上宾既久,都人与虏主追慕犹不忘,此前代所无也。③

此一典故,仅见宋人笔记小说《邵氏闻见前录》述及,并未见于正史和其他诸书,因此颇有可质疑之处。但是提到辽道宗为太子时,曾经杂入辽国使节团当中,来聘于宋朝廷。因此宋仁宗和尚为太子的辽道宗有过一段言行的互动,不仅以厚礼待之,并且强调宋辽和平是两国百姓生命所依。笔者认为,如果此一记载属实,则颇能反映出当时宋辽皇帝在维护两国和平上均具有较高的诚意。

(五)宋徽宗(1082—1135,1100—1126 在位)接纳辽使节牛温舒之言与夏和

据脱脱(1314—1356)《辽史·牛温舒传》,说:

> (辽天祚帝)乾统……五年,夏为宋所攻,来请和解。温舒与萧得里底使宋。方大燕,优人为道士装,索土泥药炉。优曰:"土少不能和。"温舒遽起,以手借土怀之。

---

① 可参阅蒋武雄:《辽代刘六符兄弟与辽宋外交》,《中大人文学报》五十七,2014 年,第 1—35 页。

② (宋)范纯仁:《范忠宣公文集》卷一六《富公行状》,台湾商务印书馆,1975 年,第 11—12 页。

③ (宋)邵伯温:《河南邵氏闻见前录》卷二,《丛书集成新编》第 83 册,新文丰出版公司,1983 年,第 12 页。

宋主(宋徽宗)问其故,温舒对曰:"臣奉天子威命来和,若不从,则当卷土收去。"宋人大惊,遂许夏和。①

西夏为辽属国,因此辽有几次派遣使节前来宋朝廷,为被宋国攻打的西夏请和。虽然宋徽宗与辽使节牛温舒上述的对话,不一定是促成宋朝廷愿意与西夏谈和的原因之一,但是从宋徽宗与牛温舒的言行互动,我们可以体认当时宋辽能维持长期和平外交,确实是一件颇不容易的事情。

三、辽皇帝与来聘宋使节的言行互动

关于辽皇帝与来聘宋使节的言行互动,在宋太祖、宋太宗的宋辽和平关系第一阶段时,即已有相关事例的记载,例如据《长编》卷一八说:

> 宋太宗太平兴国二年……五月……庚午(十日),命起居舍人辛仲甫使于契丹,右赞善大夫穆波副之。……既至,契丹主(辽景宗)问曰:"闻中朝有党进者真骁将,如进之比凡几人?"仲甫对曰:"名将甚多,如进鹰犬之材,何可胜数。"契丹主颇欲留之,仲甫曰:"信以成义,义不可留,有死而已。"契丹主知其秉节不可夺,厚礼遣还。上尝谓左右曰:"仲甫远使绝域,练达机宜,可谓不辱君命,若更得人如仲甫数人,朕何患也。"②

王称《东都事略》卷三六《辛仲甫传》,说:

> 太平兴国初,(辛仲甫)迁起居舍人,奉使契丹,契丹主(辽景宗)问:"党进何如人?"仲甫曰:"国家名将辈出,如进鹰犬材耳,何足道哉?"契丹主欲留之,仲甫曰:"信以成命,义不可留,有死而已。"契丹主竟不能屈。③

叶隆礼《契丹国志》卷六,说:

> (辽景宗)乾亨四年……宋太宗寻遣起居舍人辛仲甫使辽,右赞善大夫穆波副之……既至,帝(辽景宗)问曰:"闻中朝有党进者真骁骑将,如进之比凡几人?"仲甫对曰:"名将甚多,如进鹰犬之材,何可胜数。"帝颇欲留之,仲甫曰:"信以成命,义不可留,有死而已。"帝知其秉节不可夺,厚礼遣还。④

以及脱脱《宋史·辛仲甫传》,说:

---

① (元)脱脱等:《辽史》卷八六《列传第十六·牛温舒》,中华书局,1974年,第1325页。
② 《长编》卷一八,宋太宗太平兴国二年五月庚午条,第405页。
③ (宋)王称:《东都事略》卷三六《列传十九·辛仲甫》,1991年,第2页。
④ (宋)叶隆礼:《契丹国志》卷六《景宗纪》,《辽史汇编》(七),鼎文书局,1973年,第51—52页。

太平兴国初，(辛仲甫)迁起居舍人，奉使契丹。辽主(辽景宗)问："党进何如人？如进之比有几？"仲甫曰："国家名将辈出，如进鹰犬材耳，何足道哉！"辽主欲留之。仲甫曰："信以成命，义不可留，有死而已。"辽主竟不能屈。使还，以刑部郎中知成都府。①

虽然以上所引的《契丹国志》，因为辽代纪年的问题，与《长编》所言不同，但是我们从以上四本史书对此一史实的描述，已可以体认辽景宗与宋使节辛仲甫的对话颇有言行交锋的意味，尤其是宋使节辛仲甫基于爱国的情操，以坚决的语气拒绝了辽景宗留用人才的邀请，使辽景宗非常佩服。而辛仲甫返宋后，也获得宋太宗的赞赏与肯定。

及至宋辽两国订立澶渊盟约之后，双方交聘往来频繁，因此有多则关于辽皇帝与来聘宋使节言行互动的记载，其中有几则颇能反映出两国君臣维护双方和平的诚意，以及双方和平友好的深厚情谊。但是也有几则记载，提到在当时宋弱辽强的情势下，宋使节为了维护国家、文化的尊严，而与辽皇帝发生言行交锋的情况。笔者兹依时间先后顺序论述如下：

(一)宋使节利瓦伊(961—1031)向辽圣宗自称小臣而受罚

据《长编》卷一〇四，说：

宋仁宗天圣四年……三月戊寅朔(一日)，以翰林学士承旨、兼侍读学士、工部尚书利瓦伊为相州观察使。初，塞下讹言契丹将绝盟，故遣维往使。契丹主素服其名，馆劳加礼，使即席赋两朝悠久诗，下笔立成，契丹主大喜。既还，上欲用为枢密副使，或斥维与契丹诗不当自称小臣，沮罢之，乃加刑部尚书。维久厌书诏之劳，辞不拜，引李士衡故事，求换官，故有是命。左正言刘随奏："维以词臣，求换武职，非所以励廉节。"不报，寻命维知亳州，维言亳事简不欲尸重禄，请赴相州，从之。②

按，宋仁宗天圣三年"七月……乙未(十六日)，翰林学士承旨利瓦伊为契丹妻萧氏生辰使，庄宅副使张纶副之"③，因此利瓦伊在此年以生辰使身份使辽。而由以上引文的描述，我们可知利瓦伊在与辽圣宗言行互动时，虽然赋诗立成，使辽圣宗大喜，但是却自称

① (元)脱脱等：《宋史》卷二六六《列传二十五·辛仲甫》，中华书局，1974年，第9180页。

② 《长编》卷一〇四，宋仁宗天圣四年三月戊寅条，第2402—2403页。

③ 《长编》卷一〇三，宋仁宗天圣三年七月乙未条，第2385页。另外，关于利瓦伊使辽一事，《辽史·圣宗本纪》，说："辽圣宗太平五年……十二月……乙亥，宋使利瓦伊、张纶来贺千龄节。"(《辽史》卷一七《本纪十七·圣宗八》，第198页)按，千龄节是辽圣宗生辰嘉名，而《长编》称利瓦伊使辽任务是贺"契丹妻萧氏生辰使"，因此《辽史》所言似有误。

小臣,有失宋国尊严,因此返宋之后,被宋朝大臣弹劾,以至于遭受宋朝廷的处罚。

(二)辽圣宗接受宋使节韩亿(972—1044)的解释更欢喜两国和好

据《长编》卷一〇四、一〇五,说:

> 宋仁宗天圣四年……七月……乙丑(二十二日),工部郎中、龙图阁待制韩亿为契丹妻生辰使,崇仪副使田承说副之……承说,皇太后之姻也,庸而自专,妄传皇太后旨于契丹,曰:"南北欢好,传示子孙。两朝之臣,勿相猜沮。"亿初不知也。契丹主命别置宴,使其大臣来伴,且问亿曰:"太后即有旨,大使宜知之,何独不言?"亿对曰:"本朝每遣使,太后必于帘前以此语戒敕之,非欲达于北朝也。"契丹主闻之,大喜,举手加额曰:"此两朝生灵之福也。"即以语附亿令致谢。时皆美亿能因副介失辞,更为恩意焉……天圣五年……三月……丙辰(十五日),龙图阁待制韩亿、崇仪副使田承说各罚铜三十斤,以奉使契丹而不相善也。①

江休复(1005—1060)《醴泉笔录》卷上,说:

> 韩忠宪(韩亿)使虏,其介,刘太后之姻,庸而自专,私与虏使云:"太后言两朝欢好,传示子孙。"韩了不知,忽置一筵,遣臣来伴,因问:"太后有此语,何故不传?"忠宪答云:"皇太后每遣使,使人帘前受此语,戒使人令慎重尔。"于是以手顶礼云:"两朝生灵之福也。"②

以及《宋史·韩亿传》,说:

> (韩亿)除龙图阁待制,奉使契丹。时副使者,章献外姻也,妄传皇太后旨于契丹,谕以南北欢好传示子孙之意,亿初不知也。契丹主问亿曰:"皇太后即有旨,大使何独不言?"亿对曰:"本朝每遣使,皇太后必以此戒之,非欲达于北朝也。"契丹主大喜,曰:"此两朝生灵之福也。"人谓副使既失辞,而亿更以为恩意,甚推美之。③

由于宋副使田承说在正使韩亿不知情的情况下,妄传皇太后旨意,使辽圣宗质问韩亿为何未传此语,幸好韩亿应对得宜,反而让辽圣宗更觉得宋朝廷颇有维护两国和平情谊的诚意,甚为感动。当时宋人也都称赞韩亿临场应对得宜,但是宋朝廷最后还是以正副使两人相处不良为由,对韩亿和田承说加以处罚。

---

①《长编》卷一〇四,宋仁宗天圣四年七月乙丑条,第2413页;卷一〇五,宋仁宗天圣五年三月丙辰条,第2438页。

②(宋)江休复:《醴泉笔录》卷上,《丛书集成新编》第86册,第10页。

③《宋史》卷三一五《列传七十四·韩亿》,第10198页。

(三)辽圣宗与宋使节孔道辅(985—1039)言行交锋

据《长编》卷一〇五,说:

> 宋仁宗天圣五年……十二月……己丑(二十三日),左正言、直史馆孔道辅为左司谏、龙图阁待制,时道辅使契丹,犹未还也。契丹燕使者,优人以文宣王为戏,道辅艴然径出。契丹主使主客者邀道辅还坐,且令谢,道辅正色曰:"中国与北朝通好,以礼文相接。今俳优之徒,侮慢先圣而不之禁,北朝之过也。道辅何谢?"契丹君臣默然。又酌大卮谓曰:"方天寒,饮此可以致和气。"道辅曰:"不和,固无害。"既还,言者以为生事,且开事端。上问其故。道辅曰:"契丹比为黑水所破,势甚蹙。每汉使至辄为侮慢,若不校,恐益易中国。"上然之。①

叶隆礼《契丹国志》,说:

> 丁卯太平六年,宋天圣五年冬十二月,宋龙图待制孔道辅使契丹,有优人以文宣为戏,道辅艴然径出。契丹主客者邀道辅还坐,且令谢。道辅曰:"中国与北朝通好,以礼文相接。今俳优之徒侮慢先圣,而不之禁,北朝之过也。道辅何谢!"契丹君臣嘿然。又酌大卮,谓曰:"方天寒,饮此可以致和气。"道辅曰:"不和,固无害。"自是中国使至,不敢侮之。道辅,孔子四十五代孙也。②

以及《宋史·孔道辅传》,说:

> (孔道辅)奉使契丹,道除右司谏、龙图阁待制。契丹宴使者,优人以文宣王为戏,道辅艴然径出。契丹使主客者邀道辅还坐,且令谢之。道辅正色曰:"中国与北朝通好,以礼文相接。今俳优之徒,慢侮先圣而不之禁,北朝之过也。道辅何谢!"契丹君臣默然,又酌大卮谓曰:"方天寒,饮此,可以致和气。"道辅曰:"不和,固无害。"既还,言者以为生事,且开事端。仁宗问其故,对曰:"契丹比为黑水所破,势甚蹙。平时汉使至契丹,辄为所侮,若不较,恐益慢中国。"帝然之。③

此三则引文提到宋使节孔道辅出使辽国,与辽圣宗尖锐的言行互动,其间高潮起伏,真可谓是一段典型的宋辽外交言行交锋史实。使我们可以体认当时宋辽两国虽然签订澶渊盟约,和平交往,但是在宋弱辽强的情势下,辽朝君臣偶尔会有侮慢宋朝的言行。尤其是孔道辅为孔子四十五代孙,见辽人在宴会中演孔子戏,轻蔑宋朝,这令孔道

---

①《长编》卷一〇五,宋仁宗天圣五年十二月己丑条,第 2457 页。

②《契丹国志》卷七《圣宗纪》,《辽史汇编》(七),第 63 页。

③《宋史》卷二九七《列传五十六·孔道辅》,第 9884 页。

辅非常生气,拂袖而起。而辽圣宗仍然不知罪,却要求孔道辅谢罪,因此孔道辅不仅严词拒绝,并且强调宋国与辽国通好,是以礼相待,现在辽朝廷却以演戏侮辱先圣,实在是辽国的重大过失。后来孔道辅返宋,向宋仁宗作说明,宋仁宗也相当认同他的作为。

(四)辽兴宗厚待宋使节聂冠卿(988—1042)

据《长编》卷一二五,说:

> 宋仁宗宝元二年……十一月……戊戌(十一日),兵部郎中、知制诰聂冠卿为契丹生辰使,代庞籍也。冠卿五世祖师道,杨行密版奏,号问政先生,鸿胪卿。及使契丹,契丹主谓曰:"君家先世奉道,子孙固有昌者。尝观所著《蕲春集》,词极清丽。"因自击球纵饮,命冠卿赋诗,礼遇特厚。①

以及《宋史·聂冠卿传》,说:

> (聂冠卿)奉使契丹,其主(辽兴宗)谓曰:"君家先世奉道,子孙固有昌者。尝观所著《蕲春集》,词极清丽。"因自击球纵饮,命冠卿赋诗,礼遇特厚。②

按,宋使节聂冠卿五世祖聂师道,在唐代时,曾得到唐宣宗(810—859,846—859在位)《褒赠聂师道诏》,说:"……淮浙宣歙管内道门威仪逍遥大师问政先生为国焚修大德赐紫聂师道……可赠银青光禄大夫鸿胪卿问政先生。"③辽兴宗不仅知道此事,也表示曾经阅读过聂冠卿所作《蕲春集》,深感敬佩,因此以厚礼待之。

(五)辽兴宗厚待宋使节张方平(1007—1091)

据王巩《乐全先生张公行状》,说:

> 冬,(张方平)使契丹,假起居舍人、知制诰。入北境及郊迎,北主与弟私至范阳郭门外,母阏支等亦乘驼车出郊,道旁填壅,观者莫不属目焉。燕日,北主亲至坐前,命玉卮揖公曰:"闻君海量,毕之。"语左右曰:"有臣如此,佳也。"又因公出馆,至公寝室,翻药奁,取汤茗,怀以去。所赉必别题送之,礼意殊厚。使回,进语录,中有对答数节,皆逆折其事端,当时禁中大黄签摽之,以示中书。自此北使以事宜至者,辄命公馆伴,庆历中,馆伴数矣。二月使还,三月召试中书,除右正言、知制诰,赐三品服章,时庆历二年也。④

---

① 《长编》卷一二五,宋仁宗宝元二年十一月戊戌条,第2940页。

② 《宋史》卷二九四《列传五十三·聂冠卿》,第9820页。

③ (清)董诰等编:《全唐文》卷一二八《褒赠聂师道诏》,上海古籍出版社,1990年,第561页。

④ (宋)王巩:《乐全先生张公行状》,《张方平集》状志传记,中州古籍出版社,2000年,第788页。

以及苏轼(1037—1101)《张文定公墓志铭》,说:

> 公姓张氏,讳方平……修起居注,假起居舍人、知制诰使契丹。戎主雅闻公名,
> 与其母后族人微行观公于范阳门外。及燕,亲诣前酌玉卮以饮公,顾左右曰:"有臣
> 如此,佳哉。"骑而击球于公前,以其所乘马赐公。朝廷知之,自是虏使挟事至者,辄
> 命公馆之。①

另外,《宋史·张方平传》,也说:

> (张方平)以修起居注使契丹,契丹主顾左右曰:"有臣如此,佳哉。"骑而击球于
> 前,酌玉卮饮之,且赠以所乘马。②

按,宋使节张方平是在宋仁宗庆历二年(1042)八月,被宋朝廷派任为祝贺辽兴宗
(1016—1055,1031—1055在位)生辰使,而从以上三则的记载,我们可知当时辽兴宗在
张方平来聘时,不仅"亲诣前酌玉卮以饮公",并且"骑而击球于公前,以其所乘马赐公",
显然辽兴宗和宋使节张方平颇有热络的言行互动。至于《辽史·兴宗本纪》对于此事,
则记载说:

> 辽兴宗重熙十一年十二月……己未(二十日),宋遣贺正旦及永寿节使居邸,帝
> 微服往观。③

可知《辽史》记载很简略,并且与宋人所记不太相同。

(六)辽兴宗与宋使节余靖(1000—1064)作辽语诗的互动

宋使节余靖曾经三次使辽,据《长编》卷一四四、卷一五一、卷一五四,说:

> 宋仁宗庆历三年冬十月……丁未(十五日),以右正言、集贤校理余靖为契丹国
> 母正旦使……四年……八月……戊戌(九日),右正言、集贤校理、同修起居注余靖
> 假右谏议大夫、史馆修撰为回谢契丹使……五年正月……庚辰(二十二日),右正言
> 知制诰史馆修撰余靖为回谢契丹使……④

因此余靖与辽国的君臣颇为熟识,也知晓辽国的民情风俗,更会作辽语诗,据其《武溪
集·契丹官仪》自言,说:

> 予自癸未至乙酉,三使其庭,凡接送馆伴使副、客省、宣徽,至于门阶户庭趋走

---

① (宋)苏轼:《张文定公墓志铭》,《张方平集》状志传记,第815页。

② 《宋史》卷三一八《列传七十七·张方平》,第10354页。

③ 《辽史》卷一九《本纪十九·兴宗二》,第228页。

④ 《长编》卷一四四,宋仁宗庆历三年十月丁未条,第3482页;卷一五一,宋仁宗庆历四年八月戊戌条,第
　3678页;卷一五四,宋仁宗庆历五年正月庚辰条,第3739页。

卒吏,尽得款曲言语,彼中不相猜疑,故询其人风俗,颇得其详。①

以及叶隆礼《契丹国志》,说:

> 余靖尚书使契丹,为北语诗,契丹爱之。再往,益亲。余诗云:"夜筵设罢侈盛
> 也臣拜洗受赐也,两朝厥荷通好也情干勒厚重也。微臣稚鲁拜舞也祝若统福佑也,
> 圣寿铁摆嵩高也俱可忒无极也。"国主举大杯,谓余曰:"能道此,余为卿饮。"复举
> 之,国主大笑,遂为醹觞。②

另外,刘攽(1023—1089)《贡父诗话》(又称《中山诗话》),也说:

> 余靖两使契丹,虏情益亲,能胡语,作胡语诗,虏主(辽道宗)曰:"卿能道,吾为
> 卿饮。"靖举曰:"夜宴设逻(厚盛也)臣拜洗(受赐也),两朝厥荷(通好也)情斡勒(厚
> 重也)。微臣稚鲁(拜舞也)祝荐统(福佑也),圣寿铁摆(嵩高也)俱可忒(无极也)。"
> 主大笑,遂为醹觞。③

由以上三则引文所述,可知余靖与辽兴宗曾经有作辽语诗和干杯的言行互动,可谓
是宾主尽欢,显现出宋辽两国在和平情谊下颇为热络的气氛。

但是余靖返回宋国后,却遭受宋臣弹劾,称其行为有失宋使节的体制而受罚。据
《长编》卷一五五,说:

> 宋仁宗庆历五年……五月……戊辰(十三日),知制诰余靖前后三使契丹,益习
> 外国语,尝对契丹主为蕃语诗。侍御史王平、监察御史刘元瑜等劾奏靖失使者体,
> 请加罪。元瑜又言靖知制诰,不当兼领谏职。庚午(十五日),出靖知吉州。④

《宋史·余靖传》,说:

> (余)靖三使契丹,亦习外国语,尝为蕃语诗,御史王平等劾靖失使者体,出知
> 吉州。⑤

这样的结果,应是余靖赋诗时所未能料及,但是也反映出当时宋臣担任使辽使节的
任务颇不容易。

(七)辽兴宗问宋使节韩综(1005—1088)家世

据《长编》卷一六三,说:

① (宋)余靖:《武溪集》卷一八《契丹官仪》,《景印文渊阁四库全书》第1089册,第5—6页。
②《契丹国志》卷二四《余尚书北语诗》,《辽史汇编》(七),第201页。
③ (宋)刘攽:《贡父诗话》,《丛书集成新编》第78册,第9页。
④《长编》卷一五五,宋仁宗庆历五年五月戊辰条,第3772页。
⑤《宋史》卷三二〇《列传七十九·余靖》,第10409—10410页。

　　宋仁宗庆历八年……二月……壬午(十四日),祠部员外郎、集贤校理、同修起居注、判度支勾院韩综落修起居注、知滑州。综前使契丹,辽主问其家世,综言父亿在先朝已尝持礼来,辽主喜曰:"与中国通好久,父子继奉使,宜酌我。"综率同使者五人起为寿,辽主亦离席酬之,欢甚。既还,宰相陈执中以为生事,故责之。寻改知许州,以滑州当北使所由道也。①

张方平《朝奉郎尚书刑部员外郎知制诰同知审官院上骑都尉赐紫金鱼袋昌黎韩君墓志铭》,说:

　　(韩)综……庆历六年,使契丹,容止酝藉,善占对。北主属目,使问系阀。初,忠宪公(韩亿)在先北主世亦尝奉使,君对及之,北主喜谓君:"二国通好,至于行人仍世将命,盍酌酒劝我!"君请与同使者五人偕进,北主益喜,举觞爵,自离席就饮君及同使者各一卮。君还奏事,执政非君不当辞,除知滑州。众论以为,问及而言,无所辱命,将何谴,得徙知许州。②

以及《宋史·韩综传》,说:

　　(韩综)使契丹,契丹主问其家世,综言(韩)亿在先朝曾持礼来,契丹主喜曰:"与中国通好久,父子俱使我,宜酌我酒。"综率同使者五人起为寿,契丹主亦离席酬之,欢甚。既还,陈执中以为生事,出知滑州,徙许州。③

韩综使辽,与辽兴宗言行互动时,提到其父亲韩亿曾在辽圣宗时期使辽,使辽兴宗认为相当难得,特别举杯敬酒,显现出宋辽的和平外交关系是双方君臣世代相传的,确实弥足珍贵。但是韩综返宋后,却遭受宋宰相陈执中的弹劾而受罚。

(八)辽兴宗请宋使节赵概赋信誓如山河诗

据《长编》卷一六八,说:

　　(宋仁宗)皇祐元年……三月……己酉(十七日),翰林学士、刑部郎中、知制诰赵概为回谢契丹国信使,西上阁门使、贵州团练使钱晦副之。契丹主席上请概赋信誓如山河诗,诗成,契丹主亲酌玉杯劝概饮,以素折迭扇授其近臣刘六符写概诗,自置袖中。④

①《长编》卷一五五,宋仁宗庆历八年二月壬午条,第 3919 页。

②(宋)张方平:《张方平集》卷三九《墓志铭·朝奉郎尚书刑部员外郎知制诰同知审官院上骑都尉赐紫金鱼袋昌黎韩君墓志铭》,第 697 页。

③《宋史》卷三一五《列传七十四·韩综》,第 10300 页。

④《长编》卷一六八,宋仁宗皇祐元年三月己酉条,第 4035 页。

王称《东都事略》,说:

> 翰林学士赵概聘契丹,契丹主请赋《信誓如山河诗》。诗成,亲酌玉杯以劝,且以素扇授近臣刘六符写槩诗置之怀袖。[①]

以及王珪(1019—1085)《华阳集》卷三八《赵康靖公墓志铭》,说:

> ……皇祐三年,馆伴契丹泛使,遂报聘契丹,席上请赋"信誓如山河诗"。公诗成,契丹主亲酌玉杯欢公饮,以素折迭扇授其近臣刘六符写公诗,自置袖中。[②]

另外,苏轼(1037—1101)《东坡后集》卷一八《赵康靖公神道碑》,也提到此事,说:

> 馆伴契丹泛使,遂报聘焉,会猎于兴云山之西,请公赋诗。诗成,契丹主亲酌玉杯以劝公,且以素扇授其近臣刘六符,写公诗置之怀袖。[③]

此四则引文,均叙述了宋使节赵概与辽兴宗的言行互动,尤其是辽兴宗请赵概赋《信誓如山河诗》,更显现出宋辽两国君臣在维护双方和平的心意上,确实具有高度的热忱。

(九)辽兴宗厚待宋使节王拱辰(1012—1085)

关于辽兴宗与宋使节王拱辰的言行互动,有多本史书均提到此事。首先据《长编》卷一七七,说:

> (宋仁宗)至和元年……九月……辛巳(二十一日),三司使、吏部侍郎王拱辰为回谢契丹使,德州刺史李珣副之。拱辰见契丹主于混同江,其国每岁春涨,于水上置宴钓鱼,惟贵族近臣得与,一岁盛礼在此。每得鱼,必亲酌劝拱辰,又亲鼓琵琶侑之。谓其相刘六符曰:"南朝少年状元,入翰林十五年矣,吾故厚待之。"契丹国母爱其少子宗元案辽史帝纪及皇子表,皆作重元,欲以为嗣,问拱辰曰:"南朝太祖、太宗,何亲属也?"拱辰曰:"兄弟也。"曰:"善哉,何其义也。"契丹主曰:"太宗、真宗,何亲属也?"拱辰曰:"父子也。"曰:"善哉,何其礼也。"既而契丹主屏人,谓拱辰曰:"吾有顽弟,他日得国,恐南朝未得高枕也。"至和元年,王拱辰别录,契丹主又云:"更为西界昨报休兵事,从初不禀朝命,边上头作过犯,遂行征讨。缘元昊地界黄河屈曲,寡人先领兵直入,已夺得唐隆镇。韩国大王插粮船绕头转来,寡人本意,待与除灭,却为韩国大王有失备御,被却西人伏兵邀截船粮,是致失利。今来既谢罪,遂且许和。"拱辰答云:"元昊前来激恼南朝,续次不顺北朝,始初南朝亦欲穷兵讨灭,却陛

---

①《东都事略》卷七一《列传五十四·赵概》,第6页。

②(宋)王珪:《华阳集》卷三八《赵康靖公墓志铭》,《丛书集成新编》第61册,第504页。

③(宋)苏轼:《东坡后集》卷一八《赵康靖公神道碑》,《苏东坡集》,台湾商务印书馆,1968年,第55页。

下频有书来解救，遂且许和。自闻皇帝失利，南朝甚不乐。"契丹主云："兄弟之国，可知不乐。"拱辰又云："南朝亦知北朝公主先聘与元昊，殊不礼待，忧幽而卒。"契丹主云："直是饮恨而卒，然只是皇族之女。"拱辰云："虽知只是宗女，亦须名为陛下公主下嫁，岂可如此不礼？今或陛下更与通亲，毋乃太自屈也。"契丹主云："更做甚与他为亲，只封册至今亦未曾与。"拱辰虑其再通姻好，即与中国不便，故因话而讽之。拱辰又云："今来陛下且与函容，亦是好事。陛下于西羌用兵数年，其杀获胜负，亦略相当。古语谓争城杀人盈城，争地杀人盈野，岂是帝王仁德好事。"契丹主云："极是也。"两朝誓旨册内有此。今用注待考，或当修入正文。①

王称《东都事略·王拱辰传》，说：

（王拱辰）使契丹，虏主遇之厚，亲御琵琶以侑酒。拱辰谓其馆伴曰："南朝峭汉，惟我馆伴。为虏主言之。"虏主曰："吾见奉使之人，惟富弼不可量也，吾尝问弼，南朝如卿人材有几？"弼曰："臣斗筲之器不足道，本朝人材胜如臣者，车载斗量。"察斯人大未可量也。②

刘敞（1019—1068）《公是集·王开府行状》，说：

（宋仁宗）至和元年，（王拱辰）充三司使，充回谢北朝国信使，见敌主于混同江，敌每岁春，帐于水上，置宴钓鱼，惟贵族近臣预，一岁盛礼在此。每得鱼，必亲酌劝公，又亲鼓琵琶以侑之，谓其相刘六符曰："南朝少年状元，入翰林十五年矣，吾故厚之。"③

沈括（1031—1095）《梦溪笔谈》卷二五，说：

庆历中，王君贶（王拱辰）使契丹。宴君贶于混融江，观钓鱼。临归，戎主置酒，谓君贶曰："南北修好岁久，恨不得亲见南朝皇帝兄，托卿为传一杯酒到南朝。"乃自起酌酒，容甚恭，亲授君贶举杯；又自鼓琵琶，上南朝皇帝千万岁寿。④

孔平仲（1044—1111）《孔氏谈苑》卷四《南朝峭汉》，说：

姚跂回云："自来奉使北朝，礼遇之厚，无如王拱辰。预钓鱼放鹘之会，皇帝亲御琵琶以侑酒。"是时，先父馆伴，相得甚欢，拱辰谓先父曰："南朝峭汉推吾，异日先父为上道此语。"上曰："拱辰答问似此语言极多，其才器不在人下，然识量不足，难于远到。"吾见奉使之人惟富弼不可量也，因问南朝如卿人才有几。弼曰："臣斗筲

---

① 《长编》卷一七七，宋仁宗至和元年九月辛巳条，第 4281—4282 页。
② 《东都事略》卷七四《列传五十七·王拱辰》，第 5—6 页。
③ （宋）刘敞：《公是集》卷五一《行状·王开府行状》，新文丰出版公司，1984 年，第 617 页。
④ 《梦溪笔谈》卷二五，《景印文渊阁四库全书》第 862 册，第 7 页。

之器,不足道也。本朝人才胜如臣者,车载斗量,不可数计。"察斯人大未可量也。①
以及《宋史·王拱辰传》,说:

> (王拱辰)聘契丹,见其主混同江,设宴垂钓,每得鱼,必酌拱辰酒,亲鼓琵琶以
> 侑饮。谓其相曰:"此南朝少年状元也,入翰林十五年,故吾厚待之。"使还,御史赵
> 抃论其辄当非正之礼,"异时北使援比以请,将何辞拒之?"②

从以上各则引文,可知王拱辰为"少年状元",因此使辽时,深得辽兴宗的厚待,不仅
亲酌劝饮,弹琵琶助兴,更与王拱辰提及辽国帝位继承的问题,真可谓是把王拱辰当成
知心的朋友一般,讲出了心中的话。

但是王拱辰返宋后,却因与辽兴宗的言行互动,而被宋臣赵抃(1008—1084)弹劾,
据《长编》卷一七九,说:

> (宋仁宗)至和二年……四月……是月,殿中侍御史赵抃又言:"王拱辰报聘契
> 丹,行及靴淀,未致君命。契丹置宴饯,宋选、王士全、拱辰等遂窄衣与会,自以随行
> 京酒换所设酒,痛饮深夜,席上联句,语同俳优。选及士全因醉,与敌使争,及契丹
> 主自弹琴以劝拱辰酒,拱辰既不能辞,又求私书为己救解。失礼违命,损体生事,乞
> 加黜降。"宋选寻坐罪,责通判宿州,朝廷独不问拱辰。抃又言:"拱辰比吴奎罪恶为
> 大,两府恶奎,即逐之,乃阴庇拱辰,不顾邦典。顷年韩综坐私劝契丹主酒,落职知
> 许州。去年契丹遣泛使,欲援综例上寿,赖接伴杨察以朝廷曾黜综以告之,敌使乃
> 止。拱辰既辄当契丹主弹琴送酒之礼,今若不责拱辰,异时敌使妄欲援拱辰例,则
> 朝廷将何辞拒之?"诏拱辰罚金二十斤,放。③

关于王拱辰被赵抃弹劾的缘由,据赵抃《清献集·奏状论王拱辰入国辱命乞行黜
降》,说:

> 风闻充契丹国信使副王拱辰等昨至靴甸赴筵,狂醉无状,执手拍肩,或联嘲谑
> 之诗,或肆市廛之语,沙漠惊怪,道涂沸腾。拱辰身为报聘之使,未致君命,却赴饯
> 送离筵,自取京酝,痛饮深夜,遂致副使宋选、王士全等歌舞失仪,言词猥亵,此不可
> 恕者一也,拱辰赴会至醉,吟诗乃有"两朝信使休辞醉,皆得君王带笑看"之句,语同
> 俳优,意涉讽刺,此不可恕者二也。窃观近年以来,臣僚出使违礼得罪者,如余靖作
> 番语诗之属较之,则拱辰辱命为重。席上联句用唐朝杨贵妃《木芍药诗》语,谑浪信

---

① (宋)孔平仲:《孔氏谈苑》卷四,《丛书集成新编》第86册,第47页。
② 《宋史》卷三一八《列传七十七·王拱辰》,第10360页。
③ 《长编》卷一七九,宋仁宗至和二年四月条,第4334页。

使，致令辽人有王万年、王见喜之号。①

另据刘敞《公是集·王开府行状》，说：

> （王拱辰）使还，除宣徽北院使，言者以公是行遇正旦使宋选于靴淀，选与敌使争不直，公实与会，即改端明殿学士，知永兴军。②

根据以上三则引文，可知王拱辰使辽，与辽兴宗言行互动，颇有失礼之处，因此殿中侍御史赵抃特别以两则情况不可恕的理由，加以弹劾，使其受罚。

四、结　论

原先笔者撰写本文，是想要强调宋辽两国在和平外交关系下，双方君臣透过交聘时的言行互动，呈现出彼此友好的情谊，并且促使两国的和平关系维持一百多年之久。但是在笔者收集、详阅相关史料，以及作了事例的列举和论述之后，有三点发现：

第一点，史书对于两国皇帝与来聘使节直接言行互动的记载其实并不是很多。起先笔者认为，在宋辽一百多年的和平外交关系史当中，双方所派的使节多达一千六百多位，③而且又是与对方皇帝的言行互动，因此史书中应该会有比较多的相关记载，但是其实大部分是属于公式化礼仪互动的记载，而关于两国皇帝与来聘使节当面直接言行互动的记载则还是比较少。

第二点，笔者发现宋辽皇帝与来聘使节的言行互动，并不尽然都是融洽、和睦的，有时候也会为了维护国家和文化的尊严，而发生言行交锋的情况。④ 虽然这种情况尚不至于造成双方和平外交关系的破裂，但毕竟不是宋辽两国朝廷所乐见的。

至于第三点发现，是宋使节与辽皇帝有良好、热络的言行互动，但是当宋使节返宋之后，却因宋臣以其在辽境的言行不合乎宋朝外交礼仪体制，而遭受到弹劾与处罚。也就是正如前文所论述，曾有多位宋使节在辽境与辽皇帝言行互动热络，宾主尽欢，深得辽国礼遇，包括"……故遣（李）维使。契丹主素服其名，馆劳加礼，使即席赋两朝悠久诗，下笔立成，契丹主大喜""余靖尚书使契丹，为北语诗，契丹爱之。再往，益亲……国

---

① （宋）赵抃：《清献集》卷七《奏状论王拱辰入国辱命乞行黜降》，《景印文渊阁四库全书》第 1094 册，第 2 页。

② 《公是集》卷五一《行状·王开府行状》，第 617 页。

③ 当时宋辽两国使节交聘往来频繁，据傅乐焕《宋辽聘使表稿》，说："宋辽约和自澶渊之盟（1005）迄燕云之役（1122）凡一百一十八年，益以开宝迄太平兴国之和平（974—979，凡六年），综凡一百二十四年，估计全部聘使约一千六百余人，《长编》《辽史》所载者约一千一百五十人，以其他文籍补葺者一百四十余人，待考者尚有三百二、三十人。"收录于《辽史汇编》（八），第 580 页。

④ 可参阅蒋武雄：《宋辽外交言行交锋初探》，《东吴历史学报》二十三，东吴大学，2010 年，第 85—122 页。

主举大杯,谓余曰:'能道此,余为卿饮。'复举之,国主大笑,遂为醮觞""(韩综)使契丹,契丹主问其家世,综言(韩)亿在先朝曾持礼来,契丹主喜曰:'与中国通好久,父子俱使我,宜酌我酒。'综率同使者五人起为寿,契丹主亦离席酬之,欢甚""自来奉使北朝,礼遇之厚无如王拱辰。预钓鱼放鹘之会,皇帝亲御琵琶以侑酒"。笔者认为,利瓦伊、余靖、韩综、王拱辰等四位宋使节出使辽国,不仅达成了他们使辽的任务,另外他们与辽皇帝言行互动热络的气氛,颇有提升宋与辽和平情谊的作用和贡献,应该受到宋国君臣的肯定才对。

但是史书告诉我们,这四位宋使节返宋之后,却是被指责、弹劾、受罚,例如:利瓦伊"既还,上欲用为枢密副使,或斥维与契丹诗,不当自称小臣,沮罢之"、余靖"尝对契丹主为蕃语诗。侍御史王平、监察御史刘元瑜等劾奏靖失使者体,请加罪。元瑜又言靖知制诰,不当兼领谏职……出靖知吉州"、韩综"既还,宰相陈执中以为生事,故责之。寻改知许州,以滑州当北使所由道也""(赵)抃又言:'(王)拱辰比吴奎罪恶为大,两府恶奎即逐之,乃阴庇拱辰,不顾邦典。顷年,韩综坐私劝契丹主酒,落职知许州。去年契丹遣泛使,欲援综例上寿,赖接伴杨察以朝廷曾黜综以告之,敌使乃止。拱辰既辄当契丹主弹琴送酒之礼,今若不责拱辰,异时敌使安欲援拱辰例,则朝廷将何辞拒之。'诏拱辰罚金二十斤,放。"似乎这四位宋使节遭到了不合情理的处罚,关于这种情况,曹家齐在《余靖出使契丹与蕃语诗致祸考议——兼说北宋仁宗朝廷对契丹之态度》也说:"契丹主纡尊降贵,主动示好于宋使,宋人应有优越之感而乐此虚荣才对,因何屡责己方使臣?"①可见宋朝廷的处置似乎确有其不合情理之处。

针对此一问题,笔者曾发表《宋臣在对辽外交中辱命与受罚的探讨》一文,于该文结论,说:

> ……另外,宋朝廷也提出许多外交上的禁令和应该注意的事项,来规范外交人员必须谨言慎行,以期他们不仅能圆满达成外交任务,也能保持宋国的尊严和对辽的平等地位。

> 但是我们也都知道一个人的才能、注意力和体力总是有其极限,而出现行为不及、失察、不检或犯错的时候,因此有些宋国大臣在出使辽国,或接送辽国使节时,因为疏忽而违犯了外交的禁令,损及宋国的尊严与国格,导致遭受本国大臣的弹劾和朝廷的处罚……

---

① 曹家齐:《余靖出使契丹与蕃语诗致祸考议——兼说北宋仁宗朝廷对契丹的态度》,《文史》2010 年第 3 期,第 169 页。

　　笔者认为宋朝廷在外交上有关人事的做法与管理是值得肯定的。因为我们从本文以上的探讨和整个宋辽外交关系史来看，毕竟当时违犯外交禁令的宋臣尚属少数，而大多数的宋臣都能注意并且遵守这些禁令，全力以赴地达成任务。因此在某种程度上维护了宋国的尊严，也保持了宋对辽的平等地位，更持续了宋辽两国长期的和平外交，这种情形笔者认为在宋辽外交关系史上都有其正面的作用，同时在中国历史上也显现出特殊的意义。①

　　但是笔者以上的分析似乎稍嫌不足，因此笔者再查寻其他学者对此一问题的探讨，例如聂崇岐在《宋辽交聘考》，说：

　　　　使节待遇，皆有常规。宋以中华为礼义所从，又惧开侥幸觊觎之端，故待辽使，只求尽礼，不好特示优异……若辽则不然。其武力虽超于宋，文化则迥不如，而国君体制，又不若宋之庄严，故对宋使，倘家世著称，或名闻当世者，每不惜纡尊降贵，亲与酬酢。②

曹家齐在前引文中，也说：

　　　　在宋朝，臣僚出使获罪，并不是因为其与契丹君臣聚饮或作蕃语诗等事件形式，而在于行事当中有无过分失礼之处。当然宋使获罪或许亦有其个人背景之因素，如有的臣僚同样受契丹主厚待，却并未获罪，或许是朝中无政敌，或许是君王有优容。

　　　　表面上看，宋廷处罚出使大臣，是因其失礼，有伤使者体，实际上则是维护自己之尊严。如宋廷处罚韩综、王拱辰之原因，就是担心契丹使臣援以为例，在宋方接待宴会上向仁宗劝酒及请仁宗弹琴送酒。③

以及王慧杰在《宋朝遣辽使臣受罚不一致成因探析》，说：

　　　　……对于辽国皇帝亲自"侑酒"、弹"琵琶"之类的举动，宋朝皇帝及其皇权维护者御史是坚决不会答应这样做的……王拱辰使还，御史赵抃论其辄当非正之礼，异时北使援比以请，将何辞拒之？……宋朝皇帝及士大夫强烈的排斥契丹的情结，因而宋朝使臣对辽国过分的热情，将会遭到国内御史台长官的谴责……回顾宋辽和平相处124年的漫长历史，不难看出宋遣辽使臣所发挥的巨大作用，他们在完成使

①蒋武雄：《宋臣在对辽外交中辱命与受罚的探讨》，《东吴历史学报》十二，东吴大学，2015年，第49—50页。

②聂崇岐：《宋辽交聘考》，《辽史汇编》（八），第311页。

③曹家齐：《余靖出使契丹与蕃语诗致祸考议——兼说北宋仁宗朝廷对契丹的态度》，《文史》2010年第3期，第169、172页。

命回国后,宋朝政府会根据他们在辽国的表现,给予奖励或责罚,虽然其标准不一,但却有一个基本准则,那就是使臣无论在外受到多高的礼遇接待,均不能超越宋统治者的心理底线,威胁到大宋的皇权、国威,这一潜规则的形成也充分体现了虽辽国在国势上强大,但是并不能取代宋朝文化中心这样一个不争的事实。①

以上三位学者的说法与分析,笔者均颇为认同,因为虽然宋与辽透过澶渊盟约结成和平友好的兄弟之国,并且每年均有频繁的交聘活动,建立起深厚的友好情谊。但是宋朝的君臣仍然有其维护国家尊严、坚持民族意识形态与严守正统礼仪等情结和底线,因此当宋使节在辽境与辽国君臣言行互动,如有触及这些情结与底线时,其返宋之后,即有可能被宋臣提出来加以指责、弹劾,以至于受罚。

论述至此,笔者认为宋使节使辽返宋后,朝廷对其赏罚不一的原因,固然还有可能牵扯到政治斗争的原因,但是如果我们在探讨宋对辽的交聘活动时,也能体认宋朝君臣这一深层的想法与态度,则不仅可以了解当时宋使节使辽返宋后,为何赏罚不一的原因,而且也将可以更加清楚宋辽和平外交关系史的内涵与演变。

---

① 王慧杰:《宋朝遣辽使臣所受赏罚不一致成因探析》,《兰台世界》三十三,辽宁省档案局,2013 年,第 50 页。

党项西夏的身份认同建构[①]

香港中文大学　林皓贤[②]

引　言

　　党项西夏曾经雄踞西北地区三百多年，其中正式建立国家国祚达一百八十五年，对比中原王朝也是不算短的时间。如果连同拓跋思恭被唐室封为定难军节度使计起则接近三百五十年。在这三百多年中，党项逐步建立自己的政权、制度、文化，对外又以商贸、战争等形式与周边国家互动，积极参与当时的东亚国际体系。从现实政治的角度来说，当时的西夏王国处于东亚各大政权之间，除了通过战争与灵活的外交手段争取其生存空间外，在社会文化中，也处处显示出其与周边大国不同的独立性。西夏作为一个西北政权，以往一般论述都强调了其党项民族主体的特征，但是其地处丝绸之路上的交汇点，国内除了党项族以外还有沙陀、回鹘、吐蕃、汉等不同民族。而作为一个后起政权，党项亦要高举其独立性以凝聚国民，甚至要统治地区中的其他民族都建立起国家身份的认同感，才能安内而攘外，与周边大国周旋。然而，以往在论及西夏人的文化时，主要集中于他们的语言、社会风俗、宗教等个别范畴研究，鲜有从国家身份认同的概念讨论其文化政策与国家民族安全的关系。本文尝试整理前人的研究，结合党项西夏文献及战争情况，讨论党项西夏如何在强敌环伺、战事频繁的情况下，尝试建立国族身份认同从而凝国民，以保障其生存空间。

① 本文曾在第六届西夏学国际学术论坛上宣读，感谢匿名专家意见让本文思路更完善，特此致谢。另本文初稿为作者于台湾"中研院"文哲所访问期间所写，特此感谢"中研院"文哲所胡晓真所长及刘琼云博士给予的意见，及"中研院"文哲所提供资源帮助。另外，感谢树仁大学中国语文学系伍明笙同学协助校对定稿。
② 作者为香港城市大学中文及历史学系哲学博士、香港中文大学体育运动科学系博士后。

一、研究回顾

历来有关西夏民族课题的研究着实不少,最具代表性的,如俄国学者克恰诺夫的著作《唐古特历史》①其中一章《唐古特国的起源问题》②,主要从羌族人的早期历史、羌族与古代三苗部落联盟的关系以及唐古特主要历史时期的民族起源及社会经济制度发展等方面对唐古特国的起源问题进行了考察,此文后来被翻译成中文;另外民国时期学者王静如早就对此问题进行研究,其《西夏国名考》从语言学探讨西夏文,结合中国史籍及佛经数据考究西夏国名的由来及意义,可说是中国学界在西夏研究的先声;③周伟洲很早对党项民族的起源进行研究,主要对在唐朝前后时间的党项民族活动进行分析,后来整理成《早期党项史研究》;④另一名家史金波观察党项族受汉化影响与亡国后的情况,写下了《西夏的汉族和党项民族的汉化》⑤,尝试解释西夏社会消亡、融入汉族的原因。此外还有汤开建,汤氏的《关于党项拓跋氏族源的几个问题》《党项源流新证》《隋唐时期党项部落迁徙考》《五代辽宋时期党项部落的分布》等论文(现时大部分论文已收入其论文集《党项西夏史探微》一书)⑥通过严谨的文献史料梳理,论证出西夏王室拓跋氏是羌化了的鲜卑拓跋氏族的后人,并反驳了拓跋党项是假托元魏的说法。除了起源问题,亦有学者开始探究西夏与其他不同族群交流相处等课题,如杜建录《西夏与周边民族关系史》⑦探讨了西夏与周边民族的交往,包括辽、金、吐蕃、回鹘等;当然,除了中原及东北的民族与西夏是主要互动对象外,西北的各民族如回鹘、吐蕃、沙陀等也与西夏文化的形成关系密切。有关回鹘与西夏的关系,杨富学做出了不少成果,如《论回鹘文化对西夏的影响》⑧,以及与陈爱峰合写的《西夏与回鹘贸易关系考》⑨等,此外,蔡家艺在《辽宋

①Е. И. Кычанов, "История Тангутского Государства". Санкт-Петербург: Санкт-Петербургского государственного университета, 2008.

②[俄]克恰诺夫著,王颖、张笑峰译:《唐古特国的起源问题》,《西夏学》2011年第7期。

③王静如:《西夏国名考》,《西夏研究》第一辑,"中研院"历史语言研究所,1992年,第77—88页。

④周伟洲:《早期党项史研究》,中国社会科学出版社,2004年。

⑤史金波:《西夏的汉族和党项民族的汉化》,《中南民族大学学报(人文社会科学版)》2013年第1期,第53—59页。

⑥汤开建:《党项西夏史探微》,商务印书馆,2013年。

⑦杜建录:《西夏与周边民族关系史》,甘肃文化出版社,2001年。

⑧杨富学:《论回鹘文化对西夏的影响》,《宋史研究论丛》第五辑,河北大学出版社,2003年,第279—294页。

⑨陈爱峰、杨富学:《西夏与回鹘贸影关系考》,《兰州学刊》2009年第1期,第6—9页。

金夏境内的沙陀族遗民》中，研究了沙陀族遗民在五代以后的活动，其中一部分居住于西夏，亦提供了西夏境内多民族讯息；最后，美国学者邓如萍的成名著作 *The Great State of White and High：Buddhism and State Formation in Eleventh-Century Xia*[①]，从宗教(佛教)的角度与西夏国家形成的关系开展研究，她论证出，西夏领导阶层如何利用佛教建立民众对国家的归属感，从历史人类学的角度来说，她的论点正带有一点"宗教共同体"的向导[②]。

国族建立的过程，往往涉及起源神话研究。而党项西夏的民族起源说法，并不是一块铁板，不同时期的文本会有不同说法。这些文本中必须注意的是《圣立义海》。《圣立义海》是反映西夏自然地理、风土民情的大型类书。1989 年，俄国学者克恰诺夫带来了俄藏的《圣立义海》原文的全部照片，并与中国学者李范文及罗矛昆一起出版了《圣立义海研究》[③]。该书前半部为三位学者对《圣立义海》的研究成果，后半部则为《圣立义海》的原文及翻译，该书的出版对后人研究西夏文化、思想有极大价值。另外，在西夏文学作品《新集锦合谚语》及各种诗歌集中，亦有一些关于党项民族起源的诗歌，这些诗歌亦是本文将会探讨的文本。

前人的研究，已经指出西夏所统辖的领域并非一成不变，特别是在辽/金、宋边界的位置经常出现变动，而国内除了以党项为主体外，亦有其他的民族，可说是一个多民族国家。西夏的统治者如何整合其国内的不同民族，以及居于边界的人如何面对经常变动的统治者，这是很值得探讨的问题，本文在前人的基础上，试行探讨西夏的精英阶层，如何将领土上的不同民族，整合成一党项西夏共同体。

二、文化政策与国家意识

党项西夏历数代人而建国，元昊虽然是建国者，但基础可说是由他祖父辈打下来的。作为西北的新兴势力，且兼他的疆域来自中原王朝(由唐到宋的领土)，为扩大及巩

[①]Dunnell，Ruth，*The Great State of White and High：Buddhism and State Formation in Eleventh-Century Xia*，Honolulu：Univ. of Hawaii Press，1996.

[②]在此提出的"宗教共同体"概念为参考班纳迪克·安德森的说法，他指出"所有伟大而具有古典传统的共同体，都借助于某种和超越尘世的权力秩序相联结的神圣语的中介，把自己设想为位居宇宙的中心"。本文认为，邓如萍指出西夏统治者利用佛教建立西夏王权的威严、神圣以及在一定程度上利用佛教作为国家象征与班纳迪克的宗教共同体说法可以互相参考，这在下文还会再论述。参〔美〕班纳迪克·安德森著，吴叡人译：《想象共同体：民族主义的起源与散布》，时报出版社，1999 年，第 19 页。

[③]〔俄〕克恰诺夫、李范文、罗矛昆：《圣立义海研究》，宁夏人民出版社，1995 年。

固生存空间,元昊自然要有一全盘的立国蓝图,现时有关西夏的文献发掘中,发现西夏人大量翻译中国古代的兵学著作,包括《孙子兵法》《将苑》《六韬》《李卫公答问》等,可见西夏人对军事理论的重视。而西夏与宋的斗争白热化,基本上以景宗元昊立国作为一个新阶段的开始。对于一个国家的建立,领导者必然有一国家战略(建国蓝图),让他与其支持者有一发展的方向。① 故除了战争手段,国家意识的培养及文化政策是整个国家战略中不可或缺的部分,用以整合国人的精神文明、对国家的向心力、培养人才对外作战等。而作为一个新兴的国家,培养国人的国家意识,走出自己的国家道路,以及国族的核心精神,都是必须而又刻不容缓的,毕竟,在他的东面,有两个文化程度比他深厚又先进的国家,而这两国又有其独特的文明。

以往论及西夏的文化特点,研究者多以文物、壁画来重组西夏文明及其精神世界,这也是其中一个方向,在往后会再作讨论。但从官方的文化政策来说,主要还是靠李焘的《长编》及官修的《宋史·夏国传》:

> 既袭封,明号令,以兵法勒诸部。始衣白窄衫,毡冠红里,冠顶后垂红结绶,自号嵬名吾祖。凡六日、九日则见官属。其官分文武班,曰中书,曰枢密,曰三司,曰御史台,曰开封府,曰翊卫司,曰官计司,曰受纳司,曰农田司,曰群牧司,曰飞龙院,曰磨勘司,曰文思院,曰蕃学,曰汉学。自中书令、宰相、枢使、大夫、侍中、太尉已下,皆分命蕃汉人为之。文资则幞头、靴笏、紫衣、绯衣;武职则冠金帖起云镂冠、银帖间金镂冠、黑漆冠,衣紫旋襕,金涂银束带,垂蹀躞,佩解结锥、短刀、弓矢韣,马乘鲵皮鞍,垂红缨,打跨钹拂。便服则紫皂地绣盘球子花旋襕,束带。民庶青绿,以别贵贱。每举兵,必率部长与猎,有获,则下马环坐饮,割鲜而食,各问所见,择取其长。初,宋改元明道,元昊避父讳,称显道于国中②……元昊既悉有夏、银、绥、宥、静、灵、盐、会、胜、甘、凉、瓜、沙、肃,而洪、定、威、龙皆即堡镇号州,仍居兴州,阻河依贺兰山为固。始大建官,以嵬名守全、张陟、张绛、杨廓、徐敏宗、张文显辈主谋议,以钟鼎臣典文书,以成逋、克成赏、都卧、如定、多多马窦、惟吉主兵马,野利仁荣主蕃学。置十二监军司③,委豪右分统其众。自河北至午腊蒘山七万人,以备契

---

①所谓国家战略,根据学者钮先钟先生引用美国参谋首长联席会议的定义,为"国家战略为在平时和战时,发展和使用国家资源(概括分为政治、经济、心理、军事四方面)以达到国家目标的科学和艺术。他对国家资源上再解释,认为国家资源是有形与无形,物质与精神无所不备的"。参钮先钟:《国家战略概论》,台北正中书局,1974年,第11—14页。

②(元)脱脱等:《宋史》卷四八五《外国传一》,中华书局,1977年,第13993页。

③《续资治通鉴长编》中为十八监军司。参(宋)李焘撰,上海师范大学古籍整理研究所、华东师范大学古籍整理研究所点校:《续资治通鉴长编》卷一百二十,景祐四年十二月癸未,中华书局,2012年,第2845页。

丹;河南洪州、白豹、安盐州、罗落、天都、惟精山等五万人,以备环、庆、镇戎、原州;左厢宥州路五万人,以备鄜、延、麟、府;右厢甘州路三万人,以备西蕃、回纥;贺兰驻兵五万、灵州五万人、兴州兴庆府七万人为镇守,总五十余万。而苦战倚山讹,山讹者,横山羌,平夏兵不及也。选豪族善弓马五千人迭直,号六班直,月给米二石。铁骑三千,分十部。发兵以银牌召部长面受约束。设十六司于兴州,以总庶务。元昊自制蕃书,命野利仁荣演绎之,成十二卷,字形体方整类八分,而画颇重复。教国人纪事用蕃书,而译孝经、尔雅、四言杂字为蕃语。复改元大庆。①

同样于《宋史·外国传一》中载,可看作元昊的"独立宣言":

　　明年,遣使上表曰:臣祖宗本出帝胄,当东晋之末运,创后魏之初基。远祖思恭,当唐季率兵拯难,受封赐姓。祖继迁,心知兵要,手握乾符,大举义旗,悉降诸部。临河五郡,不旋踵而归;沿边七州,悉差肩而克。父德明,嗣奉世基,勉从朝命。真王之号,凤感于颁宣;尺土之封,显蒙于割裂。臣偶以狂斐,制小蕃文字,改大汉衣冠。衣冠既就,文字既行,礼乐既张,器用既备,吐蕃、塔塔、张掖、交河,莫不从伏。称王则不喜,朝帝则是从,辐辏屡期,山呼齐举,伏愿一垓之土地,建为万乘之邦家。于时再让靡遑,群集又迫,事不得已,显而行之。遂以十月十一日郊坛备礼,为世祖始文本武兴法建礼仁孝皇帝,国称大夏,年号天授礼法延祚。伏望皇帝陛下,睿哲成人,宽慈及物,许以西郊之地,册为南面之君。敢竭愚庸,常敦欢好。鱼来雁往,任传邻国之音;地久天长,永镇边方之患。至诚沥恳,仰俟帝俞。谨遣弩涉俄疾、你斯闷、卧普令济、嵬崖奉表以闻。②

以上广为研究者所征用引文,粗略显示了元昊立国的总体战略及立国目标。其中有关他经营国家意识与文化政策的相关内容,配合《长编》,可归纳如下:

1. 改姓:"自号嵬名吾祖,凡六日、九日则见官属。"③

2. 改服饰:"始衣白窄衫,毡冠红里,顶冠后垂红结绶。…其伪官分文武,或靴、笏、幞头;或冠金帖镂冠,绯衣,金涂银黑束带,佩蹀躞,穿靴,或金帖纸冠,间起云银帖纸冠,余皆秃发,耳重环,紫旋襕,六垂束带,佩解结锥、短刀、弓矢韣,乘鲵皮鞍,垂红缨,打跨钹拂。民庶衣青绿,用此以别贵贱……"④

---

① 《宋史》卷四八五《外国传一》,第 13994—13995 页。
② 《宋史》卷四八五《外国传一》,第 13995 页。
③ 《续资治通鉴长编》卷一百一十五,景祐元年十月丁卯,第 2704 页。
④ 《续资治通鉴长编》卷一百一十五,景祐元年十月丁卯,第 2704 页。

3. 改元："居国中，益僭窃，私改元曰开运。既逾月……乃更广运。"①

4. 秃发令："元昊初制秃发令，先自秃发。及令国人皆秃发，三日不从令，许众杀之。"②

5. 建立属于党项的文字："元昊自制蕃书，命野利仁荣演绎之，成十二卷，字形体方整类八分，而画颇重复。教国人纪事用蕃书，而译孝经、尔雅、四言杂字为蕃语。"③

6. 建立西夏文化的学校："野利仁荣主蕃学。"④

从元昊的文化政策来看，这些都是有利于民族自觉性及建立民族身份的重要工具，党项族如只附属中原的经济体系（榷场、岁赐）来维生，是没法转化成真正有民族自觉的族群，亦不利于元昊将来的争霸。⑤ 故此，他舍弃了宋王朝赐他的赵姓，也舍弃唐王朝赐其祖上而辽国仍沿用的李姓，对他来说，这是中原王朝给予他的束缚，是附从关系，故改为用党项姓氏"嵬名"，而党项统治氏族中所有内亲都采用"嵬名"为姓。⑥ 改元是一个政治预演，接着改服饰及秃发令更为重要。从文化而言，服装及发式代表身份，而改服饰行秃发代表的是党项族有自己的身份标记。关于这点，学界以往有两个说法，邓如萍指出，羌俗的秃发并不意味落后，党项人受羌化影响，而古时羌人是将头发松散地垂在面部。元昊定下的发式为剃去头颅顶部的毛发，将前额刘海蓄起，从前额垂到面部两侧。由此看来，秃发除了要与宋、辽、吐蕃等区分外，更重要的是文明进步的象征，与落后的羌人作对比。⑦ 日本学者冈崎精郎的研究则指出：

> 宋初唐古特与吐蕃由宋琪指出"大约，风俗相类"，可知两者同样都为披发之民。而在唐古特欲建国之时，吐蕃就是唐古特的敌对者，进攻吐蕃成为燃眉之急。此后，元昊一边与宋战斗，一边对于吐蕃的攻击则更为努力，在给与吐蕃惨痛打击时，也与宋连手断绝通路。如此，在视吐蕃为大敌之际，风俗相类，特别是披发之俗相同，在考虑到战斗等实际问题时，都是非常不恰当的……这与金、清两朝那样，对

---

① 《续资治通鉴长编》卷一百一十五，景祐元年十月丁卯，第2704页。
② 《续资治通鉴长编》卷一百一十五，景祐元年十月丁卯，第2704页。
③ 《宋史》卷四八五《外国传一》，第13995页。
④ 《宋史》卷四八五《外国传一》，第13994页。
⑤ 除了明面上的榷场与奉使贸易外，最迟在李德明时期，党项族人已从非法的走私贸易中获取大量利益，据《续资治通鉴长编》所载："庆都钤辖曹玮发兵开浚庆州界界壕燧，赵德明移牒鄜延路钤辖李继昌言其事，盖德明多遣人赍违禁物窃市于边，间道而至，惧壕燧之沮也。朝廷方务绥纳，庚辰，诏玮罢其役。"参《续资治通鉴长编》卷七十一，大中祥符二年己卯，第1599页。
⑥ ［德］傅海波、［英］崔瑞德编：《剑桥中国辽西夏金元史》，中国社会科学出版社，2006年，第185页。
⑦ ［德］傅海波、［英］崔瑞德编：《剑桥中国辽西夏金元史》，第186页。

强制统治下的异民族适用本民族的旧俗,是不相同的。自身先采用新式发型,再普及至部众;对自民族、统治下的异民族则统一新服装,将治下诸民族统合为一体,这与其说是西夏与金、清两朝的统治权力之差异,不如说是要给与元昊本身卓越的创造力、敏锐的政治感高度赞赏之处。这是秃发令在元昊诸改革中之所以受到注目之处。①

冈崎精郎认为,秃发令本身就有实际的需要(战场上区分敌我双方的功用),本文认为,其实二者的论述本无冲突,或许元昊最初的服装及发式政策并不如满人入关要行剃发令一样,要清除异民族的民族意识。但是,他最终得出的效果是一样的,党项族有了区别自己与其他民族的身份特征。

创立文字是整个文化政策最重要的。在此以前,党项没有自己的文字,邓如萍指出,创立文字的工作可能由李德明时代已开始,②但无可否认,这项工作最后仍归功于野利仁荣。西夏文的创建有三个重大意义:政治上西夏对外能有自己的文字,在盟约制度流行的 10 至 13 世纪,能在外交上取得与辽、金、宋等国的对等地位;对内能有效建立自己的文化制度及政治制度;最重要一点是,帮助党项人摆脱中原文化的影响,提升自身的民族自觉以及凝聚力。

三、西夏版本的想象共同体

上文讨论到一直以来人们从汉文史料谈到的西夏在立国后如何建立自己的民族特性。但是,正如其他的边疆民族以及各历史上的征服王朝一样,传统学界对他们的理解很多是只局限在了中原王朝的中心思维上。一如美国学者盖博坚在讨论"谁是满洲人"时提出的问题:

> 在回答这个问题之前("谁或'什么'是满洲人?"),需要提前指出某些必要的术语上的假定说明,即满洲人代表何种历史现象。史学家一致认为大多数满洲人来自居住在东北地区的有名女真群体。这里的问题是,女真人如何变成满洲人……③

本文认为这个问题同样适用于西夏人。满洲人后来自己如何将之整合、当中哪些

①[日] 冈崎精郎:《西夏の李元昊と秃发令》,《东方学》1959 年第 19 期,第 82 页。
②[德]傅海波、[英]崔瑞德编:《剑桥中国辽西夏金元史》,第 186 页。
③[美]盖博坚:《谁是满洲人》,刘凤云、刘文鹏主编《清朝的国家认同——"新清史"研究与争鸣》,中国人民大学出版社,2010 年,第 130—131 页。

人被命名这些留待清史研究者继续讨论。但历史往往有相似之处，一个自隋唐时登上历史舞台的族群——党项，又是如何变成西夏人？在此要先说明，一般常说西夏是党项族为主体的国家，但这种说法其实不全然对。西夏人并不像契丹、女真一般有更多确定身份特征。而且常说的以党项族为主体的民族，这个党项身份最初是怎样的也是模糊的。西夏皇室中，皇后有契丹人，也有女真人。在西夏国内部，民族成分本来就很复杂，因为它是多民族国家，特别是在边界区中，蕃汉混处的情况很普遍。也许是这个原因，立国之前，元昊便需要先为党项建立自身的身份认同，西夏的建立是在宋仁宗宝元元年（1038），而早在六年前，也就是从元昊继承其父的地位，他便采取了一系列的去汉化的"蕃化"政策。然而，同样的问题是，既然在后来的西夏国地区，本来各族的成分就复杂，甚至不能分清真实党项人的身份特征，那谁人，或是什么在此被人命名，被整合到一个名为西夏/后来又称为"唐古特"的群体之中？又是如何被整合成个群体？成为后世人定义的党项西夏国？

班纳迪克·安德森在谈到民族这个问题时，认为它是一种想象共同体：

它是一种想象的政治共同体——并且，它是被想象为本质上有限的（limited），同时也享有主权的共同体。①

没有什么比无名战士的纪念碑和墓园，更能鲜明地表征现代民族主义文化了。这些纪念物之所以被赋予公开的、仪式性的敬意，恰好是因为他们本来就刻意塑造为空洞的，或者根本没人知道到底是哪些人长眠于其下……尽管这些墓园之中并没有可以指认的凡人遗骨或者不朽的灵魂，他们却充满着幽灵般的民族的想象。②

如果说，元昊以及他的后继者建立出以自己民族为中心的政权（而这个民族本身可能不存在，或不是后来大家所认识的样子），那么正好就合乎了安德森所说的民族主义定义，他们是在想象一个新的民族出来，并且以此作为自己的核心，来与周边的强权对抗，同时也是假借了历史上的那个鲜卑象征。

元昊自述的族源说自己"祖宗本出帝胄，当东晋之末运，创后魏之初基。远祖思恭，当唐季率兵拯难，受封赐姓"云云，还需要分析一下。元昊为了脱离中原王朝的控制，将自己家族与历史上某一王朝联系起来，这一点与历史上的政治家做法并无二致，例如隋文帝杨坚便假托其家族为汉太尉杨震之后。然元昊之假托北魏的意义，除了利用党项族本身的拓跋氏与拓跋北魏拉上关系外，亦有利用北魏在草原历史地位的考虑。考北

---

① ［美］班纳迪克·安德森：《想象共同体：民族主义的起源与散布》，第10—11页。
② ［美］班纳迪克·安德森：《想象共同体：民族主义的起源与散布》，第17页。

魏的发展历史,自神元皇帝拓跋力微与曹魏、西晋接触开始,历百多年时间逐步吞并周边部落,到东晋末年拓跋珪立国。这个过程与党项拓跋建立政权的过程十分相似(当然草原部落的发迹都是大同小异),但值得留意的是,拓跋珪最终建立的以"魏"为名的政权,在最初发展的过程中,曾竭力与曹魏、西晋建立良好关系①(这种关系,在魏收的《魏书》中形容为"与魏和亲"),其论述亦颇有攀附曹魏、西晋的意味。就正统观念而言,晋受魏禅,魏受汉禅,北魏的发展记录攀附魏晋之举,亦有为自己添加正统地位之意。至于西夏皇室是否真的与拓跋鲜卑有关其实并不重要,元昊要取得的只是一个政治象征。

　　回顾各边疆民族政权入主中原(或占据一部分土地)时的历史,亦会将自己与中原王朝拉上血缘关系,这种关系通常是姻亲而来。不单是北魏如此,五胡之一的匈奴刘渊利用匈奴与汉朝多次和亲的关系,自认为汉室之甥,追尊蜀汉后主刘禅建国亦是另一例,②这种讲求身份、血缘的政治,似乎可以与班纳迪克所说的王朝论相对应:

　　　　这些古老的君主制国家,不只透过战争,也靠一种和今日实行的颇不相同的"性的政治"来进行扩张。经由垂直性的通则,王朝之间的联姻把多种多样的全民聚合到新的顶点之下。③

　　或许可以这样理解,欧洲王室通过联姻将各国统治整合在一个家族之手(虽然是不同的姓氏,但却因为姻亲关系而变成亲戚),然后代代相传,直到某一国王位断了传承,仍可由有亲戚关系的别国家族前来该国继承王位,同时在君权神授的概念下,王室的血统既是统治的象征,又是源自神命的,④这是西方的"正统"。而在中国历史的发展中,这种"性的政治"更加重要,因为它更涉及统治中原的正统观——是否与前一王朝有关系? 是否具有延续统治的合法性? 在中国政治的观念中,即使你有更实际的军事力量,如果没有足以支持统治的合法依据,那只会被指控为乱臣贼子、得位不正。所以刘渊、拓跋珪,以及元昊这些外族统治者,在建立政权时,也要与过去的王朝拉上血缘/家庭关系,因为没有什么东西比血统更重要。同时,元昊为了要有当时的自主性、独立性,既强调自己本身的帝王血统,又推行一系列的文化政策,摆脱当时宋王朝的控制。

　　上文所说的还只是官方在建立自己正统论的说辞,当中部分内容还是刻意对外宣称的。接下来不妨看看西夏人的自述,从西夏人的文学作品中看西夏精英阶层的自我身份建构。在建构的过程中,人们还可发现,随着时代的推展,西夏人(至少是知识分

---

① 许景评:《拓跋部落与曹魏、西晋之间的对外关系》,《中正历史学刊》2014 年第 17 期,第 4 页。
② 郑钦仁等:《魏晋南北朝史》,里仁书局,2007 年,第 227 页。
③ [美]班纳迪克·安德森:《想象共同体:民族主义的起源与散布》,第 25 页。
④ [美]班纳迪克·安德森:《想象共同体:民族主义的起源与散布》,第 25 页。

子）对自身的起源会有不同的理解。

四、文学、文字创立与宗教共同体

相比起元昊对外的身世自述，本文认为文字对党项西夏身份的建立更重要。元昊、野利仁荣创制"蕃书"及"蕃学"，最初可能只是为了摆脱汉字的影响，但后来西夏国内的文化政策，却可能不知不觉间将西夏文变成一种班纳迪克所指的"神圣语言"。从西夏立国起，西夏国内便不断翻译外国的经典，正如上文提及，元昊创制"蕃书"后，命野利仁荣"教国人纪事用蕃书，而译《孝经》《尔雅》、四言杂字为蕃语"。而现在的西夏出土文献，除了军政文书外，又有大量的西夏文翻译的佛教文献。关于佛教在西夏人中的地位，已有前辈学者进行研究。而西夏人自己在文学作品记载的起源观、宇宙观，看来与西夏佛教既有些微差异又同时并行传播。

西夏人自身的宇宙观，可以从西夏文学作品中窥见一二。可能是文化程度的不同，以及西夏文字的发展时间较汉字短，以致与宋朝发达的文学创作不同，西夏的文学创作相对较为滞后。西夏也有仿中原的诗歌创作，例如俄藏黑水城文献中就有西夏文诗歌集的写本和刻本，当中有数十首诗歌；①谚语的数量较多，现时主要的谚语有360多件，收录于《新集锦合辞》当中。篇幅所限，以下我们以几首较著名的西夏诗作分析。

（一）《颂师典》

原藏于《俄藏黑水城文献》内，写作年份暂不可考，现时的出处都是经由苏联学者聂历山的《西夏文字及其文献》的俄文翻译，但根据诗中内容有"蕃人国中用蕃文""野利贤夫子，文星照耀东和西"等句，推断应是在元昊命野利仁荣创制文字之后。可以说该诗其实是一首政治宣传诗。兹看其内容：

> 蕃汉弥人同一母，语言不同地乃分。西方高地蕃人国，蕃人国中用蕃文。东方低地汉人国，汉人国中用汉文。各有语言各珍爱，一切文字人人尊。吾国野利贤夫子，文星照耀东和西。选募弟子三千七，一一教诲成人杰。太空之下读己书，礼仪道德自树立。为何不跟蕃人走，蕃人已向我低头。大陆事务自主宰，行政官员共协力。未曾听任中原管，汉人被我来降服。皇族续续不间断，弥药儒言代代传。诸司

---

① 张廷杰：《宋夏文化交流与西夏的文学创作》，《文学遗产》2005年第4期，第83页。

次第官员中,要数弥药人最多。请君由此三思忖,谁能道尽夫子功?①

关于这首诗的文学内容分析,以往已有不少前辈学者论及,②本文欲指出的是较少人留意的身份问题。首先,从此诗中看到,西夏人认为蕃人与汉人是同源的,只是语言不同而分开。其次诗中很强调西夏人自己的文化,并且指出自己是有"礼仪道德"的,这与宋人文学对西夏的形容相反,在宋人眼中西夏人尽是文化低下,甚至以奴、夷形容之。③ 而相反在此诗中西夏人反过来吸引汉人来降,并且强调自己也是读圣贤书(儒言,亦即儒家经典),所以"大陆事务自主宰,行政官员共协力。未曾听任中原管,汉人被我来降服"。而在诗最后三句,突出本国的官员仍以党项人最多,这并不是民族歧视,而是说,党项人中也自有识见,有能力管理自己国家,而为党项人带来这些文化力量的,则是"野利贤夫子",他的功德是没法道尽的。④

(二)《夏圣根赞歌》

此诗最广为人引用的是首三句,用以探讨党项族的根源问题。此诗最先亦是被聂历山于 20 世纪 30 年代发现,书写于一刻本背面,创作年份不详,抄写时间不早于 1185 年(乾祐十六年)。此诗王静如教授于讨论西夏国名时亦曾有引用,⑤先看此诗译文。

黑头石城棕河上,赤面祖坟白河上,高弥药国在此方⑥。圣人身高十尺,战马

---

① 此诗中文版本原为陈炳应首译,参陈炳应:《西夏的诗歌、谚语所反映的社会历史问题》,《甘肃师范大学学报》1980 第 2 期,第 46 页。后来经不同学者加以补充更改后而成此一版本。

② 如黄震云及杨沅在《论西夏诗》中已论及此诗中反映神话的部分,参黄震云、杨沅:《论西夏诗》,《徐州工程学院学报(社会科学版)》2013 第 5 期,第 56 页;张廷杰在其论文中亦谈到诗中反映的宋夏交流与西夏人的民族自豪,参张廷杰:《宋夏文化交流与西夏的文学创作》,《文学遗产》2005 第 4 期,第 86 页。

③ 特别是在宋人以宋夏战争为题材的战事诗,由于敌我意识分明,这种贬抑更甚。参张廷杰:《宋夏战事诗研究》,甘肃文化出版社,2002 年。

④ 本文另外亦关注到一个问题,此诗看来是指出西夏人的文化特质,一般研究者亦认为蕃人亦即西夏人。但诗中的一句"为何不跟蕃人走,蕃人已向我低头"中,却将"蕃人"的身份分割开,如果此处的"我"才是西夏人,那"蕃人"又是指谁呢? 本文大胆推论,此诗中的"蕃人"不能只理解为西夏人。以往的"蕃人"既指西夏民族,但同时亦有指宋、夏之间的一些非汉族部落。此处指的蕃人可能是指这些部落。

⑤ 王静如:《西夏国名考》,《西夏研究》第一辑,"中研院"历史语言研究所,1992 年,第 77 页。

⑥ 此三句在罗矛昆考证下重新翻译为:"黑头石城荒水域,赤面祖坟白高河,长弥药人国在彼",与聂历山及后来克恰诺夫的《夏圣根赞歌》译文有所不同。本文认为,罗矛昆 1989 年的这几句重译是合理的,兹放于此参考。参罗矛昆:《关于一段西夏诗歌的考辨》,《固原师专学报(社科版)》1989 第 2 期,第 54—60 页。此外,聂鸿音与梁松涛将这几句译为:"黑头石城漠水边,赤面父家白河上,高弥药国在彼方,儒者身高十尺。"意思与罗矛昆的译法亦相近,亦存于此参考。参聂鸿音:《西夏文〈夏圣根赞歌〉考释》,《西夏文献论稿》,上海古籍出版社,2012 年,第 192 页,另参梁松涛:《西夏文〈宫廷诗集〉整理与研究》,上海古籍出版社,2018 年,第 125 页。

结实雄壮。种族结亲产后代。啰都父亲身材不高多智,初始不愿为小怀大心。美丽蕃女为妻,英勇七儿相爱①。其人图谋攻吐蕃,羌人施谋三薄浪,东主一同上战场。知革浪与汉交战②。马面渡河低洼不避,吾辈祖先京城内已扎根。强健黑牛突额角,与香象厮杀堕齿。狗面呼呼隘口齿,与虎搏斗虎脚折。汉天子,每日博弈博则负,每夜驰逐驰不利。力勇不当疑虑深。行不成,啰都反抗未独立③。我辈阿妈娘娘为始祖,银腹金胸,善根不绝名嵬名。耶则祖,彼岂知,寻牛越出过边界。此后其子额登与龙匹配于某因,从此子孙代代繁衍。番细皇,初出生时有二齿,长大后十大吉兆皆主集。七乘伴导来为帝,号召大地弥药,孰不附?圣王似风疾驰去,拉缰牵马人强国盛。我辈从此人仪马,勇族向西圣容近,未脱离,无号令,僻壤之中怀大心。四方部族遣贺使,贫善人处善言说:治田畴,不毁穗,民间盗窃无有,天长月久,战争绝迹乐悠悠。④

这些诗是西夏人对其祖先的颂诗,全文分五段 45 行,由于它抄写于西夏刻字司刊印的《月月乐诗》背面,故以往有人认为它是《月月乐诗》的一部分。从内容上看,它以诗歌的形式自述了西夏人的祖源。当中可以看到西夏人对祖先的自述,西夏人的祖先由一名叫啰都的父亲开始,这是西夏人的远祖,生了七个儿子。当中可以留意,在此诗反映的西夏神话中,在这七个远祖的故事中已有与羌人⑤及汉人争战的故事,这与《颂师典》中说与汉同源又有一点不同。另外在此诗中“啰都反抗未独立。我辈阿妈娘娘为始祖,银腹金胸,善根不绝名嵬名。耶则祖,彼岂知,寻牛越出过边界”,则说了早在西夏的祖先时就已有了反抗汉天子的事,但并没独立(这与党项人在中国历史上的活动很相似),并且记了西夏皇族姓氏“嵬名”的由来。自“番细皇”(或译弥塞辖)开始的后半部分,记述了西夏后人中出现了番细皇此人,据克恰诺夫后来的研究补充,此人是王朝的奠基者,在七个骑士的拥护下称帝,并不再依附中国,“拉缰牵马人强国盛。我辈从此人仪马,勇族向西圣容近,未脱离,无号令,僻壤之中怀大心”。这几句反映的事迹,与元昊

---

① 此处聂鸿音译为“善良七儿为友”,参聂鸿音:《西夏文〈夏圣根赞歌〉考释》,《西夏文献论稿》,第 192 页。
② 此四句译法出入颇大,聂鸿音与梁松涛的译法为:“西主图谋攻吐蕃,谋攻吐蕃引兵归。东主亲往与汉敌,亲与汉敌满载还。”
③ 此句,聂鸿音改为“行行无益,啰都生怨自强说”,两种译法的意思略有不同,上文是指有反抗而未能独立,聂氏一句则变成因为不满而自强想独立,但未有说明结果。
④ [俄]克恰诺夫著,张海娟、王培培译:《夏圣根赞歌》,《西夏学》第八辑,上海古籍出版社,2011 年,第171 页。
⑤ 克恰诺夫在研究《圣立义海》时,将此句的羌人理解为西藏人。参[俄]克恰诺夫、李范文、罗矛昆:《圣立义海研究》,第 11 页。

反宋自立的事迹很像，克氏认为，这后半部分根本是记载景宗嵬名元昊的事迹。① 另一个例证，可看聂鸿音的译法，"呼唤坡地弥药来后是为何？风角圣王神址军，马背之上开疆土，我辈从此人仪马，色从本西善种来，无争斗，无投奔，僻壤之中怀勇心"②，这译句中将"圣王似风疾驰去"译成"风角圣王神址军"似是更合理，"风角圣王"以往已有前人研究指出是巍名元昊的尊号，③故可以说后边这几句是指元昊史绩。而最后几句，则是说他立国后，四方部族都来称贺，并且国中太平，人民安居乐业，最后战争也绝迹。如果对比史实，当然有明显的出入，至少直到西夏亡国前也经常与周边国家打仗，但是如果对诗前半部出现的战争记述，即与汉及羌争战，则最后所说的其实是在西夏人自成一国之后不再需要战争，可理解为战争的所指其实是汉、羌、藏（吐蕃）之战。

（三）《圣立义海》

《圣立义海》是西夏人所编的大型类书，按书中序指原书分五集十五卷，现时只余残本，编著者不详，写成年份亦不详，因现在残本有"西夏乾祐壬寅十三年五月十日刻字司重新刻印"一句，故当知此书成于 1183 年以前。它对人们了解西夏人的历史、文化、宇宙观、社会状况等各方面都有很大参考价值。在此因篇幅所限，只就两个问题来分析。

首先，《圣立义海研究》中提及的宇宙观问题，涉及西夏人对自己根源的看法。在《圣立义海》的序中，开首第一句就提及："昔出异相本根同，后成依形分种名。世有色相多至亿，凡界有情遮无情。"④如果比较《颂师典》诗的作者认为西夏人与汉人是同源的，只是语言不同而分开，在此观念上是如出一辙的。其次，有关西夏人宇宙观形成的神话，在《圣立义海》卷一《日之名义》条中，有"吴浪世牧住日出始出东见，光明皆利光晒诸遍民庶诸物尽皆获利。依季为育依热性，春夏使诸物生长。日圆乌助阳乌三足，助日供热。"这里提及太阳与乌鸦（鸟）的关系，前已有不少专家学者分析，与其他民族的创世神话有雷同之处。反而在此之后的数句，并不是说自然科学，而是将太阳与大地万物的关系，比喻为君臣的关系，⑤这点是有趣的。

其次《圣立义海》自第十三卷起至第十五卷中就谈及了人的身份与道德问题。从中可以反映出他们重视人的什么精神。上文《颂诗典》中有诗句："太空之下读己书，礼仪

---

① ［俄］克恰诺夫、李范文、罗矛昆：《圣立义海研究》，第 11—12 页。

② 聂鸿音：《西夏文〈夏圣根赞歌〉考释》，《西夏文献论稿》，第 192 页。

③ 参崔红芬、文志勇：《西夏皇帝尊号考略》，《宁夏大学学报》2006 年第 5 期，第 9 页。

④ ［俄］克恰诺夫、李范文、罗矛昆：《圣立义海研究》，第 46 页。

⑤ ［俄］克恰诺夫、李范文、罗矛昆：《圣立义海研究》，第 50 页。

道德自树立……皇族续续不间断，弥药儒言代代传。"显示西夏人自诩重视礼义道德，绝非汉人文学作品中所说的"贼""狗"等。① 而在《圣立义海》中，追求道德的做法是更明显的。首先是第十三卷《为人立名》中，先说明人之立，"依天地德"，"人者，上荫敝于天德、下坚依于地藏"，又说"人之四正：有孝德心、仁之正也。解善恶心，义之正也。为谦让心，礼之正也。知真实心，智之正也。人实有此四正"②，这明显与儒家的"四端说"相类。《番汉合时掌中珠·人事下》亦有列明："仁义忠信、五常六艺、尽皆全备、孝顺父母、六亲和合。"③何谓五常？即在仁、义、礼、智外，还有"信"，《圣立义海》对此有说："心善性恶、心王圣地。"心善性恶，《圣立义海》对此解释曰："人修善行，则世间得正名，后世达乐道。行恶行，则现世人皆憎，后世受贫苦也。"这里有点佛家种善因、得善果的因果说在内，而心王圣地，则是"正仪则如耕，解义如除威，采果收藏簸扬者如做人、做事，皆使成信也。人依顺五常则实，察寿道、得德名也"④。在此句中，可见"信"的重要地位，同时也提出人根据"五常"行事为人，李范文指出，西夏人道德标准以五常来衡量，而各项著作中亦常以五常六艺来教育人民。⑤ 故此，在提出了五常的定义后，《圣立义海》在之后点出了人的等级之分为上、次、中三等九品，合天德合五常者为圣人，九品之首。往后依次为仁人、智人、君子、人人、廉人、士人、俗人、奴人。

从这个分法，可以看见西夏人对人的要求，如何能为之"人"有严格的道德标准，而这标准既有儒家学说的影响，同时又有佛教学说的影响。更重要的一点，他们在为"人"下定义后，十四卷及十五卷便谈及家庭关系，特别是十四卷讲孝的问题。这个铺排，在《番汉合时掌中珠》中亦类似。在五常六艺、六亲和合的条目后，就是"爹爹娘娘、阿耶阿娘、阿哥阿姐、兄弟女妹、妻眷男女、阿舅外甥、叔姨姑舅"等与家庭相关的条目。这个排列或可反映出西夏人对于人与家庭这一环的重视。不论如何，从这些条文中可以看到，西夏人对于"人"的这个身份，是有严格要求的，也可以推断出，他们是怎样看"西夏人"

---

①如范仲淹《送河东提刑张太博》以"羌夏""敌骑""虏"等字眼来描述西夏人、韩琦《阅古堂诗》其中可以看到所用字眼比前一首诗更有贬义，例如"犬彘""妖祲"等，明显是对西夏的篾称，该句"赤子喂犬彘，塞翁泪涔涔"即指边地的臣民、士卒被杀害，剩下的人十分悲伤，以赤子来借代整个地方的受害者，及塞翁来代表生者，更突显西夏军的凶残及生者的可怜。而"叛羌""枭巢"等，"枭"说文解字："枭，不孝鸟也。"指明元昊原是宋朝的臣属，却忠不孝之举，而说不将其根本覆灭，将来必生"凶禽"，即为宋朝大患。郑獬的《羌奴》，首四句都是骂人的话，当中一句比喻西夏是狗，两句将之指为昆虫，另一句则以奴称之，是极侮辱之能事。

②[俄]克恰诺夫、李范文、罗矛昆：《圣立义海研究》，第 62 页。

③(西夏)骨勒茂才：《番汉合时掌中珠》，未刊本，第 20 页。

④[俄]克恰诺夫、李范文、罗矛昆：《圣立义海研究》，第 62 页。

⑤李范文：《关于〈圣立义海〉的几个问题》，克恰诺夫、李范文、罗矛昆《圣立义海研究》，第 35—36 页。

的特点,其中一点应该是重视儒家道德的,亦可能是利用儒家道德,再加上佛教思想作为核心,将国内的不同民族组合成一个西夏人的整体。这一点,与一般汉籍史书对西夏人的描述就有出入了。

小　结

　　因篇幅所限,未能提出更多西夏文学作品作分析。回到本文一问始的问题,西夏在建国后,面对国内的多民族状态以及周边政权对它的丑化、矮化。官方的政策是一个有力的整合行动,但本文认为,文学作品中反映的国族身份建构更重要。一方面,这些文学作品是以西夏文字来书写,印刷传播,而作品的内容又是有关于民族的自述,这种做法,对西夏人来说,就像是"创造了一个符号共同体"①。这些作品,就如班纳迪克所指,透过"某种和超越尘世的权力秩序相链接的神圣语言的中介,把自己设想为位居宇宙的中心",这个中介就是西夏文字,而这个设想,就是西夏的起源神话。从本文引用的两首诗以及《圣立义海》这部类书来看,这个神话是一步步发展的,先是承认蕃、汉同源,后来只西夏民族与汉人很早就有接触(战争),而在《圣立义海》中则有另一个起源神话系统。

　　另外,西夏文学作品亦指出,蕃、汉的共同点是重视本族的礼义道德,如《颂师典》中强调西夏人读儒家经典,《圣立义海》中为人立义,都用了儒家的概念,甚至《夏圣根赞歌》最后关于立国后的歌舞升平、邻邦来朝的景象,亦与儒家王道希望达至的景象相吻合;其次三个文学作品中的起源神话虽有不尽相同的地方,但这些不同的地方反映了当中建构的历程。就如王明珂在分析羌族的英雄祖先历史时所说的,羌族在本土历史文化建构中"不只消极接受由各种文化核心传来的'历史',他们也选择、修饰这些外来知识,以与自身原有的记忆相结合"②。这种结合的做法在西夏人的建构身份过程中亦看得到,如这些作品中就包括了儒家与佛教的文化,甚至当中可能还有党项本身的故事在内,只是不知道哪些是最原始的而已。

---

① [美]班纳迪克·安德森:《想象共同体:民族主义的起源与散布》,第19页。
② 王明珂:《羌在汉藏之间》,联经出版事业公司,2003年,第295页。

梦境和天命的缔造与诠释

——南宋君臣权力的另一面

河南大学　田志光　李杰文

　　宋朝社会舆论氛围相对宽松，士大夫公议能够影响政治运行。宋室南渡后，在帝位传袭过程中，相关人员往往将梦境铸成操纵舆论的利器，以梦境所释放的天命左右士大夫公议，此举在宋室南渡后更加明显。拥有缔造和诠释且为舆论所接受的梦境的能力，笔者将之称为造梦权。造梦权的归属折射了朝政大权的转递，在南宋时期，造梦权自高宗去世后下移，经历了群臣争夺的阶段，最终归于史弥远。史弥远之后，借梦干政无异于授人以柄，朝臣不再执着于此。

　　学界对梦亦有所研究，但往往集中在文学及个人际遇层面，[①]本文从政治事件入手，着重分析梦境的政治影响及梦境与天命的缔造与诠释，二者对帝位传承和君臣权力转递的作用等，这些问题的讨论学界尚付阙如。关于南宋时期的中枢政治权力归属，学界进行过大量专题讨论，田志光师认为南宋三省制改革是南宋相权膨胀的诱因之一，[②]贾玉英教授认为台谏是权臣当政的鹰犬，[③]崔英超认为孝宗极力遏制权臣的出现，[④]王玉连、邓亚伟对南宋权臣做了总结性探究，[⑤]冯会明对赵汝愚主持内禅进行了正面评价，[⑥]韩冠群对韩侂胄、史弥远实现专权的过程分别进行了论述，[⑦]小林晃对史弥远专权

① 胡如虹：《论陆游纪梦诗中的爱国诗作》，《娄底师专学报》1985 年第 3 期，第 19—25 页；陈海银：《黄庭坚记梦诗刍议》，《乐山师范学院学报》2008 年第 10 期，第 18—21 页；李曦萌：《从赵鼎"梦"诗见其心理情感动因》，《黑河学院学报》2021 年第 2 期，第 139—141、147 页。

② 田志光：《南宋三省改革与宰相职权演变》，《社会科学》2021 年第 1 期，138—152 页。

③ 贾玉英：《台谏与宋代权臣当政》，《河南大学学报（社会科学版）》1996 年第 3 期，第 38—43 页。

④ 崔英超：《南宋权臣政治的断裂——论宋孝宗的用相方略》，《暨南学报（哲学社会科学版）》2010 年第 4 期，第 141—145 页。

⑤ 王玉连、邓亚伟：《南宋权臣探究》，《焦作大学学报（社会科学版）》2011 年第 4 期，第 20—22 页。

⑥ 冯会明：《定策扶危的宋代宗室宰相赵汝愚》，《上饶师范学院学报》2006 年第 4 期，第 62—65 页。

⑦ 韩冠群：《从宣押入内到独班奏事：南宋韩侂胄的专权之路》，《北京社会科学》2016 年第 4 期，第 13—22 页；韩冠群：《从政归中书到权属一人：南宋史弥远专权之路》，《四川师范大学学报（社会科学版）》2017 年第 3 期，第 149—156 页。

的嬗变进行了分析。① 该领域的研究取得了相当的成果,但都未重点讨论宋廷君臣集权时面对舆论阻力何以化解。亦有研究涉及君臣对舆论的干预,田志光指出仁宗默许转世神话传播以维护统治,②还指出宋廷通过民谣来体察施政行为是否合乎民意,③邓小南教授指出关于高宗即位流言的传播是其刻意为之,④姜锡东教授认为孝宗朝借为岳飞平反收拢人心,⑤方燕认为因光宗不过宫而产生的流言导致绍熙内禅,⑥李超提出史弥远借嘉定宝玺事件塑造其长期执政的合理性,⑦但鲜有学者注意到君臣梦境的内容与权力变迁轨迹高度重合的事实。有鉴于此,笔者试以梦境为线索,分析南宋君臣如何借梦境达到政治目的,进而审视梦境内容与政治进程的关系,从造梦权的归属窥探君臣权力传递的脉络,以期从新的视角观察南宋时期中枢权力运行演变状况,不妥之处,敬请方家指正。

一、宋室南渡——“天命”赵构

北宋“靖康”之后,宋室南渡。康王赵构以唯一未被北掳的皇子身份再造南宋,是为高宗。南渡后的宋政权面临内忧外患的局面,内有武人拥兵,外有强敌窥伺,摆在高宗面前的是其父兄留下的“烂摊子”。高宗靠政治操作坐稳江山,向下夯实统治基础,向上则谋求“天命”,关于其重整国家政权的具体作为,学界已作大量讨论,本文不再赘述。然高宗为何孜孜追求缥缈的“天命”,获得上天授命对其究竟有何裨益,需要结合时代背景进行考察。

靖康之后,徽钦虽为金人所掳,然二帝在世,康王贸然登极显然不合礼法。时值国势艰难,既无徽钦传位诏书,康王便无法以承继父兄之命自居,况宗室仲琮等鉴于二帝蒙尘不久,以“今二帝北狩,王不当即位,宜衣淡黄衣称制,不改元,下书诰四方”⑧为辞,

①［日］小林晃:《南宋后期史弥远专权内情及其嬗变》,《国际社会科学杂志(中文版)》2020 年第 3 期,第57—68 页。

②田志光:《宋仁宗为赤脚大仙转世神话考论》,《河南大学学报》2020 年第 4 期,第 96—103 页。

③田志光:《宋代政治制度史研究》,人民出版社,2017 年,第 131—139 页。

④邓小南:《朗润学史丛稿》,中华书局,2010 年,第 233—251 页。

⑤姜锡东:《岳飞被害与昭雪问题再探》,《郑州大学学报(哲学社会科学版)》2007 年第 2 期,第 125—133 页。

⑥方燕:《南宋光宗朝过宫流言探析》,《四川师范大学学报(社会科学版)》2015 年第 6 期,第 128 页。

⑦李超:《试论史弥远对其执政合法性的塑造——以嘉定宝玺事件为中心》,《宁波大学学报(人文科学版)》2018 年第 3 期,第 66—71 页。

⑧(宋)李心传:《建炎以来系年要录》卷四,“建炎元年四月戊辰”,中华书局,2013 年,第 116 页。

表示康王不具建元资格。康王只得退而求其次，虽无诏书为凭，却可借梦发挥，当前一梦恰可用：

> （靖康元年闰十一月）己酉，上与幕府从容语曰："夜来梦皇帝脱所御袍赐吾，吾解旧衣而服所赐，此何祥也？"顷之，报京师使臣来，乃武学生借阁门祗候秦仔赍蜡诏，命上为大元帅，陈亨伯元帅，汪伯彦、宗泽副元帅，速领兵入卫。上捧诏呜咽，军民感动。上乃命耿南仲同预军谋。①

据此梦，宋室浩劫前夕，钦宗赐自己所穿的御袍于康王。御袍标示皇权，非一般皇子所能拥有，钦宗赐以御袍，便含托付社稷之意。此外，康王似乎还意在以此梦引人联想宋朝开创之事，赵宋肇兴于太祖黄袍加身，传百余年，又于康王梦中重演，暗示康王乃是祖宗意志的传承者。梦中赐袍之事虽可解释为先帝、祖宗之托，然虚无的梦境毕竟难以服众，需以实物作为权力传递的支撑，钦宗赐予的玉带便成为信物：

> （靖康元年）十二月壬戌朔，大元帅开府，除汪伯彦为集英殿修撰。上初开府，服排方玉带，语伯彦等曰："吾陛辞日，皇帝赐以宠行，吾逊辞久之，皇帝曰：'朕昔在东宫，太上解此带赐朕。卿宜收取。'不得已，拜赐。"②

赵宋一朝，玉带非君王专属，赐玉带乃是君对臣表达器重的方式。钦宗赐玉带之事并无传递皇权的含义，况靖康元年（1126）四月赵谌已被立为皇太子，何来托付康王一说？康王对玉带政治功能的有限性心知肚明，故而强作说辞，编造故事将其塑造成权力传递的信物。此举与其梦结合，足以将康王打扮成赵氏江山的合法继承者。但时值宋室浩劫，宗庙倾覆，帝统断绝，北有强国虎视，此种情形下何谈继统？这就意味着康王再造赵宋江山不仅需要受命父兄，更需要受命于天。靖康二年（1127）四月癸亥，门下侍郎耿南仲等上表劝进，首先表示天未厌宋，指出赵氏正统源于天命，又论述康王乃天命所归，由其承继宋祀符合天意：

> （耿南仲）又启曰："……独有天人相与之际，朕兆已久，未尝略举，愿毕其说。盖闻自古帝王之兴，必有受命之符。故白鱼潜跃，武王作周；赤伏显符，光武兴汉。大王奉使陛辞之日，皇帝赐排方玉带，有大事圣语；被受大元帅建府之命，有赐袍异梦。皇帝即位，纪元曰'靖康'，其后大王未尝封靖也。而京师之人及四方申陈，或曰'靖王'，或曰'康王'。迨皇帝之北迁，人始悟曰：'靖字从立，从十二月；乃皇帝立十有二月，而康王建帅'。纪年二字，实兆今日。飞仙亭一牌有连三箭之祥，太上皇

---

① （宋）熊克：《中兴小纪》卷一，"靖康元年闰十一月己酉"，福建人民出版社，1985年，第2页。
② 《中兴小纪》，第2页。

万里有'即真'二字之兆。黄河之渡，则阴未凝而冻忽合；济州之瑞，则红光见而火德符。天命彰彰著闻，周之武王，汉之光武，何以过此？大王其可久稽天命乎？其可弗顺人情乎？古人有言曰：'违天不祥'，愿大王亟即帝位，上留天心，下塞人望。"①

耿南仲等人列举授命征兆，消除康王即位的舆论阻力。此外，哲宗废后孟氏未被金人掳去，张邦昌僭位后尊其为太后，请其垂帘听政，孟氏以后位之尊迎立康王：

后闻康王在济，遣尚书左右丞冯澥、李回及兄子忠厚持书奉迎……寻降手书，播告天下。王至南京，后遣宗室士㒟及内侍邵成章奉圭宝、乘舆、服御迎。②

五月，康王赵构即皇帝位，是为高宗。高宗虽登极，然其君臣于"天命"之事上刻意附会，难脱自导自演之嫌。建炎元年（1127）七月，曹勋携徽宗"衬领诏"逃归，称"徽庙出御衣三衬一领，拆领，写字于领中，曰：'可便即真来救父母。'并押计九字，复缝如故，付臣勋。"③此诏一出，高宗便得到"父命"，加之前文提及的"天命""后命"，其践位可谓名正言顺。同时，曹勋还带来徽宗之梦：

徽庙过河数日，宣谕曰："我梦四日并出，此中原争立之象。不知中原之民，尚肯推戴康王否？"臣曰："本朝德泽在民，至深至厚。今虽暂立异姓，终必思宋，不肯归邦昌，幸宽圣念。"又曰："我梦想不妄，第记此梦。"④

张邦昌虽僭号月余，然其为伪帝，按金太宗、宋徽宗、宋钦宗、宋高宗皆号皇帝，当符合徽宗梦中四日之象。高宗即位后对金人的政策路线是求和避战，此时恰可借此梦宣示四日并存乃是天兆，将兴复宋室与宋金并立两个看似矛盾的话题相协调，满足自己的偏安需求。然事不遂高宗之意，建炎三年（1129），苗傅、刘正彦发动兵变，强逼高宗逊位，且太学生陈东称"上不当即大位，将来渊圣皇帝来归，不知何以处此？"⑤兵变虽被平定，然此事给高宗带来不小冲击，其苦心经营的"天命"一直以来都以帝位传自父兄徽钦为理论基础，况此前四日并立之象，亦无否定二帝正统之意，故高宗需要凸显自己与徽钦的不同，由赵氏血缘得来的"天命"显然不能将高宗与其父兄区别开来。直至绍兴十三年（1143），这一难题才得到解决，高宗册封吴氏为后，用惯用的手法将吴氏居后位描

---

① （宋）徐梦莘：《三朝北盟会编》卷九〇，"靖康二年四月四日癸亥"，上海古籍出版社，1987年，第668—669页。

② （元）脱脱等：《宋史》卷二四三《后妃传》，中华书局，1977年，第8635页。

③ （宋）曹勋：《北狩见闻录》，中华书局，1985年，第4页。

④ 《北狩见闻录》，第4页。

⑤ （宋）赵甡之撰，许起山辑校：《中兴遗史辑校》，"建炎元年八月壬午"，中华书局，2018年，第87页。

绘成天命所归：

> 宪圣慈烈吴皇后，开封人。父近，以后贵，累官武翼郎，赠太师，追封吴王，谥宣靖。近尝梦至一亭，扁曰'侍康'；傍植芍药，独放一花，殊妍丽可爱，花下白羊一，近寤而异之。后以乙未岁生，方产时，红光彻户外。年十四，高宗为康王，被选入宫，人谓'侍康'之征。①

有人指出吴后入宫时间被高宗做过手脚，所谓"侍康"之征是吴后自己制造的神灵光环。② 但吴后所谓的神灵光环因何能够被高宗接受？据此梦，上天注定吴氏"侍康"，且其出生时红光彻户外，暗示其非同常人。既有上天垂赐此非常之人，高宗所受"天命"自然显得特殊，如此一来，高宗便能够直接以己身接受天命，不再通过赵氏宗庙。暗示高宗帝位并非来自天命赵氏，乃是天命赵构。

高宗以虚无的梦境为政治工具，把无法从现实世界中求取的"天命"化入梦中世界。若仔细观察其取用梦境的情况，不难发现高宗每借一梦发挥，背后必有其受现实局势相绊的隐因，这种身处困局中的无力感需要借助外力来消解，而梦境所带来的"天兆"正是高宗需要的外力，每一可资利用的梦境都将其塑造成"受命于天"的帝统形象。然高宗在继统问题上绞尽脑汁，现实情况却颇为无奈，其独子早夭，这份"天命"最终只得传给养子——太祖七世孙——赵伯琮（孝宗）。

二、"兑为羊"——孝宗嗣统

建炎三年（1129），元懿太子薨。时高宗方二十三岁，正是春秋鼎盛之际，却有人上书乞请高宗择养子暂为储嗣：

> 七月丁亥，太子薨，谥元懿。殡治城之铁塔寺。后三日，仙井监乡贡进士李时雨上乞择宗室之贤者，使视皇太子事，俟皇嗣之生，退居藩服。③

高宗丧子仅数日，李时雨便发此议，说明其颇知高宗身体状况，才敢直言进谏。李氏仅一乡贡进士，竟能知高宗痼疾，可见此事已非秘闻。然高宗或出于丧子之痛，或对自己生育前景仍抱希望，抑或兼而有之，故对李时雨发怒，"帝怒，斥还乡里"④。但不

---

①《宋史》卷二四三《后妃传》，第 8646 页。

②刘坤新：《南宋高宗皇后吴氏入宫时间研究》，《科学大众》2010 年第 2 期，第 129 页。

③（宋）李心传：《建炎以来朝野杂记》乙集卷一《壬午内禅志》，中华书局，2000 年，第 496 页。

④《宋史》卷二五《高宗本纪》，第 467 页。

久，高宗便"诏选太祖之后"①，其下定决心的原因也归于异梦：

> 及元懿太子薨，高宗未有后，而昭慈圣献皇后亦自江西还行在，后尝感异梦，密为高宗言之，高宗大寤。会右仆射范宗尹亦造膝以请，高宗曰："太祖以神武定天下，子孙不得享之，遭时多艰，零落可悯。朕若不法仁宗，为天下计，何以慰在天之灵。"于是诏选太祖之后。②

此异梦内容已不可知，但其何以使得高宗"大寤"却值得探讨。若要知其隐因，则先需明晰此记载的模糊之处：一是，此处"行在"究竟指何地域，二是未点明孟太后向高宗言及此梦的具体时间。若以"昭慈圣献皇后亦自江西还行在"一处作为线索，可知孟太后自"江西"还朝仅一次：

> 会防秋迫，命刘宁止制置江、浙，卫太后往洪州……既至洪州（今南昌），议者言："金人自蕲、黄渡江，陆行二百余里，即到洪州"……金人遂自大冶县径趋洪州。（滕）康、（刘）珏奉太后行，次吉州（今吉安）。金人追急，太后乘舟夜行。质明，至太和县，舟人景信反，杨惟忠兵溃，失宫人一百六十，康、珏俱遁，兵卫不满百，遂往虔州（今赣州）……太后至越（今绍兴），帝亲迎于行宫门外，遍问所过守臣治状。③

此处虽未点明孟太后还朝时间，但据"太后至越"一处，可知孟太后还朝之行在乃是绍兴，按此前虔州民变，"（滕）康、（刘）钰、（杨）惟忠弗能禁"④，高宗先派卢益、李回代替滕康、刘钰，又遣辛企宗、潘永思迎接孟太后。再参考《三朝北盟会编》的记载，建炎四年（1130）七月十日"卢益、辛企宗护卫隆祐皇太后至行在"⑤，便可推知孟太后还朝的具体时间及将其异梦内容告知高宗的大概时间，即高宗丧子并李时雨议择养子一年之后，其间高宗被金军逼得漂泊海上，至金军撤后方得喘息。有此作为背景，再来看高宗的"大寤"，孟太后之梦何以让高宗决意择养子？又何以偏择太祖后裔？

"靖康"之后，英宗一系虽遭到毁灭性打击，但太宗一脉并未断绝，《挥麈录》载莫俦在金营中的经历，"粘罕二太子者谓：'搜寻宗室，有所未尽。'俦陈计于二贼，乞下宗正寺取玉牒，其中有名者尽行根刷，无能逃矣。"⑥此中透露出宗室未尽落金人之手的事实，

---

① 《宋史》卷三三《孝宗本纪》，第 615 页。
② 《宋史》卷三三《孝宗本纪》，第 615 页。
③ 《宋史》卷二四三《后妃传》，第 8636—8637 页。
④ 《宋史》卷二四三《后妃传》，第 8636 页。
⑤ 《三朝北盟会编》卷九〇，"建炎四年七月丁丑"，第 1029 页。
⑥ （宋）王明清：《挥麈录·后录》卷之三，《全宋笔记》第六编，大象出版社，2013 年，第 131 页。

高宗朝有众多宗室可用就足证此说不虚。① 赵士儦乃濮安懿王重孙,其于靖康时便"权同知大宗正事"②,高宗朝又因功"特封齐安郡王⋯权主奉濮安懿王祠事"③,可谓濮王系的代表人物。俟其薨逝,"六子皆进官二阶"④。赵士儦一人便有六子,濮王系宗子数量可想而知。此外,名臣赵汝愚的出身也能说明情况,"赵汝愚字子直,汉恭宪王元佐七世孙,居饶之余干县。父善应,字彦远,官终修武郎、江西兵马都监"⑤,其出自汉王一脉,也是太宗后裔。通过以上两人,可见太宗一脉并不乏宗子可选。

　　有学者提出高宗选择太祖子孙继位,原因之一是宗室中人对其"不让钦宗及其他的徽宗子孙返回南宋"心存怨恨,高宗畏惧由太宗后裔继承皇位将对自己不利,恐死后遭到清算,⑥此说合乎情理,然过分强调宗室力量,低估了高宗的政治才能。笔者从高宗的政治安排作分析,对其说法作一补充。从高宗诏选太祖后裔的言辞来看,"太祖以神武定天下,子孙不得享之,遭时多艰,零落可悯。朕若不法仁宗,为天下计,何以慰在天之灵"⑦,高宗提到效法仁宗,当年仁宗绝嗣,英宗继统,尊濮王为皇考,闹得仁宗险些香火断绝。"殷鉴"不远,高宗若一依仁宗故事,难保旧事不会重演。况高宗时年二十四,于传宗接代上并非毫无希望,若选立濮王系宗子为嗣子,将来小宗难免威胁高宗亲子帝位。因此,选择根基浅薄的宗子入嗣正符高宗需求,而流传许久的"太祖后当再有天下"⑧流言恰可借用,能够作为自己不选太宗一脉的借口,勉强服众。从高宗选择的两位养子来看,赵伯琮生父赵子偁为秀水县丞,赵伯玖生父赵子彦为秉义郎,官位皆不高,便于高宗控制。孟太后之梦的内容虽不详,但从高宗的反应来看,异梦的内容对其有所警醒,且符合其政治计划,但内容又不便公开。此梦或许直接影响了高宗立储,将其诏收养子之事提前到建炎四年(1130)。至绍兴二年(1132)五月,赵伯琮入宫,此梦的政治影响还在延续,然另一异梦渐成焦点,成为高宗后半生与赵伯琮近一生的预言。

　　绍兴三十二年(1162)六月,高宗禅位,"丙子,诏皇太子即皇帝位。帝称太上皇帝,

---

①关于宋高宗对宗室群体的起用情况,可参见孙朋朋:《试论南宋初期宗室群体势力的崛起——以宋高宗朝宗室群体势力的发展为重心》,《湖北工程学院学报》2016 年第 4 期,第 24—29 页。

②《宋史》卷二四七《宗室传》,第 8753 页。

③《宋史》卷二四七《宗室传》,第 8754 页

④《宋史》卷二四七《宗室传》,第 8754 页

⑤《宋史》卷三九二《赵汝愚传》,第 11981 页。

⑥何忠礼:《略论宋高宗的禅位》,《宋史研究论丛》第十三辑,河北大学出版社,2012 年,第 122 页。

⑦《宋史》卷三三《孝宗本纪》,第 615 页。

⑧《宋史》卷二四七《宗室传》,第 8745 页。

退处德寿宫，皇后称太上皇后"①，赵昚（赵伯琮）嗣位，是为孝宗。与宋朝多数皇帝一样，其孕育之时即有异梦相伴，然孝宗的传奇又有不同之处，往者多附会帝王由日、龙所化，孝宗则仿佛由羊所化：

> 王夫人张氏梦人拥一羊遗之曰："以此为识。"已而有娠，以建炎元年十月戊寅生帝于秀州青杉闸之官舍，红光满室，如日正中。②

古文以羊、祥通假，"羊，祥也"③。孝宗生母梦羊而娠，自然寓意此子不凡。然此梦似乎称不上帝王降世之兆。值得注意的是，伴随孝宗出生的异梦和异象与高宗吴皇后当年竟相差无几，吴后之父梦到"花下白羊一"，孝宗之母"梦人拥一羊"，吴后"方产时，红光彻户外"，孝宗出生时"红光满室"。二人如此相似的"传奇"，明显是高宗刻意为之，且高宗出生时亦是"赤光照室"④。高宗禅位时年已五十六，与北宋诸帝相比已属高龄，其对寿命的预期不会很高，而吴后却仅四十八岁，孝宗虽名义上与吴后为母子，然毕竟非其所出，高宗恐不得不思考待其身后，孝宗将如何奉养吴氏的问题。高宗出于爱惜吴氏，给二人安上相似的天命以增加养母子间的认同感，在一定程度上是对吴后的保护。此外，吴氏对立孝宗本就不悦，有学者认为高宗若不在生前立孝宗为帝，吴后很可能在高宗去世后立赵璩为帝，⑤故高宗此举也有稳固孝宗帝位的考量。编造出相似的生时梦境，既可避免家庭矛盾，又可以消除禅位之后政局中可能出现的动荡因素。

另一个需要留意的是，高宗把对养子、嗣君的期望也融于伴随孝宗的"异梦"中。《易经》有"兑为羊"⑥之说，兑卦的形象之一便是羊。在兑卦的卦象中，主卦与客卦双方都态度良好，取得双赢。此外，羊是驯顺的动物，此正合高宗对孝宗的期望。高宗亲身经历过徽宗禅位，见识过钦宗即位后与父亲的对抗，⑦且英宗朝"濮议"之事足以为诫，想必不愿见子不敬父之事在自己身上重演，故而借梦羊之兆表达心意。孝宗确如梦境所示，笃行孝道。

---

① 《宋史》卷三二《高宗本纪》，第 611 页。

② 《宋史》卷三三《孝宗本纪》，第 615 页。

③ （汉）许慎：《说文解字·说文四上·羊部》，中华书局，1963 年，第 78 页。

④ 《宋史》卷二四《高宗本纪》，第 439 页。

⑤ 何忠礼：《略论宋高宗的禅位》，《宋史研究论丛》第十三辑，第 125 页。

⑥ （魏）王弼注，（唐）孔颖达疏，卢光明、李申整理：《周易正义·周易兼义卷第九》，《十三经注疏》，北京大学出版社，2000 年，第 388 页。

⑦ 参见张邦炜：《靖康内讧解析》，《四川师范大学学报（社会科学版）》2001 年第 3 期，第 69—82 页；安国楼、张义祥：《宋徽宗与龙德宫》，《中国史研究》2020 年第 1 期，第 186—190 页；张延和：《靖康"遵祖宗旧制"之政与两宋之际的政治转型》，《史林》2020 年第 6 期，第 49—58 页。

　　孝宗虽最终得以即位,然其自入宫至嗣位皆依高宗意志,后者把梦境的功能由宣扬"天命"扩大到约束嗣君。可以说,高、孝两朝君主的造梦权皆握在高宗手里,而孝宗在由梦境映射的天命论中处于弱势。在整个梦境体系中,高宗居主导地位,孝宗则处于从属地位。高宗以梦境为凭,施加对现实政治的幕后操控,诚如柳立言先生所言,"'家国同构'使得孝宗朝出现一种双重皇权,形成一种父权凌驾皇权的形势"①,禅位后,高宗在孝宗的尊重下度过了余生,又因高宗长寿,孝宗"恢复"之志终难实现。高宗对梦境的绝对掌控使其充分受益,却给后继君主造成一种被动,自孝宗开始,皇帝渐丧失梦境世界的话语权,一个表现是由于孝宗无造梦权,其子赵惇(光宗)出生时无异梦伴身。可以说,高宗将现实世界的帝位交给了孝宗,却毫不放松对梦境世界的掌控,紧握神权与天命的解释权及现实舆论的主导权。高宗去世后,造梦权下移,朝臣尝试借梦境发挥,对梦境的解释渐演成党同伐异的手段。

　　淳熙十六年(1189)"二月壬戌,孝宗吉服御紫宸殿,行内禅礼"②,子赵惇继位,尊孝宗为至尊寿皇圣帝,退居重华宫。光宗从继位初"五日一朝重华宫"③发展到累月不朝,至绍熙五年(1194)已"久缺定省之礼"④。绍熙五年(1194),自五月寿皇病笃至六月崩殂,光宗始终不肯过宫,亦不执丧。七月,赵汝愚、韩侂胄请吴太皇太后旨,"命皇子嘉王即皇帝位于重华宫之素幄,尊皇帝为太上皇帝,皇后为寿仁太上皇后"⑤,光宗遂被取代。南宋诸帝——除高宗、末三帝之外——唯光宗无异梦伴身,除孝宗因独掌朝政时间过短,无充分时间造梦而致其子无异梦伴身之外,当还与光宗自己被迫禅位有关。

三、乘龙授鼎——窃权要君

　　光宗不过宫之际,"谏者盈庭,中外汹汹"⑥,朝臣纷纷谏言皇帝行孝道,甚至"中外讹言相汹动,无不讥切过宫者"⑦,流言四起,士人亦将灾异附会成上苍对皇帝的警示,⑧

---

①柳立言:《南宋政治初探》,《宋史研究集》第十九辑,1989年,第230页。

②《宋史》卷三六《光宗本纪》,第694页。

③《宋史》卷三六《光宗本纪》,第695页。

④(宋)楼钥:《攻媿集》,《丛书集成初编》,中华书局,1985年,第7页。

⑤《宋史》卷三六《光宗本纪》,第710页。

⑥(宋)吴子良:《林下偶谈》,《说郛》,上海古籍出版社,1986年,第1047页。

⑦(宋)叶适著,刘公纯、王孝鱼、李哲夫点校:《叶适集》,《水心文集》卷之十七《蔡知阁墓志铭》,中华书局,2010年,第319页。

⑧参见方燕:《南宋光宗朝过宫流言探析》,第128页。

以至于"众而群臣，次而多士，次而六军，又次而百姓，家有家喙，市有市哄，莫不怨嗟流涕，疾视不平"①，在这种舆论环境下，光宗得到的是"天罚"，而非"天命"，也正因其不得天命，才由其子赵惇取而代之。

光宗之所以与其父不和，皇后李凤娘难辞其咎，史载李氏"性妒悍"②，孝宗曾警告李氏，"宜以皇太后为法，不然，行当废汝"③。绍熙二年（1191）十一月，光宗在接连遭受爱妃暴卒和祭天不成的双重打击后精神恍惚，此后便少理政务，"帝疾由是益增剧，不视朝，政事多决于后矣"④。李后得势，孝宗、光宗父子隔阂渐深，光宗愈发抵触与其父见面，偶有朝见之意也为李后所阻。绍熙四年（1193）九月，光宗欲往重华宫朝见，"上已出御屏，慈懿挽上入，曰：'天色冷，官家且进一杯酒。'却上辇，百僚暨侍卫俱失色。傅良引上裾，请毋入，已至御屏后，慈懿叱之曰：'这里甚去处？你秀才们要砟了驴头！'傅良遂大恸于殿下。"⑤李后的干预使光宗不孝之名远扬，以至赵汝愚等朝臣借此逼迫光宗内禅。光宗实同被废，宁宗虽尊其为太上皇，却不能解决其处境的尴尬，若其皇位得自"天命"，那么强行以子代父的宁宗，其"天命"便无从谈起，故其帝位得失不能装扮成受命于天，却可以效法高宗借皇后的"天命"做文章，以求破局。史载李后出生时其父李道营前有黑凤聚集，"慈懿皇后大将之子，生于营中，生之日有黑凤仪于营前大黑石上。人谓凤，实鸑鷟"⑥，此显然是暗示李氏不俗，黑凤之兆似乎预示李后居尊位而乱政，恰与其阻拦过宫，导致光宗退位对应。又载道士皇甫坦预言"此女当母天下"⑦，高宗遂将其嫁与皇孙赵惇。按李后出生于绍兴十五年（1145），若其命数早为高宗所知，便当将其嫁与身为皇嫡长孙的赵愭，乾道元年赵愭受封皇太子，若其未早逝，李氏"母天下"的命数便无从谈起。史籍所载的李氏所谓命数经不起推敲，⑧笔者以为其实际上是内禅之后朝臣所附会，由李后承担"天命"，即可将光宗失德归咎于李后，附会成李后的命数，而对于光宗的命数则不多言，借以将迫禅的僭越之举"虚化"，此亦为光宗一生无异梦伴身的原因。

---

①（宋）袁说友：《东塘集》，《宋集珍本丛刊》第 64 册，线装书局，2004 年，第 380 页。

②《宋史》卷二四三《后妃传》，第 8654 页。

③《宋史》卷二四三《后妃传》，第 8654 页。

④《宋史》卷二四三《后妃传》，第 8654 页。

⑤（宋）叶绍翁：《四朝闻见录》甲集，"光皇命驾北内"，中华书局，1989 年，第 14 页。

⑥《四朝闻见录》乙集，"皇甫真人"，第 56 页。

⑦《宋史》卷二四三《后妃传》，第 8654 页。

⑧戎默在讨论恭王成为太子的原因时认为李氏"当母天下"的记载存疑。详见戎默：《宋孝宗立储事件钩沉》，《历史文献研究》2014 年第 2 期，第 290—291 页。

　　赵汝愚、韩侂胄以光宗在奏章批示的"历事岁久，念欲退闲"①为由迫禅，拥赵扩上位，是为宁宗。宁宗出生时其母的"天日下降"异梦似已意指其得天命，"光宗为恭王，慈懿梦日坠于庭，以手承之，已而有娠"②，至内禅之际，又有赵汝愚"乘龙授鼎"之梦："初，汝愚尝梦孝宗授以汤鼎，背负白龙升天，后翼宁宗以素服登大宝，盖其验也。"③需要指出的是，两处梦境虽都指向宁宗登极乃天命，却有本质上的不同。

　　李后梦中宁宗由日所化。按宁宗生于乾道四年（1168）十月，则李后梦日之事当发生于乾道三年末至四年（1168）初。适值赵惇兄庄文太子赵愭暴毙，史载乾道"三年秋，太子病暍，医误投药，病剧。上皇与帝亲视疾，为赦天下。越三日薨，年二十四，谥庄文。"④赵愭是孝宗嫡长子，去世后，其独子赵挺与孝宗次子魏王赵恺都有资格嗣立，然此时赵恺尚无子嗣。时为恭王的三子赵惇觊觎皇位，李氏之"天日下降"异梦恰在庄文太子去世后不久，赵惇极有可能是借用李氏有娠的现实情况来制造舆论，将李氏腹中子宣扬成天日所化，暗指此子将登尊位。早在乾道元年（1165）六月，孝宗未立太子之时，赵惇（恭王）便以其长子先于赵愭（邓王）之子出生为由，借王淮之口声称其子为"皇长嫡孙"，史载"乾道元年（1165）六月，邓王夫人钱氏生子，太上甚喜。先两月，恭王亦生子，于是秘书少监兼恭王府直讲王淮携白札子见大臣，言恭王夫人李氏四月十五日生皇长嫡孙"⑤，戌默据此认定赵惇争立之意由来已久。⑥此次赵惇可谓故技重施，其已为皇子，其子未来又将登尊位，言外之意便是自己将成为皇帝。此举亦是对孝宗立储心意的窥测，从孝宗对此梦的态度可以推知其对越次建储是否排斥。

　　在赵汝愚梦中，宁宗虽对应白龙，却需要其背负方得以升天，即朝臣在皇帝的"天命"中扮演了关键角色，赵汝愚成为皇权传递的关键人物，以梦中孝宗授予的汤鼎为信物，跨过光宗，直接将皇位交给宁宗。与此前宣扬的异梦不同，梦的主人并非帝、后，而是赵汝愚。上天赐"天命"于宁宗，却委赵汝愚助力，其佐政的依据则是孝宗授予的汤鼎，其主持废立的"法理"便是孝宗的托付，据此，赵汝愚便成为孝宗的托孤大臣，权势愈加重。其在绍熙五年（1194）八月受拜右相，实际上违背了祖宗家法，即监察御史汪义端

---

①（宋）徐自明撰，王瑞来校补：《宋宰辅编年录校补》卷之一九，"绍熙四年六月戊戌"，中华书局，1986 年，第 1285 页。

②《宋史》卷三七《宁宗本纪》，第 713 页。

③《宋史》卷三九二《赵汝愚传》，第 11989 页。

④《宋史》卷二四六《宗室传》，第 8732 页。

⑤《建炎以来朝野杂记》乙集卷二《己酉传位录》，第 515 页。

⑥戌默：《宋孝宗立储事件钩沉》，第 289 页。

所言之"祖宗以来不用宗室作宰相"①，然绍熙之后，臣子僭越的事实已经成立，加之宁宗资质平庸，无力振作朝纲，致使宰辅权进而皇权退，在皇权与朝臣权力之间出现了权力的真空地带，朝臣为独享大权而互相攻讦。争夺大权的着力点即争夺随皇权一起下移的造梦权，以赵汝愚为代表的朝臣试图借梦境操控舆论以左右朝政，其以"乘龙授鼎"之梦抢占了先机，将相权僭越君权的事实扭曲成梦境中的君主驾驭臣子以升天，得定策之功。然正如赵汝愚所料，"臣之踪迹，愈高则愈危"②，随后，以韩侂胄为首的朝臣将赵汝愚逐出庙堂，韩党虽得志，却也意识到无法通过新造梦境来否定赵汝愚的"法理"，故改以谋求对梦境重新进行解释，将争夺的焦点由造梦权转移到梦境的解释权，借赵汝愚之梦使之身败名裂，将其彻底推向皇权的对立面。

内禅之后，赵汝愚势盛，舆论一时以其为中枢核心：

> 先是，汝愚尝云："梦孝宗授以汤鼎，背负白龙升天。"又沈有开尝在汝愚坐曰："外间传嘉王出判福州，许国公判明州，三军士庶，已推戴相公矣。"又徐谊语人曰："但得赵家一块肉足矣。"盖指魏王之子，徐国公柄也。楼钥行辞免批答，有"亲为伯父，固非同姓之卿"之语。太学上书，乞尊汝愚为伯父。周成子言"郎君不令"。田澹谓"宁宗非光宗子"。其说非一端。③

众说纷纭，皆指赵汝愚掌握实权，公议似乎已将汝愚奉为宋室长者，宁宗只是所谓"赵家一块肉"，木偶而已。身处舆论旋涡，动辄得咎。庆元元年（1195）二月，李沐首先向赵汝愚发难，致其罢相：

> 于是右正言李沐首疏其事，劾汝愚以"同姓居相位，非祖宗典故，方太上圣体不康之时，欲行周公故事。倚虚声，植私党，以定策自居，专功自恣"等事。遂罢汝愚相位，出知福州。④

此次弹劾虽使赵汝愚失去高位，却难伤其性命。李沐劾其违背祖宗之法，只是以家法否定其相位，却无法推翻其自"乘龙授鼎"之梦中取得的法理。至于赵之欲仿效周公，其相位既去，李沐之言便失去力度，赵之性命无虞。然赵之相位得自定策，却轻易失于台谏，也透露出宁宗对其心存猜疑，甚至畏惧。赵汝愚出身宗室，为太宗系楚王元佐一脉，身居相位，又得朱熹等道学名臣拥护，更有昔日异梦傍身，此足以让宁宗寝食难安。

---

①《宋宰辅编年录校补》卷之一九，"绍熙四年七月"，第1282页。

②《宋宰辅编年录校补》卷之二〇，"绍熙五年八月"，第1297页。

③（宋）周密：《齐东野语》卷三，"绍熙内禅"，中华书局，1983年，第44页。

④《齐东野语》，第44页。

赵汝愚自称梦中"背负白龙升天"①，值得玩味的是他自己也随之升天，若从此处入手，宁宗安能不心生忌惮？反观韩侂胄，其乃是宁宗恭淑皇后叔祖，身为外戚，在亲属关系上却较赵汝愚为近。宁宗"不慧"，于政事上只知分亲疏，曾有"韩侂胄是朕亲戚"②之语，故宁宗希望看到韩党彻底击垮赵汝愚，只需韩党呈上合理的托词。换句话说，赵汝愚之死已被提上日程，韩侂胄便是"刽子手"。不久，胡纮以赵之"乘龙授鼎"异梦为突破口，却未质疑异梦的真实性，仅对异梦重新进行分析，将其与赵之出身相关联，声称赵有觊觎之心且有支持其自立的威望，《宋史》载"监察御史胡纮希侂胄意，诬汝愚久蓄邪心，尝语人以乘龙授鼎之梦，又谓朝士中有推其宗派，以为裔出楚王元佐正统所在者"③。《齐东野语》亦有类似记载，"何澹、胡纮疏：'汝愚唱引伪徒，谋为不轨。乘龙授鼎，假梦为符。'且言'与徐谊辈造谋，欲卫送太上过越，为绍熙皇帝'等事"④，声称内禅乃赵汝愚借异梦行私，意指其欺君，更言其有谋复立光宗之意。如此，便将其对宁宗的潜在威胁公开化，既给了宁宗除掉赵汝愚的正当借口，又趁机将与赵相善的朝臣划入皇帝的"黑名单"，以便韩党日后清理。韩党何以必欲除赵而后快？皆以赵声称受孝宗汤鼎，若赵不死而韩居其位，岂非逆孝宗之意？赵亦知死不可免，曾"谓诸子曰：'观侂胄之意，必欲杀我，我死，汝曹尚可免也。'"⑤

"乘龙授鼎"异梦两度被利用。先是赵汝愚造出此梦以迫禅，将僭越之举伪装成天意，宁宗早有异梦伴身，赵却以"乘龙授鼎"掩盖其"天日下降"，将宁宗的命数由自得天命转换成倚赵升天，君臣命数由之绑定，宁宗与"天命"的直接关系被淡化，皇帝造梦权的丧失是其权力下移的信号。不久，韩党借对"乘龙授鼎"的重新理解彻底摧毁赵汝愚，并对支持赵汝愚的朝臣进行打击，开启了庆元党禁。赵韩皆借梦发挥以左右政局，宁宗身处局中，却只是赵韩争取权力的棋子，其权柄屡遭窃弄而不自知，"乘龙授鼎"之梦悄然改变了君臣关系，舆论的主导权从此归于权臣集团，皇帝彻底失去了造梦权，遑论对梦境的解释权。韩侂胄之后，权归史弥远，即所谓"是一侂胄死，一侂胄生也"⑥。

---

①《宋史》卷三九二《赵汝愚传》，第 11989 页。

②（宋）彭龟年：《止堂集》卷五《论韩侂胄干预政事疏》，《景印文渊阁四库全书》第 1155 册，台湾商务印书馆，1986 年，第 821 页。

③《宋史》卷四〇〇《游仲鸿传》，第 12150 页。

④《齐东野语》卷三，"绍熙内禅"，第 45 页。

⑤《宋史》卷三九二《赵汝愚传》，第 11989 页。

⑥《宋史》卷四〇五《王居安传》，第 12252 页。

四、帝王之命——君权人授

　　嘉定十七年（1224）闰八月，宁宗驾崩，养子赵昀即位，是为理宗，①史弥远以拥立之功得以继续掌权。赵昀虽为皇族，然其出自燕王德昭一脉，与出自秦王德芳一脉的宁宗实际上血缘较远，其父赵希瓐在世时并无封爵。时人多以为宁宗继承者会是赵竑，他是沂王赵柄之子，宁宗从侄，早在嘉定十四年六月便被册为皇子。而赵昀则至嘉定十五年（1222）方入嗣赵柄，成为宁宗皇侄，十七年（1224）八月宁宗弥留时，他被册为皇子，闰八月继统。赵昀以布衣进京，未满两年便顺利即位，几乎全靠史弥远的鼎力相助和筹划，当时朝野有不满，史籍直言"史矫诏废济王，立理宗"②。本节重点不在探讨史弥远矫诏废立的真实性，但赵昀嗣位存在讨论空间是不争的事实，直至今日，学界仍不乏对宁宗——理宗权力交接问题的讨论。史弥远亦知自己在废立之事上理亏，故理宗起初委以重用时，史弥远屡辞，"宁宗崩，拥立理宗，于是拜太师，依前右丞相兼枢密使，进封魏国公，六辞不拜，因乞解机政，归田里，亟出关，帝从之"③，当有期望借此平息士人公议的成分。史弥远和理宗皆知"矫诏"后二人政治前途已相互绑定，只要理宗帝位稳固，史弥远相位便无可动摇，同样，只要史相是"贤臣"，理宗便是明君。若以现实情况论，虽理宗君临天下，史弥远亦位极人臣，然公议可畏，且理宗即位不到半年便发生了湖州之变，二人执政的合法性受到挑战，史弥远果断处理掉济王赵竑。此时的关键，是要考虑理宗帝位的合法性问题了，为证明理宗即位乃宿命，史弥远效法前辈，造出理宗出生时其父的异梦：

　　　　（理宗）以开禧元年正月癸亥生于邑中虹桥里第。前一夕，荣王梦一紫衣金帽人来谒，比寤，夜漏未尽十刻，室中五采烂然，赤光属天，如日正中。既诞三日，家人闻户外车马声，亟出，无所睹。幼尝昼寝，人忽见身隐隐如龙鳞。④

　　史籍未载伴随理宗之异梦与异象何时产生与流传，笔者倾向认为其乃宝庆元年（1225）所伪造，原因有二，一是该年爆发的湖州之变足使理宗与史弥远警醒，史载"湖州盗潘壬、潘丙、潘甫谋立济王竑，竑闻变，匿水窦中，盗得之，拥至州治，以黄袍加其身，守

①理宗又名赵与莒、赵贵诚，本文统称赵昀。

②（元）佚名撰，王瑞来笺证：《宋季三朝政要笺证》卷三，"甲子景定五年十月"，中华书局，2010年，第315页。

③《宋史》卷四一四《史弥远传》，第12417页。

④《宋史》卷四一《理宗本纪》，第783页。

臣谢周卿率官属入贺。初,壬等伪称李全以精兵二十万助讨史弥远擅废立之罪,比明视之,皆太湖渔人及巡尉兵卒"①,反叛者不止有平民,还有济王、官员、士卒,无论济王是否受盗贼裹挟,事件的性质已然由民变转为政变,且反叛者打着讨伐史弥远擅废立的旗号,实际上是对理宗正统性的否定。若理宗君臣再无回应,便无异于默认了得位不正。二是史弥远选立皇子时并未听闻赵昀幼时有何异事,理宗嗣位前的传奇只有"帝王之命"和"朕闻上古":

> 其初被选也,史卫王当国……时侍郎王宗与权善五星,指理宗、福王二命谓卫王曰:"二者皆帝王之命也。"于是理宗改训与莒,福王改训与芮,盖取二国以为名也……既而私引入书院中试,令写字,即大书"朕闻上古",卫王慄而起曰:"此天命也。"于是立储之意已定云。②

与芮乃理宗之弟,所谓"帝王之命"并非理宗所独有。而"朕闻上古"出自《孝经》,李超认为此四字"让理宗身上闪现出了孝宗的影子"③,但理宗与孝宗的相似不能作为其得天命的直接证据。故史弥远编造伴随理宗的异梦与异象,以证实其乃"天选之龙子",即使公议不以为然,却也无从指摘。只需抛出异事,任其流传,若有异己,便以不敬之罪清除,若无异议,理宗之位亦稳,此实为史弥远巩固权力的策略。需要明确的是理宗生父异梦中"紫衣金帽人"究竟指向何人,若以政局推论,自然指向史弥远,然若据记载而言,则当指向余天锡:

> 天锡秋告归试于乡,弥远曰:"今沂王无后,宗子贤厚者幸具以来。"天锡绝江与越僧同舟,舟抵西门,天大雨,僧言门左有全保长者,可避雨,如其言过之。保长知为丞相馆客,具鸡黍甚肃。须臾有二子侍立,全曰:"此吾外孙也。日者尝言二儿后极贵。"问其姓,长曰赵与莒,次曰与芮。天锡忆弥远所属,其行亦良是,告于弥远,命二子来……天锡引见,弥远善相,大奇之。计事泄不便,遽复使归……逾年,弥远忽谓天锡曰:"二子可复来乎?"……未几,召入嗣沂王,迄即帝位,是为理宗。④

据此可知,登门拜谒者乃余天锡,其以避雨为由见到潜邸时的理宗,并将之引见于史弥远。史弥远则从未登门,而是两次"命二子来"。若依此,紫衣金帽人当指余天锡。

---

① 《宋史》卷四一《理宗本纪》,第 785 页。
② (宋)周密撰,吴企明点校:《癸辛杂识》后集"理宗初潜",中华书局,1988 年,第 57—58 页。按此处有误,理宗本名赵与莒,不存在改训一说。
③ 李超:《宋理宗继位问题再探——以赵竑与史弥远之矛盾为中心》,《宁波大学学报(人文科学版)》2020 年第 2 期,第 80—81 页。
④ 《宋史》卷四一九《余天锡传》,第 12551—12552 页。

按史家两代以余氏祖孙为家塾师,余天锡称得上是史弥远之亲信,且余氏为沂王择嗣乃是遵史氏之嘱,似乎紫衣金帽人实际上指史弥远。笔者认为,史弥远在造梦时有所考量,其两次命令理宗进京,非人臣之道,若完全依实情造梦,一则甚损理宗颜面,二则授人以犯上的把柄。故而以贵人登门为异梦,紫衣金帽人乃是史余二人的结合,"形"在余天锡,"神"在史弥远,使公议虽知其实指史弥远,却无直接指向史的证据,无法以此发难。实际上理宗幼时的异象已足宣示其天命,而史弥远私心膨胀,要在理宗的天命中加上自己的功绩,故而借异梦中的紫衣金帽人自喻,暗指自己是理宗贵人,将理宗天命的实现归功于己,实情虽确是如此,然以此种半公开的方式向世人宣扬,理宗亦不能反对,可见史弥远对话语权的掌控,其强势地位反映君弱臣强。史弥远早在宁宗朝便已向道学士大夫示好,此时又效仿前人借梦境控制舆论,"紫衣金帽人"之梦简直是赵汝愚当年"乘龙授鼎"之梦的翻版,理宗乃小邑之龙,正因贵人登门拜谒,才有登极的造化,贵人是梦境的主角。不同的是,"乘龙授鼎"之梦中赵汝愚受先帝的委托及新帝的驾驭,宰辅权依旧依附于君权,"紫衣金帽人"之梦则是君权臣授,史弥远成为理宗天命的"阶梯",君权已然依附于臣权。史弥远似乎连名义上的君明臣贤都不愿维持了,他承认理宗确有天命,更强调自己才能开启天命。

至此,造梦权辗转到了史弥远手中,折射出最高权力自皇帝下移到了权臣手中的现实,宝庆、绍定年间朝政由史弥远把持,其"又独相九年,擅权用事,专任憸壬"①。面对强势的史弥远,理宗选择韬光养晦,避其锋芒,任其弄权,史弥远时已六旬,且所作所为早已为朝论不满。绍定六年(1233)十月,史弥远病逝,理宗迅速打击史党,却仍优待史家子孙,"弥远死,宠渥犹优其子孙,厥后为制碑铭,以'公忠翊运,定策元勋'题其首"②,前文已论及史弥远与理宗的政治前途相互绑定,史弥远更借荣王梦境将之半公开化。至理宗主政,亦不敢轻易否定史弥远,二者一荣俱荣,一损俱损,理宗通过粉碎史党赢得人心,无须再冒险打击史家后人。伴随着史弥远的死亡,理宗暂时收回了大权,但对于造梦权却不够重视,应是其自知帝位已稳,无借梦稳固帝位的必要,但是理宗诸子嗣又出了问题,借异梦干政者又再次出现。

理宗亲子皆夭折,故择其亲弟赵与芮之子入嗣,即后来的度宗赵禥。③ 赵禥天生智力存在缺陷,史载其"资识内慧,七岁始言"④,此虽可附会为贵人异相,然理宗并非不知

---

① 《宋史》卷四一四《史弥远传》,第 12418 页。
② 《宋史》卷四一四《史弥远传》,第 12418 页。
③ 度宗初名赵德孙,改名赵孟启、赵孜、赵禥,本文统称赵禥。
④ 《宋史》卷四六《度宗本纪》,第 891 页。

赵禥的资质,其对养子的学业颇上心,"理宗问今日讲何经,答之是,则赐坐赐茶;否则为之反复剖析;又不通,则继以怒,明日须更复讲"①,赵禥天资愚钝,立此子为嗣阻力一直以来便颇大,直到景定元年(1260),将立赵禥为太子之时,还有人认为其不当嗣立,"(吴)潜密奏云:'臣无弥远之材,忠王(赵禥)无陛下之福'"②。然理宗亲属之中只此一子,为突破阻力,理宗亦早已尝试借荣王府编造的异梦造势:

> 嘉熙四年四月九日生于绍兴府荣邸。初,荣文恭王夫人全氏梦神言:"帝命汝孙,然非汝家所有。"嗣荣王夫人钱氏梦日光照东室,是夕,齐国夫人黄氏亦梦神人采衣拥一龙纳怀中,已而有娠。及生,室有赤光。资识内慧,七岁始言,言必合度,理宗奇之。及在位岁久,无子,乃属意托神器焉。③

伴随赵禥出生的"异梦"是天水一朝君主中最多的,其祖母、主母、生母皆言有异梦,梦皆指向此子不凡。按赵禥生母黄氏孕时曾服药试图堕胎,《癸辛杂识》载:"绍陵之在孕也,以其母贱,遂服堕胎之药,既而生子手足皆软弱,至七岁始能言。"④此处虽未言明何人以黄氏微贱为名,令其服药,然荣王府中能够命令黄氏堕胎的无非赵与芮及其母全氏、夫人钱氏。再将此处与《宋史》相较,可以发现《宋史》中荣王府三场异梦与黄氏堕胎之事相矛盾,若府中人早知黄氏腹中子不凡,安敢令其堕胎? 两处史料皆提到赵禥七岁始言,只是从不同的侧重点对此进行解释,笔者认为两者皆可采信,"堕胎说"是对赵禥至七岁方能言的合理解释,或可作为《宋史·度宗本纪》的补充,而三场异梦则是赵禥出生后由其生父编造,后又为理宗所默许。

最早造出三场异梦的当是赵禥生父赵与芮,其与理宗为手足兄弟,且当年卜算五行,言理宗兄弟皆有"帝王之命"。理宗无嗣,嗣荣王之子乃是理宗从子,血亲关系最近,此时赵与芮编造此梦以试探兄长之心,理宗未怪罪其僭越,实际上是有将来收侄子为养子的打算。按赵禥生于嘉熙四年(1240),时理宗年方三十六,虽三子皆已夭折,然其于该年喜得一公主,⑤可知理宗对自己的生育前景并不至于绝望。至宝祐元年(1253),年近五旬的理宗立赵禥为皇子,理宗之意当是效法真宗、仁宗,以赵禥为替补继承人,等到将来生育皇子,再将之送回荣王府。同时,理宗亦着手借梦境为嗣子正名,荣王府当年

---

① 《宋史》卷四六《度宗本纪》,第 892 页。

② 《宋史》卷四一八《吴潜传》,第 12519 页。

③ 《宋史》卷四六《度宗本纪》,第 891 页。

④ 《癸辛杂识》续集下"绍陵初诞"条,第 190 页。

⑤ 按理宗独女瑞国公主薨于景定三年(1262)七月,年二十二,推知其生于嘉熙四年(1240)。《宋史》卷二四八《公主》,第 8789—8790 页。

传出的三场异梦恰可资利用,以证明赵禥得"天命",《宋史》所载度宗之事当是此时得到官方正式承认并开始流传。但三梦皆未提及理宗,无法向世人昭示理宗的权威,且有仁宗故事为鉴,理宗须考虑自己过世后的名分问题,皇考、皇伯考之争不能重演。至景定元年(1260)六月,理宗决意立赵禥为皇太子,《钱塘遗事》载理宗异梦,"度宗入宫,将册为皇太子,理宗忽梦有告之曰:'此十年太平天子也。'遂断自宸衷,以继大统"①,此处细节恐有附会之嫌,然理宗借梦之事当无疑。理宗受梦中人启发,遂决意册立度宗为皇太子,既以神明之言钳制众口,又宣告赵禥之帝位乃天命,二系已授,断将来议礼的可能,理宗此举显然有模仿当年"紫衣金帽人"的痕迹,也透露出史弥远之后,理宗掌握了梦境体系中的话语权,试图借梦境安排自己的身后事。后度宗确实做了十年天子,亦未否定理宗皇考的身份。理宗能够掌握造梦权,并非因其把握了强权,而是因史弥远久失人心,其子"嵩之为公论所不容,居闲十有三年"②,无人再敢冒天下之大不韪去效法史氏借梦胁君。度宗之后,亦传闻末三帝有"天命",然山河倾覆,江山易手,诸帝异事已付笑谈,大势既已去,造梦权遂归于元。容另文继续讨论。

结　语

宋室自靖康后南渡,建立南宋王朝。高宗乃庶出,行居第九,本无建元资格,幸得避开靖康之难而南渡,其虽有意称帝,但碍于徽钦二帝尚健在的现实情况,恐自己名不正言不顺,故而借"赐袍"之梦宣示自己乃承继帝统。即位后,又以"四日并出"之梦强化天命并谋求偏安,以"侍康""花下白羊"之梦凸显其特殊地位,强调其直接受命于天。更借孟后异梦择太祖后裔为嗣,避免了大权旁落。退位后,孝宗嗣统,"拥羊"之梦伴随后者一生,促其尽孝。高宗自南渡以后惯借梦行事,将政治、人伦都套在"天命"之中,始终紧握造梦权,将自己摆在道德高地,违其心意便是逆天。孝宗一生囿于此,未曾遂"恢复"之志,更因孝宗一生未能掌握造梦权,其子光宗也成为南渡诸帝中(除末三帝外)唯一无异梦伴身的皇帝。

高宗禅位后,孝宗虽不敢行使造梦权,其子却敢于编造梦境争取皇位,伴随宁宗出生的"天日下降"之梦便是从光宗藩邸中流出。但光宗并未如高宗一般牢固掌握造梦权,赵汝愚借"乘龙授鼎"之梦迫禅致光宗退位。此后,皇帝对造梦权的掌控式微,朝臣

---

① (元)刘一清撰,王瑞来校笺考原:《钱塘遗事校笺考原》卷五之"度宗即位",中华书局,2016 年,第 157 页。
②《宋史》卷四一四《史嵩之传》,第 12427 页。

尝试借异梦相攻讦,并衍生出了新的权力内容——梦境解释权,韩侂胄一党借"乘龙授鼎"异梦的新理解对赵汝愚及其支持者进行排挤、打压。而后,"一侂胄死,一侂胄生",史弥远掌权后亦效法前辈造梦,将自己与理宗的政治生命相捆绑,做到了生时为权臣,死亦荫子孙。理宗掌权后,造梦之事并未休止,养子度宗虽天资愚钝,理宗亦借梦境相干预,将之送上帝位,并趁机稳固了自己百年之后在宗庙中的地位。

高宗再造宋室,称得上中兴之主,梦境助其破除人生中诸多阻力,其在世时紧握对梦境世界的控制权。高宗借梦境编制的"网"束缚了养子赵昚一生,对朝政影响颇坏。高孝之后,庸主当国,造梦权的归属陷于混乱状态,群臣有借梦扩权之望,人主无乾纲独断之资,于是权臣角逐,梦境成了要君的"网",一时之间,权臣敢言天命,皇权不能独立。至史弥远去世,理宗方趁机将造梦权收回。辗转六朝,造梦权由人臣不敢轻慢的君主利器渐变成了人臣不敢乱用的"烫手山芋",参与并见证了宋室南渡后权力演变的全过程。

宋高宗独相秦桧的原因

台湾中正大学　杨宇勋

一、问题由来

　　绍兴二十五年(1155)十月,秦桧(1091—1155)死后,宋高宗(1127—1162 在位)曾经对大将杨存中(1102—1166)说过一句耐人寻味的话,他怕秦桧谋逆,每逢秦桧晋见之时,都会偷藏一把匕首在膝裤中以自卫。[①] 这段秘辛:一则显示高宗猜忌秦桧颇深,并怀疑其有弑君的可能;二则显示秦桧势力庞大,高宗只能自保。高宗把自己讲得好像是位傀儡皇帝,但果真如此吗?

　　秦桧死前五年,绍兴十九年(1149)九月,高宗御制《秦桧画像赞》盛赞秦桧说:"尽辟异议,决策和戎……其永相予,凌烟元功。"并亲书宝墨赐予秦桧。[②] 高宗正式宣布永相秦桧的决心。来年(1150)五月,高宗又应臣僚所请,将秦桧的忠义大节付之史馆,以示天下后世。[③]

　　在政治运作上,宋高宗可谓老谋深算,且非念旧惜情之人,理应不会因为秦桧主和议有功,因而充分信赖之,甚至终生任相。我们从另一角度来观察,苗刘兵变勤王护驾有功者,诸如吕颐浩(1071—1139)、张浚(1097—1164)、韩世忠(1089—1151)等人,凋零的凋零、贬斥的贬斥、冷落的冷落,这正可说明高宗的无情。绍兴七年(1137)十月,张浚罢相落职之后,高宗对左相赵鼎(1085—1147)说:"浚误朕极多,理宜远窜。"赵鼎为张浚

①(宋)黎靖德编,王星贤点校:《朱子语类》卷一三一《本朝五》,华世出版社,1987 年,第 3162 页;(宋)刘克庄:《后村先生大全集》卷五二《直前》,四部丛刊本,台湾商务印书馆,1980 年,第 17 页;前引书卷八六《进故事·丙午十二月初六》,第 3 页。

②(宋)李心传撰,胡坤点校:《建炎以来系年要录》(以下简称《要录》)卷一六〇,绍兴十九年九月戊申,中华书局,2013 年,第 3030 页;(宋)熊克撰,顾吉辰、郭群一点校:《中兴小纪》卷三五,系于绍兴二十一年十月,福建人民出版社,1985 年,第 419 页,《要录》认为熊克误植。

③《要录》卷一六一,绍兴二十年五月甲辰,第 3049—3050 页;《中兴小纪》卷三四,同条,第 413 页。

说项,向高宗劝说:"浚母老,且有勤王大功。"高宗却说:"勤王固已赏之为相也,功过自不相掩。"①还有,就连苗刘勤王、主议和与收兵权有功的武将张俊(1086—1154),绍兴十二年(1142)十一月也得乖乖交出兵权,辞去枢密使职务。强调君尊臣卑的高宗,竟然会容忍秦桧专权,是件很诡异的事情。

本文讨论的重心,在于推测高宗永相秦桧的原因,或许与当时政治情势有关,将于下面详述。至于秦桧如何专权,刘子健《秦桧的亲友》、寺地遵《南宋初期政治研究》早已详论,自不是本文赘言之处。②

二、主和国是

前述张浚任相与罢相的处境可作为一个观察点,他于苗刘兵变有勤王之功,故于绍兴五年(1135)二月被高宗超拔担任宰相,时龄三十九。绍兴七年(1137)八月爆发郦琼(1104—1153)叛变,张浚有严重的政治疏失,隔月即遭罢相与重贬。前述,张浚有勤王大功,高宗认为让他拜相即可报答之。依此而论,秦桧固有议和大功,理应比照张浚赏以相位即可,何必使其永任相职呢?看来,秦桧永相一事当另有故事。唯一能解释的是,这不是单纯的任相问题,而是事涉主和的国是议题。即是说,秦桧稳定南宋政权的贡献高过张浚拯救高宗性命,绍兴和议之后,高宗政权的合法性论述,就是以罢兵休息为国是,而这是高宗和秦桧君臣共同主张的国家总路线。余英时曾详论南宋初年国是之说,他推断高宗和秦桧君臣于绍兴八年(1138)共定"主和国是"路线,并借此贬斥异己。余英时说:宋朝"'国是已定'便不许有'异论',持'异论'便是犯'罪'"③。譬如朱熹(1130—1200)对陈俊卿(1113—1186)说:"夫所谓国是者,岂不谓夫顺天理、合人心而天下之所同是者耶?"而秦桧的主和国是并非如此,而是排斥异己的,"盖近世主张国是之严,凛乎其不可犯,未有过于近时者。而卒以公论不行,驯致大祸,其遗毒余烈至今未已"④。故余英时推测,主和议国是的位阶高过于"公论",就算多数公论不赞成国是,群

①《要录》卷一一五,绍兴七年十月戊戌,第2148页,此条根据《赵鼎杂记》而来;《中兴小纪》卷二三,同条,第274页。

②刘子健:《秦桧的亲友》,氏著《两宋史研究汇编》,联经出版事业公司,1987年,第143—171页;[日]寺地遵著,刘静贞、李今芸译:《南宋初期政治研究》,稻禾出版社,1995年,第299—419页。

③余英时:《朱熹的历史世界:宋代士大夫政治文化的研究》,生活·读书·新知三联书店,2004年,第279页。

④(宋)朱熹:《朱文公文集》卷二四《与陈侍郎书》,四部丛刊本,台湾商务印书馆,1980年,第14页。

臣必须遵循，否则只能离开朝廷。①

　　从绍兴十一年（1141）十一月议和成功伊始，到三十一年（1161）七月金海陵帝（1150—1161在位）南侵为止，宋金两国维持了十九年八个月的和平岁月。其中有两个考验点：一是绍兴十九年（1149）十二月海陵帝弑杀金熙宗而篡位，他是否依旧维持和平政策呢？宋廷其实并无把握。绍兴二十三年（1153）十二月，宋廷派遣贺正旦使施巨（1092—1185）临行之前，高宗对他交代此行使命说："岁遣信使，已有定例，使指之外，不可生事。"②随着金国骤然爆发海陵帝政变，高宗了解此时的宋金关系陷入高度敏感时期，告诫使臣切勿节外生枝。二是绍兴二十五年（1155）十月秦桧过世，宋廷象征主和的宰相已过世，其主和政策是否松动？

　　很幸运地，这两件事都顺利平安渡过，直到绍兴三十一年（1161）七月海陵帝发兵南侵，宋高宗的主和国是路线才被彻底翻转。

　　秦桧经常讲议和大计的重要性，并归功于高宗英明领导。绍兴十八年（1148）八月，知郢州赵叔泲（生卒年不详）还朝，向高宗进言："赖上独断，登用耆德，专任一相，坐致太平。望以今日得人转任之效，宣付史馆。"高宗同意所奏，五日后，史馆进呈，高宗对秦桧说："此卿之功也。朕记卿……首建讲和之议，朕心固已判，然而梗于众论，久而方决。今南北罢兵六年矣，天下无事，果如卿言。"秦桧谦逊说："和议之谐，断自宸衷，臣奉行而已，何功之有？"③绍兴十九年（1149）四月，主管台州崇道观张邵（生卒年不详）说："唯师臣桧蕴精深高世之识，灼见南北两朝事体，别白利害，力赞陛下兼爱赤子，敦讲和好，用息兵靖难，再造太平。"④再次提醒高宗勿忘秦桧主和大功。绍兴二十年（1150）五月，秘书少监汤思退（1117—1164）也说："太师秦桧推戴赵氏事迹……本末未能备尽，望令桧详录奏闻，宣付史馆，庶得备言广记，以诏无穷，且以知圣朝得一忠义大臣，成效如此。"高宗依其所奏。签书枢密院事巫伋（生卒年不详）言："秦桧忠义大节，天下所共知。然要当屡书不一书，使后世奸臣贼子闻风悚惧。"高宗同意他的看法。⑤

　　关于秦桧为主和的指标人物，亦可从他身后来观察。秦桧死于绍兴二十五年（1155）十月，有些群臣开始质疑主和国是之正当性，从而可能引发反对势力挑战，也会

---

① 余英时：《朱熹的历史世界：宋代士大夫政治文化的研究》，第279页。
② 《要录》卷一六五，绍兴二十三年十二月己未，第3145页；《中兴小纪》卷三五，同条，第427页。施巨生卒年，见李裕民：《宋人生卒行年考》，中华书局，2010年，第150页。
③ 《要录》卷一五八，绍兴十八年八月戊申，第2996页；《中兴小纪》卷三三，同月丁酉，第403页。
④ 《要录》卷一五九，绍兴十九年四月丙寅，第3016页。
⑤ 《要录》卷一六一，绍兴二十年五月甲辰，第3049页；《中兴小纪》卷三四，同月壬辰、甲辰，第413页。

让"金国颇疑前盟不坚"。甚至还有谣言传出高宗将传召张浚入朝,开始转为主战,令"虏情益疑"①。于是来年(1156)三月,高宗特地为此下诏辟谣:

> 朕惟偃兵息民,帝王之盛德……是以断自朕志,决讲和之策,故相秦桧但能赞朕而已,岂以其存亡而有渝定议耶? 近者无知之辈,遂以为尽出于桧,不知悉由朕衷,乃鼓唱浮言,以惑众听。至有伪造诏令,召用旧臣,献章公交车,妄议边事,朕实骇之……朕奉祖宗之明谟,守信睦之长策,自讲好以来,聘使往来,边陲绥静,嘉与宇内,共底和宁。内外小大之臣,其咸体朕意,恪遵成绩,以永治安。如敢妄议,当重寘典刑。②

高宗再次确定以主和议为国是,继续举着偃兵息民的大旗,此诏明白告诉大臣们,同时也告诉金人,主和是他本人的主意,秦桧只是执行他的意志而已。上引《要录》续云:"自秦桧死,金国颇疑前盟不坚。会荆鄂间有妄传召张浚者,虏情益疑。"参知政事沈该(生卒年不详)也替高宗澄清说:

> 向者讲和息民,悉出宸断,远方未必究知,谓本大臣之议,惧复用兵。宜特降诏书,具宣此意,远人闻之,当自安矣。③

大臣是指秦桧,远人指金人。秦桧死后,宋金两国关系面临考验,高宗针对朝野与金国的疑惑,必须重新加以定调,宣示绍兴和约将继续遵行。高宗诏文、沈该奏言的内容,不仅是说给群臣听的,也是说给金人听的。对内方面,表明宋金和约不变,借此压制反和派的政治集结,避免他们推翻和约国是,造成政治动荡不安。对外方面,讲给金朝听,叫金人放心,和约不变,两国依旧和平相处,不因秦桧过世而改变,高宗亲自担任主和的执行人。高宗如何继续执行和议国是呢? 他拔擢万俟卨(1083—1157)、汤思退、沈该等人,续任宰执,继续推动主和国是。仍旧不起用反和派,压抑张浚等人。④ 从秦桧死后,高宗仍主和议,可以佐证秦桧久任相位,金人的态度是主因之一,秦桧是金廷所信赖的主和者,也是绍兴和议的指标性人物。

①《要录》卷一七二,绍兴二十六年三月丙寅,第3284页

②《要录》卷一七二,绍兴二十六年三月丙寅,第3284页;《中兴小纪》卷三七,同条,第442页;(元)脱脱等:《宋史》卷三一《高宗纪八》,鼎文书局,1985年,第584—585页。

③《要录》卷一七二,绍兴二十六年三月丙寅,第3284页。

④朱熹曾论及,《朱子语类》卷一三一《本朝五》,第3159—3160、3162页。

三、挟金以要君

倘若说秦桧是宋金主和政策的指标性人物,应该是当时人的共识。然而,秦桧是否"挟金以自重"呢? 以下按照时间顺序来讨论:

绍兴四年(1134),魏良臣(1094—1162)等人出使金国挞懒军营,借此刺探金方主和意图,十一月返国述职。朱胜非(1082—1144)《闲居录》提到:

> 初,秦桧自京城随金人北去,为彼大帅达兰(挞懒)任用。至是达兰统兵侵淮甸,朝廷遣良臣、王绘奉使至其军,数问桧,且称其贤。逮再相,力荐良臣为都司,继除从官,欲弥其言。①

秦桧被俘到金国,服侍过挞懒(完颜昌,? —1139),其后南逃归宋。倘若上引史料可信,挞懒对秦桧印象颇佳,秦桧南逃返宋之后,两人或许还保持着联系。

绍兴七年(1137),挞懒与宋廷展开和谈,十一月,金廷废黜刘豫(1073—1146)政权,十二月,王伦(1081—1144)使金回国,带来"金国许还梓宫及皇太后,又许还河南诸州"的讯息。② 由于宋金议和出现曙光,绍兴八年(1138)三月,高宗再次任命秦桧为相。《要录》于绍兴八年十一月甲辰条提到"秦桧方挟虏自重,以为功",原文并未提及史源。③ 宋金两国和议看似水到渠成,实则暗潮汹涌,绍兴九年(1139)八月,金廷发生剧变,主和的挞懒被诛杀,政策突然转向主战。秦桧在金朝的盟友挞懒死后,他对金的联系管道顿时不见,将来如何因应呢? 高宗和秦桧真的无法同金廷联系吗? 然而,绍兴十一年(1141)十一月,宋金却突然达成和议,史书记载不详。

《中兴小纪》曾提到绍兴和议的国书内容,其中有"不得辄更易大臣"之语。所以有此条文,系"盖秦桧恐前宰臣张浚之复用也"④。朱熹也于所撰张浚行状提到类似的说法,其云:"方约和时,誓书有'不得辄更易大臣'之语。"⑤朱熹还判断,高宗之所以不干涉秦桧指使言官论劾政敌,"太上只是虑虏人,故任之如此"⑥。不止如此,岳珂《鄂国金

---

① 《中兴小纪》卷一七,绍兴四年十二月乙亥,第 218 页。
② 《宋史》卷二八《高宗纪五》,第 532—533 页。
③ 《要录》卷一二三,绍兴八年十一月甲辰,第 2304 页。
④ 《中兴小纪》卷三六,绍兴二十五年十月庚辰,第 437—438 页。
⑤ 《朱文公文集》卷九五下《张浚行状》,第 11 页。
⑥ 《朱子语类》卷一三一《本朝五》,第 3159 页。

佗稡编》、罗大经《鹤林玉露》、叶绍翁《四朝闻见录》也有类似的记载。① 即是说,秦桧是宋金和平的指标人物,所以连和约都明订宋廷不得随意更换之。然而上引五种史料的文字都很简短,没有详尽的内容。譬如《四朝闻见录》记载:

> 秦桧欲胁君固宠金人,又借之以坚和好,盟书所载,不许以无罪去首相。②

和约规定宋廷不得随意罢免秦桧相位,提供他挟金以胁君的资本。

现在无法看到绍兴和约的全部内容,而《金史》的条约记载也未提及此事,宋朝史书也未有详细记载。③ 因此,和约的全部内容为何? 现在已无从知悉。上述五种史源之中,岳珂(1183—1243)为岳飞(1103—1142)之孙,《鄂国金佗稡编》带有为其祖父申冤而贬抑秦桧的立场,论述未必客观。清代《四库全书总目》评论罗大经(1196—?)《鹤林玉露》说:"盖是书多因事抒论,不甚以记事为主;偶据传闻,不复考核;其疏漏固不足异也。"④由于二书存有疑虑,暂不分析。《中兴小纪》虽有不少疏漏,但瑕不掩瑜,保留不少原始素材。而朱熹在当时颇具名望,所言可信度自然不低。关于叶绍翁(1194—1269)《四朝闻见录》,宋人程公许(?—1251)评论此书:"他日足以备史官,补放失,非细故也。"⑤《四库全书总目》评论此书,也说:"所论颇属持平。南渡以后诸野史足补史传之阙者,惟李心传之《建炎以来朝野杂记》号为精核,次则绍翁是书……故心传书入史部,而此书则列小说家焉。"⑥清人周中孚(1768—1831)《郑堂读书记》也说:"足知其是非之公。"⑦此外,现代学者王曾瑜、何忠礼也采取这种说法,也未对此质疑。⑧ 爰是之故,本文认为绍兴和议国书明载"不得辄更易大臣",确有其可能性。

据孙觌(1081—1169)所撰《万俟卨墓志铭》记载,绍兴十二年(1142)八月,参知政事万俟卨充任金国报谢使,十月返国之后,"宰相秦桧假金人誉己数十言,嘱公(卨)绐上"。秦桧嘱咐万俟卨向高宗强调,以示金人相当重视自己。万俟卨原是秦桧党羽,然而万俟

①(宋)岳珂撰,王曾瑜校注:《鄂国金佗稡编续编校注》卷二〇《吁天辨诬通叙》,中华书局,1989年,第1024
　页;(宋)罗大经撰,王瑞来点校:《鹤林玉露》甲集卷五《格天阁》,中华书局,1997年,第79页;(宋)叶绍翁
　撰,沈锡麟、冯惠民点校:《四朝闻见录》乙集《吴云塈》,中华书局,1997年,第50页。
②《四朝闻见录》乙集《吴云塈》,第50页。
③(元)脱脱等:《金史》卷七七《宗弼传》,中华书局,1975年,第1755—1756页。
④(清)永瑢等:《四库全书总目》卷一二一《子部·杂家类五》,中华书局,1992年,第1047页。
⑤《四朝闻见录》,《点校说明》,第2页。
⑥《四库全书总目》卷一四一《子部·小说家类二》,第1201页。
⑦(清)周中孚著,黄曙辉、印晓峰标点:《郑堂读书记》卷六四,上海书店出版社,2009年,第1059页。
⑧王曾瑜:《荒淫无道宋高宗》,河北人民出版社,1999年,第285页;何忠礼:《南宋政治史》,人民出版社,
　2008年,第126—127页。

离却未如此向高宗报告,引起秦桧大怒,两人从此有了心结。① 绍兴十四年(1144)二月,秦桧以"黩货营私,窥摇国是"的罪名,将万俟卨谪贬提举江州太平观。② 推测秦桧所以罢斥万俟卨,一是因为万俟卨不恭顺于己,二是万俟卨可能威胁到秦桧主和代理人的地位。从此条史料看来,秦桧有意制造金人重视自己的话语,借此来操作他是宋金和议代理人的形象。还有洪皓(1088—1155),他也有北俘金国的经验,也算是知金派,高宗很赏识他,曾说:"虽苏武不能过也。"后来洪皓诸多的言行引起秦桧不悦,秦暗地指使御史奏劾洪,洪贬知饶州。③ 此与万俟卨被贬如出一辙,两人都威胁到秦桧主和代理人的角色。

绍兴和议之后,秦桧成为宋金讲和的指标人物,理论上金人应该希望秦桧继续执政下去,巩固和约。他在朝一日为相,便代表两国和议继续存在,倘若宋廷更相,另用他人,存在着不可预测的风险。这点王曾瑜已经说过:

> 秦桧已成为宋金和议的象征,若罢免秦桧,就意味着"臣构"皇帝对和议的变卦,宋高宗是断乎不敢为此的。④

这个判断应该是正确的。其次,金人的态度在宋高宗内心当有一定的分量,换言之,谁与金人交好,谁就是宋金主和政策的代表人物。原本通敌是莫大的罪名,秦桧反而利用通金主和作为他的政治资本。⑤ 刘子健也认为,秦桧亲戚有些仕宦于刘豫政权,双方可能互通讯息,只要宋金讲和,对秦家总是有利的。⑥

此外,朱熹认为前相赵鼎从主战转而倾向主和,但他与秦桧的区别在于:"如岁币、称呼、疆土之类,不至一一听命如秦会之样,草草地和了。"⑦王曾瑜认为赵鼎对和议条

---

① 孙觌:《万俟卨墓志铭》,引自《全宋文》卷三四九〇,上海辞书出版社,2006 年,第 161 册,第 45 页。《中兴小纪》卷三四,绍兴十二年十月,第 366 页;《要录》卷一五一,绍兴十四年二月丙午,第 2849 页;《宋史》卷四七四《万俟卨传》,第 13770 页,三书均转引该墓志铭。查万俟卨以参知政事充金国报谢使系十二年八月甲戌之事,当年十月返宋应属合理,《宋史》卷三〇《高宗纪七》,第 556 页;《要录》卷一四六,绍兴十二年八月甲戌,第 2754 页。
② 《要录》卷一五一,绍兴十四年二月丙午,第 2849 页。
③ 《中兴小纪》卷三一,绍兴十三年八月,第 373—374 页;《要录》卷一四九,绍兴十三年八月戊戌,第 2822—2823 页。
④ 王曾瑜:《荒淫无道宋高宗》,第 310 页。
⑤ 王曾瑜:《荒淫无道宋高宗》,第 372 页。
⑥ 刘子健:《秦桧的亲友》,氏著《两宋史研究汇编》,第 145 页。
⑦ 《朱子语类》卷一三一《本朝五》,第 3141 页;同处,第 3143 页,又云:"赵丞相亦主和议,但争河北数州,及不肯屈膝数项礼数尔。至秦丞相,便都不与争。"

件的坚持,影响到谈判的进行,招致高宗的厌烦和嫌恶。① 对比张浚,同样是前丞相与政敌,秦桧为何非得对赵鼎下重手呢? 可能是张浚主战,对秦桧威胁不大,反倒是转而主和的赵鼎可能取而代之,因此非斩草除根不可。绍兴十七年(1147),赵鼎怕祸及子孙,于是绝食而死。还有一位类似命运的执政大臣,越州人李光(1078—1159)也赞同和议,他和秦桧都是江南人士,秦桧起初引进李光共主和议,后来谪贬不已。所以谪贬,很可能与李光主和态度有关,对秦桧威胁太大了。② 李光妻管氏倾诉家人遭遇政治迫害的惨境说:"光迁谪海岭,首尾十八年,二子丧亡,二子流窜,田园屋宇尽皆籍没,骨肉流散……祖宗以来,执政官得罪,未有如光被祸之酷者。"③另外,李光为越州人,秦桧为建康人,寺地遵认为李光为江南名士代表之一,对于同是江南人的秦桧尤具威胁,李光可说是秦桧头号政敌。④ 由上可知,赵鼎和李光的贬谪待遇是相当严厉的。相对于秦桧主和之坚定,赵鼎和李光虽然倾向主和,但并未坚定如石。⑤ 秦桧还对两人防范如此之深,当与两人主和的态度有关,可能威胁到自己主和代言人的身份。

为何高宗非用秦桧不可呢? 过去有文献认为秦桧是金人间谍,⑥前辈刘子健曾驳斥此一说法。秦桧虽非间谍,但应为知金派。秦桧北俘时,曾经侍奉过挞赖,而挞赖是绍兴七年(1137)宋金和议的主谋之一。⑦ 有条史料颇有意思,绍兴十三年(1143)九月,洪皓贬知饶州。洪皓与秦桧都曾北俘于金廷,稍早之前,挞赖攻打楚州久围不下,欲令秦桧写檄书劝降。此时,洪皓突然提及往事,秦桧闻之"色变",于是秦桧指使侍御史奏劾洪皓。⑧ 挞赖在金廷失势而被杀后,秦桧可能另辟新管道与金朝打交道。秦桧与挞赖交好毕竟是明日黄花,如今洪皓语及此事,自然不是件光彩之事。

绍兴二十四年(1154)正月,南宋贺正旦使施巨朝辞,金国左宣徽使敬嗣晖(生卒年不详)曾询问秦桧的近况,他的理由是"我闻秦桧贤,故问之"⑨。绍兴二十八年(1158)

①王曾瑜:《荒淫无道宋高宗》,第194页。

②《朱子语类》卷一三一《本朝五》,第3158页。

③《要录》卷一八九,绍兴三十一年三月辛卯,第3664页。

④[日]寺地遵:《南宋初期政治研究》,第175—205页。

⑤赵鼎的和战态度之变化,可参看王曾瑜《荒淫无道宋高宗》,第177、194页。李光的主和态度,可参看前
　引书,第241—246页,史料如《要录》卷一六一,绍兴二十年正月丙午,第3040页,"光初进用时,以和议
　为是,朕嘉其气直,甚喜之。及得执政,遂以和议为非,朕面质其反复"。

⑥《鹤林玉露》甲编卷五《格天阁》,第79页,挞赖"乃阴与桧约,纵之南归,使主和议"。《朱子语类》卷一三
　一《本朝五》,第3157页。

⑦刘子健:《秦桧的亲友》,氏著《两宋史研究汇编》,第145页。

⑧《要录》卷一五〇,绍兴十三年九月甲子,第2829页。

⑨《金史》卷一二九《幸佞传·张仲轲》,第2781页。

正月，南宋派遣孙道夫（生卒年不详）担任贺金正旦使，预判"金将败盟，诘秦桧存亡，及关陕买马非约"①。孙道夫向金朝陛辞时，金国左宣徽使敬嗣晖质问孙道夫说："尔国比来行事，殊不似秦桧时，何也？"②看来，秦桧确为宋廷讲和的指标人物，连金人也甚为关心。其实此时海陵帝已决心侵宋，可能借故挑衅宋人，推卸败盟之责。

另一反向指标是主战派人物，张浚可谓代表，倘若金人愈是在乎此人复用，便可作为希望宋廷继续重用秦桧的辅证。南宋使臣至金国，金使必问："张浚今在？"③许多史书皆从金人敬重张浚的角度来记述，但反向解读之，何尝不是一种试探，考察宋廷是否重新起用主战派张浚？

孝宗时，朱熹评论秦桧主和罪状说："挟虏势以为重。"④进而提到："始则唱邪谋以误国，中则挟虏势以要君。"⑤又说："借外权以专宠利，窃主柄以遂奸谋。"⑥理宗时，刘克庄（1187—1269）也认为秦桧"挟虏要君之人"，"挟虏自重"⑦。南宋晚年，吕中（生卒年不详）反省秦桧永相时期说：

> 秦桧始则倡和议以误国，中则挟虏势以要君，终则饰虚文以为中兴。⑧

以上所引，朱熹、刘克庄和吕中的说法与本文见解相近，也正是本节的标题，秦桧所以永相，乃挟金以自重之故。

还有一种说法，宋高宗透过永相秦桧来表演给金人看，证明其真诚地主和，秦桧只是他主和议的工具。⑨ 前面曾经征引，秦桧死后，高宗担心金廷质疑自己主和的诚意，于是绍兴二十六年（1156）三月下诏，再次郑重宣布以主和议为国是，明白告诉金人，同时也告诉群臣，并借此消弭国外国内不安的形势。

---

① 《宋史》卷三八二《孙道夫传》，第 11766 页；《要录》卷一七八，绍兴二十七年十一月乙丑，第 3407 页，"金主亮诘以关辅买马非约，始欲败盟"。

② 《金史》卷一二九《幸佞传·张仲轲》，第 2781—2782 页。

③ 《中兴小纪》卷三四，绍兴二十年九月，第 414 页。

④ 《朱子语类》卷一三一《本朝五》，第 3163 页。

⑤ 《朱子语类》卷一三一《本朝五》，第 3158 页。

⑥ 《朱文公文集》卷七五《戊午谠议序》，第 11 页。

⑦ 分见《后村先生大全集》卷五二《直前》，第 16 页；卷八六《进故事·丙午十二月初六》，第 3 页。

⑧ 《要录》卷一四八，绍兴十三年二月乙酉夹注，第 2799 页；不著撰者，李之亮点校：《宋史全文续资治通鉴》卷二一中，黑龙江人民出版社，2005 年，第 1383 页。

⑨ 本文宣读于《第七届海峡宋代社会文化学术研讨会》，黄繁光师提示此说，由衷感谢。

四、逸欲说与大总管说

寺地遵指出秦桧专政的五大支柱：(1)透过台谏言官控制百官言行，以利其专制统治；(2)将执政、侍从官(给事中、中书舍人等)工具化与无意义化，以实务官僚为主的尚书省都堂指挥来运作政务，切断高宗与官僚机构的关联；(3)拉拢皇帝身边的近习，了解高宗的想法与动静；(4)结合汴京、临安大商人，汇集政治资金；(5)引用亲友和党羽担任两浙、江东地方官，以利掌控枢要地区的财力。所以秦桧集团具有排他性，排挤其他政治势力，成员基础狭隘。①

此处寺地遵所论并非错误，但秦桧真能在政坛呼风唤雨吗？其政治手腕如此高超吗？相比之下，高宗被秦桧蒙蔽而不自知，显得昏庸无能，历史果真如此吗？秦桧的政治手腕之高超，应无问题，但问题是：高宗是如此昏庸愚昧吗？

在此之前，还要解决清人一个假说，王夫之(1619—1692)曾经指出秦桧之可畏，在于他可以依靠金廷的支持，进而篡夺赵宋江山，成为后晋石敬瑭、齐刘豫之类的傀儡政权。王夫之于《宋论》提到：

> 高宗之年已耄矣，普安拔自疏远，未正嫡嗣之名。一旦宫车晏驾，桧犹不死，则将拔非所立之冲幼暂立之，旋起夺之。外有女直以为援引，内以群奸以为佐命，赵氏宗祊且在其心目之中易于掇芥……而蠦从中决，成巨浸以滔天，成乎萧衍、杨坚之势……考之于其所行，不难为石敬瑭、刘豫之为者。岂有察之而不易知者乎？②

萧衍是梁武帝，杨坚是隋文帝，两人是南北朝的篡位权臣；另外，石敬瑭得到契丹援助而建立后晋，刘豫则是与南宋敌对的傀儡政权。王夫之认为，倘若高宗早死，在养子孝宗威望不足的情况下，秦桧可能假以权臣的威势而篡位，或请女真协助而成为傀儡皇帝。

寺地遵延续此一假说，指出绍兴十二年(1142)是秦桧专制体制的开始，绍兴二十四年(1154)至二十五年(1155)达到顶峰。③ 刘子健却认为王夫之其实被宋高宗骗了，所论并非史实，高宗的政治手腕高明，个性阴险巧滑，秦桧的势力不管多大，仍在高宗的掌控范围之内，绝无弑君的可能。④ 本文赞同刘氏的看法，宋高宗的皇家血缘正当性是绝对而充分的，他是徽宗(1100—1125在位)的亲子、钦宗(1126—1127在位)之弟，在南宋

---

① [日]寺地遵：《南宋初期政治研究》，第319—342、353—361、363—371页。
② (清)王夫之：《宋论》卷一○《高宗十四》，金枫出版公司，1987年，第264—265页。
③ [日]寺地遵：《南宋初期政治研究》，第286—361页。
④ 刘子健：《秦桧的亲友》，氏著《两宋史研究汇编》，第197页。

境内无人可以挑战其皇位。其次,假设高宗被篡夺或被弑杀的话,宋境仍有许多近亲宗室,尽管他们或许正当性不足,但也能揭竿起义。其三,在士大夫政治氛围浓厚的宋代,一位异姓弑君者如何建立新政权的正当性与合法性,如何能够获得文官体系的支持呢?这点几无可能。王夫之和寺地遵轻忽考虑宋朝士大夫政治的结构与建立政权之正当性的难度。其四,寺地遵自己指出:秦桧的权力基础来自高宗对和议的支持,用人圈多集中于亲友,私心重于公心,地方政治实力其实并不丰厚。① 倘若所论可信,秦桧的政治有其局限,有何本钱可以篡位灭宋呢?

在宋高宗和秦桧的政治互动中,王夫之忘记考虑年龄因素,秦桧(1091—1155)年长高宗(1107—1187)十六岁,建炎元年(1127)五月,高宗即位时才二十一岁,相当今日的大三学生。到了绍兴元年(1131)八月,秦桧初次任相时龄四十一,高宗则仅二十四岁。因此,在正常的情况下,高宗早死的概率并不高。何况,秦桧死于绍兴二十五年(1155),享年六十五岁,高宗时年四十九岁,身子仍然颇为硬朗。其次,王氏是明末清初之人,忽略宋朝士大夫政治的特质,无论是篡位的异姓权臣或傀儡皇帝,新政权都很难获得正当性。

宋高宗真的受制于秦桧吗? 相信只要仔细深读《要录》史料,倘若秦桧掌控全部朝政,高宗岂会坐视不管。唯一合理的解释,就是高宗授权给秦桧,才有可能。朱熹曾引程颖(1033—1107)所言,提到高宗逸欲说,其云"人主致危亡之道非,而逸欲为甚",认为秦桧便利用高宗贪享逸欲的心态,"作太平调度,以奉高宗,阴夺其权,又挟虏势以为重"②。其次,刘子健曾提出:秦桧是高宗的主和代理人或朝政大总管,协助高宗处理金朝的关系与外朝的庶务。③ 个人以为,逸欲说与大总管说其实是一体两面,高宗在讲和之后贪图享乐,因此授权秦桧充当主和代理人与外朝大总管,协助朝政处理。

此外,利用秦桧来压制与整肃主战派势力,如赵鼎、张浚、韩世忠、岳飞等大臣或大将。这些人都具有代表性,不是担任过宰相,便是大将。迫害这些名臣贤士之恶名,其后的历史评价,过在秦桧,而非关乎高宗自己。即是说,秦桧做黑脸,高宗唱白脸,两人一搭一唱。

此外,还可从兵权方面来观察,所谓"枪杆子里出政权"。在绍兴和议之后,高宗透过自己亲选的将帅来掌握兵权,兹以禁军殿帅杨存中为例。高宗在议和与收兵权成功

---

① [日]寺地遵:《南宋初期政治研究》,第343—361页。
② 《朱子语类》卷一三一《本朝五》,第3162—3163页。
③ 刘子健:《秦桧的亲友》,氏著《两宋史研究汇编》,第167页。

之后,绍兴十二年(1142)二月,恩赐杨沂中改名存中。① 十一月,枢密使张俊罢职,进封清河郡王。② 张俊曾协助和议与收兵权有功,因此依然掌握兵权,这对朝廷还是有威胁性的。一年后,秦桧暗令殿中侍御史江邈论劾张俊,张俊于是去职。江邈同时也论劾其他两位大将,杨存中与田师中,文中提到:

> 俊据清河坊以应谶兆,占承天寺以为宅基,大男杨存中握兵于行在,小男田师中拥兵于上流,他日变生祸不可测。③

为何称存中为"大男"呢? 原来存中曾是张俊的部将,其后武职最高,故称大男。结果,存中非但没事,高宗还加封杨存中为少保。④ 绍兴十七年(1147)十月,又进封杨存中为少傅。⑤ 从上述可知,高宗之所以重用杨存中,是为了通过他来掌控军队。

从高宗和秦桧私人互动方面,也可证实大总管之说,就是秦桧侍奉高宗谨慎小心,唯恐出错。《四朝闻见录》记载,有一日秦熺(1117—1161)穿着黄葛衫,养父秦桧命令他换成白色,秦熺申辩说:"葛黄乃贵贱所通用。"秦桧回说:"我与尔却不可用。"葛布虽是平民衣料,颜色多为黄色,但因黄色为御色,恐"以色之逼上"⑥。又有一则故事,吴皇后(1115—1197)召王氏入宫赐宴,有道菜是淮河青鱼,吴皇后问王氏是否吃过? 王氏回说:"食此已久。又鱼视此更大且多,容臣妾翌日供进。"王氏回去告诉秦桧,秦斥责说:"夫人不晓事。"隔天,秦桧更换其他次等鱼进献,吴皇后笑王氏不识青鱼。⑦ 秦桧惧怕自家生活奢望超过皇室,容易引起吴皇后和高宗的猜忌,由此可见一斑。

绍兴二十五年(1155)十月,秦桧死后,秦家与姻亲王家失去利用价值,高宗铲除其残余的政治势力,并将过错推给秦桧,成为替罪羔羊。⑧ 其次,高宗亲掌主和大旗,前引绍兴二十六年(1156)三月再度申明主和之诏,足以证明。⑨ 其三,加速推动仁政,特别

① 《要录》卷一四四,绍兴十二年二月己卯,第2713页;《宋史》卷三〇《高宗本纪七》,第555页。
② 《宋史》卷三〇《高宗本纪七》,第557页
③ 《要录》卷一四七,绍兴十二年十一月癸巳,第2780页。
④ 《要录》卷一四七,绍兴十二年十一月乙未,第2781页。
⑤ 《宋史》卷三〇《高宗本纪七》,第567页。
⑥ 《四朝闻见录》乙集《秦小相黄葛衫》,第80页。
⑦ 《四朝闻见录》乙集《秦夫人淮青鱼》,第80页。亦见《鹤林玉露》卷二甲编《进青鱼》,第26—27页,与前书稍有差异,赐宴者是韦太后,两人吃的是子鱼,秦桧更换的是青鱼。
⑧ 刘子健论之甚详,见《秦桧的亲友》,氏著《两宋史研究汇编》,第144—145、154—155页。
⑨ 《要录》卷一七二,绍兴二十六年三月丙寅,第3284页;《中兴小纪》卷三七,同条,第442;《宋史》卷三一《高宗本纪八》,第584—585页。

是蠲减税役,以获得公论民意的支持。① 这三点都可说明高宗只是利用秦桧而已,并非秦桧真正掌控一切。

五、结　论

朱熹曾引程颢的"人主逸欲说"来解释高宗永相秦桧的原因:秦桧"作太平调度,以奉高宗,阴夺其权,又挟虏势以为重"②。本文认为,秦桧所以能永相,大致有下列原因:一是秦桧挟金人以自持,成为宋廷主和的代理人,是金人观察宋廷动向的指标人物。也可以如此解释,宋高宗透过永相秦桧来表演给金廷看,展示其主和的诚意,秦桧只是他主和的工具。二是秦桧洞悉宋高宗意念,并服侍得宜,无论公开或私下,扮演外朝庶务的大总管。三是秦桧彻底执行高宗主和命令,歌颂太平,打击主战派不遗余力,经过长期压抑之后,产生政治的寒蝉效应。四是君相二人控制言官之任命,借此掌控公论的动向与百官的行为。

---

① 拙著《休兵讲好苏民力:绍兴和议后减免税役的政策论述》,《国际社会科学杂志(中文版):南宋政治与社会新探》第 3 卷第 3 期,2020 年,第 108 页。史料如《要录》卷一七四,绍兴二十六年八月壬申、壬午、己丑诸条,第 3325—3326、3328—3329、3331 页。
② 《朱子语类》卷一三一《本朝五》,第 3162—3163 页。

"辛巳之役"南宋京湖战区守御方略的转变[①]

——以吴拱出戍襄阳为中心

四川大学　陈希丰

南宋高宗绍兴三十一年(1161,金海陵王正隆六年)冬,宋金之间爆发了著名的"辛巳之役"。战争牵涉川陕、京湖、江淮三大战场,其后续战事一直绵延至孝宗即位后。以往学界有关"辛巳之役"的研究主要偏重几次关键性战役(如采石之战、胶西海战、德顺之战)的梳理考订以及单纯依据《系年要录》对战争经过作平面叙述,对宋方军事部署、守御方略及诸多次要战役尚缺乏深入细致的讨论。[②]

事实上,"辛巳之役"备战阶段,宋方边防守御方略经历了由守江到守淮的明显转变。这一转变不仅深刻影响到此次战事的发展进程,也在很大程度上开启了南宋中期以后边防守御新的格局,值得重视。有鉴于此,本文拟以"辛巳之役"京湖战场作为个案考察对象,从吴拱先后两次出戍襄阳的军事调动入手,重点考察并揭示宋方在备战阶段守御方略的调整,以就教于方家。

---

① 本文为国家社会科学基金西部项目"南宋边防格局的形成与演变研究"(项目编号 19XZS007)阶段性研究成果。

② 概述性研究如王曾瑜:《南宋对金第二次战争的重要战役述评》,收入氏著《点滴编》,河北大学出版社,2010 年,第 409—440 页;台湾三军大学编著:《中国历代战争史》第 11 册"宋辽金夏"卷下第 11 章《金侵南宋之战三》,中信出版社,2012 年,第 263—324 页。关键战事研究如陶晋生:《金海陵帝的伐宋与采石战役的考实》,台湾大学出版委员会,1963 年;王智勇:《论宋、金德顺之战》,《四川大学学报(哲学社会科学版)》2003 年第 4 期;顾宏义:《宋金采石之战考》,《东北史地》2010 年第 3 期;王青松:《胶西海战再考释》,《宋史研究论丛》第十四辑,河北大学出版社,2013 年,第 157—171 页。近年,已有学者将目光转移到以往关注较少的次要战役,参范学辉:《南宋三衙诸军与宋金绍兴辛巳战事》,《济南大学学报》2016 年第 4 期;陈希丰:《宋金汝州、蔡州与确山之战探析——兼谈南宋守城战的守御方式》,《中外论坛》2020 年第 4 期;陈希丰:《宋金茨湖之战考实》,《宋代文化研究》第二十七辑,线装书局,2020 年,第 266—277 页。

一、吴拱出戍襄阳

"绍兴和议"签订后,宋金双方维持了近二十年的和平局面。在此期间,南宋江淮、京湖两大战区的边防正规军被完全收拢到江南地区,"不许驻兵淮上"[①];同时,淮汉地区严禁一切城防守御建设。至绍兴二十九年(1159)四月,使金官员孙道夫、黄中先后带回金主完颜亮"诘以关陕买马非约,恐将求衅于我"与"治汴京,役夫万计,此必欲徙居以见逼"的信息,提醒最高决策层"不可不早自为计"[②]。随后,归朝官李宗闵更进一步确认了金国整军备战的事实。

由于汴京所在正对京湖,宋方随即针对京湖战区展开了一系列军事上的暗中部署:由宿将、荆南知府刘锜牵头组建荆南屯驻大军,填补江防格局中长期存在的缺环。[③] 同时,集中选派武将出守京湖:先调遣牛皋之婿、鄂州驻扎御前左军副统制王宣北上襄阳,移任京西路马步军副总管;武略大夫、荆湖北路兵马钤辖魏震兼知荆门军;稍后又命刘锜旧部、侍卫马军司后军统制刘泽出知襄阳府,初步整顿襄阳防务;翌年三月,移荆湖北路马步军副总管马羽于京西,兼权知郢州;九月,刘锜之婿、武德郎、知石泉军董诚移知复州。[④] 由于当时宋金局势尚不完全明朗,贸然增兵襄汉未免给金方提供撕毁和约的口实,以上诸将赴任多未携带兵马。

随着毁约信息一再被确认,绍兴三十一年(1161)前后,和议政策的拥护者、宰相汤思退去位,主张积极备战、对金强硬的陈康伯、杨椿分任左相与参知政事。此举可视作高宗决意调整和议国策的风向标。与高层人事变动大致同时(三月七日),朝命以蜀口守将吴拱移知襄阳,并令其将带所部三千人赴任。

襄阳是南宋京湖战区三大重镇之一,自古即是连接江汉平原与中原的水陆交通枢纽。因宋金国界中段大体以南襄盆地为界,襄阳作为边城,其军事属性较之深处江汉腹

---

① (宋)韩元吉:《南涧甲乙稿》卷一〇《论淮甸札子》,《景印文渊阁四库全书》第1165册,台湾商务印书馆,1986年,第133页。

② (宋)李心传撰,胡坤点校:《建炎以来系年要录》(以下简称《要录》)卷一七九,绍兴二十八年二月丙午,中华书局,2013年,第3427页;卷一八一,绍兴二十九年四月壬辰,第3484页。

③ 参见陈希丰:《论南宋荆南屯驻大军的创置》,《宋史研究论丛》第二十四辑,科学出版社,2019年,第13—23页。

④ 《要录》卷一八二,绍兴二十九年五月丙寅、闰六月丙子,第3495、3515页;卷一八三,绍兴二十九年十二月乙卯,第3541页;卷一八四,绍兴三十年三月乙未,第3567页;卷一八六,绍兴三十年九月癸未,第3602页。

地的荆南、鄂州更强。以进攻论,由襄阳取武关道、鸦路、方城路可"长驱中原,恢复关陕"①,是宋军北进关中、收复旧都的桥头堡;就防守而言,襄阳具有屏蔽整个京湖战区的战略价值。特别是对沿江重镇、荆湖北路帅府——荆南,捍蔽之意义尤大。历代谈及京湖防务,往往以荆、襄并举,目为唇齿。这是因为:自襄阳南下,经宜城、荆门,轻骑疾驰两日可达荆南。荆南背江立城,地势平坦开阔,无险可守。设若襄阳城破,荆南殊难保固。一旦荆南失陷,则巴蜀东面门户洞开,湖广腹地完全暴露,东南亦有倒悬之忧。为此,诸如"欲保守荆州,自合将襄阳为捍守之计""若非速行经理襄阳,江陵决不可守"一直是宋人共识。②

值得注意的是,原襄阳知府刘泽到任刚满一年,且其正是朝廷专门派往京湖战场措置边备的。依据张孝祥、洪遵、周麟之等人的荐奏,刘泽从军三十余载,虽久居偏裨,然"治军有律,公忠廉直",多有可称道处。③ 离任襄阳后,刘泽随即受命出守淮东重镇扬州,足证其在京湖并无失职之举。④ 这提示我们:决策层以吴拱替换刘泽镇守襄阳,恐非单纯以武将知边州应对可能发生的宋金战争,而是另有深意。

吴拱系蜀口名将吴玠长子,时任利州西路(即兴州)驻扎御前中军都统制、阶成西和凤州路兵马副都总管、兼知成州。他在绍兴中后期一直协助叔父吴璘主持关外四州防务。吴璘对他十分倚重,"出则使之统率,居则赞其谋议"⑤。时人谓其"为人颇类(吴)玠,屡历行阵,亦得军士心"⑥。"辛巳之役"期间,吴璘病重,四川总领王之望致书大臣者五,请求朝廷将吴拱从京湖战场调回,以备不测。不难发现,作为吴氏家族第二代中的佼佼者,吴拱在当时川陕大军中扮演着"储帅"角色。⑦

---

① (宋)蔡戡:《定斋集》卷三《论襄阳形势札子》,《景印文渊阁四库全书》第 1157 册,台湾商务印书馆,1986 年,第 591 页。

② 《要录》卷一九〇,绍兴三十一年五月乙未,第 3682 页;(宋)魏了翁:《鹤山先生大全文集》卷三〇《奏缴别之杰书施行复襄事宜》,四部丛刊本。有关襄阳地理环境与军事价值,参见严耕望:《唐代交通图考》第六卷《河南淮南区·洛阳郑汴南通汉东淮上诸道》,上海古籍出版社,2007 年,第 1854—1941 页;宋杰:《蒙古灭宋之役中的襄阳》,收入氏著《中国古代战争的地理枢纽》,中国社会科学出版社,2009 年,第 489—516 页。

③ (宋)张孝祥著,徐鹏点校:《于湖居士文集》卷一七《论荐刘泽奏》,上海古籍出版社,2009 年,第 166—167 页;(明)黄淮、杨士奇编:《历代名臣奏议》卷二三八洪遵《荐刘泽奏状》,上海古籍出版社,1989 年,第 3144 页。

④ 《要录》卷一九〇,绍兴三十一年六月甲子,第 3695 页。

⑤ 《要录》卷一九四,绍兴三十一年十一月己丑,第 3808 页。

⑥ (宋)李心传撰,徐规点校:《建炎以来朝野杂记》乙集卷一二《吴玠福不逮吴璘》,中华书局,2000 年,第 688 页。

⑦ 参见陈希丰:《吴璘病笃与蜀口谋帅:南宋高孝之际川陕军政探析》,《中华文史论丛》2020 年第 3 期。

大敌当前,朝命以吴拱出守襄阳,应包含两点动因:其一,京湖战区缺乏堪领鄂州屯驻大军的良将。鄂州屯驻大军脱胎于"岳家军",兵力达五万之众,乃京湖战区绝对主力。该战区原有名将刘锜坐镇,但刘在组建完荆南屯驻大军后不久即奉调江淮战场,出掌镇江都统司。剩下的资深将领唯有鄂州都统制田师中。然而,田师中乃一员庸将,依靠与张俊的私人关系发迹。"绍兴和议"前后,他在政治上随张俊一道投靠秦桧,遂得长期掌领鄂州大军。随着秦桧去世、宋金局势转变,南宋朝野对田氏能否有效统御鄂州大军抵抗强敌抱持极大的忧虑。时人如冯时行、杜莘老先后以田师中"老且病""老而贪,士卒怨"为由,请求易替鄂帅。① 对此,南宋高层自然洞若观火,提前物色并部署鄂帅继任者成为决策层亟须考虑的重点。本战区内,襄阳知府刘泽虽久经沙场,但资望不足;荆南都统制李道则刚刚出掌新军,不宜调动。此种情形下,此前曾数度入朝觐见、并已在蜀口独当一面的川陕"储帅"吴拱遂进入朝廷视野,成为鄂帅的潜在继任者。② 概言之,以吴拱出镇襄阳,乃是朝廷为撤换鄂帅田师中预作的人事布局。

另一层考虑则是借此加强川陕、京湖两大战区间的协作。当时,完颜亮已驻跸汴京,"积粮草于唐、邓,修营寨于西京"③,对南宋京湖战区构成极大的军事威慑。若金军真果以主力进攻京湖,鄂州及荆南屯驻大军约七万人的兵力殊难与之抗衡。为此,宋廷一面从东南战场紧急派遣成闵率三衙大军驰援京湖,一面将吴拱调往襄阳,为的是战事开启后蜀口守将吴璘能更积极有效地支持中部战场,实现两大战区间的联动。

二、弃襄保江:备战之初京湖守御方略

值得注意的是,吴拱出镇襄阳,还将带有三千西兵。对此,李心传的解释为:

> 是时御前诸军都统制吴璘戍武兴,姚仲戍兴元,王彦戍汉阴,李道戍荆南,田师中戍鄂渚,戚方戍九江,李显忠戍池阳,王权戍建康,刘锜戍镇江,壁垒相望,而襄阳独未有备,故命拱以所部戍之。④

---

① (明)黄淮、杨士奇编:《历代名臣奏议》卷九一,提点成都路刑狱公事冯当可上书,第1249页;(宋)杜大珪辑:《名臣碑传琬琰之集》中卷五四查钥《杜御史莘老行状》,影印宋刻元明递修本,《中华再造善本丛书》,北京图书馆出版社,2003年。

② 此前吴拱曾至少三次入朝觐见,分别是绍兴六年、二十三年及二十八年。参见《要录》卷一〇〇,绍兴六年四月己未,第1902页;卷一六四,绍兴二十三年正月己酉,第3117页;卷一八〇,绍兴二十八年十一月戊午,第3464页。

③《要录》卷一九四,绍兴三十一年十一月己丑,第3807页。

④《要录》卷一八九,绍兴三十一年四月甲辰,第3666页。

此前因宋金局势尚不明朗，王宣、刘泽诸将移任襄阳时皆未将带兵马，而今以吴拱领西兵三千出戍，确是南宋加强襄阳守备的实质举措。但问题在于，襄阳与荆南、鄂州、江州、建康、镇江等沿江重镇并非处于同一边防守御线。就当时南宋边防屯驻格局来看，除川陕战区例行屯兵蜀口（兴州、兴元、金州）外，京湖、江淮两大战区都将兵力摆布于沿江一线。既然与襄阳处于同一防守线的信阳、光州、寿春、濠州、楚州等沿淮重镇皆未驻军，为何独独戍兵襄阳？

再者，当时南宋朝野普遍判断京湖地区将会是此次金军南下的主攻方向。若我们认为戍兵襄阳乃是宋廷为应对金军南下预作的军事部署，区区三千人又岂能抵挡金军主力？时任梁山知军晁公溯即上书宰执，表示出对这一部署的不解：

> 吴襄阳（按指吴拱）之未出蜀也，兴州之兵皆得而将之，置于襄阳，去兴州甚远，惟与麾下三千人俱，乃孤军也。处于四通五达之郊，而无大险；介于一二主将之间，而不相亲。江夏田公，盖与襄阳交至浅也，朝廷本使田公在江夏，以荆、襄委之，而倚为距防，今乃分其地，以予至浅之交，荆州有警，又近舍田公，而用李武当，田公能不觖望？万一襄阳不支，必谓非我部曲，不得专其功，则不肯赴其难。是襄阳独三千人御大敌，守则不足以固，战则难以取胜，徒夺吴兴州手足之捍，而荆州不得襄阳以为蔽。[1]

晁公溯在书中强调了京湖战区三大帅——鄂州都统制田师中、荆南都统制李道与襄阳知府吴拱间可能存在的人事纠葛，对"万一襄阳不支"，鄂州方面不肯发兵救援深感忧虑。然而，晁氏并没有摸准决策层调任吴拱的真实用意，更未能把握宋廷对于京湖战区的守御方略，因之才有"襄阳独三千人御大敌"的疑惑。试想，若宋廷果真有意依托襄阳城抵御金军主力进攻，又岂会只布置"守则不足以固，战则难以取胜"的三千"孤军"驻守呢？

概言之，以吴拱将带西兵三千出戍襄阳，诚然是加强襄汉边区守备的举措，但并不意味着宋廷就有意固守襄阳。这里便涉及"辛巳之役"备战时期南宋京湖战区的守御方略问题。

我们先来看当时京湖战区西线的主要兵力分布情况。吴拱以所部西兵三千驻守边城襄阳，而荆南都统制李道则统率麾下两万大军屯驻于沿江重镇荆南府。显然，兵力部署的重心是在沿江。另一方面，据《三朝北盟会编》卷二三一记载："拱承朝廷指挥：襄阳

---

①《要录》卷一九〇，绍兴三十一年五月乙未，第 3682 页。

倘或有变,吴拱不能自保,则令退守荆渚。"①可见,"辛巳之役"备战之初,最高决策层下达给吴拱的指示是:若金军大举进攻襄阳,不必死守,南退与荆南都统制李道一同守御荆南即可。

不论是兵力部署还是朝廷指示都指向一个事实:宋廷并未将京湖战区西线的防御重心放在襄阳,而是以荆南为核心的沿江一线。这也就解释了为何宋方仅以三千孤军驻守襄阳的军事部署。

再看战区东线的军队屯驻状况。京湖战区主力——鄂州屯驻大军五万兵马由都统制田师中掌领,驻扎于沿江重镇鄂州一带。绍兴三十一年(1161)五月,为加强京湖守御力量,宋廷调派主管侍卫马军司公事成闵"提禁旅三万镇武昌",并"命湖北漕臣同鄂州守臣建寨屋三万间以待之"②。以湖北转运使(置司鄂州)与鄂州知州共同主持营建军寨,说明宋廷计划将增援京湖战区的成闵大军部署在鄂州一带。史载成闵抵达鄂州后,"屯于古将坛之左"。同时,鄂州屯驻大军五万之众仍屯鄂州。两军迭居一处,一度造成鄂州城内"人情不安,市井惊惶"③的局面。然而,据知信阳军王之道报告,当时作为战区东线边防要地、控扼三关之险的信阳军"止有兵一百五十人,而除摆铺差出外,在寨者止七八十人"④,与鄂州屯聚八万重兵形成了极为鲜明的对比。

就常理而言,既然宋廷预判金军将以京湖作为主攻方向,那么处于中部战场边面的光化、襄阳、随州、信阳等地本应是宋方军事布防的重点。然而结合对襄阳守将吴拱所受朝命及战区东、西两线兵力部署的考察可知:"辛巳之役"备战之初,南宋依然延续"绍兴和议"后十余年间的军事屯驻格局,将京湖战区的防御重心放在以荆南、鄂州为核心的沿江一线,而非与金国直接接壤的襄淮前线,"弃襄保江"的守御思路极为明晰。

三、襄阳不可弃:京湖守御方略的转变

宋廷在京湖战区作出据守长江的防御部署,固然是"绍兴和议"后长期消极退守江南的惯性思维使然,襄汉边区军政不修、战备废弛的客观状况同样不容忽视。

---

① (宋)徐梦莘:《三朝北盟会编》卷二三一,绍兴三十一年九月十一日,上海古籍出版社,1987年,第1663页。

② (元)脱脱等:《宋史》卷三七〇《成闵传》,中华书局,1985年,第11502页;《要录》卷一九〇,绍兴三十一年五月丙申,第3684页。

③ 《要录》卷一九一,绍兴三十一年七月丁亥,第3707页。

④ (宋)王之道:《相山集》卷二〇《申三省枢密利害札子》,《景印文渊阁四库全书》第1132册,台湾商务印书馆,1986年,第679页。

　　绍兴四年(1134)岳飞收复襄汉六郡后,曾修葺襄阳"城壁楼橹",并请"支降钱米应副收籴""借贷耕牛子种本钱"给归业之民,以恢复生产。① 张浚主政期间,也曾命岳飞置司襄阳,并令荆襄"帅府参谋官一员提点屯田"②。在岳飞治下,襄阳一度成为南宋边防重镇。然而,绍兴十二年(1142)以后,受和约规定所限,原京湖宣抚司屯布在襄汉前线的守军被一并收拢至鄂州,襄阳几乎不再驻扎军队。据绍兴二十九年(1159)归朝官李宗闵观察,"襄阳之兵,不过千余人,又皆疲懦"③,这应当是高宗中后期襄阳守备的常态。与之相应的城防、军寨、马场建设及军队后勤设施悉皆废置。至绍兴末,作为襄阳双子城的樊城"不修筑,多摧缺"④,几无城防守备可言。

　　军政不修外,宋廷对该地区亦无屯田复业之举,鄂州"诸将私田"还大量"占籍境内"⑤。绍兴十七年(1147),知府陈桷奏称襄阳"户数视承平时才二十之一","民物凋瘵"⑥。襄阳籍士人王之望于绍兴二十三年(1153)返乡,有"相逢访亲旧,十百不一遇"⑦之叹。襄阳驻军的军粮补给无法就地解决,即须由鄂州方面依靠汉江水运输送,然"溯流而上,二千一百里,滩浅水急,非两月不可到"⑧。因此,短期内移屯大兵至襄阳,确属不易。

　　对于朝廷"弃襄保江"的守御方略,作为前线将领的吴拱予以坚决反对。他具奏上陈:

　　　　此甚失襄人之望,且荆州为吴、蜀之门户,襄阳为荆州之藩篱,屏翰上游,号为重地。若弃之不守,是则撤其藩篱。况襄阳依山阻江,沃壤千里,设若以为巢穴,如人扼其咽喉,守其门户,则荆州果得高枕而卧乎?朝廷必欲守襄阳,为一道固围之计,非三万军马不可保守。若欲保守荆州,自合将襄阳为捍(中)〔守〕之计。当得军马一万,使拱可得措置,则修置小寨,保护御敌,营辟屯田,密行间探。⑨

---

① (宋)岳珂编,王曾瑜校注:《鄂国金佗稡编校注》卷一〇《条具荆襄相度移治及差官奏》、卷一一《荆襄宽恤画一奏》,北京:中华书局,1989 年,第 844、852—853 页;《要录》卷八二,绍兴四年十一月乙丑,第 1560 页。

② 《宋史》卷二八《高宗本纪五》,绍兴五年十二月癸丑,第 523 页。

③ 《要录》卷一八一,绍兴二十九年四月,第 3489 页。

④ 《三朝北盟会编》卷二三四,绍兴三十一年十月十五日,第 1684 页。

⑤ 《要录》卷一五七,绍兴十八年四月,第 2985 页。

⑥ 《宋史》卷三七七《陈桷传》,第 11653 页。

⑦ (宋)王之望:《汉滨集》卷一《赠襄阳帅吴彦猷》,《景印文渊阁四库全书》第 1139 册,台湾商务印书馆,1986 年,第 671 页。

⑧ 《定斋集》卷三《论屯田札子》,第 593 页。

⑨ 《三朝北盟会编》卷二三一,绍兴三十一年九月十一日,第 1663 页。需要指出的是,徐梦莘皆将此段文字系于吴拱以鄂州都统制身份调发鄂州大军"戍襄阳者尽绝"后,不妥。原因在于吴拱申状中提到"当得军马一万,使拱可得措置",则吴氏作此书时当仍系襄阳知府(或在赴任襄阳途中),尚未受任鄂州都统,其手下可供调遣者唯西兵三千,故而才有愿得军马一万之建请。

阐述"若欲保守荆州，自合将襄阳为捍守之计"的思路，请求朝廷调拨"军马一万"使他能"措置"襄阳防务。考虑到襄阳城防守备缺失、短期内难以修葺完缮的现状，吴拱依据其父吴玠利用和尚原、杀金坪高地御敌的经验，提出在襄阳城西的万山"修置小寨"，希望能据险而守。

当时颇受高宗倚信的京湖宣谕使汪澈同样不赞成朝廷的守御方略。进入京湖战区后，汪澈第一时间赶赴襄阳，视察前线防务。针对朝廷"欲置襄阳而并力守荆南"的守御方略，汪澈力"奏襄阳重地，为荆楚门户，不可弃也"[1]。

不难看出，在襄阳守御问题上，决策层与前线指挥官存在明显分歧。其中，宋廷的政策出发点侧重于能不能守，而吴拱、汪澈则更为强调该不该守。最终，决策层接纳了汪澈与吴拱固守襄阳的思路，将京湖战区守御线由沿江推进到襄阳边区，并重新部署了战区防务。

八月十七日，在汪澈的建议下，宋廷宣布将饱受诟病的鄂州都统制田师中召回，由吴拱接掌鄂州屯驻大军。[2] 同时：

> 令成闵与吴拱从长公共选差一得力兵官，权知襄阳府，统率吴拱旧军，专一措置边防。倘有缓急，令吴拱将大军前去应援。[3]

在任命吴拱为鄂州都统后，朝廷并未第一时间就增兵襄阳，而是先令京湖制置使成闵与吴拱共同选派将领接任吴拱襄阳知府的旧职（后由鄂州都统司左军统制郝晸继知襄阳），仍统领三千西兵驻守襄阳；吴拱则坐镇鄂州，待襄阳方面被兵后，再调发鄂州大军前往应援。

从稍早前的"不能自保，则令退守荆渚"到此时"令吴拱将大军前去应援"，宋廷对于"襄阳被兵"后如何应对的旨令已发生明显转变。

不过，鄂州与襄阳虽同属京湖，但两地分处战区东南、西北角，相距近千里。若襄阳被兵，鄂州方面"救兵日夜倍道"，单程最少也需六七日才能"至襄阳城下"，"不幸而少却，则襄阳亡矣"[4]。换言之，在城防守备缺失的条件下，坐等襄阳被围攻后再从鄂州发兵救援，意义并不大。

---

[1]《要录》卷一九二，绍兴三十一年九月乙未，第 3738 页。

[2]《三朝北盟会编》卷二三一，绍兴三十一年八月十七日，第 1661 页。

[3]（清）徐松辑，刘琳、刁忠民、舒大刚、尹波等点校：《宋会要辑稿·兵》二九之三〇，绍兴二十九年九月十五日，上海古籍出版社，2014 年，第 9252 页。按《辑稿》此处系年有误，当作"三十一年"为是，参见陈希丰：《〈宋会要辑稿〉系年补校二则》，《中华文史论丛》2017 年第 3 期。

[4]（宋）佚名：《新刊国朝二百家名贤文粹》卷四〇黄成孙《攻守论》，《续修四库全书》第 1652 册，上海古籍出版社，2002 年，第 638 页。

　　为此，九月十五日，宋廷进一步以鄂州距襄阳"地远""应援不及"为由，诏令吴拱"量度事势，添那人马，前去襄阳府屯驻"①，实际是命吴拱调发鄂州大军移屯襄阳，并由其全权负责襄阳前线防务。以战区主力——鄂州屯驻大军西戍襄阳，不仅是对吴拱"非三万军马不可保守（襄阳）"建请的回应，更显示出宋廷将京湖战区守御线由荆南、鄂州推进至襄汉一线的决心。

　　与此同时，战区东线，原驻军鄂州的京湖制置使成闵也受命统帅三衙禁卫军向北进屯至应城（九月十八日）与德安（二十一日）二城。② 至此，"辛巳之役"备战期间京湖战区的军事部署最终落定。

结　论

　　南宋高宗朝末期，面对金国大兵压境，蜀口守将吴拱奉调京湖战场。短短半年内，吴拱身份经历了由利州西路驻扎御前中军都统制、阶成西和凤州路兵马副都总管、兼知成州到京西南路安抚使、知襄阳府再到鄂州驻扎御前诸军都统制的转换。同时，朝廷下达给吴拱有关襄阳防务的旨令也由最早"襄阳倘或有变，不能自保，则令退守荆渚"变为"倘有缓急，将大军前去应援"，最后又变为"量度事势，添那人马，前去襄阳府屯驻"，深刻反映出南宋京湖战区守御方略由谨守荆鄂沿线到进守襄汉前线的转变过程。

　　就此后战事发展的进程来看，"辛巳之役"期间，刘萼所率京西汉南路金军对宋方京湖战区前沿光化、襄阳等地展开了一系列进攻，但始终未能越过汉水对京湖腹地构成实质性威胁。这固然归因于金方以主力进攻淮西、京湖仅作牵制性进攻的军事战略部署，但战前宋廷听取汪澈、吴拱建议将防线由沿江推进到襄汉一线的举措同样起到了关键性作用。如若宋方弃襄汉边区于不顾，任由金军径入江汉平原，"辛巳之役"京湖战场的局面恐怕将是另一幅场景。

　　若我们稍将目光放宽，考察同时期的江淮战区，则可发现：以吴拱、成闵大军进屯襄阳、应城、德安绝非孤立事件，而应是当时南宋边防部署全局性调整中的一环。在此之前，江淮战区是以"戚方戍九江、李显忠戍池阳、王权戍建康、刘锜戍镇江"，各支边防军皆驻屯长江沿线。就在朝廷下令吴拱调发鄂州大军增驻襄阳的第二天（九月十六日），宋廷命镇江都统制刘锜、建康都统制王权、池州都统制李显忠、江州都统制戚方"措置

---

①《宋会要辑稿·兵》二九之三〇，绍兴二十九年九月十五日，第9252页。
②《宋史》卷三二《高宗本纪》，绍兴三十一年九月丁亥、庚寅，第602页。

沿淮三处河口(即清河、颍河、涡河口),严为堤备"①,明确将江淮战区的守御线定在淮河沿线。可以说,宋廷在战争爆发前的最后一刻将军事守御线由沿江推进到了淮、汉一线。这一调整以及前线将领刘锜、王权对宋廷守御方略所产生的分歧将深刻影响此后江淮战场的战事进程。

更为关键的是,"辛巳之役"宋方守御方略的调整就此改变了"绍兴和议"后淮汉不驻军的边防战略格局。就京湖战区而言,乾道五年(1169)与七年(1171),宋方先后两次大规模修固襄阳城,"贴筑府城,用砖内外包裹,及增置楼橹、守城器具"②,并形成由荆南都统制率兵万人长期屯驻的局面,使襄阳城重新成为南宋中部战场边防重镇。后来的开禧战事中,"襄阳城最坚",金军"攻累月而不破"③,端始于此。

---

① 《宋史》卷三二《高宗本纪》,绍兴三十一年九月乙酉、丁亥,第 602 页;《要录》卷一九二,绍兴三十一年九月乙未,第 3737 页。

② 《宋会要辑稿·方域》九之一九,乾道五年四月二十四日,第 9455 页。

③ (宋)黄榦:《勉斋先生黄文肃公文集》卷二九《安庆与宰相乞筑城及边防利便札子》,影印元刻延祐二年重修本,《中华再造善本丛书》,北京图书馆出版社,2003 年。

试论时间维度层面的"大宋史"

——以知杭州苏轼为例

日本早稻田大学　小二田章撰　浙大城市学院　汪潇晨译

本文试图扩展关于宋代研究领域的研究对象。细究"宋学"的内涵,主要指与文史哲等研究领域相关,具有一定深度与广度的研究。换言之,关注"宋"这一时代,正是宋学的题中之义。至于涉及历史研究,理所当然是关于"宋史"的研究。

关于以上议题,笔者一直抱有一个问题:即对于我辈宋史研究学者而言,宋史研究从何处入手? 就笔者个人而言,从看宋代"研究"开始知道宋代,可以说不是从宋代的事物入手的。可以想见,宋史研究中许多主题是从考察现代留存下来对于"宋"的印象入手的。

笔者曾阅读宋史研究领域著名学者关于"大宋史"概念再讨论的报道。[①] 以此为契机,撰成此文。所谓"宋代"的概念,就笔者所知,基本而言包含了同时期宋朝疆域之外的各王朝与国家,并以宋朝的视角进行观察。根据笔者的浅见,所谓"大宋史"的说法,不仅超越了地理范围的概念,可能同时超越了时间上的概念。揭出"大宋史"这一概念的价值,对宋史研究者以及学界外的人们而言,有着原先对"宋"的印象的附加意义,换言之,这一概念包含了"大宋史"的时间这一方法论的含义。

本文试图对关于时间的"大宋史"进行历史研究。[②] 具体研究对象则集中于以杭州为代表的后世对宋代的印象,与知杭州苏轼的名宦形象,以及这一名宦形象从形成阶段至现代地位间的联系。[③] 苏轼尽管不是杭州人,但至今仍被奉为杭州具有代表性的名

---

① 参见李华瑞《说说"大宋史"》,《中国社会科学网》2020 年 7 月 6 日报道。

② 本文初稿原刊于《多元文化》第 10 号,早稻田大学多元文化学会,2021 年。经修改标题并大幅调整内容后撰成此稿。

③ 此前,笔者根据苏轼杭州治绩的记载,讨论了北宋时期地方治理是如何记述的,以及对于后世产生怎样影响。拙稿《"名臣"从"名地方官"へ——范仲淹の知杭州治绩に见る"名地方官像"の形成》,《早稻田大学大学院文学研究科纪要》第四分册第 53 辑,2008 年;《北宋初期の地方统治と治绩记述の形成——知杭州戚纶、胡则を例に)》,《史观》第 165 册,2011 年。

人。以杭州地方官视角审视苏轼，可以发现：由历代治绩共同谱写的施行善政名宦谱系中，苏轼的地位十分耀眼，可以说是杭州地方官施行善政的模范。① 此外，后世对苏轼善政给予的极高评价，也可把它作为理解、分析后世对于宋代印象的切入点。另一方面，苏轼是宋代具有代表性的文人官僚，学界从不同角度对苏轼进行研究，成果丰赡。其中对苏轼知杭州时期的研究，张其昀氏即发其端，近藤一成氏则针对这一主题展开全面考察。此外，另有多部论著有所涉及。② 本文拟在以上研究基础上，从笔者的问题意识出发，探讨宋代至今，苏轼如何一直作为著名地方官形象，以及其形成过程。

一、引子：知杭州时期的苏轼

元祐四年（1089）三月，苏轼调知杭州。在此之前，苏轼已于熙宁四年（1071）至七年（1074）任杭州通判。③ 至元祐六年（1091）二月离任，此次任期较短，不到两年，而其治绩则多为人传颂。④《咸淳临安志》对此有详细记载：

> （苏轼）眉州人。自翰林学士乞郡，三月丁亥得旨以龙图阁学士知。轼熙宁四
> 年通判杭州后十六年为守。岁适水潦，饥疫相仍，为请于朝，得减上供米三之一，故
> 谷不翔踊。复以所赐度牒益市粟济饥殍，明年贱粜常平米，又作糜粥遗人，命医官
> 分治疾病，赖以全活者甚众。开西湖，疏茅山、盐桥河，修治堰闸，浚城中六井。与
> 民兴利除害讲究甚悉。邵人德之，为生立祠。按公在郡便民事迹最多，已各见本

---

① 跨越神、哲宗两朝统治时期的新旧党争，围绕人物评价与价值观变动频繁，同时也诞生了为数众多的政绩记载。这些记载成为分析宋代地方名宦的形象的切入点。然而，这些地方名宦形象的确立要等到南宋后期方才实现。参拙文《"名臣"から"名地方官"へ——范仲淹の知杭州治绩に见る"名地方官像"の形成》。

② 张其昀：《东坡先生在杭事迹》，收入宋史座谈会编《宋史研究集》第二辑，《中华丛书》编审委员会，1964年；［日］近藤一成：《知杭州苏轼の治绩——宋代文人官僚政策考》，载氏著《宋代中国科举社会の研究》，汲古书院，2009年。此处采用"文人官僚"的说法，即沿袭近藤氏所用术语。近年来，关于苏轼仕杭这一主题，多有论著问世。如［日］山崎觉士：《苏轼の政治课题とその对策から见た北宋杭州》，《唐宋变革研究通讯》第5号，2014年；周晓音《苏轼两浙西路仕游研究》，浙江工商大学出版社，2017年等。此外，为了解苏轼行谊的大要，基础史料亦需参考，如孔凡礼：《苏轼年谱》，中华书局，1998年；张士烈等校注：《苏轼全集校注》，河北人民出版社，2010年。

③ 此外，苏轼在实际赴任至离任期间，在开封与杭州间路上行程大约为期四个月。

④ 本节内容，多参考近藤一成《知杭州苏轼の治绩——宋代文人官僚政策考》一文的观点。

门,兹不详著。①

其中提到"便民事迹最多",但未展开具体细节。那么,为何书中会总结出以上评价,其产生背景为何? 以下以《续资治通鉴长编》的记载为主,讨论知杭州时期苏轼的事迹。

首先,苏轼调任杭州的政治背景,主要是由于朝廷的政治对立。苏轼因在党争中屡被弹劾,上奏列数党争的酷烈程度,并以此为由请求解任。② 此时,以程颐为首的洛党对苏轼穷追猛打,程氏门生朱光庭、贾易等谏官凭借弹劾之权屡行劾奏。这场党争风波,直至元祐六年(1091)苏轼从知杭州任上调回朝廷仍未停息。直至当年将贾易、苏轼同时调知外任方才告一段落。据苏轼上奏可知,苏轼自请外任的原因是,自己与朋友被视为蜀党而被劾,因此试图从屡次被劾困境中脱身。然而,据后文可知,解决这一时期杭州的饥荒,以及熙宁间因荒政失策,致使死亡惨重等重大问题,③也是苏轼请求调任杭州的原因。朝廷亦期望苏轼履职后,能落实救荒政策,可能也是这一任命的关键因素。

其次,分析苏轼自调任杭州以来的活动。翻检现存苏轼文集,可知其在知杭州任期内呈送朝廷奏疏共计 61 份。其中近 20 份涉及饥荒之策,5 份涉及西湖等处水利,4 份关涉以高丽为主的国际事务。文书数量多寡可见其集中关心事务的侧重。《续资治通鉴长编》也收录了这一时期苏轼上奏的 12 份奏疏。其中汇报饥荒相关情况 6 件,有关收税的 2 份,其他还有人事相关问题、科举中诗赋经义之辩、高丽与杭州僧人净源,以及疏浚西湖等主题的奏疏。正如先行研究所示,《续资治通鉴长编》编纂义例虽为搜集编写史书的各类原始材料,④但在如此短时段内,集中收录一位地方官奏疏的现象也不多见。究其背后的原因,主要是苏轼个人热心积极地应对饥荒,同时中央朝廷也重视其救荒策略,故后世史家李焘极为重视苏轼的行动。⑤

再次,分析苏轼从杭州离任,重回中央后的行迹。苏轼得以再次回到朝廷主要缘于当时具有重大政治影响力的宣仁太后之力。据史料所载,苏轼原本能更早回到朝廷,因

---

① (宋)潜说友:《咸淳临安志》卷四六《秩官·古今郡守表·国朝·苏轼》。此外,除了文章最后评价部分外,所载内容与前志《乾道临安志》基本相同。如进一步追寻史料来源,此段文字则应出自《续资治通鉴长编》卷四三五"哲宗元祐四年十一月丁丑条"所载苏轼所上奏疏。

② (宋)李焘:《续资治通鉴长编》卷四二四,哲宗元祐四年三月乙酉条引苏轼上奏。

③《续资治通鉴长编》卷四五一,哲宗元祐五年十一月条引苏轼上奏。注言见七月庚寅条。

④ [日]周藤吉之:《南宋の李焘と〈续资治通鉴长编〉の成立》,载氏著《宋代史研究》,东洋文库,1969 年。

⑤ 李焘为苏轼的眉山同乡,李氏也留下了表达对苏轼敬爱之意的文章。

饥荒救灾事务耽误使得回京时期一延再延。① 如前所述，苏轼虽得以回到朝廷，但与洛党对立态势依旧。苏轼在施行救荒时，请求中央所获物资过多一事也成为政敌弹劾的把柄。也正因如此，苏轼考虑到需同时应对党争与继续推行救荒策略，故持续不断针对杭州饥荒问题反复奏陈。②

以上即为苏轼知杭州前后的行迹大略。从中可以看出，苏轼评价诞生的历史背景，可以归结为其在短时间内对杭州乃至浙江地区的救荒策略极为关切且亲自主持推行，同时热切地撰疏上奏。奏疏本身虽说是政治斗争中的必备武器，但结果则成为留存于史料中光彩夺目的政绩。此外，正如近藤氏所言，这些史料本身价值体现在以下方面，相同内容的奏疏反复上奏情况较多，未必是苏轼本人预先有计划实施的结果，很有可能是当时士大夫社会环境下对于苏轼成也抱有疑虑，最终成为双方争论的焦点。③ 另一方面，苏轼为杭州百姓奉祀后，④使得这些出于地方自发尊奉的地位正式确立下来。

二、自然而然成为"地方名宦"的苏轼

苏轼何以成为地方名宦？ 如前所述，最主要的原因是其政绩与文章，以及苏堤等为数众多、显而易见且为后人熟知的业绩。地方名宦形象是后世对地方官的重新诠释而形成的。从现存文献看，苏轼作为地方名宦的记载俯拾即是。那么，为何苏轼在杭州能留下如此多的政绩？ 这需要详细分析与苏轼本人相关的因素。

首先，主要的出发点即政治斗争。苏轼最初是在与洛党的党争中被调任地方的。而标举地方政绩的做法，很可能是对使得苏轼下台的对手洛党的回击。⑤ 关于这一点，

---

① 《续资治通鉴长编》卷四五四，哲宗元祐六年正月丙戌条。

② 《续资治通鉴长编》卷四六三，哲宗元祐六年八月壬辰条引苏轼自劾。

③ 朱彧《萍洲可谈》卷一《苏子瞻责黄州》："（苏）子瞻元祐中知杭州，筑大堤西湖上，人呼为苏公堤，属吏刻石榜名。世俗以富贵相高，以堤音低，颇为语忌。未几，子瞻迁责。"此记载了苏轼贬谪前后的轶事传说，另一方面也暗示着北宋时期对苏轼政绩大加称赞的事例几乎没有。

④ 苏辙《栾城集》后集卷二二《墓志铭·亡兄子瞻端明墓志铭》："公三十年间再莅此州，有德于其人家有画像，饮食必祝，又作生祠以报。"

⑤ 关于苏轼与洛党的关系，参［日］近藤一成：《知杭州苏轼の治绩——宋代文人官僚政策考》；王水照：《"苏门"的性质和特征》，载氏著《苏轼论稿》，万卷楼，1994 年。关于地方政绩对党争的影响，通过苏轼离任甫后，苏辙以救荒政策不善为由弹劾朱光庭一事，可见一斑。参《续资治通鉴长编》卷四五四，哲宗元祐六年正月丙戌条。

如前所述,朝廷在苏轼外任期间,洛党、蜀党围绕人事安排仍持续展开争斗。① 在此期间,身在杭州的苏轼仍频繁上奏,并特别热衷于呼吁与发声。② 同时,据当时奏疏可知,在党争双方之外,为史书与文集共同收录的苏轼奏章也可为旁证。③ 可见苏轼作为政治家,需不断推出政绩。

其次,从地方治理层面分析原因。关于这一点也如前所述,当时浙西地区正面临饥荒危局,而杭州作为水陆之会,更是首当其冲。苏轼的基本对策是想尽办法平抑米价,同时借助朝廷间接政策调控,建立米价与物价的统一管理体制,并在这一调控下在地方管理层面尽可能推行管理制度改革。④ 这一政策取得了良好效果。随着粮米行内的价格落差逐渐平抑,乡村与城市间的人口流动趋缓,水源与水利建设以及病坊等慈善医院的设立使得大城市基础设施得到强化。⑤ 此外,从针对高丽的政策可知,还在城市外部推行了贸易管理等政策。⑥ 这些举措对于地方而言,不仅是显而易见的政绩,也切实增强了地方长官的权威与存在感。

其次,从苏轼个人层面分析原因。北宋时期士人阶层所居地域存在的频繁迁徙现象。⑦ 苏轼早先曾任杭州通判,可见在其任地方长官时期已在当地建立关系网,在地方刻上属于其个人的鲜明烙印。内山精也氏曾分析苏轼两任杭州通判、知州时期的诗作,可知在苏轼整个人生中,任杭州通判时期是其诗歌创作精力最为旺盛的时段,集中吟咏关于杭州特别是西湖的山水风雅,名篇迭出。另一方面,苏轼在杭州知州时期的诗名更胜。其身为地方官需要履行行政职责,使得诗作数量减少诗法也不甚精求,但对杭州喜

---

① 参见苏轼履任甫后赵君锡的奏疏,《续资治通鉴长编》卷四二五,哲宗元祐四年四月癸卯条;《栾城集》后集卷二二《墓志铭·亡兄子瞻端明墓志铭》所收苏辙奏疏。

② 当时洛党党羽针对苏轼救荒奏疏的内容展开弹劾,指出其将自己政绩过度扩大宣传。以此观之,苏轼急切表达自己政策确实落到实处。参见[日]近藤一成:《知杭州苏轼の治绩——宋代文人官僚政策考》。此外,叶梦得《避暑录话》卷下所载内容,对叔父叶温叟弹劾苏轼之举进行维护,也支持苏轼宣传政绩的说法。

③ 苏轼文章特别是诗文,在其在任期间即已编辑流传。此外,如后文所述,其任职杭州时期的诗中,也存有与救荒或疏浚西湖有关的作品。参见《苏轼全集校注·前言》。

④ 如近藤一成《知杭州苏轼の治绩——宋代文人官僚政策考》所述,此时的苏轼陷于苦战,其接连不断上奏的原因是,来自朝廷的反馈信息对其不利,无法辨别哪些是必要的声援,哪些是无用的帮助。

⑤ 《续资治通鉴长编》卷四四二,哲宗元祐五年五月壬辰条引苏轼关于疏浚西湖奏议。同书卷四三五,哲宗元祐四年十一月丁丑条上奏。

⑥ 《续资治通鉴长编》卷四三五,哲宗元祐四年十一月丁丑条;[日]山崎觉士:《港湾都市——杭州》,载氏著《中国五代国家论》,思文阁,2010年。

⑦ 参[日]竺沙雅章:《宋代官僚の寄居について》,《东洋史研究》第41卷第1号,1982年。

爱却不减反增。同时苏轼在诗中多次表达作为地方父母官的心境立场。① 从以上叙述可以想见，对苏轼而言，在任通判时期就对杭州深知且深爱，到再任杭州知州，故地重游时，可能更会秉持一种责任感。

下面拟通过诗作，分析与苏轼相关的人际关系，以及与地方治理间的联系。与任杭州通判时期相较，苏轼任杭州知州时期，在办公闲暇间与属下、地方士人、来访上司、友人间的聚会，以及结队游玩散步、诗文聚会次数明显减少。② 其中值得注意的是与钱勰的交游。钱勰为五代吴越钱氏后裔，元祐三年（1088）起任杭州临州越州的知州。钱勰与苏轼有极为频繁的书信交流。此外，其还数次赴杭，与苏轼交流、诗文唱和，二人也被时人视为元稹、白居易再世。③ 同时，除二人本身外，钱勰还安排儿子蒙仲在苏轼门下问学。此外，包括钱勰之弟龢与其子三郎在内，钱氏一族均与苏轼有交流。如前所述，钱氏入宋以来，在杭州当地仍存有相当的影响力。苏轼通过与钱氏交游，可以深入了解、深化与杭州地域的联系，并可以深入了解地方治理所面临的地方事务难题。苏轼在任期末尾上奏，建议修缮钱氏祠墓并确保经费，同时指定坟庙主持由钱勰族人自然和尚担任。④ 这一举措是出于重视地方权威的考虑，同时也是出于对钱氏给予帮助的回报。⑤

此外，苏轼与杭州土著士人的交流也值得注意。在赴杭、离杭之际，苏轼在江宁府（南京）与沈括会面。沈括为杭州人，也是新党的活跃分子，当时隐居江宁。沈括族人沈遘、沈辽又任职中央，名宦辈出，沈氏被视为杭州望族。⑥ 苏轼在就任杭州知州前后与沈括会面，可能是出于向沈括询问与杭州有关的地方性事务的考虑。⑦ 除了与类似沈氏的大族交往外，苏轼的交友圈也可见杭州人或寄居杭州者的身影。此外，苏轼与辩才、参寥等僧人也交游颇深。同时，苏轼为寺庙的"大檀那"，这一特殊身份也加深了

---

① ［日］内山精也：《苏轼の杭州时代——骚客と太守》，载氏著《苏轼诗研究——宋代士大夫诗人の构造》，研文出版，2010年。

② 参见［日］近藤一成：《知杭州苏轼の治绩——宋代文人官僚政策考》；《宋史》卷四四二《文苑·杨蟠传》。

③ （宋）李纲：《梁溪集》卷一六七《墓志·宋故追复龙图阁直学士赠少师钱公（勰）墓志铭》。

④ 《东坡全集》卷五九《乞椿管钱氏地利房钱修表忠观及坟庙状》。此处所言自然为钱安道之子，也与苏轼有诗文唱和的关系。

⑤ 关于钱氏对杭州的影响力，参见《北宋初期の地方统治と治绩记述の形成》。

⑥ 苏轼早在任杭州通判时即与沈辽有交集，在赴任杭州知州途中，还与沈辽友人谦师和尚有所交流。《宋史》卷三三一《沈辽传》。

⑦ 沈括曾将苏轼酬赠的诗作当作检举弹劾苏轼的证据。此次会面时，沈括期待苏轼的推荐，忘故热烈款待苏轼。此次苏轼却对沈括人格嗤之以鼻。见《续资治通鉴长编》卷三〇一，神宗元丰二年十二月庚申条补注引王铚《元祐补录》。

他与杭州佛教界的联系。① 从以上这些人际关系可以看出，苏轼在知杭州期间，深入了解地方风土人情，在此基础上施政。同时，他在照顾地方权威势力与地方习俗等方面也特别用心。②

此外，在维护共同负责行政运转的地方同僚人际关系方面，苏轼也积极经营。如前所述，苏轼从就任杭州知州之时起，除了地方官员就任、离任时的迎来送往等常规礼节外，还积极寻求交游机会，带领同僚出外游玩。苏轼结交两浙提刑杨杰、王瑜、马城、两浙运副叶温叟等其他路级官员，以及周边县的知县。特别是事关水利工程的规划地区，与上司共同实地调研，并加以探讨，③以期顺利推进地方治理工作进程。④ 此外，苏轼还经常推荐杭州僚属或门生故旧，如晁补之、咏之兄弟、刘季孙等。⑤ 可见，苏轼通过交友构建起自己与以上人员的关系网。此外，苏轼在离任之际，还去信给继任者林希，详细叙述关于救荒政策的相关内容。⑥ 林希即后来"苏公堤"的命名者，可见苏轼此举暗含希望继任官延续自己施政路线的意图。

以上梳理了苏轼知杭州期间施政的各项背景要素。统而言之，对苏轼本人而言，任职杭州时期的施政，可以说在本次杭州之任中有着至关重要的分量。当时具体背景是，政治上他需要地方治理的成绩。加之杭州是当时的重要地区，而此时又正好发生饥荒等重大灾祸。同时，对苏轼而言杭州也是特别重要的地区。通过与地方大族的交流，苏轼深入了解治理这一地区所需的应对之策。苏轼通过交游，深入地方展开施政，给人留下了以下印象：即苏轼的基本原则是不容许其治理出现失策，以及与当地深入融合。⑦对苏轼而言，他也需要标榜其作为杭州地方官的政绩，以及为了治理好杭州一地推行充分的政策。基于以上思路，杭州留下了大量苏轼施政的成果遗存。

---

① 参[日]近藤一成：《知杭州苏轼の治绩——宋代文人官僚政策考》；[日]石川重雄：《宋代杭州上天竺寺に关する一考察》，《社会文化史学》第 21 号，1985 年。此外，据苏辙《栾城集》后集卷二四《天竺海月法师塔碑》，可知与苏轼相比，前任杭州知州沈遘施行铁腕手段进行管理。

② 此外，苏轼在任期间还修缮了伍子胥庙、配享林逋神像的水仙王庙，也可为佐证。

③ 《东坡全集》卷五八《乞相度开石门河状》；《东坡诗集》卷三三《与叶淳老侯敦夫张秉道同相视新河秉道有诗次韵二首》。

④ 然而，从其后叶温叟弹劾苏轼的说法来看，以上工程似乎并未取得较好的成果。《东坡全集》卷五六《论叶温叟分擘度牒不公状》，并参近藤一成《知杭州苏轼の治绩——宋代文人官僚政策考》。

⑤ 《宋史》卷四四四《文苑·晁补之传》；《东坡奏议》卷八《乞擢用刘季孙状》；同书卷九《乞擢用程遵彦状》。

⑥ （宋）朱熹：《晦庵集》卷八二《跋东坡与林子中帖》附注。

⑦ 据费衮《梁溪漫志》卷四《东坡西湖了官事》载，至南宋初期尚有老僧能回忆起苏轼，可见当地百姓对苏轼印象甚深。

三、南宋时期对苏轼的评价——评价的两极分化

以上叙述了苏轼成为地方名宦的各项表现,然而人们是怎样将其视为地方名宦的?需要从南宋时期的评价开始分析。

首先,拟分析对苏轼评价的变化。[1] 自任职杭州知州起,对苏轼的评价就为党争所左右,特别是在其后发动的"元祐党禁"中被彻底否定。[2] 当时,从中央到地方,都禁毁苏轼所题祠庙碑额,并禁绝其文集以及书板刊刻。[3] 然而,其文集、诗歌却在暗中大肆风行,[4]士人阶层中对苏轼的好评也暗流涌动,不绝如缕。至两宋之交的靖康间,朝廷正式恢复苏轼名誉,[5]且涌现了多位号为"小东坡"的人物。[6] 其后经过数次断断续续的追赠,至南宋晚期理宗朝确立了苏轼足可代表宋代的名臣地位。[7] 另一方面,因朱熹以道学立场出发,对苏轼的学问(苏学)与思想加以片面批判,故政治上对苏轼的评价也持续受到限制。如将这一变化过程与苏轼作为地方名宦的认识联系起来,可以发现:在解除元祐党禁后,苏轼虽始被公认为地方名宦,但南宋时期因其他因素介入使得对其评价处于尴尬困境。

以上考察了苏轼评价的变化,同时对其文集、诗集的版本流传也需加以分析。苏轼在世时已开始着意刊刻诗集。元祐党禁时期文集流传克服政治打压,逐渐渗透至士人

---

① 关于这一问题,Peter K. Bol "Reading Su Shi in Southern Song Wuzhou" (*The East Asian Library Journal* 8, *no.* 2, Princeton: NJ, Princeton University press, 1998)的讨论非常深入。朱熹在与吕祖谦的往来中,对于苏轼成为科场典范形象予以批评,这一观点主要发端于科举领域,但苏轼受到朱熹的批评,并未止步于婺州的私人圈子,而是开启了南宋时期对苏轼评价的端绪。朱熹在《五朝名臣言行录》中提起苏轼并给予评价,正如后文所示这一评价使苏轼形象陷于尴尬境地。

② [日]近藤一成:《西园雅集考——宋代文人传说的诞生》,载氏著《宋代中国科举社会の研究》。此外,据《续资治通鉴长编》卷四九七,哲宗元符元年四月壬辰条引蔡蹈奏疏,可知对苏轼的负面评价中也涉及其知杭州时期的政绩。

③ 参见[日]近藤一成:《知杭州苏轼の治绩——宋代文人官僚政策考》;涂美云:《从元祐党争看苏轼学禁及其发展》,《东吴中文学报》2010年第19期。

④ 参见[日]近藤一成:《知杭州苏轼の治绩——宋代文人官僚政策考》。

⑤ (宋)陈均:《九朝编年备要》卷二六《徽宗皇帝·禁元祐学术》"宣和五年七月"条。此外提及靖康间追复名誉之举的记载有多处,但具体内容不详。较为具体的恢复名誉的记载,见《建炎以来系年要录》卷一五,建炎二年五月乙未条。

⑥ 《宋史》卷三八一《赵逵传》;同书卷三九七《刘光祖传》。

⑦ 《宋史》卷三四《孝宗纪二》"乾道三年九月壬辰条""乾道九年二月丁亥条";同书卷四二《理宗纪二》"端平二年正月丁酉条";同书卷四六《度宗纪》"咸淳元年九月壬子条"。

群体之间。苏轼自己就提出将文集分定为《东坡集》四十卷、《后集》二十卷、《奏议》十五卷、《内制》十卷、《外制》三卷、《和陶诗》四卷的设想。① 南宋初期又增入了《应诏集》十卷,形成现行所谓"东坡七集"形态。南宋以来,苏轼文章逐渐成为科举时文的范本,在各个地方以不同形式出版,甚至在社会上形成了"家有眉山之书"的盛况。② 值得注意的是,绍熙二年(1191),有人曾进呈光宗《经进东坡文集事略》一书。该本并非一般刊刻本,版本意义上的影响不大,但因其为苏轼文章的精选本且进呈皇帝御览,所以成为苏轼文章的重要权威版本。苏轼文章的流传过程,经历了从北宋时期以诗歌评赏为主,到南宋时期以针对文章高分评价为主的转变。换言之,奏议作为评价苏轼任职杭州知州时期的依据,至南宋初期方才为人们所熟知。

其次,拟分析杭州人对苏轼的评价。苏轼在常州去世之后,杭州百姓曾赴寺庙焚香供养。③ 此外,还在苏堤旁建祠奉祀。④ 可见当地对苏轼大力发展基础设施建设深怀感恩之心。进入南宋,杭州成为首都后,苏轼更是被视为发展城市基础设施、构建都城基础的先行者,与白居易等并称。⑤ 苏轼祠庙再次修葺,苏堤、钱塘江等与苏轼相关的诗文题材被广泛传颂,也诞生了一批追慕苏轼的士人。⑥ 至南宋末期,无论是在杭州施行善政或改革的地方官,还是诗文唱和的文人,抑或来杭的人士,无不多方引用苏轼作品。其中著名的例子有,曾知临安府的宰相贾似道为赢得保护文化、兴盛都城的美名,积极修缮苏堤等与苏轼相关的名胜古迹,借此达到其政治目的。⑦

以下拟分析苏轼作为杭州地方名宦,在后世屡被提及的实际政绩。苏轼知杭州时期的政绩主要有(1)救荒策、(2)水利策、(3)外交策、(4)其他领域主题。首先,值得注意且以往讨论较少的就是外交策略。根据苏轼奏疏以及史书记载,苏轼曾言及与高丽外交有关的话题。可知,此处的外交策略主要是针对杭州一地直接有关的事宜。其次是为数众多的救荒、水利政策。这里主要结合北宋时期已列出的史料,并检索南宋时期类书收录的记载进行考察。特别是水利政策的核心——苏堤。此外,其他主题的奏疏中,曾屡次提及苏轼处罚地方豪强的例子。这一倾向在南宋时期加以强调也有其时代意义。可能是在苏轼作为地方名宦这一评价的形成过程中,这些事例更易于参考与评价。

①(宋)苏辙:《栾城集》后集卷二二《墓志铭·亡兄子瞻端明墓志铭》。
②《苏轼全集校注·前言》。
③《九朝编年备要》卷二六《徽宗皇帝》"建中靖国元年七月条苏轼卒"。
④《宋史》卷九七《河渠志七·东南诸水下·临安西湖》。
⑤《咸淳临安志》卷三二《山川十二·湖·西湖·三贤堂》。
⑥《咸淳临安志》卷三二《山川十二·湖·西湖·苏堤》。
⑦《咸淳临安志》卷三二《山川十二·湖·西湖·三贤堂》。

其他主题的奏疏中，并未提及特定的事务或事件，而是单纯为了佐证对苏轼的评价而加以引用。其中特别需要注意的是关于杭州三贤堂的内容：

> 孤山竹阁，旧有白乐天、林和靖、苏东坡三像，后废。乾道五年，周安抚淙即水仙王庙之东庑祠焉。嘉定十五年，袁安抚韶请于朝，窃见本府三贤堂实为尊礼名胜之所。考之图经，更易非一。其始，孤山广化寺有白公竹阁，因其遗迹而祀白公。后人以东坡和靖附焉。南渡之后，就孤山创延祥观，迁广化于北山路口，仅移竹阁而堂废不存。乾道五年，知府事周淙乃重建于普安寺侧水仙王庙之东庑。盖取东坡诗配食水仙王之意。①

其后，袁韶批评该地不合适奉祀先贤，希望再行迁改。从中可见：最初把苏轼视为地方名宦并进行奉祀的是周淙。周淙是《乾道临安志》的编者，其任职杭州长官正是杭州成为都城临安的初始时期。《乾道临安志》的编纂也是为了掌握杭州过去的历史。而这一时期，也是苏轼文章逐渐成为科场参考范文，为人追捧的时期。② 考虑到这一时期将苏轼视为宋代具有代表性的地方名宦而重点推出这一因素，③可见周淙重建三贤堂之时，很可能正是苏轼作为杭州名宦代表的评价确立时期。④

以上分析了南宋时期对于苏轼知杭州时期的评价形成过程。总而言之，南宋以来苏轼被视为杭州成为首都临安前地方名宦的先驱。然后，因为道学家的批评，苏轼自身地位与评价有所动摇。此外，杭州成为南宋都城后，也无法做到蔑视皇帝的权威地位，而将苏轼与杭州一体化。

四、明代对苏轼的评价——文章典范

苏轼知杭州的形象并未在南宋时期定调。以下将考察明代苏轼的地方名宦形象。

---

① 《咸淳临安志》卷三二《山川十一·湖上·三贤堂》。

② Peter K. Bol, "Reading Su Shi in Southern Song Wuzhou".

③ 南宋初期，已出现将苏轼视为宋代杭州地方官的代表的看法。参程洵《尊德性斋小集》卷二《代作上殿劄子四》。程洵尽管是程颐族人，但私淑苏轼。周必大即感慨时代变迁。参周必大《文忠集》卷五四《序·尊德性斋小集》。

④ 现存《乾道临安志》为残本，其中提及苏轼政绩的除《牧守》一节外，还有《十三间楼》一节。该节中直呼苏轼为"苏轼"。与此相对，《咸淳临安志》收录同一内容时称为"东坡"，颇有深意。这种称呼的变化，可能也暗示了南宋以来对苏轼评价的变化。

元朝对汉族文化采取放任政策,关于苏轼的评价并未超越南宋时期的水平。[①] 至明朝,秉持与元朝对抗、复兴汉族政权的政治意识形态,将朱子理学定为官学。而朱熹曾批评苏轼的政治与主张,仅在有限的表述中认可其行政措施,[②]导致苏轼被视为"必须尊法的汉族政权"——宋朝的文化代表,仅主要凸显强调其诗人的面相。此外,在尊奉唐宋时期诗人与作品,并善加模仿的明代"唐宋派"诗人眼中,[③]苏轼的文学分量逐渐加重。特别是进入明晚期,随着经济发展以及印刷术与大众文化的普及,这一观点成为多数人共同的看法。[④] 南宋时期苏轼文章作为科场时文典范的权威地位再次复活,[⑤]苏轼诗文以各种形式展现,确立了其作为无人不知的著名文人的地位。[⑥] 有关苏轼诗文的各类版本相继出版,给予人们其为宋代代表性文人的侧面印象。[⑦]

另一方面,通过分析明代杭州的地位可知,经过元末明初数次战乱,杭州一度荒废。随着明后期经济发展,杭州再度繁荣,成为江南屈指可数的经济发达城市。当时影响杭州地位的主要是,时人追寻其在南宋首都临安时期遗留下来的诸如文章、诗作、游幸等文化遗产,并作为历史名城吸引时人目光。[⑧] 特别是明代后期以来,随着旅行的普及与

[①] 类似评价的背景是,当时华北地区的金朝也流行苏轼诗文,并获得众多士人的支持。参见[日]高桥幸吉:《王若虚の经学と金代苏学》,《橄榄》第 14 号,2007 年。

[②] 例如,宣宗曾御制颁赐给臣子的圣谕《五伦书》。该书卷四○《臣道》篇中记载苏轼的西湖水利策,同时在该条目中同时列举了四川安抚制置使李璆在眉山推行的水利政策。让人感到苏轼并未独享赞誉。

[③] 黄毅:《明代唐宋派研究》,上海古籍出版社,2008 年;马美信:《唐宋派文学活动年表》,圣环图书,1997 年。唐宋派是活跃于嘉靖朝(1522—1566)前后,以王慎中、唐顺之、茅坤、归有光等人为中心,提倡复兴古文的文学流派。不仅影响明代文坛的走向,还影响士人阶层的文体倾向与历史认识。参吴漫:《明代宋史学研究》,人民出版社,2012 年。

[④] 刘向荣:《明代苏轼文集选本考述》,载氏著《苏轼著作版本论丛》,巴蜀书社,1988 年。关于明代的苏轼文集版本流传,正是在唐宋派较为活跃的嘉靖年间过后急剧上升。至明末,则出现了作家则把苏轼文章当作文体模范的潮流。

[⑤] 刘向荣:《明代苏轼文集选本考述》。明末,在政坛有相当影响力的复社创始人张溥曾编评点本《苏长公文集》。该本评点人为吴伟业,他在序中盛赞苏轼文章是"宇宙第一文字"。

[⑥] 类书中对包括知杭州在内的苏轼各类事迹有广泛记载。集中考察知杭州时期的政绩,可以发现主要与救荒政策、西湖水利,特别是架田等有关。

[⑦] 另一方面,随着"东坡"名号的流行,《苏沈医方》《东坡志林》《东坡禅喜集》《东坡养生集》《东坡酒经》等充满趣味的类书,乃至《物类相感志》等托名苏轼的伪书也应运而生。参见刘向荣:《明代苏轼文集选本考述》。

[⑧] 马孟晶:《名胜志或旅游书——明〈西湖游览志〉的出版历程与杭州旅游文化》,《新史学》第 24 卷,2013 年第 4 期;同氏《地志与纪游:〈西湖合志〉与晚明杭州刊刻的名胜志》,《明代研究》第 22 期,2014 年;胡海义:《明末清初西湖小说研究》,人民文学出版社,2019 年。据马孟晶的研究,以《西湖游览志》为代表,当时杭州与周边地区的官刻方志中,出现了为文人与旅客提供方便的凸显名胜相关内容。

风行，通过描写杭州的文字，人们对其向往不已。①

　　在此背景下，苏轼知杭州的政绩再次为人所熟知。来杭旅行的人们参照旅游介绍、名胜志、地方志等导览书籍，其中对苏堤等苏轼诗迹、名胜等都有记载。② 时人或逐地踏访，感受历史的痕迹，或将游览心得行诸诗文，进行文学再创作，并将其流传开去。③通过以上手段，苏轼知杭州的政绩广为流传，其作为杭州地方名宦为时人所熟知。④

　　然而，有明一代，苏轼充其量仅作为伟大的文人，并未被抬至足以代表杭州的地方名宦的地位。南宋以来屡被提及的三贤祠在明代创建、重建的发展过程，也暗示了这一现象：

　　　　……明正德三年，郡守杨孟瑛重浚西湖，立四贤祠，以祀李邺侯、白、苏、林三人。杭人益以杨公，称五贤。而后乃祧杨公，增祀周公维新、王公弇州，称六贤祠。张公亮曰："湖上之祠宜以久居其地与风流标令，为山水深契者乃列之。周公冷面且为神明有别祠矣。弇州文人与湖非久。要今并四公而坐恐难熟热也。"人服其确论。⑤

　　三贤祠在元至明初战乱中屡建屡毁。其得以复兴的一大转机，即有赖于在苏堤西侧营造新堤（后世称"杨公堤"）的杨孟瑛的重建。杨孟瑛重建三贤祠，既出于复兴崇奉先贤的考虑，也宣传了自己的造堤工程。增祀唐代开凿"七井"的著名地方官李泌，凑为"四贤祠"，也是杨氏一大创举。这是白居易、林逋、苏轼等人长年扎根地方、共同受人香火奉祀，每人的个人存在感愈见下降的缘故。更为甚者，其后在此基础上不断增添奉祀人员，例如按照张亮的主张，再增入杭州城隍周新以及与杭州关系不大的文人王世贞，祠庙也不断重建并迁至风景名胜之处，进一步使得"知杭州"的存在价值下降。

　　根据以上分析可知，明代时人观念中多将苏轼视为伟大的宋代文人，并从文入手，其知杭州的政绩才为人所知。但正因其被时人视为文人，作为杭州名宦的形象反而为人忽略。

---

① 马孟晶：《名胜志或旅游书——明〈西湖游览志〉的出版历程与杭州旅游文化》；谷井俊仁：《路程书の时代》，小野和子编《明末清初の社会と文化》，京都大学人文科学研究所，1996 年。

② 参见田汝成《西湖游览志》相关内容。

③ （明）郑鄤：《峚阳草堂诗文集》卷一二《青霞洞天草·苏公堤》；（明）倪宗正：《倪小野先生全集》卷七《七言律诗下·岳王祠用李邵二方伯联句云四首之三》。

④ 明代后期，有关苏轼知杭州时期政绩的记载中，出现了时人在亲朋将赴任地方官之际，会抄录苏轼事迹以祈求赴任者在当地崭露头角的习俗。如（明）梅鼎祚：《鹿裘石室集》卷六二《文·书牍·答吴本如方伯》。

⑤ （明）张岱：《西湖梦寻》卷一《西湖北路·六贤祠》。

五、清代对苏轼的评价——来自朝廷的"崇拜"

取代明朝、开启近代前叶的政权是满族建立的清王朝。与汉族相比,满族是规模较小的族群。为了争取统治汉族的优势地位,清朝充分借鉴了此前非汉族王朝的历史经验,尝试从文化开始进行渗透性控制,实行"文化统治"①。具体而言,标榜清朝得承天命的理由:即明朝社会文化腐朽,无法维持正常秩序("风俗")。有鉴于此,清朝需打破旧秩序,再建新规则。以此为依据,清廷严厉镇压、查禁反抗清朝、扰乱秩序的文化。②另一方面,对于走向腐朽以前的伟大汉族文化,清朝的态度是将其视为"复古"的理想状态,加以推崇、尊重。③ 在这一政策下,清朝把明以前的宋朝历史中涉及女真、金朝的内容剔除,然后将其纳入"文化统治"之下加以推崇。特别是对于明末以来具有巨大影响力的伟大文人苏轼,清朝视其为体现了汉族伟大文化的代表,由皇帝亲自加以尊崇。例如:

> 是日,学士喇沙里将翰林官所作诗文进呈,奉旨着进懋勤殿。皇上将所进诗文亲自译读,又讲论汉文。复命喇沙里书汉字呈览,以御笔临苏轼楷书手卷一轴赐之。④

康熙皇帝作为统治汉族的皇帝,主要从汉族官员处学习学问。⑤ 从现存《起居注》记载来看,较早时期开始,康熙就曾学习苏轼的文章与书画,临摹苏体挥洒翰墨,并分赐臣下。这表明清朝皇帝尊重汉族文化,特别对苏轼青睐有加。同时也说明,清朝皇帝作为天下君主对汉族文化所持的态度,即与汉族共存的汉族文化都为清朝皇帝所有。

以下分析清朝"文化统治"之下杭州所处的地位。杭州作为一个历史名城,时人经常往来到访。然而在明清易代时期杭州一度成为南明朝廷的据点之一,故而在明朝灭亡后被视为汉族江南文化的象征。⑥ 杭州成为吸引众多文人之地,首先是因为他是明朝遗老以及主张汉族主义者的隐居之地。对于这一群体而言,杭州是充满汉族历史与

---

① 拙稿《〈西湖志〉にみる清初期杭州の地方志编纂》,《东洋文化研究》第 21 号,2019 年。
② 叶高树:《清朝前期的文化政策》,稻乡出版社,2009 年。
③ 莫砺锋:《论清代苏轼研究的几个特点》,《人文中国学报》第 13 号,2007 年。如莫氏所论,清代以来苏轼的人气仍未衰减。作者并从考证的角度,分析了与朱熹批评相对的拥护苏轼的言论。
④ 中国第一历史档案馆编:《康熙起居注》"康熙十六年四月十九日条",中华书局,1984 年。
⑤ 有关这种康熙皇帝对汉人学问的理解与其变化,谷井俊仁《一心一德考》一文有深入分析(《东洋史研究》第 63 卷第 4 号,2005 年)。
⑥ 拙稿《〈西湖志〉にみる清初期杭州の地方志编纂》。

传统的区域。① 杭州汇聚了这么多危险因素，因此清朝对其实行了一系列绵密的应对措施。具体做法是：派遣满洲将军以及八旗驻守，②将其改造为具有军事意义的战略据点加以利用。同时，通过浙江巡抚与杭州织造详细掌握杭州治安与社会情况。③ 除此之外，康熙、乾隆等帝王还借由南巡之机造访杭州，并在名胜古迹留下足迹，以昭示杭州为清朝所有；抑或试图通过接见当地著名文人、宣扬御制文章等手段，树立权威。④ 以上措施取得了相应效果。雍正帝虽未南巡，但在给负责杭州事务的浙江总督李卫的御批中，留下了"将麻烦的江南士人治理得井井有条"一类的褒扬。⑤

在此背景下，苏轼的杭州知州形象，也逐渐走向与此前完全不同的道路。即朝廷不仅将苏轼视为文人，同时将其当做值得效法的行政长官加以正式崇奉。首先，在杭州府治中设立"苏白堂"，将苏轼与另一位伟大的前任杭州父母官白居易并列在衙署内奉祀。⑥ 其次，重修或"创建"苏轼的治绩遗存，以此宣扬苏轼知杭州时期的政绩。⑦ 再次，负责行政的地方官还通过拜谒苏轼祠堂、造访治迹，表达崇奉之意。⑧ 特别是奉祀苏轼之地一般都有康熙所立御碑等行迹，在奉祀苏轼的同时会进行拜谒清朝皇帝的活动。⑨ 两者间的联系十分值得注意。

综上所述，尊崇苏轼是清朝实行"文化统治"的重要一环。具体而言，是在杭州宣扬

---

① 例如当时有《西湖览胜诗选》一书，是面向造访西湖名胜，以及希望通过书籍内容间接了解西湖的人群而编辑的导览书籍，其中选刊了钱谦益的诗。钱氏私淑唐宋派，且偏爱苏轼的诗。最终该书被列为禁书。郑雅尹：《钱谦益〈西湖杂感〉诗中的废墟与记忆》，《中极学刊》第七辑，暨南国际大学中文系，2008 年；彭万隆：《〈西湖览胜诗志〉的存目与禁毁》，《中国文哲研究通讯》第 16 卷第 2 期，2008 年。

② 中国第一历史档案馆编译：《康熙朝满文朱批奏折全译》，中国社会科学出版社，1996 年；并参《康熙起居注》中有关杭州的记载。

③ 郑雅尹：《钱谦益〈西湖杂感〉诗中的废墟与记忆》；彭万隆：《〈西湖览胜诗志〉的存目与禁毁》。此外，从杭州织造孙文成与康熙皇帝间的奏折交流中，透露出的康熙处理与满臣的关系方面内容，颇有深意。

④ 拙稿《〈西湖志〉にみる清初期杭州の地方志编纂》；江海萍：《康乾南巡政治行为对比研究》，《黑河学院学报》2012 年第 4 期；刘欣萍：《论乾隆南巡对江南形象传播之影响》，《浙江工商大学学报》2014 年第 5 期。

⑤ 《雍正上谕内阁》卷七八"雍正七年二月二十六日"。

⑥ 乾隆《杭州府志》卷一九《公署二·杭州府署》。此外，《府志》中载建苏白堂时间可能是在雍正八年。而康熙《杭州府志》卷一七《府治图》却已明确标出苏白堂，民国《杭州府志》卷一二《公署·杭州府署》注文中也有知府马如龙书苏白堂的记载。这里的知府马如龙即为康熙《杭州府志》初编者，可知命名苏白堂时间大概在康熙二十一年前后。

⑦ 康熙《杭州府志》卷一七《公署》所附《府治图》中除了苏白堂，其他官署内也有东坡祠的记载。

⑧ 拙稿《〈西湖志〉にみる清初期杭州の地方志编纂》。

⑨ 这里值得留意的是，杭州名菜东坡肉。现在东坡肉的雏形据说是在清初形成的。此外，杭州名菜的流传多附会乾隆南巡的轶事。当时推崇苏轼的风潮，可能也促成了东坡肉的成型。有关这一问题，笔者分析了同时期的《东坡养生集》等描写苏轼生活而产生的书籍，将另撰文讨论。

苏轼知杭州的形象与事迹。清朝公开标举苏轼知杭州的形象,与当代将苏轼视为杭州代表的做法间,是否在一定程度也存在联系?

小　结

苏轼离杭之际,曾在诗题中注到:"予去杭十六年而复来,留二年而去。平生自觉出处老少粗似乐天,虽才名相远,而安分寡求,亦庶几焉。"①该诗中有"出处依稀似乐天,敢将衰朽较前贤"之句。诗中表现了对白居易隐居生活的向往。另一方面,苏轼此处引用白居易的原因是其与自身进退处境相似。即白居易也曾出任杭州刺史出守杭州,并疏浚西湖建设白堤,施行救荒政策,因政绩斐然而被列为地方名宦。白居易曾经的作为,通过西湖边碑刻以及当地的口耳传颂,早为苏轼熟知。苏轼可能在诗中暗示与白居易同为杭州地方官,他向往获得与其同样的名声吧。

本文分析了苏轼知杭州时期政绩、形象形成过程所处的时代背景,以及其后经历了怎样的变迁过程。分析结论是:首先,苏轼与其他杭州知州不同,自己积极地记录其政绩,并且在任职地方父母官时积极构建与地方的联系。其次,南宋时期苏轼被誉为"一代文章之宗"。在杭州升为首都临安后,加速了这一地方名宦形象的确立。再次,明代以来,苏轼作为伟大的文人这一评价使得其知杭州时期的政绩为人所知。最后,进入清代,朝廷将苏轼打造为"体现伟大文化的标志",并将其作为文化统治的重要环节加以利用,从官方层面推行对杭州长吏苏轼的崇奉活动。

知杭州时期的苏轼充其量是其身为大文豪的面相之一,在有关苏轼汗牛充栋的叙述中不过九牛一毛。然而,对其形成过程进行抽样分析,可以发现,对于文人的评价往往因融入现实地域的关系而被"发现",朝廷则出于种种不同目的有选择性地为我所用。可以说,这正是文化与政治围绕着伟大的文学偶像,互相渗透影响的结果,也最终形成了苏轼形象的流变过程。

此外,本文试图反思宋代的形象。有关宋代的形象以宋代史实为基础,在其后各时期因政治或社会的需要被反复加工,直至今日。正如本文的分析,形象本身即是历史的产物,不可避免地受到各时期的影响。从苏轼的例子可见,宋代的影响波及政治、经济、文化乃至生活领域,其时代烙印一直绵延后世。超越时代的宋朝不仅是亟须研究的对

---

①《东坡诗集》卷三三《予去杭十六年而复来留二年而去平生自觉出处老少粗似乐天虽才名相远而安分寡求亦庶几焉三月六日来别南北山诸道人而下天竺惠净师以丑石赠行作三绝句》。

象,也是"宋学"研究的题中之义。

这里试图再思考一下苏轼与杭州的关系。苏轼作为官僚,在完成地方官职责的同时,对于杭州本身而言,也是符合杭州本身利益发展需要的角色,其角色正是统治者与地域间有效的连接点。正如在苏轼离任后,杭州将湖堤命名为"苏公堤",巧妙地融入苏轼的品牌形象。对于杭州而言苏轼是可以有效利用的鲜活代言人。换言之,可以说凭借苏轼这一品牌形象,杭州本身形成了独特的地方特征。像苏轼一样,地方官成为地方象征这一命题是在怎样的条件下确立的,是今后可以继续研究的问题。

最后,附上清末一则饶有趣味的例证,以供今后研究的展开:

> 我朝康熙、乾隆两朝,普免天下钱粮八次,普免天下漕粮四次。嘉庆朝,复普免天下漕粮一次。至于水旱蠲缓无年无之,动辄数百万损上益下,合而计之已逾京垓以上。是曰宽民仁政二也。历代赈恤见于史传者为数有限,或发现有之仓或移民就食……杭州之灾,苏轼仅请度牒数百道,本朝凡遇灾荒仁恩立霈,动辄巨万。[①]

以上是清末高官张之洞所著《劝学篇》中的一节,其中对于苏轼救灾救荒给予极低评价。作者认为与苏轼相较,清朝的水平较高。此时清代已处于王朝开始濒临崩溃的时期,因此更需要展现出姿态,给人施予超出常规的巨大恩惠的印象。但另一方面,此处提及以苏轼为代表的地方名宦的作用,恐怕是在迈入近代的背景下,王朝不得不作出淡化这一恩惠意义的姿态吧。

---

① 张之洞:《劝学篇》卷上内篇《教忠第二》。

文学与文献

考证与辞章研究相结合的成功探索

——读孙羽津《中唐政治的文学镜像——以韩愈诗文为中心》

北京大学　葛晓音

韩愈是中国思想史和文学史上的重要人物,关于他的争议,自 20 世纪初以来一直没有止息。随着时势和学术的发展,今日可以不必再怀疑韩愈以文载道的性质和历史文化意义,是学界的幸运。但是对于韩愈的认识,远远未到止境。20 世纪八九十年代,韩愈研究曾经兴起过一股热潮,清理了一些模糊和矛盾的看法,大致确认了韩文和韩诗的基本风格特点。热潮消退以后,尽管近十几年来学界兴趣趋向于文献,大作家的研究明显减少,但仍然有学者继续寻找韩愈及其同道尚奇文风形成的原因,思路逐渐深入,本书著者即是其中之一。

全书的论题和结构可谓独特:从韩愈的讽刺寄托类作品入手,通过深入考察其本事,研究韩愈的奇诡诗风及俳谐文风的成因。论点相当集中,诗文只选七篇,方法则是考据成果与辞章研究相结合。这样的研究存在两方面的风险:一是诗文本事的考证如无实据,很容易流于穿凿;二是考据一般有助于"知人论世"的义理阐发,用来直接解释诗文的辞章艺术,还很少有成功的先例。那么著者能否避开风险,探索出一条自己的思路呢?

先看诗文本事的考证,这是全书内容的重点。韩愈不少诗文,明显含有寄托,早就有不少注家指出,但究竟因何事何人而发,往往众说纷纭。本书的考证成果大致可以分为两类,一类是在前人之见以外自立一说,发前人所未发;另一类是在众说之中选择较合理者加以辨析,再得出自己的结论。

前一类如《城南联句》中"皋区扶帝壤"一段,一般只是视为铺叙都城景色、人物之盛。本书则通过两《唐书》《通鉴》以及笔记小说、出土墓志等诸多史料的爬梳,考出中唐名将马燧三世行实及其家族盛衰变迁之细节,又举韩愈《猫相乳》和《殿中少监马君墓志》等文章为证,说明韩愈兄弟与马燧父子的关系,指出"罢旆奉环卫"一段,大致反映了韩愈在贞元三至四年(787—788)间初入马燧府邸的见闻,表现了马氏家族昔日的盛况,论证均确凿可信。又联系中晚唐诗歌中围绕马氏宅第所发的"伤宅"之慨，认为此前"暮堂蝙蝠沸"一节，不无以"冢卿"废宅兴起马氏今昔盛衰之慨的可能，也是谨慎合理的推测。又如柳宗元的《天说》引韩愈之说，此文历来被视为天人论辩的哲学著作，本书则联系韩愈论天旱人饥的疏状内容，认为韩柳之作《天说》，非为穷究天人，而是反映了贞元十九年（803）君聩臣暗、权邪横行的严酷政治环境，既体现了韩柳二人愤世疾邪之同声相应，也体现了韩柳二人在政治立场上的异路扬镳。又如《毛颖传》的本事，古今诸家考证颇多，广涉代宗、德宗、宪宗朝事，结论各异。本书据柳宗元《读韩愈所著〈毛颖传〉后题》所说读《毛颖传》的时间，考察韩愈历经的五朝中与此最相符的年份，认为《毛颖传》之作年在永贞元年（785）九月至元和元年（806），即唐宪宗即位之初的可能性最大。并指出此文讽刺的对象为德宗，毛颖所托喻的人物为陆贽，亦能发前人之覆。

后一类如韩愈《记梦》诗，历代学者虽然认为此诗有托讽，但都感慨"真诠难得"，惟方世举《韩昌黎诗集编年笺注》指出此诗因韩愈从江陵归，郑絪"索其诗书，将以文学职处之。有争先者谗愈于絪，又谗之于翰林舍人李吉甫、裴垍。因作《释言》自解。终恐及难，遂求分司东都"。此说颇受质疑。本书根据这段笺释，对照韩愈《释言》和李翱所写《韩公行状》，指出方说存在三点疑问，认为所谓"文学职"只可能是翰林学士一职，接着循此思路深挖，考出《记梦》一诗的深层背景：李吉甫、裴垍在元和元年（806）领掌翰林学士院，为"选擢贤俊"，曾引荐李绛、崔群，二人皆为韩愈至交，与韩愈三人符合诗中所说"我徒三人"，而韩愈最后不肯趋附李吉甫，是韩愈未得入院的直接原因。这一考证最初虽从方笺的分析入手，但由此发现了韩愈与翰林学士失之交臂的一段秘史，则完全是本书的创获。又如最为奇奥的《陆浑山火》一诗，前人都认为"实无意义"，惟沈钦韩指出此诗与"牛、李等以直言被黜"有关，但沈说语焉不详，解释也未尽善。本书受此说启发，对元和制举案作了彻底的梳理，将其中关键人物和政治势力与《陆浑山火》中火神、水神、上帝的关系相对照，指出此诗全面托寓了唐史上的重大政治事件——元和制举案。这一结论建立在详尽的资料分析基础之上，已远远超出沈钦韩最早的揣测。又如《月蚀诗》寓意明显，旧说都认为是刺宦官，方世举认为是讥王承宗。本书取方说，详勘王承宗祸乱的始末缘由，与诗意一一对应，而且进一步落实了韩愈诗中东方苍龙、南方朱雀、西方白虎、北方玄武"四象"所暗讽的四镇藩帅，使韩愈效作《月蚀诗》的意图得到更为清晰的阐发。又如清人皆认为《石鼎联句》刺时相，但究竟何人，其说不一。本书取魏源"去序取诗"的独特视角，赞成诗意针对皇甫镈之说，但为证成其说，做了大量工作。首先确证"轩辕弥明"为韩愈假托，然后将皇甫镈之生平为人与李吉甫加以比较，得出此诗作年晚于元和十三年（818）十一月的结论。这类论证的细致深入均非首唱者的简单猜测可比。

　　以上两类考辨无论是首创，还是辨析他人之说，都立足于翔实周密的论证，因而结论可信，解决了韩愈诗文本事中的一些悬案。但此书最令人惊异的还是考证本身的用力之深和方法之难。由于韩愈诗文托寓隐晦，一般本事考证所采用的以文本与史实相印证的做法已经不敷所用，作者善于根据不同作品采用不同的方法，有时缺乏最直接的实证，需要合理的推测，也能以逻辑严密的求证为基础。例如考《毛颖传》中毛颖之原型为陆贽，先将该文戏拟毛颖仕历的细节和阶段性特征分为四组，然后将德宗时期的三十一位宰相分类比较，采用排除法，得出符合四组条件的唯有陆贽一人的结论，十分精彩。考《石鼎联句》中轩辕弥明为韩愈假托，同样采用比较法，则是先将韩愈联句和唐代非韩愈所作的联句加以比较，先说明二者在结构上的迥异之处，然后将《石鼎联句》的结构与韩愈联句相比，证明在整体篇幅、联句频次、单人句数三方面，《石鼎联句》都远远超出非韩愈联句之规模，呈现出韩愈联句独有的形式特征。由此断言《石鼎联句》确属韩愈联句的典型作品。运用创作形式的比较进行考辨，虽容易被视为软证据，但此处以统计数字为依据，就很有说服力。

　　著者在考辨过程中，除了运用一般的史料以外，还根据韩诗内容调动了不少易卦和古代天文学的资料。例如考《记梦》中"神官"和"仙人"两个角色是喻指翰林学士李吉甫和裴垍，本书参照现存最早之唐人全天星图（S.3326），先解释"罗缕道妙角与根，挈携陬维口澜翻"两句所示星象位置，然后根据《史记·天官书》《隋书·天文志》《开元占经》等资料，以之与"天王帝廷"之格局对照，认为诗意是先以"角与根"暗寓天子所居之东内大明宫，后以"陬维"点出翰林院，同时引证资料补充说明了翰林院被唐人视为"神仙殿""神山"的依据，遂使"挈携陬维"暗寓主政者欲擢拔韩愈为翰林学士一事得以坐实，所用材料均非治文学史者所常见。又如考《陆浑山火》为刺宦官，受旧注刘石龄所说《易·说卦》谓《离》"为火""为日""为甲胄，为戈兵"的启发，认为继火象之后的水、雷二象当亦本诸《易》，以此证明火象乃宦官集团之寓，为火所渗之水象相应地寓指被斥逐的制举人与考官群体，雷象相应地寓指暂与宦官集团形成一致立场、共同制造制举案的宰相李吉甫。又通过对诗中"上帝"安抚水神之语如"女干妇壬传世婚""视桃著花可小鬻，月及申西利复怨"等句中包含的卦象详加解说，指出韩愈是借汉易卦气之说，暗寓上帝有意制衡宦官和南衙两种水火不容的势力。这些考证过程的复杂和难度都超出了已有的同题研究。

　　值得指出的是：作者虽然尽可能调动了一切可用的史料，但使用极为谨慎，如考《陆浑山火》时，首先梳理关于元和制举案的记载，将新旧《唐书》和《通鉴》的史料分成三类，指出三类均已失真，应当借助真实程度较高的未受牛李党争影响的史料，一类是元和三年(808)制举对策,一类是制举案目击者的相关文字,如白居易《论制科人状》和李翱的《杨公墓志》。著者通过这些资料详考制举覆策的经过和细节,充分证明了元和制举对策主要指向宦官以后,又在考察韩诗关于火象的铺叙时,进一步利用《周礼》《汉书》《唐六典》等史料中关于礼乐舆服的记载,结合当代学者对唐代宫内诸司使机构的研究,指出每段火象的描写分别与五坊使、内园使、武德使、辟杖使、中尚使、营幕使、尚食使、酒坊使对应,而这些司使机构均属于宦官集团。这就更有力地证明了此诗中的火神确为宦官,而且透辟地说明了此诗从多种角度渲染炽烈山火的用意。总之,材料使用的审慎翔实和丰富保证了考证的可信度,而将材料挖掘到前人尚未触及的深度,根据文本选择最恰当的论证方法,又保证了考辨的科学性,避免了穿凿附会的风险。这是全书诗文本事考证的最大亮点。

　　将作者考辨的结果运用于韩愈诗文的辞章分析,是本书的努力目标。韩愈诗文的讽喻性很明显,即使不知本事,大致也能说出其艺术表现的特点,那么如果考出其寓意的具体所指,对理解作品有没有更多的帮助呢?我一直认为,读懂文本是一切学问的关键,虽然历史上多少研究韩诗者都没有完全读懂韩愈,也能做出各自的评价,但是彻底读懂和半懂不懂是不一样的,这关系到对韩愈认识的深浅。本书的考证揭开韩愈有意蒙在这些诗文表面的奇诡面纱,使其真正的喻指变得透明,有助于更真切地看到韩愈如何利用文学的镜像反映中唐政治生态的真相,可以对韩愈托喻类作品讥刺现实的方式和创新意义理解得更透彻。如《毛颖传》讽刺君王刻薄寡恩,已为众所熟知,但著者考出德宗的性格和陆贽的仕历,指出《毛颖传》的结构包含戏拟形象、托寓对象、日常物象三重要素,其中每重要素都与其他两重密切相关,交互映射,这种繁复的创作模式,超越了同主题纪实作品的言说困境,也非后来者所能成功模仿,就对这篇文章的创造性提出了独到的见解。又如考出《陆浑山火》的寓意指向后,著者发现此诗"以火、雷、水三象关系为基础,构筑了一个繁复而隐秘的托寓结构,有效地弥缝了皇甫湜原作'出真'之疵病,全面托寓了唐史上的重大政治事件——元和制举案。其中,卦气学说之运化与上帝形象之构建,乃由超越现实而观照现实,由思想文本敷衍文学文本,充分实现了文本与现实的互动"。由此再反思韩愈奇诡诗风之形成,便获得了一点新的认识:"以往谈及韩愈乃至韩孟诗派的奇诡诗风,多从审美倾向上立论。事实上,为了全面而深入地托寓诡谲险恶的政治形势以及在此种形势下的坎壈仕途,采用'增怪又烦'的铺叙手法是势所必然的,这直接决定了作品的奇诡风格。"这就说透了《陆浑山火》由内容的深刻复杂而导致其表现怪异烦冗的逻辑关系,澄清了以往认为此诗"止是竞奇""徒聱牙齰舌,而实无意义"的模糊印象。

　　除此以外，著者在考《城南联句》中孟郊和韩愈表达的差异时，推断在联句初步完成之后，作者亦当有一番润色修改的过程。认为正是由于"商量""润色"的创作方式，确保了《城南联句》在主题表现上得以扩展深化。考韩柳之作《天说》，发现"其非为穷究天人，实为寄托现实幽愤的一种修辞，由是前人'瑰异诡谲'的审美感受便得落实，此文长期以来被忽视的文学属性借以显现"。这些论述虽然还可以作更充分的发挥，但都是使考辨成果直接为辞章研究所用的有益尝试。

　　当然，造成韩愈之"奇"的内因和外因还有很多，但本书主要从穷究韩愈托喻用心的单一角度考察韩愈奇诡诗风和俳谐文风的成因，便于始终扣住文本，从文本解释的需要出发，寻找直接相关的外部原因，同时通过作品内容的分析，讲清艺术表现的问题，正如著者所说，既能在宏阔的历史轨迹中展开贞元元和时期的政治生态和士人境遇，又"得以窥见韩愈'独旁搜而远绍'、'尽六艺之奇味'的创作过程"。确实是一个有利于兼顾内因和外因的角度。相信这一研究将可启发学界进一步探求"奇"的趋尚在韩愈文学创作中的性质和表现形态，将课题的前沿推向更深的层面。

　　我与羽津君原本不熟，去年由微信得知他去新疆生产建设兵团党校援疆一年，而且所属农六师的驻地五家渠，正在我曾工作过七年的昌吉州，顿时增加了几分亲近感。前月嘱我作序，便欣然命笔。正好我最近也在研究韩孟诗派的尚奇之风，展读之下，受益匪浅，深为此书思维的缜密、钻研的深细以及文字的老成所震动。后生可畏，此言不虚，期待本书的出版能给当今的青年学坛带来一股清风。

元人是正《宋史》发覆

——以《通鉴续编》为例的考察

四川大学·日本学习院大学　　王瑞来

一、引　言

《宋史》在元朝史官辽、宋、金孰为正统的争执纠缠中，几经数年反复，最后匆匆修成。绝大部分脱胎于宋朝国史的《宋史》，不仅沿袭了一些与生俱来的宋朝国史错误，还在修纂过程，形成一些新的错误。这些新误有的是出于元朝史官理解偏差的主观误改，有的是抄录传写过程形成的客观讹误。无论是出于什么原因，这些错误都像地雷一样深埋在《宋史》之中。学者研究时利用了这些含有错误的史料，便会产生误导，犹如引爆地雷，会对研究本身造成伤害。因此，为清除《宋史》中的错误，不断有学者在孜孜不倦地劳作。

在《宋史》问世的同时代，元人陈桱也编纂刊行了《通鉴续编》一书。这部史书除了第一、第二卷是记述《资治通鉴》不载的远古历史和契丹、西夏的早期历史之外，其余二十二卷则是完整的两宋编年史。陈桱编纂《通鉴续编》的直接起因，就是不满意元朝史官编纂的《宋史》。他在《通鉴续编题记》中直接批评道："宋三百年之治乱兴亡，新史繁而寡要，观者思约而未得也。"①于是他决定"不易旧文，直书见义，仿佛《通鉴》，而规模《纲目》。述近理而删繁辞，使志学之士开卷，而上下数千年之事得以概见"，编纂了《通鉴续编》。就是说，这部《通鉴续编》在叙事上接续司马光的《资治通鉴》，在体例上效仿朱熹的《资治通鉴纲目》，在技术处理上不改动《宋史》原文。如此看来，贯穿了《春秋》笔法的《通鉴续编》，不仅是义理史学的学统承继，还是最早将纪传体《宋史》改编为编年体的史书。在《通鉴续编》之后，才有了《宋元通鉴》《续资治通鉴》等包含宋代史事的编年

---

① （元）陈桱：《通鉴续编》，元刊本。

史。同时,据我考察,《通鉴续编》对《宋史》的改编,还直接影响了明人《宋史纪事本末》的编纂。比较《宋史》《通鉴续编》《宋史纪事本末》可以发现,《宋史纪事本末》的许多记事语言在《宋史》中找不到原文,却在《通鉴续编》中可以看到。明代以降,《通鉴续编》以宋为正统的史观受到了极高的评价。

在编纂时代上,《通鉴续编》虽然晚于元初坊间书肆抄录宋代史籍成书的《宋史全文》,但其主观意义在于陈桱贯穿个人史观的独力编纂,在客观意义上则是体现了对《宋史》的直接改编。《通鉴续编》对《宋史》的改编,其实并不是像前面引述陈桱在《通鉴续编题记》中的"夫子自道",对《宋史》"不易旧文",而是对其中的错误做了不少订正。不过,陈桱凭借其慧眼识见与严肃认真做出的订正,并不是像很多学者那样的研史考证,写明证误原委,而是暗自订正于史事叙述的行文之中,需要比勘《宋史》的相关记事方能看出。

《通鉴续编》对《宋史》错误的订正,是时期较早的同时代人的订正。这种订正,体现了《通鉴续编》的一些超越《宋史》的宝贵价值。而对这些深埋于《宋史》中的错误订正的发覆,则有助于学者准确解读《宋史》的史料。瑞来应约整理《通鉴续编》,在比勘过程中,发现了这些隐伏在行文中的对事实以及文辞的订正。因从史实辨析和校勘学之视点,捡出其中各类荦荦大者十五则,具录于下,以供利用《宋史》和修订《宋史》的学人参考。所揭示之《通鉴续编》对《宋史》错误的订正,先列《宋史》有问题之原文,然后具述《通鉴续编》是正及其他旁证。所录顺序,一从《宋史》卷次。

二、《通鉴续编》的《宋史》是正

一,《宋史》卷二八《高宗纪》于绍兴六年十月丁酉条载:

> 刘麟寇淮西,张俊遣杨沂中、张宗颜等分兵御之。①

其中的"张俊",《通鉴续编》卷一五记作"张浚",其他字句皆同。检《系年要录》卷一〇六载:"主管殿前司杨沂中为浚统制官,浚遣沂中至泗州与俊合。"②按,是时文臣张浚以右仆射兼知枢密院事都督诸路军马。可知《宋史》此处将文臣"张浚"误记作武将"张俊"。而《通鉴续编》则改正了这一错误。点校本《宋史》于本卷绍兴五年(1135)和绍兴七年(1137)记事指出两处"张浚"和"张俊"的文武互误的问题,但在这一处则失校未能指出。

---

① (元)脱脱等:《宋史》卷二八《高宗纪》,中华书局,1985年,第527页。

② (宋)李心传撰,胡坤点校:《建炎以来系年要录》(以下简称《系年要录》),绍兴六年十月丁酉条,中华书局,2013年,第1984页。

二、《宋史》卷二一四《宰辅表》于“执政进拜加官”栏载:

> (宝祐三年)六月丙子,王埜自通奉大夫、守礼部尚书除端明殿学士、签书枢密院事。①

《通鉴续编》卷二三则载:“(宝祐三年)三月以王埜签书枢密院事。”按,是年六月丙寅朔,月内无丙子。然是年三月丙戌朔,丙子为十一日。《通鉴续编》将王埜除签书枢密院事记在“三月”,当得其实。

三、《宋史》卷三一二《吴充传》载:

> 安石去,遂代为同中书门下平章事、监修国史。充欲有所变革,乞召还司马光、吕公著、韩维、苏颂,乃荐孙觉、李常、程颢等数十人。②

其中“乃荐孙觉、李常、程颢等数十人”之“乃”,《通鉴续编》卷九记作“及”字。按,此句与上一句不构成因果关系,因此记作表述并列关系之“及”当是。《宋史纪事本末》卷三七《王安石变法》③《纲鉴易知录》引述亦均记作“及”④。作“乃”当系出于传抄或刊刻之形近而误。宋代史籍《长编》卷二八六以及元初史籍《宋史全文》卷一二载此事记作同义之“又”字⑤,亦可证《宋史》作“乃”之误。

四、《宋史》卷三三六《吕公著传》载:

> 时王安石方行青苗法,公著极言曰:“自古有为之君,未有失人心而能图治,亦未有能胁之以威、胜之以辩而能得人心者也。昔日之所谓贤者,今皆以此举为非,而生议者一切诋为流俗浮论,岂昔皆贤而今皆不肖乎?”安石怒其深切。⑥

其中“生议者一切诋为流俗浮论”一句之“生”字,《通鉴续编》卷八记作“主”字。按,作“生”虽可通,然作“主”义胜。且“生议者”之表述并不经用,在《宋史》仅此一处,而“主议者”之表述则多见。如卷三四一《傅尧俞传》之“主议者知悯悯不可遏”;卷三五三《龚原传》之“主议者斥其妄”;卷三八三《辛次膺传》之“今主议者见小利忽大计”;卷四七三《秦桧传》之“次翁谓无主议者,专为桧地也”等。而后世文献对《吕公著传》之引述,如《宋史纪事本末》卷三七《王安石变法》、《宋史新编》卷一一二⑦、《弘简录》卷一〇六⑧、《读通鉴

---

①《宋史》卷二一四《宰辅表》,第5633页。

②《宋史》卷三一二《吴充传》,第10240页。

③(明)陈邦瞻:《宋史纪事本末》,中华书局,1977年,第366页。

④(清)吴乘权等辑,施意周点校:《纲鉴易知录》,中华书局,1960年,第1950页。

⑤(元)佚名撰,汪圣铎点校:《宋史全文》卷一二上,熙宁十年十二月壬午条,中华书局,2016年,第715页。

⑥《宋史》卷三三六《吕公著传》,第10772页。

⑦(明)柯维骐:《宋史新编》,影印本,新文丰出版公司,1974年。

⑧(明)邵经邦:《弘简录》,《续修四库全书》影印本,上海古籍出版社,2002年。

论》卷中等①,亦毫无例外地记作"主"。主议者为主持讨论者,生议者则为发出议论者。从前后文意看,当作"主议者"无疑。作"生"当系出于传抄或刊刻之形近而误。

五、《宋史》卷三四八《赵遹传》载:

> 政和五年,晏州夷酋卜漏反,陷梅岭堡,知寨高公老遁。公老之妻,宗女也,常出金玉器飲卜漏等酒,漏心艳之。会泸帅贾宗谅以敛竹木扰夷部,且诬致其酋斗个旁等罪,夷人咸怨。漏遂相结,因上元张灯袭破寨,虏公老妻及其器物,四出剽掠。②

《通鉴续编》卷一二所述,几乎全同《赵遹传》,然其中"且诬致其酋斗个旁等罪"一句中之人名"斗个旁",则记作"卜个旁"。按,同为晏州夷,姓氏当同"卜漏"一样作"卜",《宋史》作"斗",盖出形近致误。

六、《宋史》卷三六六《刘锜传》载:

> 行至柘皋,与金人夹石梁河而阵。河通巢湖,广二丈,锜命曳薪迭桥,须臾而成,遣甲士数队路桥卧枪而坐。③

其中最后一句中"遣甲士数队路桥卧枪而坐"之"路"字,《通鉴续编》卷十六于绍兴十一年(1141)记作"逾",源自《通鉴续编》的《宋史纪事本末》卷七一《顺昌柘皋之捷》也相同。④ 再检宋代文献,《系年要录》卷一三九⑤、《三朝北盟会编》卷二〇五均作"过"⑥,意思完全与"逾"相同,只是更为口语化。《宋史》作"路",虽勉强可以名词动化解释,但毕竟意思不甚通畅。此一异同,点校本《宋史》虽以校勘记的形式指出,但同样未加正误按断。

七、《宋史》卷三七一《王伦传》载:

> 既至金国,金主亶为设宴三日,遣签书宣徽院事萧哲、左司郎中张通古为江南诏谕使,偕伦来。⑦

其中金使张通古官名"左司郎中",《通鉴续编》卷一六记作"右司郎中"。检源自金朝实

---

① (清)王夫之撰,舒士彦点校:《读通鉴论》卷中,中华书局,2004 年。

② 《宋史》卷三四八《赵遹传》,第 11045 页。

③ 《宋史》卷三六六《刘锜传》,第 11405 页。

④ 《宋史纪事本末》卷七一《顺昌柘皋之捷》,第 731 页。

⑤ 《系年要录》卷一三九,绍兴十一年二月丁亥条,第 2617 页。

⑥ (宋)徐梦莘:《三朝北盟会编》卷二〇五,上海古籍出版社,2008 年,第 1476 页。

⑦ 《宋史》卷三七一《王伦传》,第 11524 页。

录之《金史》卷四《熙宗纪》、卷六〇《交聘表》①以及《系年要录》卷一二三②，则均记作"右司郎中"。据此可知，作"左"当系出于传抄或刊刻之形近而误。

八，《宋史》卷三九九《娄寅亮传》载：

> 建炎四年，高宗至越，寅亮上疏云："先正有言：'太祖舍其子而立弟，此天下之大公；周王薨，章圣取宗室育之宫中，此天下之大虑也。'仁宗感悟其说，诏英祖入继大统。文子文孙，宜君宜王，遭罹变故，不断如带。今有天下者，独陛下一人而已。属者椒寝未繁，前星不耀，孤立无助，有识寒心。天其或者深戒陛下，追念祖宗公心长虑之所及乎？崇宁以来，谀臣进说，独推濮王子孙以为近属，余皆谓之同姓，遂使昌陵之后，寂寥无闻，奔进蓝缕，仅同民庶。恐祀丰于昵，仰违天监，太祖在天莫肯顾歆，是以二圣未有回銮之期，金人未有悔祸之意，中原未有息肩之日。臣愚不识忌讳，欲乞陛下于子行中遴选太祖诸孙有贤德者，视秩亲王，俾牧九州岛，以待皇嗣之生。"③

娄寅亮上疏中"欲乞陛下于子行中遴选太祖诸孙有贤德者"一句中"于子行中"，《通鉴续编》卷一五记作"于伯字行内"。按，作"于子行中"意为从下一辈中选择太祖诸孙可以继承皇位的人，貌似可通，其实有误。考宋孝宗即位前名"伯琮"，正为"伯字行"。据此，可以推测致误过程当是如下，《宋史》于"于伯字行"一句脱去"伯"字，记作"于字行"又于义不通，于是便易"字"为同音之"子"。这一致误过程的推测，由同为《宋史》的卷三七五《富直柔传》的记载可以得到佐证："上虞县丞娄寅亮上书言宗社大计，欲选太祖诸孙'伯'字行下有贤德者视秩亲王，使牧九州岛，以待皇嗣之生，退处藩服。疏入，上大叹悟，直柔从而荐之，召赴行在，除监察御史。于是孝宗立为普安郡王，以寅亮之言也。"④《系年要录》卷四五于绍兴元年六月辛巳条亦记寅亮上言为"欲望陛下于伯字行下，遴选太宗诸孙有贤德者"⑤。

九，《宋史》卷四一八《陈宜中传》载：

> 宝祐中，丁大全以戚里婢婿事权幸卢允升、董宋臣，因得宠于理宗，擢为殿中侍御史，在台横甚。宜中与黄镛、刘黻、林测祖、陈宗、曾唯六人上书攻之。大全怒，使

①（元）脱脱等撰，傅乐焕、张政烺点校，程妮娜修订：《金史》卷四《熙宗纪》、卷六〇《交聘表》，中华书局，2020年，第73、1399页。

②《系年要录》卷一二三，绍兴八年十一月戊申条，第2308页。

③《宋史》卷三九九《娄寅亮传》，第12132页。

④《宋史》卷三七五《富直柔传》，第11618页。

⑤《系年要录》卷四五，绍兴元年六月辛巳条，第956页。

监察御史吴衍劾宜中，削其籍，拘管他州。司业率十二斋生，冠带送之桥门之外，大全益怒，立碑学中，戒诸生亡妄议国政，且令自后有上书者，前廊生看详以牒报检院。①

其中"司业率十二斋生"之"十二斋"，《通鉴续编》卷二一记作"二十斋"。检《梦粱录》卷一五《学校》，具载太学斋名："太学有二十斋：扁曰服膺、提身、习是、守约、存心、允蹈、养正、持志、节性、率履、明善、经德、循理、时中、笃信、果行、务本、贯道、观化、立礼。"②据此可知，《宋史》记作"十二斋"当为"二十斋"之误倒。

十、《宋史》卷四三四《陆九韶传》载：

其家累世义居，一人最长者为家长，一家之事听命焉。岁迁子弟分任家事，凡田畴、租税、出内、庖爨、宾客之事，各有主者。

其中"岁迁子弟分任家事"之"迁"字，《通鉴续编》卷二一记作"选"。按，宋人罗大经《鹤林玉露》丙编卷五《陆氏义门》条亦记此事："陆象山家于抚州金溪，累世义居。一人最长者为家长，一家之事听命焉。逐年选差子弟分任家事。或主田畴，或主租税，或主出纳，或主厨爨，或主宾客。"③正记作"选"字。明人李贽《史纲评要》卷三五记此事亦记作"选"④。据此可知，作"迁"当系出于传抄或刊刻之形近而误。然《宋史》此讹已贻误后世。《宋元学案》卷五七《梭山复斋学案·道乡家学·隐君陆梭山先生九韶附录》即记作"岁迁子弟分任家事"⑤。

十一、《宋史》卷四三五《胡寅传》记"时议遣使入云中，寅上疏言"，其中有云：

夫女真知中国所重在二圣，所惧在劫质，所畏在用兵，而中国坐受此饵，既久而不悟也。天下谓自是必改图矣，何为复出此谬计邪？⑥

其中"既久而不悟也"，《通鉴续编》卷一五记作"既久而后寤也"。"不"字作"后"，意思完全不同。审文意，当作"后"是，倘若"不悟"，何来下一句的"改图必矣"。检胡寅《斐然集》卷一一《论遣使札子》⑦、《系年要录》卷八九皆同本书作"后"⑧。点校本《宋史》注意

---

① 《宋史》卷四一八《陈宜中传》，第 12529 页。

② （宋）吴自牧撰，[日]梅原郁译注：《梦粱录》，日本平凡社，2000 年。

③ （宋）罗大经撰，王瑞来点校：《鹤林玉露》丙编卷五《陆氏义门》，中华书局，1983 年，第 323 页。

④ （明）李贽：《史纲评要》卷三五，中华书局，1974 年，第 1003 页。

⑤ （清）黄宗羲原撰、（清）全祖望补修，陈金生、梁运华点校：《宋元学案》卷五七《梭山复斋学案·道乡家学·隐君陆梭山先生九韶附录》，中华书局，1982 年，第 1866 页。

⑥ 《宋史》卷四三五《胡寅传》，第 12920 页。

⑦ （宋）胡寅撰，容肇祖点校：《斐然集》卷一一《论遣使札子》，中华书局，1993 年，第 228 页。

⑧ 《系年要录》卷八九，绍兴五年五月丙戌条，第 1720 页。

到这一问题,但仅出一条校勘记指出异同,未下按断。其实根据前后文意,是不难判断正误的。

十二,《宋史》卷四三七《真德秀传》载:

> 四方人士诵其文,想见其风采。及宦游所至,惠政深洽,不愧其言,由是中外交颂。都城人时惊传倾洞,奔拥出关曰:"真直院至矣!"①

其中"都城人时惊传倾洞"之"倾洞"字,《通鉴续编》卷二一记作"澒洞"。按,"澒洞"典出汉代贾谊《旱云赋》"运清浊之澒洞兮,正重沓而并起"②,形容绵延弥漫或水势汹涌,又引申为冲击、震动。《宋史》作"倾洞"则义不可通。

十三,《宋史》卷四五〇《李芾传》载:

> 十二月,城围益急,孝忠中炮,风不能起,诸将泣请曰:"事急矣,吾属为国死可也,如民何?"芾骂曰:"国家平时所以厚养汝者,为今日也。汝第死守,有后言者吾先戮汝。"

其中"有后言者吾先戮汝"之"后"字,《通鉴续编》卷二四记作"复"。按,"有复言者"犹言"有再这样说的人",作"后"则义不可通。后人对此事的引述,如《续资治通鉴》卷一八二③、清人王国牧《湖南阳秋》续编卷一一④、胡林翼《读史兵略续编》卷七⑤、《纲鉴易知录·南宋纪》,亦均正确记作"复"。《宋史》作"后",则系出于传抄或刊刻之形近而误。顺便指出,《宋史》标点本"孝忠中炮"后之逗号,当移至"风"字之后,读作"孝忠中炮风"。

十四,《宋史》卷四六二《王仔昔传》载:

> 献议九鼎神器不可藏于外。乃于禁中建圆象徽调阁以贮之。⑥

其中"乃于禁中建圆象徽调阁以贮之"之"圆",《通鉴续编》卷一二作"圜"。检《宋史》卷二一《徽宗纪》⑦、《长编纪事本末》卷一二八⑧、《宋会要辑稿·舆服》六之一六⑨、《玉海》

---

①《宋史》卷四三七《真德秀传》,第 12964 页。

②(宋)佚名编:《古文苑》,《四部丛刊》影宋本。

③(清)毕沅撰,标点续资治通鉴小组点校:《续资治通鉴》,中华书局,1957 年,第 4972 页。

④(清)王万澍撰,赖谋深点校:《湖南阳秋》,岳麓书社,2012 年,第 48 页。

⑤(清)胡林翼:《读史兵略续编》,《胡林翼集》收录整理本,岳麓书社,2008 年,第 610 页。

⑥《宋史》卷四六二《王仔昔传》,第 13528 页。

⑦《宋史》卷二一《徽宗纪三》,第 397 页。

⑧(宋)杨仲良:《续资治通鉴长编纪事本末》卷一二八《九鼎》,政和六年十一月甲午条,北京图书馆出版社,2003 年,第 3989 页。

⑨(清)徐松辑,刘琳、刁忠民、舒大刚、尹波等点校:《宋会要辑稿·舆服》六之一六《鼎》,上海古籍出版社,2014 年,第 2390 页。

卷八八亦均作"圜"①。据此可知，作"圆"当系出于传抄或刊刻之形近而误。

十五，《宋史》卷四七七《李全传》载：

> （李）福乘众怒，与杨氏谋，召（姚）翀飲。翀至而杨氏不出，就坐宾次，左右散
> 去。福与翀命召诸幕客，以杨氏命召翀二妾。诸幕客知有变，不得已往。②

其中"福与翀命召诸幕客"之"与"字，《通鉴续编》卷二一记作"以"。审下句为"以杨氏命召翀二妻"，当作"以"是，作"与"盖为音近致误。不过此误倒未贻误后世。《宋史纪事本末》卷八七《李全之乱》以及清人胡林翼《读史兵略续编》卷六叙此事均记作"以"。

结　语

以上，比勘《通鉴续编》与《宋史》对同一叙事的记载异同，或通过文本前后文检证，或通过相关史籍互证，均可证明《通鉴续编》为是，而《宋史》所记为非。《通鉴续编》尽管是对《宋史》的改编，却没有沿误。这就说明元人陈桱在编纂《通鉴续编》时，对择取的《宋史》记载下了一番考证功夫。史书的体例不同于考证著作，使陈桱没有机会和空间记录他的考证过程，但正确的结果却在《通鉴续编》的史事叙述中体现出来。经过对《通鉴续编》与《宋史》二者仔细比勘，则可以通过《通鉴续编》的正确记载纠正《宋史》之误。不过，陈桱对《宋史》的是正，由于是隐伏于《通鉴续编》的行文之中，必须加以比勘发覆，方可显现。本文以上做的就是这样一种比勘发覆的工作。通过这一比勘发覆，不仅期待对研读《宋史》史料有所裨益，还试图从史学史的意义上揭示元人对元朝所修《宋史》的早期订正。

---

① （宋）王应麟：《玉海》卷八八，日本京都中文出版社，1986年。
② 《宋史》卷四七七《李全传》，第 13837 页。

《名公书判清明集·户婚门》勘误

暨南大学　周名峰

　　《名公书判清明集》(以下简称《清明集》)是宋代重要的诉讼判词和官府公文的分类汇编。《清明集》中的书判,人们可以从不同的角度加以研究,从不同的方面吸取材料,是宋代史料的一座宝库。① 1983 年中国社会科学院历史研究所宋辽金元史研究室对《清明集》宋刻本残本与明刻本进行校勘,由中华书局于 1986 年出版《清明集》点校本。点校本的问世极大地推动了国内外学界对宋代法制的研究,甚至日本学者研究《清明集》亦以点校本为底本。② 近年来,笔者潜心于《清明集》书判之校释,发现点校本存在诸多疏漏甚至错误之处。将《清明集》各版本与点校本进行重新校勘,有助于发现各版本在传抄刻写辑录过程中产生的讹误,利于勘正其误。笔者将《清明集》户婚门宋刻本、明刻本、明刻本勘本与点校本的内容对校,③一一指出点校本《清明集》户婚门中的错漏。以下按点校本卷之四至卷之九的顺序,略作说明,④希望有助于《清明集》校勘之不断完善并以此就教于方家。

---

① 参见陈智超:《宋史研究的珍贵史料——明刻本〈名公书判清明集〉介绍》,原刊《中国史研究》1984 年第 4 期,收入中国社会科学院历史研究所宋辽金元史研究室点校《名公书判清明集》,北京,中华书局,1986 年,第 680 页。

② 如日本学者高桥芳郎先生译注《名公书判清明集》卷六之户婚门就以中华书局 1986 年版点校本为底本。参见［日］高桥芳郎:《〈名公书判清明集〉 卷六 户婚门 訳注稿(その一)》,《北海道大学文学部纪要 48-2》,1999 年 11 月,第 1—2 页。

③ 《清明集》户婚门共五卷,宋刻本残卷辑录卷之四、卷之五、卷之八、卷之九之绝大部分书判,明刻本辑录卷之四至卷之九书判。本文中凡宋刻本、明刻本均辑录之书判,点校本与二本对校;仅宋刻本或明刻本辑录者,点校本分别与之对校。

④ 文中所标点校本页码为中国社会科学院历史研究所宋辽金元史研究室点校《名公书判清明集》,中华书局,1986 年。

一、《清明集》卷之四

1.《高七一状诉陈庆占田》：及索干照呈验，税钱一百二十，有令契立价钱五十贯，已是不登。（103页）

宋刻本原文："及索干照呈验税钱一百二十有令契立价钱五十贯已是不登。"①明刻本原文："及索干照呈验税钱一百二有零契立价钱五十贯已是不证。"②"有零"即有零头、有零数之谓，宋刻本中"有令"当与"有零"同义，从明刻本"有零"为妥，"有零"二字当属上句，点校本断句有误。"不登"为"欠缴；歉收"之义，《汉书·元帝纪》："关东今年谷不登，民多困乏。"③而明刻本"不证"在文中则意不可解，应从宋刻本"不登"一词。故该句应勘正为：及索干照呈验，税钱一百二十有零，契立价钱五十贯，已是不登。

2.《游成讼游洪父抵挡田产》：又准法：应交易田宅，并要离业，虽割零典买，亦不得自佃赁。（104页）

此段文字同宋刻本原文（43页下）。明刻本内容与宋刻本同，唯"虽割零典买"作"虽各零典卖"。明刻本"各"为别字，但"卖"字正。详前句"并要离业"及后句"亦不得自佃赁"文义，"离业"且"不得自佃赁"者当为"割零典卖"之家，则宋刻本、点校本中"典买"为"典卖"之误。故该句应勘正为：又准法：应交易田宅，并要离业，虽割零典卖，亦不得自佃赁。

二、《清明集》卷之五

1.《重迭交易合监契内钱归还》：看详到右院勘到江伸、丘某争田事。（中略）江伸却将别项从前已断丘三十、徐乙赌博事，衮同诬赖。（142页）

"看详到右院勘到江伸、丘某争田事"一段同宋刻本原文（67页上）。"看详"为宋代

---

① 《丛书集成续编》第53册，新文丰出版公司，1998年，第43页上。本文《清明集》宋刻本以辑录于《丛书集成续编》第53册之影印本为底本。本文所标注宋刻本原文页码即指《丛书集成续编》第53册之页码。《清明集》宋刻本残本现收藏于日本东京严崎氏静嘉堂。

② 本文所对照《清明集》明刻本为明代隆庆年间张四维从《永乐大典》辑录出的辑本影印本，明刻本勘本为与明刻本同底的勘注文字本。明刻本及其勘本未标注页码。明刻本足本及勘本的现收藏于上海图书馆。北京图书馆收藏的是明刻本残本。

③ （汉）班固撰，（唐）颜师古注：《汉书》，中华书局，1962年，第279页。

公文常用语,如《宋史·孝宗纪三》:"癸丑,命检正都司看详群臣封事,有可行者以闻"①。"看详"一词更为《清明集》中习语,如"看详案牍"(182页),"看详诸处断由"(260页),"看详案卷"(268页)等,不胜枚举。明刻本作"看详右院"。当从明刻本,"到"字衍。

"江伸却将别项从前已断丘三十、徐乙赌博事,衮同诬赖"中"衮同"一词不知所谓。明刻本作"滚同诬赖"。"衮"虽可作"滚",但用作"滚"时义项有四,即大水奔流;翻滚;沸腾;衮边②,并无"混同"之义。宋代文献中已有"滚同"一词用法,如《朱子全书》卷一:"自开辟以来,生多少人,求其尽己者,千万人中无一二,只是滚同枉过一世。"③同书卷二一:"如今理会一处未得,却又牵一处来滚同说,少闲愈无理会处。"④"滚同"一词合书判文义,当从明刻本。点校本盖从宋刻本误。⑤

2.《揩改文字》书判之"校勘记":(二)五亩四十五步 "四十五步",明本作"四十步"。(155页)

对照明刻本,原文为"五亩田十步"。明刻本误将"四"抄录为"田",点校本校勘有误。

3.《揩擦关书包占山地》:(徐)千四秀有男名晔,见存。(159页)

此段文字同宋刻本(78页下)、明刻本原文。详观宋刻本(79页上)、明刻本此篇书判,除此一处出现"晔"外,全文其后四处均作"烨"。盖宋刻本、明刻本因"晔"与"烨"音同形近而误,点校本从误。

三、《清明集》卷之六

1.《伪冒交易》:验之契字,纸迹不同,实赵氏不曾金,委既无上手,又不割税,则是林镕虚立死人契字,盗卖莫通判产税,赵知县为富不仁,一至于此。(173页)

本段文字同明刻本原文。然据书判前后文义,林镕伪造莫君宝(按,即莫通判)卖田契字,将田产卖给赵孟鏻(按,即赵知县),"盗卖莫通判产税"者为林镕,"为富不仁"者本指林镕。详书判文义,盖明刻本于"产税"下脱"与"字。点校本从误,以至断句标点错误,致使"为富不仁"者成了"赵知县",文义大相径庭。"赵知县"当从上句。该句应勘正

---

① (元)脱脱等:《宋史》,中华书局,1985年,第687页。

② 参见《汉语大词典》第九卷"衮"字条义项⑥,上海辞书出版社,1993年,第38—39页。

③ (宋)朱熹撰:《朱子全书》卷一"总论为学之方",《钦定四库全书》影印本,第9b。

④ 《朱子全书》卷二一"孟子二",《钦定四库全书》影印本,第10a。

⑤ 同此误者,尚有点校本卷之四《使州索按为吴辛讼县抹干照不当》中"却乃衮同呈上"(110页)。

为:验之契字,纸迹不同,实赵氏不曾金,委既无上手,又不割税,则是林镕虚立死人契字,盗卖莫通判产税与赵知县,为富不仁,一至于此。

2.《争田业》:意在吴膺在日主掌洪氏计,借借于李氏者不一,此契当亦是抵典之契。(176页)

"借借"一词在古代典籍中确有使用,如《宋史·选举三》:"(宋崇宁三年)凡州县学生曾经公、私试者复其身,内舍免户役,上舍借借如官法。"①然史学家朱瑞熙先生在20世纪80年代已对宋代"借借"一词进行研究考证,"借借"于宋代不仅指官府苛捐杂税名目之一,也指坊间彼此借用器物和钱币。②"借借"为"借出;借取置办"之义,"借即措"③。"借借"实为"借借"之误。宜采史学研究最新成果,将"借借"勘正为"借借"。

3.《诉佃田》:生此厉阶,石辉之罪,不可胜诛,决竹箅二十,引监日呈纳上项价钱,交付刘七,赎回田产付廖万英,契仍寄库。(185页)

疑"竹箅"为"竹篦"之误。"竹箅"本指"覆盖甑底的竹席"④,《太平御览》卷七五七"器物部二"载:"箅,《说文》曰:'箅,蔽也,所以蔽甑底也'。《淮南子》曰:'明镜可鉴形,蒸食不为竹箅。'"⑤绎书判文义,"石辉之罪",以刑罚之。古代刑罚种类中无"决竹箅"之刑而有"决竹篦"之刑。"竹篦"即批头棍,一种用竹片扎成的刑具。⑥"决竹篦"之刑在《清明集》书判中常见,如《妄诉田业》中"从轻决竹篦十下"(123页),《子不能孝养父母而依栖婿家则财产当归之婿》中"王有成决竹篦二十"(127页),《假伪遗嘱以伐表》中"送州学决竹篦二十"(290页)等,均为显例。明刻本因"箅"与"篦"形近而误,点校本从误。

4.《王直之朱氏争地》:若曰缴到施王德原置文霸老契可照,四十余年一幅竹纸,竟不投税,已是难凭,今纵以为可凭,则契内只言住房基,即无桑地一角二字。但是施王德初典契内平白撰出桑地二字,又无亩角四至。续于嘉熙四年闰月,施百二娘断卖与施王德既死之后,又旋添一角之语。(186页)

按,明刻本原作"即无桑地一角"而无"二字",明刻本勘本在"即无桑地一角"旁添"二字"两字。然详书判文义,施文霸卖给施王德住房地基老契中并无"桑地一角"文字,但后来施王德出典契约内平白撰出"桑地一角"。则"桑地一角"是"四字"而非"二字"。

---

①《宋史》,第3663页。

②参见朱瑞:熙《宋代的"借借"》,《中国史研究》1983年第4期,第164—166页。

③参见《汉语大词典》第一卷"借借"词条,第1451页。

④参见《汉语大词典》第八卷"竹箅"词条,第1100页。

⑤(宋)李昉等撰:《太平御览》卷七五七"器物部二",《钦定四库全书》影印本,第14b。

⑥参见《汉语大词典》第八卷"竹篦"词条,第1102页。

点校本盖从明刻本勘本误。另按,点校本于本段文字中"住房基""桑地一角""桑地""一角"四处引号缺失,当补。① 本段文字应勘正为:若曰缴到施王德原置文霸老契可照,四十余年一幅竹纸,竟不投税,已是难凭,今纵以为可凭,则契内只言"住房基",即无"桑地一角"四字。但是施王德初典契内平白撰出"桑地"二字,又无亩角四至。续于嘉熙四年闰月,施百二娘断卖与施王德既死之后,又旋添"一角"之语。

四、《清明集》卷之七

1.《生前抱养外姓殁后难以摇动》:窃详邢柟既为后族,合知理法,决不应恝然如此。(202 页)

"后族"疑为"右族"之误。"后族"者,皇后之亲族也。②《晋书·外戚传序》载:"至若樊靡卿之父子,窦广国之弟兄,阴兴之守约戒奢,史丹之掩恶扬善,斯并后族之所美者也。"③《通典》卷二一《职官三》:"昔魏文帝着令,虽有少主,尚不许皇后临朝,所以追监成败杜启萌也。况天下者,高祖、太宗之天下,陛下正合谨慎宗庙传之子孙,诚不可持国与人,有私于后族。"④详书判文义,邢柟并非后族,应是右族。"右族"者,豪门大族也⑤。《晋书·欧阳建传》:"建,字坚石,世为冀方右族。"⑥明刻本因"后"与"右"形似而误。点校本从误。

2.《不当立仆之子》:但追人到军,恐成淹延,新知县尽自聪明,牌押下县,着实追对,从公结绝,申。(208 页)

"牌押"不知何解,疑为"牒押"之误。"牒押"为《清明集》书判中习见语,如《宗族欺孤占产》中"牒押一行人下朱兼金厅,请根索刘传卿应干家业契书点对"(237 页),《衣冠之后卖子于非类归宗后责房长收养》中"元老牒押往族长刘万二宣教宅,听从收养"(277 页),《争山及坟禁》中"牒押徐克明、郑宗立下芝溪,请巡检躬亲前去地头定验"(324 页)等,不烦赘举。点校本盖从明刻本因"牌"与"牒"形似而误。

3.《同宗争立》:志道挈其妻与子妇,而悔罪悔过于其祖,天理油然而生矣。(中略)

---

① 点校本中存在不少书判中的字、词、句应当加注引号而未加注之情形,由于不使用引号亦不影响对文义的理解,本文限于篇幅,恕不一一。

② 参见《汉语大词典》第三卷"后族"词条,第 142 页。

③(唐)房玄龄等:《晋书》,中华书局,1974 年,第 2409 页。

④(唐)杜佑撰,王文锦、王永兴、刘俊文、徐庭云、谢方点校:《通典》,中华书局,1988 年,第 541 页。

⑤ 参见《汉语大词典》第三卷"右族"词条,第 43 页。

⑥《晋书》,第 1009 页。

听伯达、节臣之互为谋主，簸弄词诉，必至于破家析产而后已，王氏之重不幸，而尊者曰有扰其怀，甚可悯也。（210 页）

本段文字同明刻本原文。有两处误。一者，"志道挈其妻与子妇"。"子妇"义项有二：儿子与儿媳；儿媳。① 此处"妇"本应作"儿媳"解。然据书判前文，"志道为文植后者四年"及"志道为文植嗣，曾承祖母重服，又已娶妻生子，祖孙相依四年"（209 页），可知志道之子其年尚不足四岁，其时志道不可能有儿媳。详绎句义，当为"志道携妻与子归家向养祖父文植悔罪悔过"，故尔"妇"字当为"归"字之误，点校本从明刻本因繁体字"婦"与"歸"形近而误。二者，"而尊者曰有扰其怀"。"曰有扰其怀"语义不通。明刻本勘本在"曰有扰其怀"一句旁，勘"曰"为"日"。"尊者日有扰其怀"语词顺且文义通。显见，明刻本因"曰"与"日"形近误。点校本校勘时疏漏。

4.《争立者不可立》：今张达善之状，一则欲追陈氏，二则欲押出二叔，三则称老癃叔祖婆阿刘出官，抵睚甚至，诬诉变寄财产，意在追扰，迫之命立，可谓无状。（212 页）

本段文字断句标点有误。按，据书判前后文义，张达善无状之处在于：状词中诉请"追押"长辈陈氏与二叔，蔑称尊长叔祖婆阿刘为"老癃"；出官时"抵睚"且"诬诉"长辈；意在"追扰"长辈，强迫长辈"命立"。而点校本的断句标点则致文义错乱，易误读为"阿刘出官抵睚"。"抵睚甚至"亦不合文法。本段文字断句标点当校正为：今张达善之状，一则欲追陈氏，二则欲押出二叔，三则称老癃叔祖婆阿刘。出官抵睚，甚至诬诉变寄财产，意在追扰，迫之命立，可谓无状。

5.《下殇无立继之理》：朱司户在苫块之中，不欲争至讼厅，竟从族人和义，捐钱五百贯足与朱元德。（213 页）

疑"和义"为"和议"之误。"和义"一词义项有二，一谓使事物各得其宜，不相妨害；一谓德义。② 详书判文义，朱司户于守丧期内，不欲招惹是非"争至讼厅"，便从族人之议捐钱与朱元德和解，以期息事宁人。"和义"显然与文义不符，与文义相通者当属"和议"最恰。"和议"有"讲和；与对方达成和平协议"之义。③ 点校本从明刻本因"义"与"议"音同形似而误。

6.《立继有据不为户绝》：殊不思已嫁承分无明条，未嫁均给有定法，诸分财产，未娶者与聘财，姑姊妹有室及归宗者给嫁资，未及嫁者则别给财产，不得过嫁资之数。又法：

---

① 参见《汉语大词典》第四卷"子妇"词条，第 173 页。
② 参见《汉语大词典》第三卷"和义"词条，第 275 页。
③ 参见《汉语大词典》第三卷"和议"词条，第 279 页。

诸户绝财产尽给在堂诸女,归宗者减半。(217 页)

本段文字有两则讹误。一则"姑姊妹有室"。"有室"者,男子有妻之谓也。① 姑姊妹为女子,岂可"有室"？观前文,"未嫁财产均给有定法",则因姑姊妹未婚而给嫁资。女子待字闺中,宋代律文条法用"在室"一词。该书判所援条法应出自《庆元条法事类》,惜该书残本不足原书之半,"户婚门"阙失,甚憾。然《宋刑统·户婚律》之"卑幼私用才"条【准】文有载:"户令:诸应分者,田宅及财务兄弟均分。(中略)姑姊妹在室者,减男娉财之半。"②同书"户绝资产"条【准】文:"请今后户绝者所有店宅、畜产、资材,(中略)户绝者并同在室女例,余准令、敕处分。"③故"姑姊妹有室"当为"姑姊妹在室"之误。二则"在堂诸女"。"在堂"者,母亲健在之义也。④ 岂可言未嫁诸女为"在堂"？"在堂诸女"实为"在室诸女"之误。明刻本因"有"与"在"、"堂"与"室"形近误。点校本同误。

7.《房长论侧室父包佾物业》:郑氏固梁居正之侧室也,然一从居正之死,便知遣唤梁太行房长之事,既而见梁太不足托,遂自求于官,首乞检校,已待二幼之长。但方议梁太之私,而必能自绝其私,招致其父郑应瑞,辄预梁氏家事,安能免于梁太之词。(232 页)

本段文字中"而必能自绝其私"一句与前后文义不协。按,据上文称,梁太以房长身份主梁居正之丧而谋私,为绝梁太私谋,梁居正侧室郑氏"遂自求于官,首乞检校",然郑氏"方议梁太之私",随后却"招致其父郑应瑞,辄预梁氏家事",郑氏显然亦未自绝私心,"而必能自绝其私"与前后句扞格,"而未能自绝其私"则至为妥帖。明刻本"必能"实为"未能"之误。点校本同误。

8.《正欺孤之罪》:详观戴周卿、郑亨父各人契家,节节奸诡,全不似平常立契,云云。作伪心劳日拙,前后不觉自相抵牾,(中略)夏之日,冬之夜,一兴念陈子十八年之恩义,其忍之乎？(234—235 页)

疑"契家"为"契字"之误。据文义,书判作者审理本案,其所"详观"之物并由此得出戴郑二人"全不似平常立契""作伪心劳日拙,前后不觉自相抵牾"结论者当为契约。然"契家"非"契约"之谓乃云"通好之家"⑤。与本书判同一时期之《齐东野语·洪端明入冥》一书中"契家"一词即为例证:"(邑令)遂收璞父子及血属于狱,洪公亦以曾任调停,

---

① 参见《汉语大词典》第六卷"有室"词条,第 1154 页。
②(宋)窦仪等详定,岳纯之校证:《宋刑统校证》,北京大学出版社,2015 年,第 169 页。
③《宋刑统校证》,第 170 页。
④ 参见《汉语大词典》第二卷"在堂"词条,第 1013 页。
⑤ 参见《汉语大词典》第二卷"契家"词条,第 1534 页。

例追逮，良窘。时王实斋遂守吴，契家也，亟往求援，王为宛转。"①《清明集》书判中多用"契字"一词指"契约"，如《罗琦诉罗琛盗去契字卖田》(102 页)，《叔侄争》中："监友闻，先卖契字仍给还友能管业。"(190 页)《伪将已死人生前契包占》中："上件交关契头亡殁，契字难明。"(307 页)等。明刻本因"家"与"字"形近而误，点校本同误。另按，郑八娘亡夫名为"陈子牧"。明刻本与点校本于"一兴念陈子十八年之恩义"一句，"陈子"后均脱"牧"字。当补。

9.《宗族欺孤占产》：使季五娘尚存，梁万三赘居，犹不当典卖据有刘氏产业，季五娘已死，梁万三久已出外居止，岂可卖占据其产业乎？既攫取其家财，后盗卖其产业，既占据其茶店，又强取其田租，至于刘季六之丧与其妻之丧，至今暴露而不葬，则悉置之不问，有人心者，何忍如此！(236 页)

疑本段文字中"岂可卖占据其产业乎"一句脱字。按照古汉语表述方式，"卖占据"文法不通，再观前句"犹不当典卖据有刘氏产业"，则"卖"前脱"典"字，点校本盖从明刻本误。另按，明刻本该段文字原作"既攫取其家财，复盗卖其产业"，与后句"既占据其茶店，又强取其田租"相呼应，明刻本书判原文中"既"与"复"、"既"与"又"，用字至为切当，揭露梁万三诸多欺孤占产行为并存，并无强调行为先后之意，契合文义。点校本将"复"改"后"，反为不美，所改非是。

10.《阿沈高五二争租米》：据阿沈为说，税检校后，初不知高六四为嗣，亦不曾着押，但见高五二父子占据田产。(239 页)

疑本段文字中"税检校后"一句脱字。"检校"是宋代官府为亡故者之孤幼查核、籍记、保管财产，度所须，给之孤幼，候其年格，返还孤幼之制。② 检校对象当为财产。依宋例，田产等须纳税，被称为"税产"。《宋史·食货上六》有载："诸州县置差役都鼠尾簿，取民户税产、物力高下差取，分五等排定。"③明刻本"税检校后"之"税"下脱"产"字。点校本从误。

11.《辨明是非》：据韩时觌状，称伯父韩知丞不禄于永丰，扶护棺柩，方归到家，忽桑百二、董三八等持刀拥入，捣破门户，打拆篱障。次据阿周名兰姐状，称男董三八原系韩知丞男，今韩时宜不容入屋守孝。看详所供，见得周兰姐乃韩知丞旧婢。嘉定二年，出嫁董三二，而生董三八，今名阿兰，已年及二十七岁矣。(239—240 页)

---

① (宋)周密撰，黄益元点校：《齐东野语》，上海古籍出版社，2012 年，第 70 页。
② 王菱菱、王文书：《论宋政府对遗孤财产的检校与放贷》，《中国经济史研究》2008 年第 4 期，第 62—63 页。
③《宋史》，第 4325 页。

点校本"据韩时觐状"下"校勘记"称："据后文，'时'之下，疑脱'宜'字。"然据书判文义，"韩时宜"为韩知丞亲子而非侄子，若按"校勘记"观点，亲子韩时宜之状词中岂能称父亲韩知丞为"伯父"？点校本作此校勘，盖误将"觐状"作"递交状词"解。然"觐"字义项有六，却无"递交;提交;送交"之义。① 检索古代文献，亦无"觐状"一词用法。再观后文"次据阿周名兰姐状"，"状"前为人名"兰姐"，推知前一句"状"字前亦当为人名，故"韩时觐"应是人名，为韩知丞之侄、韩时宜之堂兄弟，"韩时觐"而非"韩时宜"作为原告向官府提交诉状。如此，"称伯父韩知丞不禄于永丰"可解。点校本"校勘记"错误。另按，明刻本原文"嘉定二年出嫁董三二而生董三八今名阿闰已年及二十七岁矣"，缘繁体字"閏"与"蘭"形近，点校本误将"阿闰"校勘为"阿兰"。若为"阿兰"即"阿周名兰姐"者，则与"已年及二十七岁"不符。据书判后文："今其子董三八已娶妻生子矣，二十七年间，杳然无一状及此，何邪?"（240 页）显见，"二十七岁"者，指阿兰之子"董三八"非"阿兰"也。由此可证"阿闰"为"董三八"之别名。点校本误勘。

《清明集》卷之八

1.《叔教其嫂不愿立嗣意在吞并》书判之篇名。（246 页）

同宋刻本（8 页上）、明刻本篇名。据书判文义，"阿张"向官府陈词，"乃称学文自亲弟下，不愿更与之立嗣"（246 页）。此"阿张"者，乃死者李学文与反对为李学文立嗣的亲弟李学礼之母亲，书判中"阿张，一愚妇耳，无所识，此必是李学礼志在吞并乃兄之家业，遂教其母以入词"（246 页），及"一分还阿张与李学礼母子同共掌管"（246—247 页）即为明证。故宋刻本、明刻本辑录书判时编撰篇名错误，造成"阿张为李学文之妻、李学礼之嫂"之误。绎书判内容，篇名为"子教其母不愿立嗣意在吞并"方合文义。点校本盖从二本之误。

2.《立昭穆相当人复欲私意遣还》：近虞继尝同其本生父虞升之出官陈词，而谓其已死，可乎？（249 页）

本段文字同宋刻本（10 页上）、明刻本原文。三本中人名皆误。按，据书判前文"漕运使判令立嗣，虞丞方议以族中虞升夫之子虞继，为虞艾后"（248 页），可断"虞升之"为"虞升夫"之误。点校本盖从二本误。

3.《立继营葬嫁女并行》：涂子恭死，无嗣，堂兄涂子仁以次子为之嗣，义也。亲弟涂

---

① 参见《汉语大词典》第十卷"觐"字条，第 352 页。

拱以三丧未葬,妹女未嫁为忧,亦义也。(257页)

本段文字中疑"妹女"为"姪女"之误。"妹女"一词当无"妹妹"之义。"妹女"若作"妹妹之女"解,在涂拱即为外甥女,依古代礼仪,外甥女婚嫁当从其本宗,涂拱因兄长"涂子恭死"而为"外甥女"忧,则不符当时礼法,无以言"义也",且无法与前句"涂子恭死,无嗣"相关联。按,据书判文义,涂拱为涂子恭亲弟,既是兄长之女当是"姪女"而非"妹女",书判后文"仍取责涂拱,日下同侄淮孙安葬三丧,遣嫁姪女状入案"(257页),亦足证涂拱所忧未嫁之女乃"姪女"非"妹女"。宋刻本与明刻本因"妹"与"姪"形似而误。点校本从误。

4.《命继与立继不同》:检照淳熙指挥内臣僚奏请,谓案祖宗之法,立继者谓夫亡而妻在,其绝则其立也当从其妻,命继者谓夫妻俱亡,则其命也当惟近亲尊长。(266页)

本段文字同宋刻本(21页上)、明刻本原文。然明刻本勘本于"其绝"二字旁注"当削去"。审之后句"则其命也当惟近亲尊长",夺"其绝"二字,则为"立继者谓夫亡而妻在,则其立也当从其妻",与后句"命继者谓夫妻俱亡,则其命也当惟近亲尊长"正好对仗工整。从明刻本勘本之见为是。

5.《侵用已检校财产论如擅支朝廷封椿物法》:其曾士殊一分家业,照条合以一半给曾二姑。(281页)

本段文字同宋刻本(31页下)、明刻本原文。然人名"曾士殊"应为"曾仕殊"。据书判文义,曾仕珍侵用其侄女曾二姑经官府检校之财产,曾二姑之父为曾仕珍、曾仕亮之兄弟,兄弟名字按辈分同为"仕"字辈,其名字中间一字当为"仕"而非"士",且据书判后文:"姑听仕珍、仕亮两位均分外,仕殊私房置到物业,合照户绝法尽给曾二姑。"(282页)足证。故曾二姑父名应为"曾仕殊"而非"曾士殊"。点校本盖从宋刻本、明刻本误。

五、《清明集》卷之九

1.《共帐园业不应典卖》:今据梁淮陈词,称已责钱、会到官,县吏执覆,不与交钱取契。恐县吏受龚承直之嘱。故尔拖延。欲帖丞厅,监梁淮同龚宅干人当官以钱两相分付,限三日具了当申。(300—301页)

本段文字同宋刻本(85页上)、明刻本原文。然详书判文义,判令梁淮将钱款交付龚承直,龚承直将园地地契交付梁淮。既言"两相分付",则应是"当官以钱契两相分付",且书判后文亦云:"照所拟,帖丞厅,监钱业两相交付,限三日了绝,如违,解来。"(301页)故"当官以钱"下脱"契"字。点校本盖从宋刻本、明刻本误。

2.《业未分而私立契盗卖》：契勘方文亮服尚未满，云老所生李氏尚存，（中略）庶几下合人情，上合法意，可以永远无所争竞。（303 页）

本段文字同宋刻本原文（86 页下）。"云老所生李氏尚存"一句于明刻本作"所生云老李氏尚存"。据书判前文，"幼云老，妾李氏生"（303 页），显然，云老是李氏的亲生子。明刻本词序正，而宋刻本词序误。"云老所生李氏"一语，造成"李氏自云老出"之误解，与书判文义相反。当从明刻本"所生云老李氏尚存"。

3.《争墓木致死》：危辛乙者，特胡小七一佃火耳，亦随众斫伐之人。一时余再六登山赶捕不获，已行回归，适又遇见危辛一持斧上山，遂成对头。危辛一先以斧抵敌，余再六次以管刀敌攩，余再三又以长棒击打，遂使危辛一为刀伤要害身死。（331 页）

本段文字同宋刻本原文（103 页上）。然错漏显见，"危辛乙"与"危辛一"者，同一人姓名音同却字异，盖宋刻本"乙"与"一"同音成别字之误。明刻本则均作"危辛乙"。当从明刻本为正。

4.《掌主与看库人互争》：当晚同姑父吴孙将带首饰、银、会、笼、仗之属，过吴孙家回避。（339—340 页）

同宋刻本文原文（108 页下—109 页上）。明刻本文字除"笼仗"作"笼袄"、"回避"作"回避"外，余皆同。然"银会"可作两解，一是"银"与"会"，即"银器"与"官会"；二是"银会"，也称"银会子"，为南宋的一种纸币，由川陕宣抚副使吴玠于高宗绍兴七年（1137）在河池发行。① 若作前者解，"银会"二字当以逗号断开；若作后者解，"银会"二字不应断开，当去逗号。考虑本句"银会"前有"首饰"二字，首饰应当包含金银饰品，笔者倾向于本句中"银会"作"纸币"解。② "笼仗"指箱笼；行李。③ 且宋刻本后文有"其曰范雅群妾劫夺箱笼银会等尽底收归家"（109 页上），亦表明"笼仗"为"箱笼"。本书判中"笼仗"不应断开，当去逗号。④ 明刻本"笼仗"作"笼袄"，与文义不符。

5.《诸定婚无故三年不成婚者听离》：只缘男家逗留五年，不曾成亲，遂致女家有中辄之意，争讼之端，自兹始矣。（349 页）

本段文字同宋刻本原文（115 页下）。明刻本除"中辄"作"中辍"外，余同。汉语词汇

---

① 《汉语大词典》第十一卷"银会子"词条，第 1282 页；（元）马端临：《文献通考》卷九"钱币考二"，《钦定四库全书》影印本，第 36a；《宋史》卷一八一《食货下三》，第 4409 页。

② 《掌主与看库人互争》书判中"银会"一词出现两次，若作纸币解，点校本则属点破之误，应当一并夺去逗号。

③ 参见《汉语大词典》第八卷"笼仗"词条，第 1278 页。

④ 《掌主与看库人互争》书判中"笼仗"一词出现三次，点校本属点破之误，应当一并去掉逗号。

中无"中辙"一词。据书判文义,明刻本"中辍"为正。"中辍"者,"中止;中断"之谓也,①
正合文义。宋刻本因繁体字"轍"與"輟"形近而误。当从明刻本作"中辍"。

6.《已嫁妻欲据前夫屋业》:至如论景谟以钱生与儿子汝楫展转田业、车、碓等。
(355 页)

宋刻本作"至如论景谟以钱生与儿子汝楫展缚田业车碓等"(119 页下)。明刻本作
"至如论景谟以钱生与儿子汝楫展转田业车碓等"。点校本摒宋刻本之"展缚"而取明刻
本之"展转",符合文义。然"车碓"断句误。"车碓"即"水碓",为水力工具,由水车和碓
两部分组成,即是去秕、脱殻的粮食加工工具,也是粉碎饲料、造纸原料等的生产工具,
在古代中国乡村非常普遍,古籍中多有记载。② "车碓"不作"车"与"碓"解,不应断开,
当去逗号。点校本生点破之误。

①参见《汉语大词典》第一卷"中辍"词条,第 616 页。
②"水碓"为中国汉代发明的重要水力粮食加工工具,也称"翻车碓""撩车碓",历代文献多有记载。参见
  (晋)陈寿:《三国志》,中华书局,1964 年,第 472 页;(宋)司马光:《资治通鉴》,中华书局,1956 年,第 2690
  页;(明)宋应星:《天工开物》,商务印书馆,1933 年,第 76 页。

《全宋文》辨误札记[①]

浙大城市学院　仝相卿

《全宋文》出版之后,迅速成为宋代文史研究者的宝贵资料库。然而,由于宋代文献资料极其丰富,且《全宋文》成于众人之手,疏漏之处在所难免。自出版以来,学界不断对其进行补充和完善,笔者在研究过程中对学界补充材料使用颇多。同时,也发现《全宋文》中存在部分舛误问题,稍加辨析,以期对《全宋文》的使用有所帮助。

一、沈邈《乞颁降孔子及从祀人塑像冕服制度状》为误收

《全宋文》第 28 册、卷 596 收录了沈邈所撰《乞颁降孔子及从祀人塑像冕服制度状》[②]一篇,编者注明史料来源于《淳熙三山志》卷 8。然此文作者绝非沈邈,而是北宋中晚期的沈绅。

检《宋元方志丛刊》收录的《淳熙三山志》卷 8《庙学》,其中《熙宁四年五月中书批送下提点福建刑狱沈郎中状》一篇曰:"福州文宣王庙州学为火延烧净尽,及百姓人家一百三十七间,州司见将本学官物收买材植盖造次。伏见至圣文宣王及亚圣十哲从祀之人,诸州塑像,冕服之制多有不同,盖是朝廷未曾颁降制度。乞明降指挥。"与《全宋文》比较,状的内容一致,所不同的是编者删去《淳熙三山志》中标题"熙宁四年五月中书批送下提点福建刑狱沈郎中状",自拟题目为"乞颁降孔子及从祀人塑像冕服制度状",因《淳熙三山志》中所录为北宋中书批送福建提点刑狱沈郎中状的答复,故《全宋文》所拟标题较为准确。不过,此文是否为沈邈撰写,需要进一步斟酌。

沈邈,字子山,《宋史》卷 302 有传。[③] 然《宋史》有关沈邈的记载颇为简略,生卒年不

---

①本文为国家社科基金青年项目"出土北宋墓志整理与研究"(17CZS013)、河南省高校青年骨干教师支持计划(2018GJS026)的阶段性成果。
②刘琳、曾枣庄主编:《全宋文》卷五九六,上海辞书出版社、安徽教育出版社,2006 年,第 28 册,第 213 页。
③(元)脱脱等:《宋史》卷三〇二《沈邈传》,中华书局,1985 年,第 10030—10031 页。

详，虽有学者尝试考证，因没有直接证据，在论证中多据常识加以推测判断。① 幸运的是，沈邈墓志于 2003 年冬在河南省洛阳市孟津县出土，拓片收录于赵君平等编纂的《河洛墓刻拾零》②，其中详细记载了沈邈的卒年与享年："公在延州，三月晦，燕柳湖酒酣，昼寐得异梦，悟而怪为。四月二十八日晨起，如闻箫鼓声甚远，因感疾不食，五月一日终州宅正寝，享年四十六，庆历七年也。"故可推知沈邈生于宋真宗咸平五年（1002），卒于宋仁宗庆历七年（1047）。前述《全宋文》中收录题为"乞颁降孔子及从祀人塑像冕服制度状"的撰文时间为熙宁四年（1071），其时沈邈已去世 25 年之久，故此文绝非沈邈所撰明矣。

考证此文作者为谁，关键信息仍然是《全宋文》编辑者删去的篇目名称"熙宁四年五月中书批送下提点福建刑狱沈郎中状"，从其中反映的时间和职官信息可以看出，作者"沈郎中"熙宁四年（1071）为"福建路提点刑狱公事"，循此核检史料，有两则石刻材料对熙宁三年（1070）到四年福建路提点刑狱有详细的记载。

其一，《闽中金石略》卷七《沈绅等凤池山题名》云："提点刑狱沈绅、转运使张徽、知州事程师孟、转运判官湛俞游凤池、贤沙，会于安国。熙宁三年十一月二十五日。"③ 显示了熙宁三年（1070）年末，福建路诸位官员游凤池山并题名时，沈绅为提点刑狱公事。其二，《淳熙三山志》卷 33《寺观类一》记载："熙宁四年，丁竦、陈烈、沈绅同游。丁知福州，沈为提刑，其铭刻在峰顶之盘石，初架亭于其上，后为风所坏，今字犹存。"④ 由此题名知，熙宁四年（1071）沈绅仍为福建路提点刑狱公事。而且，《全宋文》编者在编辑沈绅的小传时，已经考证了其"熙宁元年，以司封郎中为福建提点刑狱"⑤，与前述沈郎中提点福建刑狱若合符契，当可从之。

通过上述考证可以认为，《全宋文》第 28 册、卷 596 收入沈邈撰《乞颁降孔子及从祀人塑像冕服制度状》实为误收，此文的真正作者当为沈绅，应该收入《全宋文》第 41 册、卷 891 沈绅文中。

---

① 王兆鹏：《宋代十三家词人生卒年考辨》，《湖北大学学报（哲学社会科学版）》2000 年第 3 期。
② （宋）陆经：《宋故朝散大夫尚书刑部郎中充天章阁待制知延州军州事兼管内劝农使充鄜延路马步军都总管经略安抚使上轻车都尉吴兴县开国男食邑三百户赐紫金鱼袋赠工部侍郎沈公墓志铭》，收入赵君平、赵文成编《河洛墓刻拾零》，北京图书馆出版社，2007 年，第 675—676 页。
③ （清）冯登府：《闽中金石略》卷七《沈绅等凤池山题名》，收入国家图书馆善本金石组编《宋代石刻史料全编（四）》，北京图书馆出版社，2003 年，第 631 页。
④ （宋）梁克家：《淳熙三山志》卷三三《寺观类一·望州亭鼓山铭》，《宋元方志丛刊》，中华书局，1990 年，第 8159 页。
⑤ 《全宋文》卷一一一一，第 41 册，第 309 页。

二、刘攽《王安石可三司户部副使、张焘可兵部郎中制》为误收

《全宋文》第 68 册、卷 1487 收录刘攽所撰《王安石可三司户部副使、张焘可兵部郎中制》，引录全文如下："考绩三岁，进官一等，先帝所以励群臣也。具官某：秉哲迪义，有声于时，能励厥修，以宜官政。序功增位，其善厥承。"①刘攽《彭城集》明代以后全帙不存，四库馆臣据《永乐大典》辑佚 40 卷，收入《四库全书》，武英殿本据以雕版付梓，《丛书集成初编》据聚珍版影印，故现可利用的主要版本均由四库馆臣辑出。此次《全宋文》编者以武英殿聚珍版《彭城集》为底本编入。检武英殿聚珍版、文渊阁四库全书和清抄本《彭城集》，此篇文字皆有收录，然此篇文字并非刘攽所撰写，其作者实际为王安石。

刘攽，字贡父，《宋史》卷 319 有传。庆历六年(1046)与其兄刘敞"同登科"，任职地方"州县二十年"②，宋哲宗时，经给事中孙觉胡宗愈、中书舍人苏轼范百禄等举荐，元祐元年(1086)"十二月十六日"，被召为"中书舍人"，"元祐四年(1089)三月乙亥"去世，前后任中书舍人 2 年余。③ 故《彭城集》中所收录的制书均应该在元祐元年(1086)十二月至元祐四年(1089)四月间完成。具体就《王安石可三司户部副使、张焘可兵部郎中制》而言，作为刘攽所撰制书，有以下几处矛盾之处无法弥合。

首先，标题中职官称"王安石可三司户部副使"与北宋中后期职官制度不符。宋神宗元丰五年(1082)官制改制中，罢黜了北宋前期有较大财权的三司，其职责所辖绝大部分回归户部，北宋"三司户部副使"名号自此不存，定不会出现于宋哲宗元祐年间制书中。

其次，刘攽为王安石撰写制书与事实不符。前述已知，刘攽元祐元年(1086)十二月为中书舍人时，王安石已于同年四月去世，④故刘攽为中书舍人期间，不可能为已经去世的王安石撰写转官制书。

复次，"王安石可三司户部副使"于史无据。根据学者撰写的王安石年谱可知，终王安石一生，从未充任"三司户部副使"一职，⑤故"三司户部副使"作为王安石仕宦过程中

---

① 刘琳、曾枣庄主编：《全宋文》卷一四八七，第 68 册，第 286 页。

② 《宋史》卷三一九《刘攽传》，第 10388 页。

③ (宋)李焘撰，上海师范大学古籍研究所、华东师范大学古籍整理研究所点校：《续资治通鉴长编》卷三九二，元祐元年十一月戊寅、卷四二三，元祐四年三月乙亥，中华书局，2004 年，第 9528 页、第 10232 页。

④ 《续资治通鉴长编》卷三七四，元祐元年四月癸巳，第 9069 页。

⑤ 詹大和等撰：《王安石年谱三种》，中华书局，1994 年。

的迁转节点,无论是其仕宦之初,还是晚年,并无任何史实根据。

最后,刘攽为张焘撰写转官制书的可能性较小。宋代称张焘者甚多。如:《续资治通鉴长编》卷 325 元丰五年四月戊寅有"西京左藏库副使张焘"①,然此张焘职官为武官,进入文官迁转序列的可能性不大。范祖禹元祐二年(1087)前后撰写的《右武卫大将军赠华封观察使追封华阴侯墓志铭》中,记载了宗室赵仲遣张女"适殿直张焘"②,此殿直张焘也不大可能进入文官的迁转序列。检宋代文臣称张焘者,《宋史》列传中有两位。其一张焘字子公,"政和八年进士"③,他为官时刘攽去世已久;其二张焘字景元④,司马光元丰五年(1082)正月作《洛阳耆英会序》中称:"龙图阁直学士、通议大夫、提举崇福宫张焘字景元年七十。"⑤而《宋史》本传记载其"卒年七十"⑥,故此张焘应该去世于元丰五年(1082),刘攽亦不可能为他撰写转本官制书。综合上述情况,此文作者似无可能为刘攽。

就制书本身而言,既然出现元丰官制改革之前的"三司户部副使"称谓,则其定撰写于元丰五年(1082)官制改制之前,故制书有很大可能是为张焘景元所做。据《宋史》本传记载,张焘景元为仁宗朝名臣张奎之子,仕宦于仁宗、英宗、神宗三朝。王安石在《三司盐铁副使陈述古朝奉大夫、司封郎中三度支副使赵抃户部员外郎、加上轻车都尉、权三司户部副使张焘朝散大夫、刑部郎中制》制书中云:"敕某人等:朕初嗣位,奉行先帝故事,不敢有废也。其官某等,行义称于世,才能见于朝,佐国大计,为功多矣。序迁位等,其往钦哉。可。"⑦据学者研究,王安石仁宗嘉祐六年(1061)六月开始为"知制诰",嘉祐八年(1063)三月宋仁宗去世,八月王安石丁母忧。⑧ 故"朕初嗣位,奉行先帝故事",所指当为宋仁宗去世,英宗即位之初,而此制书当作于嘉祐八年(1063)三月到八月之间。细考其内容,当是英宗即位初期恩加百官时,为张焘加文散官和阶官的制书。

---

① 《续资治通鉴长编》卷三二五,元丰五年四月戊寅,第 7831 页。
② 范祖禹:《太史范公文集》卷四九《右武卫大将军赠华封观察使追封华阴侯墓志铭》,《宋集珍本丛刊》第 24 册,线装书局,2004 年,第 456 页。
③ 《宋史》卷三八二《张焘传》,第 11755 页。
④ 《宋史》卷三三三《张焘传》,第 10700 页。
⑤ (宋)司马光:《温国文正司马公文集》卷六五《洛阳耆英会序》,《四部丛刊初编》第 841 册,中华书局,1922 年,第 11a 页。
⑥ 《宋史》卷三三三《张焘传》,第 10700 页。
⑦ (宋)王安石:《临川先生文集》卷五〇《三司盐铁副使陈述古朝奉大夫司封郎中三度支副使赵抃户部员外郎加上轻车都尉权三司户部副使张焘朝散大夫刑部郎中制》,中华书局上海编辑所,1959 年,第 524 页。
⑧ 詹大和等撰:《王安石年谱三种》,第 57—63 页。

另外,检《临川先生文集》卷五〇,其中还收录了一篇有关张焘的制书——《三司户部副使张焘兵部郎中制》:

> 敕某:考绩三岁,进官一等。先帝所以励群臣也。具官某:秉哲迪义,有声于时,能励厥修,以宜官政,序功增位,其往钦承。可。①

王安石撰写此制书中有"考绩三岁,进官一等。先帝所以励群臣"之语,其仍应该是嘉祐八年(1063)三月到八月之间成文,属于张焘磨勘转阶官的制书。根据北宋前期转官制度,"刑部郎中"转"兵部郎中"为转一官,可知此制书撰写应在张焘转刑部郎中之后。

最为关键的是,此制书与刘攽《彭城集》中制书《王安石可三司户部副使、张焘可兵部郎中制》相比,除了改"其善厥承"为"其往钦承"外,其他内容完全一致。故可推断,"张焘可兵部郎中"制书实际上为王安石所作。《彭城集》收录的《王安石可三司户部副使、张焘可兵部郎中制》,当是四库馆臣把张焘"三司户部副使"差遣强加给王安石,把原属王安石撰写的制书误收到《彭城集》中。

三、刘攽《故醴泉观使武泰军节度使赠开府仪同三司朱伯材特追封恩平郡王制》误收

《全宋文》卷1486收录了刘攽撰写的《故醴泉观使武泰军节度使赠开府仪同三司朱伯材特追封恩平郡王制》,其中云:"保姓受氏,享有死生哀荣之隆;节惠壹名,相其春秋窀穸之事。匪我近戚,则维勋劳。具官某生于高明,辅以礼乐,小心而畏义,强志而婉容。用能维有历年,不失旧物。朕眷言先后,追正俪极之尊。永念继文,嘉乃有子,推原厥初,聿图王封,适契朕志。是用受兹青社,壮威命于元戎;赐尔珪圭,享镇抚之彝器。褒此异数,光于九原。匪予尔私,其服朕命。"②此制书是为朱伯材追封恩平郡王而作,绝非刘攽的作品。

朱伯材为宋神宗朱皇妃之兄,宋钦宗朱皇后之父。苏辙曾曰:"元祐九年,皇太妃之兄朱伯材以门客奏徐州富人窦氏。"③《宋史·钦宗朱皇后》则云:"钦宗朱皇后,开封祥符人。父伯材,武康军节度使。钦宗在东宫,徽宗临轩备礼,册为皇太子妃。"④地位相当尊崇。

---

①《临川先生文集》卷五〇《三司户部副使张焘兵部郎中制》,第525页。
②《全宋文》卷一四八六,第68册,第275页。
③(宋)苏辙撰,俞宗宪点校:《龙川略志》卷九《奏议荐门客》,中华书局,1982年,第57页。
④《宋史》卷二四三《钦宗朱皇后》,第8645页。

此制书记述了朱伯材追封恩平郡王一事,有关此事发生的时间,史籍记载并不一致。《建炎以来朝野杂记》称:"仁怀朱皇后,开封人,武泰军节度使伯材女,钦宗元妃也。政和末,徽宗临轩备礼,册为皇太子妃。宣和七年十二月,立为皇后,追封伯材恩平郡王。"①这与《宋史》中所载一致:"钦宗即位,立为皇后,追封伯材为恩平郡王。"②若如此,朱伯材追封为恩平郡王在宣和七年(1125)十二月。然而,《宋大诏令集》中收录题为《朱伯材女孺人朱氏充皇太子妃制》,其中称:"少傅、恩平郡王朱伯材女孺人朱氏,毓德粹温,秉心渊静,以祗以顺,夙资天性之良,有言有容,允蹈公宫之教。"③此事《皇宋十朝纲要》称:"仁怀皇后朱氏,故少傅、恩平郡王伯材之女。政和六年六月,纳为皇太子妃。"④则朱伯材为恩平郡王当在政和六年(1116)六月之前。具体时间存疑俟考。

制书标题中既称朱伯材为"故醴泉观使、武泰军节度使、赠开府仪同三司",又云"追封恩平郡王",则此时朱伯材定已经去世。朱伯材去世的时间,因资料不足未能详考。但可以确定的是,元祐四年(1089)八月,朱伯材曾为贺辽国生辰副使:"刑部侍郎赵君锡、翰林学士苏辙为贺辽国生辰使,阁门通事舍人高遵固、朱伯材副之。"⑤元祐七年(1092)二月,朱伯材曾加荣州刺史:"西京左藏库使、带御器械朱伯材加荣州刺史。"⑥通过上述记载可判断,朱伯材去世时间定在刘攽之后,绝不可能由刘攽撰写此制书。

此外,可以对此制书撰写时间稍加推测。制书中有"朕眷言先后,追正俪极之尊"之语,因宋钦宗的朱皇后被金人掠去,不知所终,所以此处记载当为宋神宗皇妃朱氏追封皇太后事。朱氏"生哲宗及蔡王似、徐国公主,累进德妃。哲宗即位,尊为皇太妃。时宣仁、钦圣二太后皆居尊,故称号未极……崇宁元年二月薨,年五十一。追册为皇后"⑦。《宋大诏令集》也把追尊她为皇太后的制书系年在"崇宁元年二月十七日"⑧,当可信之。则《彭城集》中朱伯材追封恩平郡王的制书,撰写时间当宋徽宗崇宁元年(1102)二月稍后。

①(宋)李心传撰,徐规点校:《建炎以来朝野杂记》卷一《怀仁朱皇后》,中华书局,2000年,第35页。

②《宋史》卷二四三《钦宗朱皇后》,第8645页。

③(宋)佚名撰,司义祖整理:《宋大诏令集》卷二五《朱伯材女孺人朱氏充皇太子妃制》,中华书局,1962年,第130页。

④(宋)李埴撰,燕永成点校:《皇宋十朝纲要校正》卷一九,中华书局,2013年,第552页。

⑤《续资治通鉴长编》卷四三一,元祐四年八月癸丑,第10420页。

⑥《续资治通鉴长编》卷四七〇,元祐七年二月丁丑,第11228页。

⑦《宋史》卷二四三《钦成朱皇后》,第8631页。

⑧《宋大诏令集》卷一三《故圣瑞皇太妃朱氏追尊皇太后制》,第61页。

四、刘攽《知制诰吴某可加勋封食邑制》、
《知制诰石某可加阶封食邑制》为误收

　　《全宋文》卷 1490,收录了刘攽撰写的《知制诰吴某可加勋封食邑制》和《知制诰石某可加阶封食邑制》,①此两则制书是为知制诰吴某和石某加勋官、阶官和食邑而作,绝非刘攽的作品。

　　知制诰吴某制书中云:"论议合五谏之旨,训词得三代之风。"②知制诰石某制书中称:"进升右掖,服劳侍从之事。"③都在强调吴、石二人属于北宋元丰改制之前负责草拟制词的知制诰。元丰改制之后,"以实正名"④,相关职责皆由中书舍人掌握。故上述两则制书,撰写时间不晚于宋神宗元丰五年(1082)的官制改革,或为四库馆臣不了解宋代制度而误辑。

五、刘攽《殿中侍御史韩琦可左司谏制》系错录

　　《全宋文》第 69 册、卷 1492 中,收录刘攽所撰《殿中侍御史韩琦可左司谏制》,其中记载:"献可替否,陈善闭邪,二者所当纳君于道,致国于治。能至是者,其惟良谋者乎!具官某资质端茂,谕议开爽,簪笔殿中,执宪法司,久有谅直之誉。是用擢跻左省,参联七列。尊其所闻,则义无不贯;恕以及物,则厚不可胜。正色立朝,勉之慎之,毋替朕命。"⑤《宋人传记资料索引》根据《彭城集》记载,列入韩琦条目之下。⑥ 然细考之,此转官制书绝非刘攽为韩琦而作。

　　一方面,终韩琦一生没有任"左司谏"或"殿中侍御史"的经历。韩琦仕宦生涯为谏官履历可考:孔德铭编辑的《安阳韩琦家族墓地》中收录了新出土的"韩琦墓志铭",详细

---

①《全宋文》卷一四九〇,第 68 册,第 340—341 页。
②《全宋文》卷一四九〇,第 68 册,第 340 页。
③《全宋文》卷一四九〇,第 68 册,第 341 页。
④《宋史》卷一六一《职官一》,第 3785 页。
⑤《全宋文》卷一四九二,第 69 册,第 6 页。
⑥昌彼得、王德毅等:《宋人传记资料索引》(增订二版),鼎文书局,1990 年,第 4140 页。

记载了韩琦一生履历,其中称:"景祐三年,拜右司谏供职。"①其间并未有升迁记录,这与《续资治通鉴长编》记载宝元二年(1039)七月"右司谏、直集贤院韩琦为起居舍人、知谏院"②相吻合。韩琦于同年稍后"拜知制诰"③,故韩琦任谏官时间为景祐三年(1036)至宝元二年(1039),官职分别为"右司谏、谏院供职"和"起居舍人、知谏院",从未被任命为左司谏或御史台台官。④ 故韩琦不可能以"殿中侍御史"改差遣为"左司谏"。

另一方面,韩琦去世于宋神宗熙宁八年(1075)六月二十四日,⑤前述已知刘攽为中书舍人为宋哲宗元祐元年(1086)到元祐四年(1089),当时韩琦已经去世达 12 年之久,刘攽自然不可能为去世十余年之久的人再撰写制书。

既然"殿中侍御史韩琦可左司谏制"非为韩琦所撰,那么此"韩琦"应该是何人呢?因刘攽去世于元祐四年(1089)三月,这则制书应撰写于元祐元年(1086)十二月十六日到元祐四年(1089)三月间。检诸材料,在此时间段内共有二人由"殿中侍御史"改任"左司谏":其一为"朝请郎、殿中侍御史吕陶为左司谏"⑥,其二为"朝奉郎、殿中侍御史韩川为左司谏"⑦。《彭城集》卷 23 已有《殿中侍御史吕陶可左司谏、兵部员外郎贾易可右司谏制》,故此处"韩琦"不可能为吕陶之误。今传世文献中无韩川"殿中侍御史转官左司谏"制书,然《彭城集》收录了《监察御史韩川上官均可殿中侍御史制》⑧和《左司谏韩川可太常少卿制》⑨,唯独缺少韩川由"殿中侍御史转官左司谏"的制书,故推断此处所谓的"韩琦",实为"韩川"之误,《全宋文》及《彭城集》当据之改定。

综合以上,《全宋文》在汇集宋人作品时,尽可能地收录各种资料,误收他人作品及传抄讹误现象在所难免,最大程度地辨伪存真,为读者呈现出相对准确的文本,仍需要我们不懈努力。

---

① (宋)陈荐:《宋故司徒兼侍中赠尚书令魏国忠献韩公墓志铭》,载河南省文物局编著:《安阳韩琦家族墓地·附录四》,科学出版社,2012 年,第 93 页。墓志拓片见《安阳韩琦家族墓地》"拓片一〇"。按:原释文为"景祐五年",误。

②《续资治通鉴长编》卷一二四,宝元二年秋七月甲寅,第 2918 页。

③ (宋)陈荐:《宋故司徒兼侍中赠尚书令魏国忠献韩公墓志铭》,《安阳韩琦家族墓地》,第 93 页。

④ 参考(宋)陈荐:《宋故司徒兼侍中赠尚书令魏国忠献韩公墓志铭》,《安阳韩琦家族墓地》,第 92—96 页;《宋史》卷三一二《韩琦传》,第 10221—10230 页。

⑤ (宋)陈荐:《宋故司徒兼侍中赠尚书令魏国忠献韩公墓志铭》,《安阳韩琦家族墓地》,第 92 页。

⑥《续资治通鉴长编》卷四〇一,元祐二年五月戊辰,第 9761 页。

⑦《续资治通鉴长编》卷四〇四,元祐二年八月丙戌,第 9834 页。

⑧《全宋文》第 68 册,卷一四八六,第 277 页;(宋)刘攽撰,逯铭昕点校:《彭城集》卷二〇,齐鲁书社,2018 年,第 522 页。

⑨《全宋文》第 69 册,卷一四九二,第 13 页;《彭城集》卷二三,第 678 页。

文渊阁四库本《读四书丛说》校正

北京师范大学　　任梦茹

　　元许谦《读四书丛说》是四书学史上重要的著作。元人吴师道云："欲通四书之旨者,必读朱子之书。欲读朱子之书者,必由许君之说。"①足见其影响之大。是书初刊于元至正六年(1346),元、明间罕有传播,清乾隆间收入《四库全书》,始广为传播。但四库本《读四书丛说》仅收《大学》一卷、《中庸》一卷、《孟子》二卷,《中庸》阙其半,《论语》全缺,并非全本,且舛讹颇多。乾嘉以降,学者们陆续发现了元刻本、明刻本及明抄本,始补齐了四库本之缺,但由于刊布不广,至今治《读四书丛说》者仍多以四库本为主。今据四库本以前之元刻本、明抄本、明刻本对文渊阁四库本进行校正,以有助于许谦及四书学、四库学的研究。

一　讹

(一)因形近而讹

1.“今接显王三十三年当魏惠王三十五年”(《读孟子丛说·梁惠王上》首章)

按:“接”,元刻本作“按”,明刻本、明抄本同。四库本应因形近而讹。

2.“尘鹿鱼鸟各得其所”(《读孟子丛说·梁惠王上·沼上章》)

按:“尘”,当为“麋”之讹。“麋鹿鱼鸟”均为动物,“尘”字不通,应因字形相近而讹。

3.“军徒皆作”(《读孟子丛说·梁惠王·移民章》)

按:“军”,元刻本作“车”,与下文“车徒皆行”“车徒皆坐”相对应,当以元刻本为是。

---

①吴师道:《礼部集》,《四库全书荟要》集部第 59 册,世界书局,1985 年,第 208 页上。

4.“畜训义”(《读孟子丛说·梁惠王·移民章》)

按:“义”,元刻本作“养”。“畜”为驯养禽兽之义,训作“义”则不通,应因字形相近而讹,当以元刻为是。

5.“肤三、离肺一、刉肺一为一鼎。”(《读孟子丛说·梁惠王下·平公章》)

按:“刉肺一”,元刻本作“刉肺三”。《仪礼·特牲馈食礼》:“左肩、臂、臑、肫、胳,正脊二骨,横脊,长胁二骨,短胁。肤三,离肺一,刉肺三,鱼十有五。”①当以元刻本“刉肺三”为是。

6.“‘黝舍不动心’本文在告子之下”(《读孟子丛说·公孙丑上·不动心章》)

按:“文”,元刻本、明刻本、明抄本均作“又”。据句意可知,当以元刻本“又”为是。

7.“况理义人皆有之”(《读孟子丛说·告子下·曹文章》)

按:“理义”,元刻本作“礼义”。《孟子》原文:“徐行后长者谓之弟,徐行先长者谓之不弟。夫徐行者,岂人所不能哉?所不为也。尧舜之道,孝弟而已矣。”②此句意在孝弟,是为“礼”,而非“理”。“礼义”常连用,罕有“理义”二字连文者。从元刻本。

8.“然后有下一章”(《读大学丛说》)

按:“章”,元刻本作“意”。此段首有“凡言德亦有二意”,此句之上已有“则是上一意”,此当为“下一意”。

9.“小人平时可谓张主”(《读大学丛说·传六章》)

按:“张主”,元刻本作“张王”。据上下文句意可知,此处当为“慌张”之意,“张王”有“张皇”之意。

(二)因音近而讹

1.“何敢有过越其心乎”(《读孟子丛说·梁惠王下·交邻国章》)

按:“越”,元刻本、明刻本、明抄本作“用”。

2.“东西墙八尺”(《读孟子丛说·梁惠王下·明堂章》)

按:“墙”,元刻本作“丈”,明刻本、明抄本同。上有“西北丈四尺”之语,二者对应。“墙”“丈”二字在近代音同属江阳韵,此应为音近之误。

---

① 彭林整理:《仪礼注疏》,北京大学出版社,1999年,第891—892页。
② (宋)朱熹:《孟子集注》,《四书章句集注》,中华书局,2012年,第345页。

3.“天爵人所皆有,人均各有命分”(《读孟子丛说·告子上·天爵章》)

按:“人均”,元刻本作“人爵”,明刻本、明抄本同。《孟子》原文:“有天爵者,有人爵者。”①此句上下对应,与“天爵”相对的应是“人爵”。此“人均”当为“人爵”音近之讹。

4.“命有司行事祭先师先圣,即视先贤于西学也”(《读孟子丛说·序》)

按:“视”,元刻本作“祀”,明刻本、明抄本同。前言“祭”,其后同意,应言“祀”,而非“视”。

5.“王文宪以为《舜典》脱典”(《读中庸丛说·序》)

按:“脱典”,元刻本作“脱简”,明刻本、明抄本同。据上下句文意可知,此处指文字有脱漏,即为“脱简”。

6.“不偏、不倚两句,是中庸之训诂。”(《读中庸丛说·解题》)

按:“不倚”,元刻本作“不易”,明刻本、明抄本同。《中庸章句》:子程子曰:“不偏之谓中,不易之谓庸。中者,天下之正道;庸者,天下之定理。”②此当为“不易”。

(三)因意近而讹

1.“明堂九室,室有四闼八窗”(《读孟子丛说·梁惠王下·明堂章》)

按:“闼”,元刻本作“户”,明刻本、明抄本同。《大戴礼·明堂篇》为“凡九室:一室而有四户、八牖,三十六户、七十二牖。”③“闼”,《说文》释为“门也”④;“户”,《说文》释为“半门曰户”⑤,二者义近。当以元刻为是。

2.“其要在乎亲亲敬长”(《读孟子丛说·离娄上·道在迩章》)

按:“敬”,元刻本作“长”,明刻本、明抄本同。下文有“各自亲亲长长”,此处应与之同。《孟子·离娄上》有“人人亲其亲、长其长而天下平”⑥之语,《丛说》为《章句集注》作注,当尊《孟子》原文。前“长”字作动词,义与“敬”相同。由上可知,当以元刻为是。

3.“《周礼·天官》凌人祭礼共冰鉴”(《读大学丛说·传十章》)

按:“祭礼”,元刻本作“祭祀”,明刻本、明抄本同。《周礼·天官·冢宰》:“凌人掌冰

①《孟子集注》,《四书章句集注》,第342页。
②《中庸章句》,《四书章句集注》,第17页。
③高明注译:《大戴礼记今注今译》,天津古籍出版社,1988年,第291页。
④(汉)许慎撰,(宋)徐铉校订:《说文解字》,中华书局,2013年,第250页上。
⑤《说文解字》,第248页上。
⑥《四书章句集注》,第287页。

正，岁十有二月，令斩冰，三其凌。春始治鉴。凡外内饔之膳羞，鉴焉。凡酒浆之酒醴，亦如之。祭祀，共冰鉴。宾客，共冰。大丧，共夷槃冰。夏颁冰，掌事，秋刷。"①

4."'中庸'二字，凡七章见，余六章皆与此不同"（《读中庸丛说·二章》）

按：元刻本作"《中庸》一篇，凡七章有中庸字，余六章皆与此不同"。元刻本与文渊阁四库本意义相同，仅表达略有出入。

（四）其他

1."故仁及于物难"（《读孟子丛说·梁惠王·齐桓晋文章》）

按：元刻本作"故仁及于此物"，"此物"二字与下文"则此物得所不能自充广也"对应，此当以元刻本为是。

2."《集注》'费时失事'，'费'字解'脱'字，'失'字解'亡'字"（《读孟子丛说·梁惠王下·雪宫章》）

按：元刻本作"《集注》'费时失事'，'费时'解'荒'字，'失事'解'亡'字"，《孟子·梁惠王下》有"从兽无厌谓之荒，乐酒无厌谓之亡"②，此句应解"荒""亡"二字，四库本"荒"讹为"脱"。据前半句可知，应为"费时""失事"，四库本"时""事"讹为"字"。当以元刻为是。

3."既是齐之世禄"（《读孟子丛说·滕文公下·陈仲子章》）

按："禄"，元刻本作"家"。《孟子·滕文公下》："仲子，齐之世家也。"③此当为"世家"。"世禄"指贵族世代享有爵禄，于意不合。

4."一元之间，不过阴阳来往而已"（《读大学丛说·序》）

按：此句元刻本作"一元之间，只是一个大来往而已"。明刻本与明抄本都与元刻本同，当从元刻本。

5."第一段'老老、幼幼、恤孤'，是直从齐家上说来"（《读大学丛说·传十章》）

按："幼幼"，元刻本作"长长"。《大学章句》："上老老而民兴孝，上长长而民兴弟，上恤孤而民不倍。"④当为"老老、长长"，以元刻本为是。

---

① 赵伯雄整理：《周礼注疏》，北京大学出版社，1999 年，第 130—132 页。
② 《四书章句集注》，第 217 页。
③ 《四书章句集注》，第 278 页。
④ 《四书章句集注》，第 10 页。

6."如前仪所谓下为上也"(《读中庸丛说》)

按:"前仪",元刻本作"旅酬"。《中庸章句》:"旅酬下为上,所以逮贱也。"①《丛说》此句与之对应,当为"旅酬"。

二 衍

1."孔子据已见之祸,而深恶其死始"(《读孟子丛说·梁惠王上·安承教章》)

按:元刻本作"孔子据已见之祸,而深恶其始",与下文"始虽小,末流必大"呼应,可知此处"恶"的是"始",元刻本为是,文渊阁四库本中"死"字为衍字。

2."姑使因爱牛之善端而推之"(《读孟子丛说·梁惠王·齐桓晋文章》)

按:元刻本作"始因爱牛之善端而推之",明刻本与明抄本同,当以元刻本为是。文渊阁四库本"姑"字衍。

3."养心正是似禅学"(《读孟子丛说·公孙丑上·不动心章》)

按:元刻本作"养心正似禅学",明刻本与明抄本同。此句若无"是"字更流畅,当以元刻为是,文渊阁四库本"是"字衍。

三 脱

(一)脱字

1."若惟取什之一赋,则非好利矣"(《读孟子丛说·梁惠王·首章》)

按:元刻本作"若惟取什之一之赋,则非好利矣",后"之"字连接"什之一"与"赋",符合语法规范,当以元刻本为是。

2."一,谓统天下为一家"(《读孟子丛说·梁惠王·梁襄王章》)

按:元刻本作"一之,统天下为一家",《孟子·梁惠王上》有"孰能一之"②"不嗜杀人者能一之"③之语,由此可见,应以元刻本为是。文渊阁四库本脱"之"字。

---

①《四书章句集注》,第27页。
②《四书章句集注》,第206页。
③《四书章句集注》,第206页。

3."不惟道之不行"(《读孟子丛说·梁惠王上·齐桓晋文章》)

按:元刻本作"不惟王道之不行",由"无以,则王乎""德何如,则可以王矣"可知,在此章谈论的是"王道",而非"道",应以元刻本为是。文渊阁四库本脱"王"字。

4."这是正行巧处"(《读孟子丛说·梁惠王·齐桓晋文章》)

按:元刻本作"这是正行仁巧处",根据语法来看,若无"仁"字,则"行"字后缺宾语;且孟子认为王"以羊易牛"之心,即为仁之端;此章下有"皆是仁心行不彻"。此句当以元刻本为是,文渊阁四库本脱"仁"字。

5."孟子答之以好勇须文武之德乃可"(《读孟子丛说·梁惠王下·交邻国章》)

按:元刻本作"孟子答之以好勇须有文武之德乃可",根据语法来看,若无"有"字,则缺宾语。

6."曲则气馁"(《读孟子丛说·公孙丑上·不动心章》)

按:元刻本作"理曲则气馁",此句与上句"理直则气壮"对应,当以元刻为是,文渊阁四库本脱"理"字。

7."故言虽次于心,亦当用功"(《读孟子丛说·公孙丑上·不动心章》)

按:元刻本作"故言气虽次于心,亦当用功",从语法来看,文渊阁四库本"言"字后缺宾语,元刻本语法成分完整;且据上文"止因告子不得于心,勿求于气"一句可知,此句当有"心""气"二字,故以元刻本为是。

8."方见得中间一节"(《读孟子丛说·离娄下·春秋章》)

按:元刻本作"方见得中间一节不闲",从语法来看,文渊阁四库本"一节"后缺谓语,元刻本语法成分完整,故当以元刻为是。

9."既自明德"(《读大学丛说》)

按:元刻本作"既自明其明德"。《大学章句》:言既自明其明德,又当推以及人,使之亦有以去其旧染之污也。① 此句当以元刻本为是。

10."'省察克制'是两节"(《读大学丛说·传三章》)

按:元刻本作"'省察克制'是两节意"。上句为"'讲习讨论'是一串说","两节意"与"一串说"相对,当以元刻本为是。

---

① 《四书章句集注》,第 3 页。

（二）脱句

1.“徐音舒，相思将反”。（《读孟子丛说孟子·梁惠王上·首章》）

按：文渊阁四库本无此句，而元刻本、明刻本、明抄本有，位于“则王之号通于天下矣”之后。徐、相二字于上文中出现，即“会于徐州以相王”，此句为注音，四库本脱。

2.“豕十一体如羊，举肺一、祭肺三，实于一鼎”（《读孟子丛说·梁惠王下·平公章》）

按：此句元刻本有，位于“肤九实于一鼎”前，四库本无。《仪礼·少牢馈食礼》：“羹定，雍人陈鼎五，三鼎在羊镬之西，二鼎在豕镬之西。司马升羊右胖。髀不升，肩、臂、臑、肫、骼，正脊一、横脊短胁一、正胁一、代胁一，皆二骨以并，肠三、胃三、举肺一、祭肺三，实于一鼎。司士升豕右胖。髀不升，肩、臂、臑、肫骼，正脊一、横脊一、短胁一、正胁一、代胁一，皆二骨以并，举肺一、祭肺三，实于一鼎。雍人伦肤九，实于一鼎。”①由此可知，当以元刻本为是。

3.“则下民亲戴其上”（《读孟子丛说·尽心下·我善为陈章》）

按：此句元刻本有，位于“使之饱暖安佚”后。此句是“国君苟能行仁政”之结果，与下文“我以亲上之民而征虐民之君”相对应，必不可少，文渊阁四库本脱。

4.“兼上‘知’‘全’两字”（《读大学丛说·序》）

按：此句文渊阁四库本无，元刻本有，在“尽其性是知之到行之极”下，明刻本与明抄本同。此句释“是以不能皆有以知其性之所有而全之也”一句，与《大学章句序》对应。

（三）脱篇

1.《读大学丛说序》下，元刻本有：

《章句序》作三大节，每节又分作两段。

自篇首至“非后世所能及”为第一节。

首两句言大学之用，“盖自”至“之性”言得于天之理，人人皆同。然其至不能齐言得于天之气，人人皆异。是以至全之言，因气之昏，牵引物欲，故失其善。“一有”至“复其性”言得其气之至清至淳者为圣人，自然能尽其性，于是体天道，立标准，而教化其民，欲人复其已失之性，此原三皇二帝立教之始。

----

① 彭林整理：《仪礼注疏》，第906—907页。

"三代之隆"以下言设教之法，至周大备。

自"及周之衰"至"坏乱极"为第二节。

"周衰"至"鲜矣"言上无圣君而圣人在下，移其教于下，君师之职始分。此天运之失常，世道之大变。然教法尤详。圣人有位者，其政教止及于当时。孔子之道有所异，付笔之于书而传教于万世，人虽没而书则存，后有兴者可复振。

"俗儒记诵"以下言人亡教息。

按：此段元刻本有，明刻本与明抄本同，文渊阁四库本脱。文渊阁四库本首句即为"自天运循环至篇终为第三节"。由此可知，其上当有第一节、第二节。

2.《读孟子丛说·尽心下·由尧舜至于汤章》章题下脱：

"尔"，如是也，指见知、闻知者而言。此章大意谓古五百年必有圣人兴，在当时必有见而知之者，在后世必有闻而知之者。今去孔子之世仅百年，而颜、曾辈已亡，已无有如是见而知之者，恐此后遂无有如是闻而知之者。盖孟子惜前圣忧后世之心真切感人，而孟子自任道统之意，亦不容谦谦矣。

"然而无有乎尔"，非谓在孔子时无见而知之者，正谓孟子时去圣人之世虽不远，而当时见知者今亡矣。须将此一节作一串之下乃见意。

按：此章元刻本有，文渊阁四库本无。《孟子·尽心下》结尾处有：孟子曰："由尧、舜至于汤，五百有余岁。若禹、皋陶，则见而知之；若汤，则闻而知之。由汤至于文王，五百有余岁。若伊尹、莱朱，则见而知之；若文王，则闻而知之。由文王至于孔子，五百有余岁。若太公望、散宜生，则见而知之；若孔子，则闻而知之。由孔子而来，至于今，百有余岁。去圣人之世，若此其未远也；近圣人之居，若此其甚也。然而无有乎尔，则亦无有乎尔！"①元刻本《由尧舜至汤章》正是对此句的解释，文渊阁四库本脱。

四　倒

1."齐地广民众，地不必改更，已自辟矣"(《读孟子丛说·公孙丑上·公孙丑章》)

按："改更"，元刻本作"更改"，此句与下文"民不必更改，已自聚矣"对应，此处为"两字平列而倒"②，当以元刻本"更改"为是。

---

①《四书章句集注》，第385页。
②程千帆：《校雠广义·校勘编》，齐鲁书社，1998年，第201页。

2."非实理,则仁义知礼为虚言矣"（《读孟子丛说·公孙丑上·不忍人章》）

按:元刻本作"非实理,则仁义礼知为虚言矣",董仲舒《天人三策》（《贤良对策》）:"仁义礼智信,五常之道。"①其次序如此,当为"仁义礼知",此五常与上文五行之"金木水火"相对,次序应一致,该处为"两字平列而倒"②。

3."却不是用功"（《读孟子丛说·离娄下·言性章》）

按:元刻本作"却不是功用",从语法上看,"用功"为动词,"功用"为名词,根据文意可知,此当为名词,应以元刻为是,该处为"两字平列而倒"③。

4."郑康成乃谓水神为智、土神为信者,非是"（《读大学丛说·序》）

按:元刻本作"郑康成乃谓水神为信、土神为智者,非是"。上文有"太玄木为性仁,金为性义,火为性礼,水为性智,土为性信。五性本于五行者如此。细玩其理,无不吻合","水为性智,土为性信"为是,郑康成之语为非,则康成语当异于此。郑康成注《礼记·中庸》云:"天命,谓天所命生人者也,是谓性命。木神则仁,金神则义,火神则礼,水神则信,土神则知。"④郑玄是以水神为信,土神为智。由上可知,应以元刻本为是,该处为"两句平列而字倒"⑤。

5."《北史》:万人之俊曰秀。"（《读大学丛说》）

按:元刻本作"《北史》:万人之秀曰俊。"明刻本与明抄本同。《北史·苏绰传》:"千人之秀曰英,万人之英曰俊。"⑥《说文》:"俊,材千人也。"⑦《春秋繁露·爵国》:"万人者曰英,千人者曰俊,百人者曰杰,十人者曰豪。"⑧"俊"当在"秀"上。该处为"字相近而倒"⑨。

①（汉）董仲舒撰,袁长江等校注:《董仲舒集》,学苑出版社,2003 年,第 10 页。
②程千帆:《校雠广义·校勘编》,第 201 页。
③程千帆:《校雠广义·校勘编》,第 201 页。
④（汉）郑玄:《礼记注》,安作璋主编《郑玄集》,齐鲁书社,1997 年,第 331 页。
⑤程千帆:《校雠广义·校勘编》,第 204 页。
⑥（唐）李延寿:《北史》,中华书局,2000 年,第 1478 页。
⑦《说文解字》,第 159 页下。
⑧（汉）董仲舒撰,张世亮等译注:《春秋繁露》,中华书局,2012 年,第 294 页。
⑨程千帆:《校雠广义·校勘编》,第 203 页。

五　多重错误

1. "此字当音学"（《读孟子丛说·梁惠王上·沼上章》）

按：元刻本作"此章字音学"，文渊阁四库本此句脱"章"字，衍"当"字。

2. "孟子之学尽始物格致知之功"（《读孟子丛说·公孙丑上·不动心章》）

按：元刻本作"孟子之学尽格物致知之功"，"格物"与"致知"结构相同，"物格"应与"知致"对，此处当为"格物致知"，"物格"为字倒。"始"为衍字，由句意可知，此字在句中多余。

3. "其病紧要功夫，即在诚意。意既诚，则所行都是善是善一边事。"（《读大学丛说·传八章》）

按：元刻本作"其病紧要功夫，即在诚意。既诚，则所行都是善一边事"。"既诚"，从语意上看，缺少主语。"意"字脱。"所行都是善一边事"语意完全，另一"是善"为衍文。

4. "《章句》'近自''远而'四字中庸包尽事物无穷"（《读中庸丛说·十二章》）

按：元刻本作"《章句》'近自''远而'四字中间，包尽事物之无穷"。《中庸章句》："君子之道，近自夫妇居室之间，远而至于圣人天地之所不能尽，其大无外，其小无内，可谓费矣。"[1]由此句句意可知，此句应为"中间"，而非"中庸"。

5. "盖武之龄，古书不载"（《读中庸丛说·十八章》）

按：元刻本作"盖武王之龄，古书不一"。"武王"于此章多次出现，且四库本"武"确指武王，此脱"王"字。"武王之龄"，古书多有记载，如《礼记·文王世子》云："武王九十三而终。"[2]《竹书纪年》载："十七年，命王世子诵于东宫。冬十有二月，王陟，年九十四。"[3]武王之龄，非古书不载，只是记载不一而已。故"不载"当为"不一"之误。

---

[1]《四书章句集注》，第 22 页。
[2] 龚抗云整理：《礼记正义》，北京大学出版社，1999 年，第 623 页。
[3]《竹书纪年》卷下，时代文艺出版社，2009 年，第 29 页。

哲学与宗教

曹勋笔下的浙江佛教图景①

浙江大学　冯国栋　刘素香

两宋之际，金兵入侵，汴京陷落，"二圣北狩"。靖康二年（1127），赵构于应天府即位，建立南宋。建炎三年（1129），设"行在"于临安。临安时经兵火，城市残破，寺庙毁弃，僧众逃亡。作为临时都城，临安面临着全面重建的任务，而作为文化重要组成部分的佛教自然也面临复建复兴的任务。与此同时，大量北方僧人南下，各地僧人汇入都城，都急需安置，因此，寺庙建设就成为最基础与急迫的工作。曹勋生活于南北宋之交，一生历哲、徽、钦、高、孝五朝。靖康之变，随宋徽宗"北狩"。高宗时，三次使金，并于绍兴十二年（1142）迎回徽宗梓宫与显仁韦太后。"历事四朝，尽瘁国事"②，作为靖康之变与"二圣北狩"的亲历者，在南宋初年，曹勋与佛道人物交往甚多。在他的笔下，记录了南宋初年临安佛教的重建情况，对于理解南宋初年佛教的发展大有裨益。

一、曹勋其人

曹勋（1098—1174），字功显，号松隐，曹组子，阳翟人（今河南禹州）。靖康事变中，随徽宗"北狩"，后奉密诏遁归。曾先后三次出使金国，并于绍兴十二年（1142）迎回徽宗梓宫与韦太后。

曹勋生于宋哲宗元符元年（1098），宋徽宗宣和五年（1123），蒙其父曹组恩荫，补承信郎。次年，父曹组亡，补阁门宣赞舍人。宋钦宗靖康元年（1126），任阁门宣赞勾当龙德宫，除武义大夫。二年（1127），三十岁的曹勋，随徽宗"北狩"，一路备尝艰辛。在燕京，受徽宗密诏逃归杭州。建炎四年（1130），任职于福建泉州。绍兴五年（1135），除江

①本文系国家社科基金重大招标项目"中国历代释氏碑志的辑录整理与综合研究"（20&ZD266）的阶段性成果。
②（宋）楼钥：《攻媿集》卷五二《曹忠靖公〈松隐文集序〉》，《景印文渊阁四库全书》第1152册，台湾商务印书馆，1986年，第807页。

西兵马副都监，以远次为请，改浙东，未果，至江西任职。十年（1140），在淮北任职，任杨沂中参议官。后任吉州刺史，十一年（1141），随刘光远使金。十二年（1142），四十五岁，与何铸一起使金，并迎回徽宗梓宫及韦太后。此后奉祠闲居天台十年。绍兴二十五年（1155），秦桧去世，任干办皇城司。二十九年（1159），以昭信军节度使作为王纶副使第三次使金。宋孝宗隆兴元年（1163），特授太尉，赐曹勋祖上三代官爵。乾道元年（1165），六十八岁，致仕回天台。孝宗淳熙元年（1174），七十七岁，卒，赠太保，谥忠靖，葬临海显恩寺。曹勋亡后，宋高宗亲撰碑文，称曹勋"历事四朝，尽瘁国事。从徽考北狩至燕，被密旨昼伏夜行，持御札、御衣，俾予继统……继令请太后天眷，至金主前，宣予孝思，使彼感动，俾予母子如初。"①曹勋持徽宗密旨，令高宗继统；迎回显仁，令高宗母子团聚。对高宗来说，二事皆有关其政权合法性，可以见出曹勋对高宗一朝的重要性。

二、曹勋与佛教

曹勋一生，对佛教颇为热衷，参与了不少佛教活动，与僧徒交往甚多：

（一）创建寺院

曹勋曾创建两座寺院：一为临海的显恩寺，一为德清的清隐庵。隆兴元年（1163），曹勋在临海真隐山创建了自家的功德坟寺——显恩寺。曹勋为阳翟人，其父祖之坟茔皆在北方，南迁之后，其母、妻、弟相继去世，时曹勋客居台州，故殡亲人于真隐山之阳。隆兴元年（1163），曹勋升太尉，有创建功德坟寺之资格。于是，"选坟东南原显明寺"为功德寺。② 寺原为律寺，曹氏革律为禅，"为出俸余，建方丈、寝堂、僧堂、后架、看经众寮及潀轩、浴堂、钟楼、三门善神等皆创为之，并增米田，助供斋粥。革其旧俗，悉就清规。请禅学僧住持，自本韶至师玉，凡三易始得"③。曹勋不仅出资兴建了寺庙，还为寺院三选住持。

乾道元年（1165），曹勋为退休计，在德清下渚湖创建小庵，名清隐庵。其《清隐庵记》载："偶去城一水，获德清下渚湖中小山，约五十余亩，因栽柳岸，峙松檐，植竹坞，作

①《攻媿集》卷五二《曹忠靖公〈松隐集序〉》，第807—808页。
②曹勋《跋功德寺赐额石刻》："兼臣故乡本颍昌府……自先臣以上，累世坟茔皆在颍昌，惟母、妻及亡弟葬于此山，岁时永怀，松楸久阙展省。今得哀祭于一堂之上，魂魄有归，诚泉下之幸。"《松隐集》卷三三，《景印文渊阁四库全书》第1129册，第528—529页。
③《松隐集》卷三一《显恩寺记》，第511页。

屋数椽，俾前住何山祖纯居之，复能增眠云钓月之区，广扪腹步武之地。每梅雨霁空，断霞照晚，清风拂衣，白月在波，樵歌渔唱，连发于烟云之中；轻帆短棹，往来于菰蒲之末。至若中宵月好，微澜不兴，湛若琉璃，碧浸百里，不知身世在尘埃间也。虽孤山擅武林之名，校之似不我过。"①清隐庵建成后，曹勋请何山祖纯主持。祖纯先主持湖州何山，与曹勋颇多交往，为云门宗僧人，道昌禅师法侄。道昌禅师圆寂，祖纯曾请曹勋撰塔铭。

（二）与僧人交游

曹勋与僧人交游颇多，不仅有禅宗，还有天台宗、华严宗、慈恩宗僧人。禅宗僧人既有临济宗高僧大慧宗杲、虎丘绍隆、瞎堂慧远，也有云门宗净慈道昌、何山祖纯。而对于天台、华严、慈恩各宗的记述，为吾人了解南宋初年临安佛教各宗的状况，甚有帮助。

1. 禅宗

（1）大慧宗杲

宗杲（1089—1163），字昙晦，号妙喜。宣州（今安徽宣城）宁国人，俗姓奚。十二岁出家，十七岁受具，初依曹洞诸老，后谒湛堂文准。准示寂后，参圆悟克勤得法。先后住持云居山、福州长乐洋屿。绍兴七年（1137），奉诏住持径山，道法之盛冠于一时。十一年（1141），因与张九成议及朝政，被褫夺衣牒，流放衡州。二十年（1150）更被贬至梅州。绍兴二十五年（1155）获赦，驻锡阿育王山。二十八年（1158）奉敕再度住持径山寺，三十二年（1162）受赐号"大慧禅师"，养老于明月堂。隆兴元年（1163）示寂，年七十五，腊五十八，谥号"普觉"。生平见张浚《大慧普觉禅师塔铭》②、祖咏《大慧普觉禅师年谱》③。

曹勋有《大慧禅师真赞》："稽首一代豪，举历尽死生。艰苦中兴，为龙为象。高坐骂风骂雨，是甚么精灵鬼怪。说许多胡言妄语，归坐明月堂中。"④表现对大慧的仰慕之情。《大慧普觉禅师语录》中有《答曹太尉（功显）》也称赞曹勋："左右福慧两全，日在至尊之侧，而留意此段大事因缘，真不可思议事。"⑤而从文中"某与左右虽未承颜接论，此心已默默相契多年矣。"⑥说明二人虽并未谋面，但心契已久。

①《松隐集》卷三一，第 514 页。

②（宋）蕴闻编：《大慧普觉禅师语录》卷六，《大正藏》第 47 册，新文丰出版公司，1975 年，第 836—837 页。

③（宋）祖咏编：《大慧普觉禅师年谱》，《嘉兴藏》第 1 册，新文丰出版公司，1987 年，第 793—807 页。

④《松隐集》卷二九，第 501 页。

⑤《大慧普觉禅师语录》卷二九，第 938 页。

⑥（宋）宗杲：《答曹太尉（功显）》，《大慧普觉禅师语录》卷二九，《大正藏》第 47 册，第 939 页。

（2）虎丘绍隆

绍隆（1077—1136），和州（今安徽和县）含山人。九岁入佛慧院精研律藏，后历参长芦崇信、湛堂文准、死心悟新，终在圆悟克勤门下得法，随侍凡二十年。出世和州开圣寺、宣城彰教寺。建炎四年（1130），居平江之虎丘山云岩禅寺，大振圆悟之禅风，世称"虎丘绍隆"。绍兴六年（1136）示寂，世寿六十。绍隆与宗杲为圆悟克勤门下两大法匠，分别开出大慧派与虎丘派，在宋元禅林兴盛一时。生平见徐林《宋临济正传虎丘隆和尚塔铭》①、《嘉泰普灯录》卷十四②。曹勋有《高丽炉一枚寄虎丘绍老为说偈言》："兹炉之先，鲸波空际。有国曰韩，以陶以器。奉之函丈，宝烟轻细。此一瓣香，用严报地。"③曹勋曾以高丽香炉赠送绍隆，说明二人有交游。

（3）瞎堂慧远

瞎堂慧远（1103—1175），眉山（今属四川）人，俗姓彭氏。年十三出家，圆悟克勤晚年住成都昭觉寺，远往参，得法，为圆悟晚年弟子。圆悟示寂，出川弘法。历住滁州龙蟠山寿圣院、滁州琅琊山开化院、婺州普济院、衢州子湖山定业院、衢州报恩光孝禅院、台州护国广恩禅院、台州国清寺、台州浮山鸿福禅寺。乾道三年（1167），出住平江虎丘。后奉旨住持崇光、灵隐，孝宗赐号"佛海禅师"。淳熙二年（1175）示寂，年七十四。坐五十九夏。生平见《南宋元明禅林僧宝传》卷四④、《五灯会元》卷十九⑤。曹勋有《灵隐远公真赞》："佛果嫡裔，风姿英粹。万物方春，千岩初霁。常棣一枝，中兴临济。诸方竦企，风声鹤唳。被诏灵隐，般若增气。说法九禁，帝得大意。"⑥对慧远主持灵隐，说法禁中的情形皆有记述。

（4）严陵惠真

严陵惠真禅师，生平不详。曹勋有《真和尚〈绍兴传灯〉序》，其文云："严陵惠真禅师，悟向上机，佩毗卢印，六住大刹，遍参法席，经行胜地，求善知识，不惮夷险。……又会诸方真实之语，为一源透彻之用，总缉宗派，录为部秩，开人之天者铺张典则，开天之天者廓达融通，指归妙源，接引善类，名其书曰《绍兴传灯》，凡廿卷。彼三灯固具，皆前代耆宿。今全秩密载，乃本朝英游。或宰辅贵近，垂绅正笏，侃然立玉墀之贤；或肥遁士

---

① (宋)嗣端等编：《虎丘绍隆禅师语录》，《卍续藏》第120册，新文丰出版公司，1975年，第802—803页。
② 其中有文《平江府虎丘绍隆禅师》，《卍续藏》第137册，第217—218页。
③《松隐集》卷二八，第495页。
④ 其中有文《瞎堂远禅师》，《卍续藏》第137册，第662—664页。
⑤ 其中有文《临安府灵隐慧远佛海禅师》，《卍续藏》第138册，第762—763页。
⑥《松隐集》卷二九，第501页。

人,埋光铲采,傲睨于风烟之表。一言半句,全提妙心,流传人间,皆所纪录。"①从文中可知,严陵惠真曾编辑《绍兴传灯录》。文中提及"三灯固具","三灯"指北宋三部禅宗灯史《景德传灯录》《天圣广灯录》《建中靖国续灯录》,可见《绍兴传灯录》为绍兴年间续写的灯史。从文中也可以看出,此录收载的是宋代禅师、居士之得法参承之言句。曹勋为此书作序,当与作者惠真禅师有交游。

（5）何山祖纯

祖纯,生平不详。曹勋与祖纯关系密切,如上文所及,曹勋在德清下渚湖筑清隐庵,即请祖纯住持。乾道年间,祖纯偶然得到雪窦重显的书迹,并将之送于曹勋。②曹勋《松隐集》中多次提及此人,如《送纯老往会稽住华严》:"清隐孤标久死心,稽山邈欲扣高深。休将下渚如华藏,须听潮音作梵音。"③可知,祖纯从清隐庵退席后出主会稽华严寺。还有《送清隐纯老住池阳杉山》④,可知祖纯也曾住持池州之寺庙。另外,祖纯为两宋之际云门宗高僧道昌禅师法侄,道昌圆寂后,祖纯请曹勋为道昌撰作塔铭。⑤

2. 天台宗

（1）子琳

子琳,生卒年不详,幼学于天台宗慈觉永堪,后参临济宗佛智端裕。住上天竺二十八年,大慧宗杲曾谓:"时人只知老师有教,径山却许老师有禅。"⑥对其颇为称赏。子琳曾得宋孝宗召见,赐号"慈受"。生平见《佛祖统纪》卷十一。子琳之师承如下:

慈云遵式——明智祖韶——慧净思义——慈觉永堪——慈受子琳

绍兴三十年（1160）,宋高宗追赐慈云遵式为"忏主禅慧大法师",赐其塔号曰"瑞光",曹勋受子琳之请,撰《天竺荐福寺忏主遵式敕赐师号塔名记》⑦。曹氏言:"师五世孙子琳,不忘夙授,沾饫甚深,见索鄙文,叙致本始。"⑧

（2）圆智、若讷

圆智(? —1158),台州黄岩人,俗姓林氏,年二十四,依白莲智仙习天台教观,又参护国景元禅师。后历住台州祥符寺、鸿祐寺、日山寺、白莲寺、赤城寺、庆善寺。绍兴年

---

①《松隐集》卷二八,第493—494页。

②《松隐集》卷三三《跋雪窦偈后》,第529页。

③《松隐集》卷一八,第432页。

④《松隐集》卷一九,第441页。

⑤曹勋《净慈道昌禅师塔铭》末云:"先住何山其姝纯公以行业恳求铭于予。"

⑥(宋)志磐撰,释道法校注:《佛祖统纪校注》(上)卷一一,上海古籍出版社,2012年,第288页。

⑦《松隐集》卷三十,第503—504页。

⑧《松隐集》卷三十,第504页。

间，奉旨住上天竺寺，修复寺宇。绍兴二十八年（1158）示寂。生平见曹勋《天竺证悟智公塔铭》①、《佛祖统纪》卷十六②。若讷（1110—1191），字希言，嘉兴人，俗姓孙氏。年十三出家，初依竹庵，次谒证悟圆智于台州，嗣其法。圆智主上天竺，召师为首座。圆智示寂，师继主上竺。乾道三年（1167），孝宗幸上天竺，授右街僧录。后进左街僧录，淳熙十一年（1184），受两街僧录。孝宗退养重华宫，诏其注《金刚经》。若讷还奏请天台三大部入福州东禅寺藏经。据《临安志》记载，若讷于淳熙初年，还创建过弥陀兴教院。③ 绍熙二年（1191）示寂，寿八十二，腊六十九。谥"宗教广慈"，塔名"普照"。生平见《释门正统》卷七④、《佛祖统纪》卷十七⑤。圆智、若讷师承如下：

> 东山神照——法真处咸——安国元惠——真教智仙——证悟圆智——都录若讷

曹勋《天竺证悟智公塔铭》："证悟大师名圆智，俗姓林……仆喜其道，每亲炙之，既就窆，若讷谓仆知师为详，请叙而刊之。"⑥可知曹勋与圆智多有交往，圆智示寂，曹氏受若讷之请，为圆智撰写塔铭。

3. 华严宗：道仙、净晖、思彦

道仙（1094—1148），钱塘人，俗姓张氏，幼依祥符寺慧鉴律师出家，九岁落发受具戒。与净晖至秀水青墩镇宝阁贤首教院参法师性公，精习华严教义。后与净晖北游京师，主醴池寺之仁王院，弘扬华严教观十四年。靖康元年（1126），与净晖返回姑苏光福山。绍兴初年，赴行在所，奏对称旨，以净晖为左街僧录，师为右街。至绍兴十二年（1142），晖死，乃以师为左右街僧录。师筑圆觉寺于西湖九里松，传习华严。绍兴十八年（1148）示寂，寿五十五，僧腊四十六。师初赐号"妙音圆常"，示寂后改赐"无际海印法师"，塔名"华严"。生平见曹勋《华严塔铭》⑦。

净晖（？—1142），与道仙同学于秀水宝阁贤首教院性公，同弘法于京师仁王院。绍兴初年为左街僧录。思彦，生平不详，为道仙法侄，侍道仙于姑苏光福山，绍兴二十年（1150）为左街僧录，十八年（1148），道仙圆寂，思彦继主九里松圆觉寺。绍兴十八年

①《松隐集》卷三五，第540—543页。
②《佛祖统纪校注》卷一六，第363—365页。
③《咸淳临安志》卷八十载："弥陀兴福教院，淳熙初，慧光法师若讷奉旨拨赐上天竺空闲山地，用衣钵创建。孝宗皇帝御制若讷《顶相赞》，又赐宸翰三。"《宋元方志丛刊》第4册，中华书局，1990年，第4097页。
④《卍续藏》第130册，第885—886页。
⑤《佛祖统纪校注》卷一七，第380—382页。
⑥《松隐集》卷三五，第540—543页。
⑦《松隐集》卷三五，第543—545页。

（1148），道仙卒，曹勋撰《华严塔铭》，对道仙、净晖、思彦多有赞扬。

4. 慈恩宗：智卿

智卿，中山人，出家于本州仙林寺，礼僧德杲为师。十六岁落发，参访名师，宗教兼修。绍兴初年抵临安，绍兴十三年（1143）开始营建仙林寺，三十年（1160）建成，赐"仙林慈恩普济教寺"额。孝宗即位，又疏请立戒坛，赐名"隆兴万善大乘戒坛"。智卿于南宋初年弘扬慈恩宗于临安，募缘开版慈恩及诸宗乘疏抄。曹勋撰《仙林寺记》记载智卿创建仙林寺及戒坛的经过。末云："寺门托记其事，得原始要终。又久知二公图虑相成，其志足为世目标，深嘉其用心，而乐为之书。虽老病倦于笔墨，亦勉以随喜云。"①说明曹勋对智卿及其弟子复兴佛教的劳绩甚为嘉赏。

除此之外，曹勋《松隐集》中还有许多写给不知名僧人的诗文，如《送怀英访庐山》②《和稳上座》③《双溪云老寄示佳句及新茶用来韵为谢》④《访印老宿寺中值雪》⑤《谢崇上人惠新茶》⑥《施磨衲与惠因长老》⑦《瑞岩仰老见和复酬前韵》⑧《别无锡南禅莲老》⑨《赠灵隐老》⑩，从这些诗文的题目，也可以看出曹勋与僧人诗文唱和、互赠礼物、送往迎来的情形。

三、曹勋笔下的南宋初期的临安佛教

两宋之际，杭州屡遭兵火。宣和二年，方腊军攻占杭州，据说"官史居民死者十二三"⑪。建炎四年（1130），金军入侵，杭州城又遭严重破坏。正如曹勋所说："临安在东南，自昔号一都会。建炎及绍兴间三经兵烬，城之内外所向墟落，不复井邑。"⑫城市、人民皆受到极大的破坏，宗教实施当然也不例外。"惟是僧舍无有，钟鼓莫闻，士民时序靡

---

① 《松隐集》卷三一，第 514 页。
② 《松隐集》卷一三，第 399 页。
③ 《松隐集》卷一三，第 401 页。
④ 《松隐集》卷一五，第 408 页。
⑤ 《松隐集》卷二十，第 446 页。
⑥ 《松隐集》卷二十，第 447 页。
⑦ 《松隐集》卷二八，第 495—496 页。
⑧ 《松隐集》卷七，第 369—370 页。
⑨ 《松隐集》卷八，第 372 页。
⑩ 《松隐集》卷一二，第 396 页。
⑪ （宋）方勺：《青溪寇轨》，（明）陆楫编《古今说海》卷一一九，《景印文渊阁四库全书》第 886 册，第 18 页。
⑫ 《松隐集》卷三一《仙材寺记》，第 513 页。

讽呗祈福之地"，就是当时临安城佛教现状的直接反映。因此，重建佛教设施就成为政府与佛教界迫在眉睫的事务，曹勋创作了不少与佛教相关的文章，反映了南宋初年临安佛教的重建情况。

（一）仙林寺的创立

《咸淳临安志》载："仙林慈恩普济教寺，在盐桥北，绍兴三十二年僧洪济大师智卿造，赐今额。隆兴元年，赐'隆兴万善大乘戒坛'额。淳祐三年，赐'淳祐万善大乘戒坛'额。又赐寺额及'飞天法轮宝藏'额，皆奎画也。六年赐御制钟铭（见御制门）。宝祐元年，赐内帑钱造大佛宝殿，开庆元年降钱买嘉兴府田二百余亩，赐名丰禾庄。寺有苏文忠公书《金刚经》石碑。"①仙林寺是南宋临安城建立较早的寺院，寺内不仅有僧众传戒的戒坛，皇帝、后妃大、小祥行香也在寺内举行。《建炎以来系年要录》载显仁皇太后小祥："（绍兴三十年九月）甲午，小祥，上行祭奠之礼，百官常服黑带，行香毕，诣文德殿门进名，奉慰退，行香于仙林普济寺。"②足见此寺之重要。

关于此寺之兴建，曹勋《仙林寺记》有详细记载。其文曰：

> 临安在东南，自昔号一都会。建炎及绍兴间，三经兵烬，城之内外所向，墟落不复井邑。继大驾巡幸，驻跸吴会，以临浙江之潮。于是士民稍稍来归，商旅复业，通衢舍屋，渐就伦序。至天子建翠凤之旗，萃虎貔之旅，观阙崇峻，官舍相望，日闻将相之传呼，法从之朝会，贡输相属，梯航踵至，翼翼为帝所神都矣。惟是僧舍无有，钟鼓莫闻，士民时序靡讽呗祈福之地。有僧智卿发广大愿，办具足心……有右武大夫蔡通舍地一段，及御带杨公恕、大夫司邦宪等诸大檀那，皆哀长财，积土木……自绍兴十有三年创为三门、佛殿、药师殿、法堂、佛阁、戒坛、寝室、方丈、僧堂、厨库、廊庑、钟楼、磨坊、病院、选僧、浴厕无一不备。以昔之榛芜之地，易而为化城之所……至绍兴三十年落成，上悯其劳，出于一力，特赐"仙林慈恩普济教寺"额以宠之，仍敕智卿令住持传教。③

如前所言，智卿为中山人，绍兴初年抵临安，鉴于临安城当时残破的情况，发心建设寺庙。得蔡通、杨恕、司邦宪等人的支持，自绍兴十三年（1143）创始，至绍兴三十年（1160）落成，先后达十七年之久。史浩《跋修法师〈释氏通纪〉》记载："浮屠德修，少从仙

---

① 《咸淳临安志》卷七六，《宋元方志丛刊》第 4 册，第 4040 页。
② （宋）李心传：《建炎以来系年要录》三，上海古籍出版社，1992 年，第 657 页。
③ 《松隐集》卷三一，第 512—513 页。

林洪济听慈恩法。"①说明仙林寺建成之后，成为临安慈恩宗的重要弘法地，而撰作《释氏通纪》的德修，正是智卿之弟子。

（二）月轮山寿宁禅院与六和塔的修建

月轮山寿宁禅院即后之开化寺，今之六和塔。《咸淳临安志》卷七七载："慈恩开化教寺，开宝三年吴越王就南果园建寺，造六和宝塔以镇江潮。宣和毁于兵，绍兴二十二年，北僧智昙以衣钵募缘重造，十载始成。隆兴二年赐今额，有秀江亭、金鱼池。"②又称："六和塔，在龙山月轮峰，即旧寿宁院，开宝三年智觉禅师延寿始于钱氏南果园开山建塔，因即其地造寺以镇江潮。塔高九级，五十余丈，内藏佛舍利，或时光明焕发，大江中舟人瞻见之。后废，已而江潮汹涌，荡激石岸，舟楫沉溺。至绍兴二十二年奉旨重造，二十六年僧智昙捐市钱及募檀越，因故基成之，七层而止。自后潮为之却，人利赖焉。"③可知六和塔为吴越年间由永明延寿所建以镇江潮，宣和中毁，绍兴年间由僧人智昙重建。

曹勋《六和塔记·大宋临安府重建月轮山寿宁院塔》对此事记载甚详，其文曰：

> 后有僧智觉禅师延寿同僧统赞宁创建斯塔，用以为镇……宣和三祀，塔与寺为寇盗所爇，赤地无余。自是潮复为患……绍兴岁在壬申，天子忧之，思所以制其害者。在廷之臣，首以兴复斯塔为请。诏赐可，下有司计度，意将官给金币，庀工治材。而都下守臣择可主持斯事，得僧智昙，蔬食布衣，戒行精洁，道业坚固，可任以干。……昙口诺心然，愿以身任其劳，仍不以丝毫出于官。……昙自被命，如大檀越和义郡王杨某，率先众力，出俸资助。又居士董仲永，以家之器用衣物，咸舍以供费。……自癸酉仲春鸠工至癸未之春，五层告成。是年岁晚，则七级就绪。……内则磴道以登，环壁刊《金刚经》列于上，下及塑五十三善知识，备尽庄严。④

文中所言与《临安志》所载略同而加详，可知建塔之议始由朝臣提出，初欲由政府出资兴建，后智昙自告奋勇，独立劝缘募化。而支持六和塔兴建的大檀越有"和义郡王杨某"与"居士董仲永"。

"和义郡王杨某"，即杨存中。存中（1102—1166），本名沂中，字正甫，代州崞县（今山西原平）人，宣和末年，应募从军，积功至忠翊郎。靖康元年（1126），与张俊、田师中进

①（宋）史浩：《鄮峰真隐漫录》卷三六，《景印文渊阁四库全书》第 1141 册，第 817 页。

②《咸淳临安志》卷七七，《宋元方志丛刊》第 4 册，第 4053—4054 页。

③《咸淳临安志》卷八二，《宋元方志丛刊》第 4 册，第 4118 页。

④《松隐集》卷三十，第 504—505 页。

京勤王,升任阁门祗候。建炎二年(1128),任荣州刺史。苗刘兵变,随张俊前往救驾,迁贵州团练使,又迁御前右军统领。建炎三年(1129),金兵攻明州,从张俊力战高桥,立功,迁文州防御使、御前中军统制。绍兴元年(1131),大败伪齐军,迁宣州观察使。绍兴二年(1132)春,进神武中军统制,绍兴九年(1139),迁殿前副都指挥使。绍兴十三年(1143),与刘锜、张俊取得柘皋大捷,迁殿前指挥使。绍兴二十年(1150)封恭国公,二十八年(1158),拜少师。乾道二年(1167)卒,年六十五,追封和王,谥号武恭。杨存中任"殿帅"二十五年,深得高宗信任。作为西北军人,杨存中曾建鹿苑寺,以处西北流寓僧。① 杨氏热心佛教,曾建普向院于青枝坞,专充诸军瘗所。② 又建宝德院,"充三衙建散圣节道场"③。存中与破庵祖先、径山了明等禅师皆有交游,并曾舍苏州田庄于径山寺。④

董仲永(1104—1165),字德之,号湛然居士,开封人。曾祖董居正,赠左金吾卫将军;祖董之纯,任中卫大夫、康州观察使;父董舜臣,赠宁远节度使。政和二年(1112),入直禁省,靖康年间,转西头供奉官。高宗于应天即位,转东头供奉官。建炎二年(1128),扈从至维扬,转修武郎,兼睿思殿祗候。绍兴初,幹办延福宫,后除幹办后苑。约在绍兴二十三年(1153),幹办御药院;二十六年(1156),除昭庆军承宣使。据《建炎以来系年要录》之记载,绍兴二十九年(1159)十一月,"左武大夫昭庆军承宣使董仲永兼权入内内侍省押班";十二月,"右武大夫昭庆军承宣使权入内内侍省押班董仲永为入内内侍省押班";绍兴三十年(1160)六月,"左武大夫昭庆军承宣使入内内侍省押班董仲永提举佑神观免奉朝请"⑤。孝宗即位,命提点德寿宫,隆兴二年(1164),奉内祠归养。次年,卒,年六十二岁。

董仲永为内侍,一直追随高宗,既为幹办御药院,足见高宗对其信任之程度。孝宗即位,又提点德寿宫,皆可见出其与高宗之关系非同寻常。董仲永一生奉佛甚谨,曹勋《董太尉墓志》记仲永"轻财好施,周人之急,有苦必济,片善不遗,为之恐不力,闻之惟恐后。四方贫乏客寓疾病者,皆投诚倚办,出囊中万数创浮图,营佛庙,预置絮袄褚衾,困廪积粟,遇冬月即密遗饥冻之民。……又创一净坊,在城东,曰因果院,凡遗骸暴露,专

---

① (明)田汝成:《西湖游览志余》卷二五,中华书局,1958年,第462页。
② 《咸淳临安志》卷七九,《宋元方志丛刊》第4册,第4082页。
③ 《咸淳临安志》卷七八,《宋元方志丛刊》第4册,第4062页。
④ (元)觉岸《释氏稽古略》卷四:"诏蒋山大禅禅师了明住径山,明生秀州陆氏,嗣大慧杲禅师。杨和王重敬之,舍苏州庄田,岁入二万斛,径山由是丰足增益。"《大正藏》第49册,第893页上。(明)文琇《增集续传灯录》卷二"夔州卧龙破庵祖先禅师"载:"杨和王请住湖州资福。"《卍续藏》第142册,第768页。
⑤ 《建炎以来系年要录》三,第603、608、638页。

用归之，岁时斋设经咒，令僧追荐。……至闻他郡邑有营善之众，必持香茗经卷及供僧之奉，专介馈遗，用劝其勤。以是善类无远近宗之。昔岁淮甸民被兵刃士死战阵，公书《度人经》《金刚经》，刻五大石幢，分峙江淮间……遇仙佛道场，必作严供，而回手书佛经满四大部藏，其他经咒，镂板印施，莫可数计，自号湛然居士。"① 从中可以看出，董氏创建佛寺、救济饥民、写经度亡、供养僧众，是一个典型的佛教居士。董仲永自己也称："吾开封人，父祖皆显仕……居于东都甘泉坊小货行，自幼从学事佛，修种种功德，无不感应。政和入仕，所经变故，皆全身远祸，以重佛道书经之力。"② 董仲永与大慧宗杲也有交游，《大慧普觉禅师年谱》将其列为"抠衣与列、佩服法言"的士大夫之列。③

曹勋记文又言："（六和塔）内则磴道以登，环壁刊《金刚经》列于上。"④ 而据《六艺之一录》《金石萃编》记载，六和塔有董仲永施舍之小字《观世音经像碑》、智昙发心劝募、由多人共写的《金刚经》与《四十二章经》。特别是《四十二章经》集了朝臣四十二人，包括尚书左仆射同中书门下平章事沈该、尚书右仆射同中书门下平章事汤思退、知枢密院事陈诚之、参知政事陈康伯、同知枢密院事王纶、权吏部尚书贺允中、尚书吏部侍郎叶义问、尚书兵部侍郎杨椿等重要人物。⑤ 由此也颇可以见出，当时修建六和塔受到朝廷与政府的支持。

（三）净慈寺五百罗汉的创塑

关于绍兴年间，净慈寺的修复与创塑五百罗汉之事，曹勋有《净慈创塑五百罗汉记》记载甚详。其文曰：

> 建炎初，寺遭回禄，基址但存，缁褐萧然，遂为荆榛之地。住山者第办粥饭，已为能事，无复有一毫兴建意。绍兴初，翠华巡幸，暂驻此邦。士大夫往往感今怀昔，访寻囊所，咸欲稍复旧观，日以为念。会有荐湖州佛智大师道容住持，众悦请之。容既至，创辟堂宇，挂塔禅徒，鱼鼓声闻，一新其垲。又念昔金铜像，梦应殊胜，且无碍神通，有不思议力，乃劳心募化，罔惮寒暑。能者效勤，巧者献工，富者输财，辩者劝施，以至行商坐贾，田间著姓，破悭舍有，整平故基，创建五伯大士。……鸠工于

① 《松隐集》卷三六，第 549 页。

② 《松隐集》卷三六《董太尉墓志》，第 549 页。

③ 方新蓉：《大慧宗杲与两宋诗禅世界》，中华书局，2013 年，第 99 页。

④ 《松隐集》卷三十，第 505 页。

⑤ （清）倪涛：《六艺之一录》卷一一〇《修六和塔砖记》《景印文渊阁四库全书》第 832 册，第 282 页；王昶：《金石萃编》卷一四九，《石刻史料新编》（四），新文丰出版公司，1977 年，第 2764—2768 页，清嘉庆十年刻同治钱宝传等补修本。

> 癸酉之夏，落成于戊寅之春，讫岁五周，始即厥绪。四方观者，莫不赞叹。规制雄
> 伟，像与法称。大江而南，得未曾有，宜为行都道场之冠。……时劝化有承宣使王
> 公继光，劝化一时，心存诸佛，凡善缘所在，无不导众心而称首。

文章记载了建炎初年，净慈毁于战火，绍兴初年，佛智大师道容得承宣使王继光的支持，
修复寺宇，并创建了五百大士之事。工役起于“癸酉之夏”，即绍兴二十三年（1153）；成
于“戊寅之春”，即绍兴二十八年，历时五年。据刘一止《湖州德清县城山妙香禅院记》记
载：道容建炎三年（1129）曾于德清城山建造妙香禅院，并于绍兴十一年（1141）建成，道
容为妙香禅院第一代主持。① 由此可见，道容应是从妙香禅院退席之后，方至临安重新
修复净慈寺。

（四）径山罗汉的绘制

关于径山寺在绍兴、乾道年间图绘罗汉像，曹勋有二文记载，一为《径山罗汉记》，一
为《径山续画罗汉记》。二文对此事记载甚详，颇可见一时之盛事。《径山罗汉记》言：

> 佛日杲公禅师被诏住此山，四众归依……寺旧有春供罗汉一会，最为胜缘，而
> 绘像经久，绢素段裂，丹艧渝变，不可以传远。佛日以为言，有湛然居士密已领解，
> 独运诚意，欲别为绘事，增大图轴，俾瞻之仰之，悚然信礼。思得鸿笔，用称志愿。
> 湛然有婿，监榷货务赵伯驹，禀天潢之秀，擅丹青之誉，规摹人物，效法顾陆……乃
> 涤虑澡思，顿革夙倦，却去荤茹，自昕及昏，入不思议，至忘食息。轴写五身，百轴而
> 足，庄严采翠，微妙清净，行道入定，起坐顾瞻，笑颜愕睎，却立反观，骑跨仪形，升降
> 神变，道韵清穆，凝表睟澹，高出尘外，意蹈大方。肃容谛视，无不周尽体制。②

文中的“湛然居士”，即前文提及的董仲永。文中所提及绘制罗汉图之“监盐货务赵伯
驹”，即宋代著名画家赵千里。董仲永之长女适赵伯驹，故文中言“湛然有婿，监榷货务
赵伯驹”。赵伯驹，字千里，汴京（今河南开封）人，宋太祖七世孙。南渡后流寓钱塘，后
以画扇为宋高宗赏识，曾官至浙东兵马钤辖。曹勋与赵伯驹有交往，曹氏有《赵千里真
赞》：“此尊者双瞳瞭然，奋髯虬然。志趣丘壑，风神臞仙。昆季燕处，华萼相鲜。芝兰庭
户，笔墨山川。”③对赵伯驹之艺术才能颇为推崇。

大慧宗杲于绍兴二十八年（1158），再住径山寺，曹勋此文作于绍兴三十年（1160），

---

① （宋）刘一止：《苕溪集》卷二二，《景印文渊阁四库全书》第 1132 册，第 119—120 页。
② 《松隐集》卷三十，第 506—507 页。
③ 《松隐集》卷二九，第 500 页。

正是宗杲住持之时。径山寺有罗汉会,而旧有罗汉画像残破,不堪行用。故宗杲言于董仲永,仲永命其婿赵伯驹画制罗汉。《图绘宝鉴》称:"赵伯驹……尤长于人物,精神清润,能别状貌,使人望而知其详也。"①画罗汉而得赵伯驹,正是得其人也。赵氏命笔,每一轴画五罗汉,共画一百轴,成五罗汉图。惟妙惟肖,周尽体制。然而时过不久,五百罗汉图为火所烧,仅存三十轴,一百五十罗汉,于是有乾道年间之补绘。曹氏《径山续画罗汉记》记其事云:

> 向者千里尝为径山杲禅师画五百大士百轴,举世以为荣观……偶不谨回禄,皆失于煨烬中,所存仅三十轴。……今住持闻公禅师,实嗣法大慧,有诏令继大慧法席。父子接武,一音提唱,道俗归向,龙天作礼,学者辐凑,惟恐其后。……公又恳希远公求补大士之阙,而希远向知被焚,固密伸此愿,就其兄之胜缘,足大士之圣位。亟具绘素,靡间寒暑,不数月,妙相梵容,金碧璀璨,磊落在列,如闻音吐,灵山一会,便若俨然未散。②

文中之"闻公禅师",即慧日蕴闻。蕴闻(? —1179),洪州人,俗姓沈氏,依大慧宗杲得法。出世信州怀玉。隆兴二年(1164)住持雪峰,乾道五年(1169),被旨住径山,九年(1173),诏赐"慧日禅师",淳熙六年(1179)示寂。生平见《联灯会要》卷十八③、《雪峰志》卷五④。蕴闻为大慧宗杲亲随弟子,《大慧宗杲语录》即为蕴闻所编,并于乾道七年(1171)上进孝宗,敕赐编入毗卢藏。⑤ 而补绘罗汉之"希远",即赵伯驹之弟赵伯骕。伯骕(1124—1182),字希远,与其兄赵伯驹皆长于丹青。曹勋《赵希远真赞》:"天潢流派,濯秀玉渊。丰姿英发,神宇粲然。彼天下能事,琴书笔墨固不可写,而难兄难弟,一丘一壑,亦安得而传。霜松雪竹,宗籍之贤。"⑥又言:"仆获与今浙西路马步军总管赵公希远及其兄千里交游甚久。"⑦可见曹勋与赵氏兄弟关系密切。

蕴闻乾道五年(1169)住持径山,继承大慧宗杲之事业,不仅新建了毗卢阁、钟楼,又请赵伯骕补绘了其兄赵伯驹绍兴年间所绘罗汉图。师徒相继主持,兄弟接力绘画,皆由曹勋一人撰写记文,也为一时之盛事。

---

①(元)夏文彦:《图绘宝鉴》卷四,《景印文渊阁四库全书》第 814 册,第 595 页。

②《松隐集》卷三十,第 507—508 页。

③《福州雷峰崇圣普慈蕴闻禅师》,(宋)悟明集《联灯会考》卷一八,《卍续集》第 136 册,第 723 页。

④(明)徐𤑴纂集:《雪峰志》卷五,《大藏经》补编第 24 册,第 609 页。

⑤(宋)蕴闻:《谢降赐大慧禅师语录入藏奏札》,《大慧普觉禅师语录》卷三〇,《大正藏》第 47 册,第 943 页。

⑥《松隐集》卷二九,第 500 页。

⑦《松隐集》卷三十,第 507 页。

（五）崇先显孝禅院的建立

《咸淳临安志》载："崇先显孝华严教寺，在皋亭山，绍兴十九年建，旨充显仁皇太后功德寺，二十八年赐'崇先显孝禅寺'为额。嘉定十二年，改充华严教寺，宁宗皇帝御书'皋亭山'三字及'崇先显孝华严教寺'八字以赐。"①显仁皇后，高宗生母，开封人，韦安道之女。绍兴七年（1137），尊为皇太后。绍兴二十九年（1159）崩于慈宁宫，谥曰"显仁"。崇先显孝寺为高宗生母显仁皇太后功德坟寺。关于此寺之初建，曹勋有《崇先显孝禅院记》，其文曰：

> 臣恭惟绍兴皇帝，执符御宇，光启中兴，溥博仁恩，化覃无外。……惟致养东朝前圣，以承颜顺色，问安尝膳，极四海之奉，均寒暑而不渝，犹为余事。又思所以崇东朝之先，以昭东朝之孝者，选去城不远有皋亭山，地极秀润，形势朝揖，得故伽蓝基址，乃建刹为追严道院。庀徒度材，殿宇告成，诏有司赐以"崇先显孝禅院"为额。……寺处皋亭山之阳，面直北高峰，左则长河深润，右则马目相拱。山水对峙，秀不可掩，连络崇冈，松杉弥亘，翘鸥隐显，望之屹然，实帝城之东际也。上栋下宇，翚飞轮奂，大自佛殿、云堂、钟楼、经阁、法堂、寝室、库司、香积、水陆、藏殿、官厅、童行寮、后架、浴院、囷仓、作屋、船坊、旦过，以至前资延寿应用之所，无不毕备，小大楹檐凡一百七十有四。起造于绍兴之辛未，落成于次年壬申之仲冬……创寺之始，请于朝，以僧文刚住持。刚即为区处位置，法则名刹，匠成于心，授规于匠。按图分布，一皆如指。寺既即叙，刚以久劳告退。②

由此可知，崇先显孝寺乃高宗敕建，主持修建者为"文刚"。然而文刚为何人？考诸史料，当即慈受怀深之弟子。怀深（1077—1132），号慈受，寿春人，俗姓夏氏，少从文殊院行坚出家。崇宁初年，依崇信于秀州资圣寺。后出世仪真资福，政和三年（1113），住持真州长芦寺，七年（1117）住金陵蒋山。宣和三年（1121），住持镇江焦山。后诏住东京慧林院。靖康元年（1126）退席，返回浙江天台，再迁苏州灵岩山、蒋山。退居洞庭包山，应王永从之邀，创湖州思溪圆觉院，刊刻思溪藏。绍兴二年（1132）示寂，寿五十六，腊三十六。生平见《慈觉怀深禅师广录》《嘉泰普灯录》卷九。何以知文刚为怀深弟子？第一、《慈受怀深禅师广录》卷一末题："门人慈觉大师文刚劝缘。"③卷二有《刚监院遣小师

---

①《咸淳临安志》卷八一，《宋元方志丛刊》第 4 册，第 4109 页。

②《松隐集》卷三十，第 508—509 页。

③（宋）善清等编：《慈受怀深禅师广录》卷一，《卍续藏》第 126 册，第 564 页。

子文包山下书,文别求偈,兼示刚公》。① 第二、曹勋有《偈送刚僧录入塔》,其文曰:"呜呼刚兄,相识半生。慧林勤旧,崇先寓名。五旬戒腊,八十寿龄。平居慷慨,末后分明。"②"慧林勤旧",怀深曾住持东京慧林禅院六年,此时文刚当追随。

　　依曹勋之记载,寺院建成不久,文刚即"以久劳告退",接替文刚者乃真歇清了弟子德明。德明(? —1167),本姓顾,盐官人。绍兴十八年(1148)入径山礼真歇清了,凡四年,得法,号竹筒和尚。绍兴二十三年(1153),奉旨住崇先显孝寺,二十五年两宣入慈宁殿升座说法。乾道三年(1167)示寂。③ 正因为文刚为怀深弟子,为云门宗之僧人;而德明为清了弟子,为曹洞宗僧人,故此寺初名"崇先显孝禅寺"。据《临安志》,宋宁宗嘉定十二年(1219),方由禅院改充华严教寺,更名"崇先显孝华严教寺"。

　　两宋之交,金兵入侵,汴京陷落,处于京师的僧人在城破之后,或北流于燕京,在金朝弘传佛法;或随驾南迁于江浙,在南宋再举宗风。曹勋作为近臣,身经靖康之变,随二圣北狩,后又返回临安,终至贵显。其一生热心佛教事业,多与僧人交往,在他的笔下记述了众多寺庙之建设与僧人之生平,为我们了解两宋之交的佛教,特别是南宋初年临安佛教复建的情况提供了珍贵的资料,对理解两宋之际佛教的地理流动也大有裨益。

①《慈受怀深禅师广录》卷二,《卍续藏》第 126 册,第 576 页。
②《松隐集》卷二八,第 495 页。
③《咸淳临安志》卷七〇,《宋元方志丛刊》第 4 册,第 3922 页。

朱熹恢复思想再探[①]

湖南省社会科学院　李　超[②]

　　如何处理与金朝的关系,是困扰南宋王朝的一个重要问题。大体而言,南宋朝野形成了三种策略,即如李纲所言:"自古夷狄为中国患,所以待之者,不过三策:曰和、曰战、曰守而已。"[③]后世学者在论及南宋围绕对金关系而不断掀起的激烈争论时,往往据此三策将朝野士人划分为三个阵营,即主战派、主和派与主守派。这种划分自有一定道理,对于我们把握当时朝廷的政治形势有所帮助。但这种划分亦容易令人误以为凡持同一主张者,在思想上具有完全一致性,各阵营内部构成了一个相互支持的同质整体,从而倾向于认为论争只会在持不同主张者之间展开。实际上,即便持同一主张者,其背后用以支撑这一主张的思想很可能截然不同。不仅主战、主和、主守三者之间会形成争论,同一主张内部不同的士人之间亦可能产生冲突。若只虑及不同主张之间的争论,就无形中简化了其时的论争形势。具体到某一位士大夫,论者亦习惯于将主和、主守或主战的标签贴到其身上,而对标签背后的思想基础未能予以充分关注,如此就难以把握其思想的独特性及其变化趋势。朱熹作为南宋时期的理学大儒,在政治上亦颇为活跃,其思想无论在当时还是后世都产生了很大影响。对于他在恢复问题上的立场,不同学者曾提出过主和、主战与主守等各种不同论断,或者认为朱熹的恢复思想前后经历过转变或者认为朱熹的恢复态度前后并无变化,只是因理念与现实的落差,导致在不同的时空环境下提出了看似相异的主张而已。[④]　这一方面体现出了朱熹思想本身的复杂性,每

①基金项目:国家社科基金青年项目"南宋中期的权臣政治与道学研究(1194—1207)"(19CZS021)。

②作者简介:李超(1987—),男,安徽霍山人,湖南省社会科学院历史文化研究所助理研究员,历史学博士,主要研究方向为宋代政治史。

③(宋)李纲撰,王瑞明点校:《李纲全集》卷五六《上皇帝封事》,岳麓书社,2004年,第625页。

④在朱熹的恢复思想研究中,比较重要的研究成果有:朱瑞熙:《朱熹是投降派、卖国贼吗?》,《历史研究》1978年第9期、《一论朱熹的政治主张》,载《朱熹与中国文化》,学林出版社,1989年;束景南:《朱子大传》,商务印书馆,2003年,第185—220页;田浩:《功利主义儒家——陈亮对朱熹的挑战》,江苏人民出版社,2012年,第144页;方震华:《朱熹与恢复论——"立场改变说"的检讨》,《唐宋历史评论》第5辑,社会科学文献出版社,2018年,第187—200页。

一位学者似乎都能够从朱熹众多的言论中寻找到相关的证据来证实自身的观点。另一方面也表明若要真正弄清朱熹的恢复观念,仅仅关注其是主战抑或主和是不够的,更需要关注构成其主张背后的深层思想基础。本文希望能够通过对朱熹恢复思想的梳理,呈现朱熹恢复思想的特质,并进而对深化南宋恢复论争的理解有所助益。

一、朱熹对南宋前期恢复论争的批判

如何处理与金朝的关系关乎南宋王朝的兴衰存亡,朝野上下围绕和、战、守三策的争论连绵不断,其高潮大致有两次,一在绍兴和议签订前夕,一在完颜亮南侵失败至隆兴和议签订之前。两次论争都以宋金重新议和而告终,或者说是以主和势力的胜利结束。出生于建炎四年(1130)的朱熹,是在南宋政权逐步确立的过程中成长起来的。对于朝野有关和、战、守的争论自是耳熟能详,尤其是在论争的第二个高潮阶段,他更是亲自参与其中,积极表达了自己的观点。那么,朱熹究竟如何看待南宋前期的这些论争呢?

对于发生在南宋前期的恢复论争,朱熹有过一些整体上的评论。据《朱子语类》记载,朱熹称:

> 南渡之后,说复仇者,惟胡氏父子说得无病,其余并是半上落下说。虽魏公要用兵,其实亦不能明大义,所以高宗只以区区成败进退之。到秦桧主和,虏归河南,上下欣然,便只说得地之美,更不说大义。①

胡氏父子是指胡安国与其三子胡寅、胡宏、胡宁,魏公则是指张浚,文中又提到秦桧的主和,朱熹这里所指当主要是高宗绍兴年间有关和战的论争。

在孝宗乾道元年(1165)六月所撰写的《戊午谠议序》中,朱熹又言道:

> 癸未之议,发言盈庭。其曰虏世仇不可和者,尚书张公阐、左史胡公铨而止耳。自余盖亦有谓不可和者,而其所以为说,不出乎利害之间。②

癸未为孝宗隆兴元年(1163),这里所指显然是南宋前期和战论争的第二次高潮。

这两则评论大体上是针对南宋前期主张恢复的那批士人而发。在这数十年中,主张恢复者不乏其人,但在朱熹看来值得称道者寥寥无几。在高宗绍兴年间的恢复论争中,只有胡安国父子的观点完全正确,即便是以积极主战而颇负盛名的张浚亦要等而下

---

① (宋)黎靖德编,王星贤点校:《朱子语类》卷一三三《本朝七》,中华书局,1986年,第3196页。
② (宋)朱熹著,郭齐、尹波点校:《朱熹集》卷七五《戊午谠议序》,四川教育出版社,1996年,第3931页。

之。在孝宗即位初期的论争中，则只有张阐与胡铨两人所说为确。胡氏父子与张浚皆坚持对金复仇，而张、胡二人亦与其他人同样反对和议。他们的主张并无甚差异，若按照传统的和、战、守三分法，他们皆可被视作主战派阵营。但朱熹却认为他们相互之间存在很大差异。这种差异究竟在何处呢？朱熹称，张浚虽主战却不能"明大义"。看来能否"明大义"构成了胡氏父子与张浚在恢复问题上的显著差别。张阐、胡铨与其他反对和议者之间的不同，则在于前者反对和议是从金朝为"世仇"的角度立论，后者则是从"利害"的角度立论。可见，朱熹不仅仅关注具体的主张为何，更关注形成这些主张背后的思想基础。"大义"和"利害"构成了朱熹用以判定和战论争正确与否的基本原则。只是这里朱熹所言过于笼统，所谓"大义"为何？"利害"为何？双方的差别究竟何在呢？皆不甚清楚，故这里需先弄清胡氏父子、张阐、胡铨等人的恢复思想。

就现有记载来看，似乎尚未见到胡安国就现实的恢复问题直接发表过意见，但他的思想却间接地体现在其所著之《春秋传》中。他在该书中强调"尊王攘夷"，宣扬复仇大义，使得《春秋》在南宋被视作"复仇之书"。① 诚如王夫之所言："是书也，著攘夷尊周之大义，入告高宗，出传天下，以正人心，而雪靖康之耻，起建炎之衰，诚当时之龟鉴也。"② 于胡安国而言，对金复仇是春秋大义所在，是势所必行之事。胡安国之子胡宁，史载："安国之传《春秋》也，修纂检讨尽出宁手。宁又著《春秋通旨》，以羽翼其书云。"③他在恢复问题上与其父的思想当基本一致。

胡安国的另外两子胡寅与胡宏，皆曾就恢复问题发表过直接的意见。绍兴年间，当高宗意欲与金议和之际，胡寅接连上疏表示反对，在《论遣使札子》中，胡寅言道：

> 昔孔子作《春秋》以示万世，人君南面之术，无不备载，而其大要，则在父子君臣之义而已。……女真者，惊动陵寝，戕毁宗庙，劫质二帝，涂炭祖宗之民，乃陛下之仇也。……当今之事，莫大于敌国之怨也。欲纾此怨，必殄此仇，则用此之人，而不用讲和之臣，行此之政，而不修讲和之事。使士大夫、三军、百姓皆知女真为不共戴天之仇，人人有致死女真之志，百无一还之心。④

胡宏在绍兴年间亦上疏高宗称：

> 万世不磨之辱，臣子必报之仇，子孙之所以寝苦枕戈，弗与共天下者也；而陛下顾虑畏惧，忘之不敢以为仇。……守此不改，是祖宗之灵，终天暴露，无与复存也；

---

① （元）戴表元：《春秋法度编序》。
② （清）王夫之著，舒士彦点校：《宋论》卷一〇《高宗》，中华书局，1964年，第184页。
③ （元）脱脱等：《宋史》卷四三五《胡宁传》，中华书局，1977年，第12926页。
④ （宋）胡寅撰，容肇祖点校：《斐然集》卷一一《论遣使札子》，中华书局，1993年，第228—229页。

父兄之身,终天困辱,而求归之望绝也;中原士民,没身涂炭,无所赴诉也。陛下念亦及此乎?①

兄弟二人皆认为,金乃世仇之国,南宋当世代谨记心中,立志复仇雪耻,绝对不可与之议和。

至于胡铨,据《宋史》本传载,其时孝宗"诏以和戎遣使,大询于庭,侍从、台谏预议者凡十有四人。主和者半,可否者半,言不可和者铨一人而已"②。李心传将胡铨反对和议的理由概括为:"虏因符篱之役,震慑求和,今欲与不共戴天之仇,讲信修睦,三纲五常扫地尽矣。况万万无可信之理,何栗、黄潜善、秦桧前车之覆,不可不戒。"③一方面金与南宋有不共戴天之仇,故绝不可和,否则就会导致三纲五常的崩解。另一方面金朝本身亦不可信,南宋决不能再重蹈秦桧等主和之覆辙。可以看出,胡铨的观点与胡安国父子基本相同,皆主要是从春秋大义层面立论,强调金为世仇,反对与金议和。

然而,张阐的观点则似乎与朱熹所言有所出入。隆兴年间,张阐在回答孝宗有关金人求和的询问时,确实曾"力陈六害不可许",但随后他的立场又有所松动,称:"不与四州乃可通和,议论先定乃可遣使,今彼为客,我为主,我以仁义抚天下,彼以残酷虐吾民,观金势已衰,何必先示以弱。"④似乎又同意与金议和,只是不是无条件地妥协退让而已。在张阐的问题上,或许朱熹的记忆存在一些疏漏。

抛开张阐不论,就胡安国父子与胡铨来看,他们在对金政策上不仅皆坚决反对和议,且其立论基础在于《春秋》复仇大义,朱熹所言之"明大义"即指当明晓此复仇之义。而至于"利害"的内涵,据朱熹所称:"到秦桧主和,虏归河南,上下欣然,便只说得地之美,更不说大义。"可以推知,即是能否获得土地之类的切实好处。也就是说,胡氏父子以及胡铨等人的主张完全奠基于《春秋》复仇大义,在他们看来,南宋之所以不能与金议和,纯粹是因为从大义名分上说这就是绝对不应该之事。而张浚等人之主张恢复,却是因为他们认为如此可以给南宋带来诸如土地之类的切实益处。因此,当张浚的承诺未能兑现时,就会很轻易地为高宗所抛弃,朱熹所谓"高宗只以区区成败进退之"即指此。

在和战问题上,朱熹明显地站在主张恢复者一边,对秦桧等主和者自是不以为然,但是这并不意味着朱熹对所有的主张恢复者皆持赞同态度。实际上,在为数众多的主

①《宋史》卷四三五《胡宏传》,第 12923—12924 页。

②《宋史》卷三七四《胡铨传》,第 11585 页。

③(宋)李心传撰,徐规点校:《建炎以来朝野杂记》甲集卷二〇《癸未甲申和战本末》,中华书局,2000 年,第467 页。

④《宋史》卷三八一《张阐传》,第 11747—11748 页。

张恢复者之中，真正为朱熹所认可者仅胡安国父子、胡铨等寥寥数人。个中原因在于，朱熹不仅关注一个人的具体主张为何，更关注其主张背后赖以支撑的思想基础。是从《春秋》大义出发而主张恢复，抑或是从现实利害出发而主张恢复，在朱熹看来是截然不同的。前者值得赞赏，而后者则当受到批评。朱熹为何会形成这样的看法呢？这种建立在道义原则基础上的恢复思想，其具体内容又是怎样的呢？

二、朱熹理想中的恢复

绍兴三十二年（1162）六月，宋高宗举行内禅，孝宗即位。此时正值完颜亮南侵失败之后，如何处理与金朝的关系，是战是和，朝野上下再度掀起了激烈争论。此次朱熹没有置身事外，他先后通过上疏和陛对，向孝宗直接表达了自己的观点。朱瑞熙曾对朱熹的恢复观进行过细致的研究，认为朱熹在恢复问题上的立场经历过由积极主战到主张战守合一，再到坚定主守三个阶段的变化，而孝宗即位之初所上之《壬午应诏封事》和陛对时所上三道《垂拱奏札》分别体现了第一阶段与第二阶段的观点。换言之，朱先生认为前者体现出的是朱熹的主战思想，而后者所体现出的是战守合一之思想，前后呈现出了相当的变化。① 田浩则认为"朱熹在年轻时是一个激烈的强硬派，在其1160—1170 年间的奏章中激烈地主张军事报复措施"②。1160—1170 年为高宗绍兴三十年至孝宗乾道六年，《壬午应诏封事》和《垂拱奏札》皆发表于此一时期，显然，在田浩看来，它们表现了同一种思想，皆是朱熹激烈主张用兵复仇的证据。束景南认为朱熹终其一生都是坚定的主战派，他称朱熹在《壬午应诏封事》中发表了"最激烈的反和主战之说"，《垂拱奏札》中所表达的思想则与封事一脉相承。③ 这些学者的研究虽存在一些差异，但大都倾向于认为朱熹在孝宗即位前后的这段时期，其恢复思想是偏于激烈的，主张立即对金用兵以复仇。张维玲则提出了不同看法，她根据朱熹《垂拱奏札》中的内容认为朱熹虽然反对议和，但并不主战，而是主张合战、守为一体，"持以岁月"，等有万全的准备后才能谈恢复。④ 不过，她并没有对朱熹的恢复思想进行进一步的分析，更未对朱熹何以持如此观点进行探究。是否果然如此呢？朱熹在封事与奏札中究竟想要表达怎样的思想

---

① 朱瑞熙：《一论朱熹的政治主张》。
② 田浩：《功利主义儒家——陈亮对朱熹的挑战》，第 144 页。
③ 束景南：《朱子大传》，第 195 页、第 211 页。
④ 张维玲：《从南宋中期反近习政争看道学型士大夫对"恢复"态度的转变（1163—1207）》，台湾大学文学院历史学系硕士论文，2009 年，第 24 页。

呢？这就需要回到朱熹本身的言辞上来。

孝宗即位后随即下诏求言，绍兴三十二年(1162)八月，朱熹应诏上疏，即《壬午应诏封事》。在这道奏疏中，朱熹对当时朝廷上的主和之说进行了激烈的批判，旗帜鲜明地宣示了自己对和议的反对。他指出："金虏于我有不共戴天之仇，则其不可和也义理明矣。"①对朱熹来说，根据义理，朝廷在和战问题上本没有可犹豫之处，金既为不共戴天之仇，自然绝不可与之讲和。但是，朝廷上却盛行主和之说，朱熹认为这主要是主和者为现实利害所左右的缘故，"知义理之不可为矣，而犹为之者，必以有利而无害故也"②。因此，在奏疏中，朱熹没有就反对和议的道义原则进行详尽申说，而是专门从利害的角度来对当时朝廷流行的主和观点进行了反驳。他首先陈述了主和者的观点：

> 其意必曰：今本根未固，形势未成，进未有可以恢复中原之策，退未有可以备御冲突之方，不若縻以虚礼，因其来聘，遣使报之，请复土疆，示之以弱，使之优游骄怠，未遽谋我，而我得以其间从容兴补而大为之备。万一天意悔祸，或诱其衷，则我之所大欲者，将不用一士之命而可以坐得，何惮而不为哉？③

主和者认为，当时南宋实力不济，既无法立即出兵收复中原，又难以保证能够成功抵御金朝入侵，选择与金议和以换取休养之机，而后励精图治，奋发图强，寻求时机，再图恢复，甚至可能不战而屈人之兵，成功实现中兴大业。这一观点可以简要概括为主和自治说。在这里，议和被视作是南宋为换取休养生息的时间以图他日恢复而值得采取的权宜之计。

在朱熹看来，这种主和论调不仅有悖于义理，即便是从利害的角度来看也是难以成立的。他言道：

> 夫议者所谓本根未固，形势未成，进不能攻，退不能守，何为而然哉？正以有讲和之说故也。此说不罢，则天下之事无一可成之理。何哉？进无生死一决之计，而退有迁延可已之资，则人之情虽欲勉强自力于进为，而其气固已涣然离沮而莫之应矣。其守之也必不坚，其发之也必不勇，此非其志之本然，气为势所分，志为气所夺故也。④

南宋的国力之所以如此衰弱，以致不能收复中原，朱熹认为症结恰恰在于与金议和。正是因为有和议作为安全倚仗，使得朝野上下缺乏一种危机紧迫之感，如此一来，无论进

---

① 《朱熹集》卷一一《壬午应诏封事》，第441—442页。
② 《朱熹集》卷一一《壬午应诏封事》，第442页。
③ 《朱熹集》卷一一《壬午应诏封事》，第442页。
④ 《朱熹集》卷一一《壬午应诏封事》，第442页。

攻还是防守,南宋都不能产生同仇敌忾、决死一战的气魄与决心。因此,不废除和议南宋就不可能真正做到奋发图强,也就不可能实现富国强兵的目的。即便金朝信守和议不来侵犯,"我恃此以自安,势分气夺,日复一日,……虽复旷日十年,亦将何计之可成哉?"①南宋终究不可能完成恢复。

随后,他从正面向孝宗展示了自己的观点,称:

> 愿陛下畴咨大臣,总揽群策,……断以义理之公,参以利害之实,罢黜和议,追还使人。……自是以往,闭关绝约,任贤使能,立纪纲,厉风俗,使吾修政事、攘夷狄之外,了然无一毫可恃以为迁延中已之资,而不敢怀顷刻自安之意,然后将相军民、远近中外无不晓然知陛下之志必于复仇启土而无玩岁愒日之心,更相激厉,以图事功。数年之外,志定气饱,国富兵强,于是视吾力之强弱,观彼衅之浅深,徐起而图之,中原故地不为吾有,而将焉往?②

"断以义理之公,参以利害之实"当构成了朱熹确立其恢复思想的基本原则。根据义理,南宋绝不可与金议和,故朱熹在反对和议问题上尤为激烈。但反对和议并不意味着朱熹主张立即对金用兵以图恢复,还需要考虑到宋金实力强弱这一现实利害问题。朱熹开出的策略是,首先"罢黜和议""闭关绝约",之后实行"任贤使能,立纪纲,厉风俗"等一系列增强国力的举措,"数年之外,志定气饱,国富兵强,于是视吾力之强弱,观彼衅之浅深,徐起而图之"。即便在"国富兵强"之后,他也不主张南宋可以立即发动恢复,而是认为还要衡量宋金之强弱,看金朝是否有可乘之机。

隆兴元年(1163)十月,朱熹应召从福建到达临安,十一月六日奏事垂拱殿,向孝宗呈上了三道奏札,其中第二道专门论述和战之事。他首先陈述了当时朝廷上和、战、守三种观点,称:

> 臣窃观今日之论国计者,大概有三:曰战,曰守,曰和而已。然天下之事利必有害,得必有失,是以三者之中,又各有两端焉。盖战诚进取之势,而亦有轻举之失;守固自治之术,而亦有持久之难。至于和之策,则下矣。而主其计者亦以为屈己爱民,蓄力观衅,疑敌缓师,未为失计。③

无论是主战、主守还是主和皆有利有弊,正因如此,导致孝宗举棋不定。在朱熹看来,之所以会如此,完全是因为当时三派论者皆是仅从利害角度看待问题,而未能顾及义理所

---

①《朱熹集》卷一一《壬午应诏封事》,第443页。
②《朱熹集》卷一一《壬午应诏封事》,第445页。
③《朱熹集》卷一三《垂拱奏札二》,第507页。

在。他言道:"臣窃以为此其所以然者,由不折衷于义理之根本,而驰骛于利害之末流故也。"①批判的矛头不仅指向了主和派,对主战、主守等派亦不以为然。若根据义理来处理对金关系将再清楚不过,根本不会出现犹豫不决的情况,因为"国家之与北虏,乃陵庙之深仇,言之痛切,有非臣子所忍闻者,其不可与共戴天明矣"。当时南宋所应做的是,"非战无以复仇,非守无以制胜,是皆天理之自然,非人欲之私忿也"②。即若要复仇,必定是通过战争,但要想保证战争的胜利,则需要先经过一个坚守的阶段,唯有如此方是符合天理。

针对主和者所谓"屈己爱民"之说,朱熹指出:"今释怨而讲和,非屈己也,乃逆理也。己可屈也,理可逆乎?"③不仅如此,这种有悖义理的行为,会产生严重的现实后果,他言道:

> 夫子为政,以正名为先,盖名不正则言不顺、事不成而民无所措其手足。今乃欲舍复仇之名而以讲好为观衅缓师之计,盖不惟使上下离心,中外解体,缓急之间,无以应敌,而吾之君臣上下所为夙兴夜寐以修自治之政者,亦将因循隳弛而不复振矣。正使虏人异日果有可乘而不可失之衅,窃恐吾之可忧乃甚于所可喜,而信誓之重、名分之素,彼皆得以归曲于我,盖不待两兵相加而吾气已索然矣。④

根据圣人之道,国家施政当以正名分为先,对于南宋来说,首当其冲的就是正金朝为世仇这一名分,应当高扬复仇这一旗帜,若不如此而与金朝议和,将会导致上下离心的严重结果,即便宋朝有意励精图治也是难以做到的。朱熹曾对黄榦抱怨道:"国家只管与讲和,聘使往来,贺正贺节,称叔称侄,只是见邻国,不知是仇了!"⑤和议下的使节往来,会很容易让南宋军民淡忘对金朝的仇恨,所谓励精图治以报仇雪耻也就无从谈起了。此外,一旦与金朝签订和议,南宋就需承担起和约所赋予的道义上的责任,即所谓"信誓之重、名分之素"。此后若金朝有机可乘,南宋也难以随便破坏和议,否则就会处于背信弃义的一方。在差不多同时给汪应辰的信中,朱熹说道:"今欲以讲和为名而修自治之实,恐非夫子正名为先之意。内外心迹判为两途,虽使幸而成功,亦儒者之所讳也。况先自处于背盟违命之地,而使彼得擅其直以责于我。"⑥因此,他希望孝宗在恢复问题上

①《朱熹集》卷一三《垂拱奏札二》,第507页。
②《朱熹集》卷一三《垂拱奏札二》,第508页。
③《朱熹集》卷一三《垂拱奏札二》,第509页。
④《朱熹集》卷一三《垂拱奏札二》,第509页。
⑤《朱子语类》卷一三六《历代三》,第3237页。
⑥《朱熹集》卷三〇《答汪尚书(应辰)书》,第1267页。

能够"姑置利害交至之说而以穷理为先……亟罢讲和之议,大明黜陟,以示天下,使知复仇雪耻之本意未尝少衰"①。然后,

> 表里江淮,合战守之计以为一,使守固而有以战,战胜而有以守,奇正相生,如环之无端,持以岁月,以必复中原、必灭胡虏为期而后已。②

朱熹没有要求南宋立即出兵以图恢复,而是认为应当在绝不与金议和的前提下合战守为一体。在没有和约作为保障的情况下,宋金两国将始终处于战争状态,随时可能发生战争,战乃必然之事,故需战守合一,只是这种战乃是以防守为目的之战,与激进的立即出兵恢复存在距离。在致汪应辰的信中,朱熹说得更加清楚,称:

> 必以摇动为虑,则所谓自治者,其惟闭关固围,寇至而战,去不穷追,庶可以省息劳费,蓄锐待时乎。以此自治,与夫因机亟决、电扫风驰者固不同,然犹同归于是,其与讲和之计不可同年而语矣。③

在给陈俊卿的信中,朱熹亦称:

> 盖以祖宗之仇,万世臣子之所必报而不忘者。苟曰力未足以报,则姑为自守之计,而蓄憾积怨以有待焉,犹之可也。④

在朱熹看来,若朝廷担心立即用兵会对南宋存亡造成威胁,可以选择自治,而自治的内涵就是闭关自守,金军来攻则与其战,败退亦不穷追,养精蓄锐以等待时机。这显然是一种倾向坚守的主张,与激进的主战立场尚有距离。

将垂拱奏对与《应诏封事》进行比较,可以发现,朱熹的恢复思想是一脉相承的,正如黄榦所言:"三札所陈,不出封事之意,而加剀切焉。"⑤无论在封事还是奏对中,朱熹皆激烈宣扬春秋复仇大义,表现出强烈的反对和议的态度。复仇与反对和议乃是一体两面之事,但复仇与主战用兵之间却没有必然的联系,叶适就说:"复仇者,本非用兵之谓也。"⑥实际上,朱熹虽然反和,但在立即出兵北伐问题上却较为慎重,他更倾向在没有和议前提下的积极自治,认为南宋可经过一定时期的励精图治之后再待机而动,而并非如一些论者所言此一时期的朱熹是激烈的主张对金用兵者。朱熹的这一观点可以概括为反和自治说。当然,朱熹在封事与奏对中的论述确实存在差别,只是这种差别不是

---

① 《朱熹集》卷一三《垂拱奏札二》,第510页。
② 《朱熹集》卷一三《垂拱奏札二》,第510页。
③ 《朱熹集》卷三〇《答汪尚书(应辰)书》,第1267页。
④ 《朱熹集》卷二四《与陈侍郎书》,第1023—1024页。
⑤ (宋)黄榦:《勉斋集》卷三四《朱先生行状》,《宋集珍本丛刊》第68册,线装书局,2004年,第112页。
⑥ (宋)叶适著,刘公纯、王孝鱼、李哲夫点校:《水心别集》卷九《廷对》,《叶适集》,中华书局,2010年,第754—755页。

体现在其思想主旨上,而是反映在论述的侧重点上,在《应诏封事》中朱熹偏向于从利害的角度反驳主和派观点,而在垂拱奏札中则偏重从义理的层面来阐释自己反对和议的理由。

不过,在隆兴年间,朱熹曾向张浚面陈过一道分兵杀虏的用兵策略,似乎表明朱熹当时是主张立即出兵恢复的。据《朱子语类》记载,朱熹曾自言:

> 某向见张魏公,说以分兵杀虏之势,只缘虏人调发极难,元颜要犯江南,整整两年,方调发得聚。……为吾之计,莫若分几军趋关陕,他必拥兵于关陕,又分几军向西京,他必拥兵于西京,又分几军望淮北,他必拥兵于淮北,其他去处必空弱。又使海道兵捣海上,他又著拥兵捍海上,吾密拣精锐几万在此,度其势力既分,于是乘其稍弱处,一直收山东。虏人首尾相应不及,再调发来添助,彼卒未聚,而吾已据山东,才据山东,中原及燕京自不消得大段用力。……是时魏公答以:"某只受一方之命,此事恐不能主之。"

据束景南考订,朱熹面见张浚当在隆兴二年(1164)十二月,[①]然而此时朱熹似乎不大可能提出立即用兵的主张,原因有二:一,就在半年之前的隆兴元年(1163)五月,南宋出兵北伐,在符离招致大败,损兵折将,朱熹应知南宋此时当无力再次举兵北伐。二,在面见张浚前仅一个月的垂拱奏对中,朱熹并没有向孝宗提出立即北伐的建议,而仅仅是反对议和。他不大可能在一个月的时间内,态度发生剧烈转变。因此,朱熹给张浚的建议不应被理解为是劝说张浚立即北伐,而应视作是朱熹为张浚此后主持北伐提供的一个策略,准备等待时机来临之时供张浚作参考之用。

义利之辨构成了儒家思想的重要主题,也是朱熹思想的核心内容,朱熹曾称"义利之说乃儒者第一义"[②]。在这一问题上,朱熹尊奉董仲舒"正其义不谋其利,明其道不计其功"的原则,是否符合义理成为其判断是非的基本根据。但这并不意味着朱熹对事情的成败利钝不闻不问,他曾对弟子言道:"圣人做事,那曾不要可,不要成!"但是"只要去求可求成,便不是"[③]。也即是说,是否符合道义乃是判断一事该不该做的第一原则,在此之后方可考虑采取何种方式能最好地达到目标。就对金政策来说,议和乃是违背义理之事,故绝不可为,而在断绝和议之后如何实现恢复,是立即出兵北伐抑或励精图治以伺时机,则属于恢复的策略问题,可以根据宋金两国的实际情形再做打算,按照朱熹

---

①《朱子大传》,第217—218页。
②《朱熹集》卷二四《与延平李先生书》,第1019页。
③《朱子语类》卷一〇八《论治道》,第2687页。

之言就是应"断以义理之公,参以利害之实"。而且,不与金议和不仅是义理之要求,还有非常现实的益处。金人威胁的始终存在,可以让南宋上下不忘靖康之变的深仇大恨,有利于振作军民士气,能有效防止朝野上下形成贪图苟安、因循苟且、不思进取的不良风气,从而为最终的恢复创造有利环境。可以看到,朱熹的恢复思想有其激进的一面,即坚决反对和议,同时又有其较为弹性的一面,即在战、守问题上可以相机而动。然而,朱熹的上疏与奏对终究未能改变孝宗的意志。隆兴二年(1164)十二月,宋金重新达成和议,这令朱熹反和自治的恢复思想遭受沉重打击,此后他的思想又发生了怎样的变化呢?

三、隆兴以后朱熹恢复思想的内在矛盾

朱熹理想中的恢复观乃是反和自治,即在坚决不与金议和的情况下,朝野上下励精图治,奋发图强,而后相机收复中原。对于他来说,议和既有违《春秋》大义,又容易令南宋内部滋生因循苟且之风。既然如此,隆兴和议后,朱熹理应继续坚持自己的主张,致力宣扬对金复仇、要求废除和议,然而事实却非如此,其弟子杨复称:

> 先生当孝宗初政,囊封陛对,皆陈复仇之义,力辨和议之非。其后乃置而不论,何哉?[1]

"囊封陛对"分别指《壬午应诏封事》以及垂拱奏对,朱熹确实在其中表达了激烈的宣扬复仇、反对和议的观点,但之后朱熹却对此"置而不论"。杨复没有否定朱熹对复仇"置而不论"这一事实,而是引用《戊申封事》中的言辞来为朱熹辩解。朱熹在淳熙十五年(1188)的封事中言道:"此事之失已在隆兴之初不合遽然罢兵讲和,遂使宴安酖毒之害日滋月长,坐薪尝胆之志日远月忘。区区东南事犹有不胜虑者,何恢复之可图乎?"杨复据此称:"以此言观之,先生曷尝忘复仇之义哉!但以事不可幸成,政必先于自治,能如是,则复中原,灭仇虏之规模,已在其中矣。"[2]他推断朱熹内心时刻未曾忘记复仇,只是认为南宋需先解决内部的种种问题以增强实力,方有完成恢复的可能,所以不再公开谈论复仇大义。

对于朱熹在恢复上的这种转变,后世学者已多有论及。钱穆称孝宗虽有意恢复中原,但无奈国内形势已发生了变化,"前有将帅,无君相。今有君相,无将帅。……故当

---

① 王懋宏:《朱子年谱》,《新编中国名人年谱集成》第七十辑,台湾商务印书馆,1982年,第164页。
② 王懋宝:《朱子年谱》,第164—165页。

孝宗初政,朱子上封事陛对,尚陈恢复之义,后乃置而不论。"①朱瑞熙指出,隆兴和议的签订让朱熹对恢复中原失去了信心,遂令他由之前的激烈主战转向了坚定主守,希望先治理好内部政事再向金朝复仇。② 田浩则认为:"朱熹年轻时是一个激烈的强硬派,……但其热情到中年时逐渐降温","采取了更谨慎的防守姿态,强调要首先加强自己。"③束景南虽然认定朱熹终其一生都是坚定的主战派,但他也认为隆兴以后朱熹认识到宋金已形成持久相守的局面,故其"态度从主张今下用兵复仇转变为主张数十年以后用兵,把恢复用兵从当务之急转为了长远目标,认为当前主要是修政修军,以守养战,而不是马上用兵"④。这些观点皆倾向认为朱熹思想的变化源于对南宋自身状况的认识,是南宋相对于金朝实力的不济让朱熹对立即恢复失去了信心,这与杨复的说法基本一致。是否果真如此呢?

在上节的分析中已可看到,朱熹并非如论者所言属激进的主战派,而是激烈的反和议论者,致使其确立这一思想的基础原则是春秋大义。至于南宋相对于金朝国力孰强孰弱属于利害的范畴,并非朱熹考虑的重点。更何况,在朱熹看来,和议的存在只会令南宋朝野滋生因循苟且、不思进取之风,让恢复中原变得遥遥无期。杨复引用朱熹《戊申封事》中的说法作为证据来解释朱熹隆兴以后不再宣扬复仇之事,实际上有些答非所问。朱熹在封事中强调自治主要是针对孝宗朝以虞允文、赵雄为代表的激进恢复思想而发,在他看来当时南宋内部问题丛生,根本无力立即用兵以收复中原,故而需要先自治图强。这与宣扬复仇之间并无必然联系,正如前引叶适所说:"复仇者,本非用兵之谓也。"在朱熹那里,与宣扬复仇直接关联的是废除和议,废除和议既是春秋大义上的要求,亦是振作朝野士气克服因循苟且之风的重要手段。既然国力的强弱并不能构成朱熹在隆兴以后不再宣扬复仇大义、反对和议的主要原因,朱熹发生这种行为上转变的真正原因何在呢?

实际上,朱熹曾提及隆兴和议后其不再公开宣扬复仇的原因。乾道元年(1165)六月,也就是隆兴和议达成半年之后,朱熹在《戊午谠议序》中言道:

> 今南北再欢,中外无事,迂愚左见,所谓万世必报之仇者,固已无所复发其口矣。⑤

①钱穆:《国史大纲》第六编第三十四章《南北再分裂》,商务印书馆,2013 年,第 619 页。
②朱瑞熙:《朱熹是投降派、卖国贼吗?》,《一论朱熹的政治主张》。
③田浩:《功利主义儒家——陈亮对朱熹的挑战》,第 144 页。
④束景南:《朱子大传》,第 769 页。
⑤《朱熹集》卷七五《戊午谠议序》,第 3932 页。

正是隆兴和议的签订，宋金重新恢复和平之局这一事实，让朱熹无法再公开地宣扬复仇大义。为何会如此呢？这当与其所恪守的道义原则有关，朱熹坚持凡事皆当依义理而行，即便对待敌人亦是如此。他对隆兴和议可谓深恶痛绝，但和议一旦签订，南宋就被赋予了遵守和约的道义上的责任，就不能随意加以破坏，否则即是有悖道义。隆兴和议前，南宋方面的一种主和之说是认为可以以和议为权宜，以换取自治图强的时机。针对这一观点，朱熹即提醒孝宗："我既请之，彼必报之，不可以苟为也。"①也就是说，南宋请和一旦为金朝所同意就必须切实遵守，绝不可随意为之。朱熹曾与弟子论及楚汉相争时的一则典故，有助于理解朱熹对于敌我双方所签订之和约的态度。《朱子语类》记载：

> 问："'养虎自遗患'事，张良当时若放过，恐大事去矣。如何？"曰："若只计利害，即无事可言者。当时若放过未取，亦不出三年耳。"问："机会之来，间不容发。况沛公素无以系豪杰之心，放过即事未可知。"曰："若要做此事，先来便莫与项羽讲解。既已约和，即不可为矣。大底张良多阴谋，如入关之初，略秦将之为贾人者，此类甚多。"②

据《史记·项羽本纪》，汉四年（公元前203），刘邦与项羽议和，约定以鸿沟为界中分天下。和议达成后，刘邦欲引兵西归，但张良、陈平劝刘邦乘机攻击项羽，为刘邦采纳，遂大败项羽，成就了汉家基业。③ 材料中所谓"养虎自遗患"事即指此。弟子问朱熹，张良的做法是否正确。朱熹认为，张良是纯粹从利害的角度立论，是一种阴谋手段，不够光明正大。刘邦从一开始就不应与项羽议和，既已议和就不该再撕毁和约而攻击项羽。在对唐代维州事件的评论中，朱熹的这一思想表现得更为明显。

唐文宗太和五年（831），吐蕃维州守将悉怛谋率众归降唐朝，时任剑南西川节度使的李德裕随即派军占据维州，并上奏朝廷请求趁机出兵进攻吐蕃。然而，宰相牛僧孺极力予以反对，认为唐朝与吐蕃此前已订立盟约，相互罢兵休战，不当背信弃义占据维州。他说服文宗强令李德裕将维州以及归降的悉怛谋等人送还吐蕃。司马光在《资治通鉴》中肯定了牛僧孺的做法，称："是时唐新与吐蕃修好而纳其维州，以利言之，则维州小而信大；以害言之，则维州缓而关中急。然则为唐计者，宜何先乎？……且德裕所言者利也，僧孺所言者义也，匹夫徇利而亡义犹耻之，况天子乎！"④司马光认为从道义上说，唐朝应该遵守与吐蕃的盟约，不能因为有利可图便背信弃义。对于司马光的论断，王夫之

---

①《朱熹集》卷一三《垂拱奏札二》，第508页。
②《朱子语类》卷一三五《历代二》，第3220页。
③（汉）司马迁：《史记》卷七《项羽本纪》，中华书局，2014年，第419页。
④（宋）司马光：《资治通鉴》卷二四七"会昌三年三月"条，中华书局，2011年，第8100页。

看得较为透彻,称:"公之为此说也,惩熙丰之执政用兵生事,敝中国而启边衅,故崇奖处錞之说,以戒时君。"①司马光身处的熙宁、元丰年间,神宗、王安石君臣正积极致力于开疆拓土,在西北地区不断用兵,司马光对此不以为然,故借评论维州事件而对其加以批判。

然而,至南宋,胡寅在《致堂读史管见》中对司马光的说法进行了驳斥,认为维州本唐朝土地,李德裕接收维州理所当然。他称:"使本非唐地,既与吐蕃和,弃而不取,姑守信约可耳,本唐之地为吐蕃所侵,乃欲守区区之信,举险要而弃之,借使吐蕃据秦州下凤翔而来讲好,亦将守信而不取乎?"②胡寅之书与司马光著《通鉴》有相似的特点,皆非纯粹就事论事,往往借对史事的评论来表达对时局的看法。陈振孙称胡寅该书:"议论宏伟严正,间有感于时事。其于熙、丰以来接于绍兴权奸之祸,尤拳拳寓意焉。"③胡寅因反对与金议和而得罪秦桧,于绍兴二十年(1150)至二十五年(1155)间贬谪新州,该书即撰成于此一时期。很容易理解胡寅批驳司马光的原因,因为胡寅所身处的时代,宋金业已签订绍兴和议,若按照司马光的说法,南宋就必须遵守同金朝达成的和议,除非金朝主动叛盟,否则南宋就将永远失去收复中原的机会。

隆兴和议后,朱熹所面对的现实局势与胡寅如出一辙。对于司马光与胡寅这两种针锋相对的观点,他是如何看待呢?张栻曾致信朱熹,询及维州之事,称:"牛、李所争维州事,当如何处置,温公之说然否?"④朱熹回信言道:

> 维州事则亦尝思之矣,唐与牛李盖皆失之也。夫不知春秋之义而轻与戎盟,及其犯约攻围鲁州,又不能声罪致讨,绝其朝贡。至此乃欲效其失信叛盟之罪,而受其叛臣,则其义有所不可矣。然还其地可也,缚送悉怛谋使肆其残酷则亦过矣。……计高明于此必有定论,幸并以见教。牛论正而心则私,李计谲而心则正。

在与弟子的问答中,朱熹亦言道:

> 德裕所言虽以利害言,然意却全在为国;僧孺所言虽义,然意却全济其己私。且德裕既受其降矣,虽义有未安,也须别做置处。乃缚送悉怛谋,使之恣其杀戮,果何为也!⑤

在朱熹看来,无论是唐廷还是牛僧孺、李德裕皆有过错。唐朝之失在于从一开始就不当

---

①(清)王夫之著,舒士彦点校:《读通鉴论》卷二六,中华书局,2013年,第808页。
②(宋)胡寅:《致堂读史管见》卷二五,江苏古籍出版社,1988年,第1696页。
③(宋)陈振孙著,徐小蛮、顾美华点校:《直斋书录解题》卷四,上海古籍出版社,2015年,第117页。
④(宋)张栻著,杨世文点校:《南轩集》卷二二《答朱元晦书》,《张栻集》,中华书局,2015年,第1093页。
⑤《朱子语类》卷一三六《历代三》,第3249页。

违背春秋大义而与吐蕃议和订盟。既已订盟，当维州事件前一年吐蕃背盟围攻鲁州时，唐朝就可趁此时机声讨吐蕃之罪，以废除盟约。但唐廷对此皆未能做出正确处置。如此，李德裕贸然接受维州守将的降附就是在仿效吐蕃围攻鲁州的行为，同样是失信叛盟之举，是为大义所不允许的。唐朝应该将维州还给吐蕃。只是他认为将悉怛谋也一并送还，任由吐蕃杀戮，则是有欠妥当的。大体而言，他认可牛僧孺的主张，而反对李德裕的做法。不过他认识到牛僧孺提出这一主张的动机是出于与李德裕的党争，是一种私欲。李德裕则恰恰相反。所以在他看来，无论是唐廷还是牛、李，在此事件中皆有过失之处。张栻后来针对维州事件也评论道："维州事，李德裕初固不当受，牛僧孺后所处亦非。彼悉怛谋，乃慕义而来，当先与吐蕃约以金帛赎其罪，然后归之。"①大致上是接受了朱熹的观点。

无论是刘邦与项羽的议和，还是唐朝与吐蕃的盟约，在朱熹看来本身都是不符合大义的，但是和约既已达成，双方就有义务严格遵守。在司马光与胡寅之间，朱熹明显更倾向于前者。如此便可理解朱熹对隆兴和议的立场，他无疑非常不满与金议和，但和议已定，在没有充分理由的情况下，南宋就不当擅自背盟毁约，否则就是有违道义，从而落金人以口实，即朱熹在垂拱奏所谓"信誓之重、名分之素，彼皆得以归曲于我"。其后果则是十分严重的，"盖不待两兵相加而吾气已索然矣"②。

在朱熹眼中，道义本身就是国家力量的重要组成部分，能否占据道义上的优势直接关系到国家在战争中的胜负。朱熹曾与弟子有过如下一段问答：

> 问："艺祖平定天下如破竹，而河东独难取，何耶？以为兵强，则一时政事所为，皆有败亡之势。不知何故如此？"
>
> 曰："这却本是他家底。郭威乘其主幼而夺之，刘氏遂据有并州。若使柴氏得天下，则刘氏必不服，所以太祖以书喻之，谓本与他无仇隙；渠答云：'不忍刘氏之不血食也。'此其意可见矣。被他辞直理顺了，所以难取。"③

赵匡胤能够很容易地平定南方各国，却无法攻克在军事、政治上皆无可取的弱小北汉。朱熹认为个中原因在于河东地区本即后汉起家之地，为其根基所在，后汉因郭威非法篡夺而覆灭，北汉作为后汉的继承者占据河东，具有相当的正统性，也即是占据了道义上的优势，故而尽管其军事实力较为孱弱、政治亦较为腐败，但凭借道义上的优势依旧能

---

①（宋）张栻：《南轩先生集补遗·古君臣》，《张栻集》，第 1503 页。
②《朱熹集》卷一三《垂拱奏札二》，第 509 页。
③《朱子语类》卷一二七《本朝一》，第 3042 页。

够令北宋久攻不克。

相反，失去了道义上的优势则可能招致灾难性后果。朱熹曾直批徽宗朝政事"更无一著下得是"，称：

> 徽宗先与阿骨打盟誓，两边不得受叛降。……契丹亡国之主天祚者，在虏中。徽宗又亲写招之。……由是虏人大怒，云："始与我盟誓如此，今乃写诏书招纳我叛亡！"遂移檄来责问。……然阿骨打却乖，他常以守信义为说。其诸将欲请起兵问罪，阿骨打每不可，曰："吾与大宋盟誓已定，岂可败盟！"夷狄犹能守信义，而吾之所以败盟失信，取怒于夷狄之类如此！①

徽宗时，既已与女真订盟，相约不得接受对方叛降，宋朝却自违盟约，以至让女真占据了道义上的优势。在朱熹看来，后来金军南侵，一路势如破竹，使宋室蒙受靖康之变的奇耻大辱，北宋因其自身的背信弃义亦须承担相当责任。从上引正反两方面的事例可以看出，朱熹相信，道义优势如同军事实力一样，是国家力量的重要组成部分，不可轻易忽视。

因此，隆兴和议后，朱熹虽然内心对和约十分不满，且经常在私下的言论中表现出来，但他既已无法要求朝廷撕毁和约，也就不能再如同孝宗初年那般激烈的宣扬对金复仇之义。此时的朱熹在某种程度上变成了和议事实上的维护者，这在孝宗乾道六年（1170）的恢复论争中较为突出地表现了出来。

乾道六年（1170）五月，陈俊卿罢相，主战派的虞允文独相。闰五月，孝宗派遣范成大作为泛使出使金朝求取陵寝地以及请求更定受书礼。这等于是公开要求修改隆兴和议，故金朝君臣大为不满，意欲杀范成大而后快。② 南宋对此点亦心知肚明，范成大即坦言："无故遣泛使，近于求衅。"③此事在南宋朝野引起了很大震动，围绕对金关系，朝野上下再次掀起了激烈争论，朱熹亦参与其中。《皇宋中兴两朝圣政》引《大事记》称：

> 恢复之机既失，虽虞允文始相，建议遣使以陵寝故地为请，然识者以为当争之于未讲和之初，而不当争于和议已定数年之后，彼虽仁义不足，而凶暴有余，反以大义责我。④

因此，"当时端人正士如张栻、黄中、刘珙、朱熹、吕祖谦最为持大义者也"，皆对此事表示了反对立场。也就是说，朱熹等人认为，南宋对于祖宗陵寝等事的要求应当在隆兴议和

---

① 《朱子语类》卷一二七《本朝一》，第 3048—3049 页。
② 《宋史》卷三八六《范成大传》，第 11868 页。
③ （宋）周必大：《文忠集》卷六一《范公神道碑》，《景印文渊阁四库全书》，台湾商务印书馆，1986 年。
④ （宋）佚名：《皇宋中兴两朝圣政》卷五四，北京图书馆出版社，2007 年，第 211—212 页。

之前就提出，而不应在和议已然达成数年之后再贸然遣使求取，否则就会让金朝获取道义上的优势，为其提供了一个指责南宋背信弃义的借口。这里的概括尚略显笼统，朱熹的观点究竟是怎样的呢？

乾道六年（1170）前后，朱熹正丁母忧家居，他其实没有向朝廷上疏直接表达自己的观点，但通过与其时正身在朝中的好友张栻频繁地书信往来，间接参与到了论争中。在现存朱熹与张栻的文集中，保存有数封这一时期两人商讨朝廷遣使之事的信件。通过这些书信，可以大致了解朱熹的观点。

张栻将朝中局势以及自身主张通过书信告知朱熹，朱熹在回信中称："大抵来教纲领极正当，条目亦详备，虽竭愚虑，亦不能出是矣。"①表明其对张栻的基本观点是持肯定态度的，但认为尚有未尽之处，他向张栻阐释了自己对朝廷遣使求取陵寝的反对态度，称：

> 夫春秋之法，君弑贼不讨，则不书葬者，正以复仇之大义为重，而掩葬之常礼为轻，以示万世臣子，遭此非常之变，则必能讨贼复仇，然后为有以葬其君亲者。不则虽棺椁衣衾极于隆厚，实与委之于壑，为狐狸所食、蝇蚋所嘬无异。其义可谓深切著明矣。而前日议者乃引此以开祈请之端，何其与《春秋》之义背驰之甚耶！又况祖宗陵寝、钦庙梓宫往者屡经变故，传闻之说，有臣子所不忍言者，此其存亡，固不可料矣。万一狡虏出于汉斩张耳之谋以误我，不知何以验之，何以处之？②

根据《春秋》大义，能够为君父报仇为头等重要之事，是否给君父予隆重安葬则属末节，子孙若不能为君父报仇雪耻，即便给予再隆重的安葬亦为不孝。现在，南宋既不能向金朝复仇，却反而遣使求取祖宗陵寝和钦宗梓宫，纯属本末倒置，且与《春秋》大义相背。另外，乾道年间上距北宋覆灭已近半个世纪，钦宗尸骨究竟如何已不可知，若金朝仿照刘邦斩杀假张耳以欺骗赵国的事例，用一个假造的钦宗尸骨来欺骗南宋，南宋亦难以应对，稍有不慎即会自取其辱。基于这样两个理由，朱熹对遣使持反对态度。同当年激烈反对和议一样，《春秋》大义依旧是朱熹在处理对金关系时秉持的基本原则，只不过此时朱熹利用《春秋》大义反对遣使所造成的客观结果却是变相地维护了宋金和议。在信末，朱熹告诉张栻：

> 熹尝以为内修外攘，譬如直内方外，不直内而求外之方固不可，然亦未有今日直内而明日方外之理。须知自治之心不可一日忘，而复仇之义不可一日缓，乃可与

①《朱熹集》卷二五《答张敬夫书》，第 1049 页。
②《朱熹集》卷二五《答张敬夫书》，第 1049—1050 页。

语今世之务矣。①

即在当前的情况下，南宋应首先关注内部治理，经过相当一段时间的蓄积力量之后，方能寻求机会向金朝复仇，虞允文等人所主张的立即对金用兵这一急功近利的激进做法是不正确的。朱熹虽然没有忘记提到复仇大义，但显然更强调应当维持宋金关系之现状而反对蓄意挑衅。

然而，朱熹反对南宋遣使、主张维系和议，主要是建立在对道义原则的坚持上，而非是出于对宋金国力强弱的衡量，且其内心对隆兴和议可谓深恶痛绝，因此当有机会在无须南宋承担道义责任的情况下废除和约时，朱熹会毫不犹豫地抓住。金朝在应对南宋遣使问题上的"失策"让朱熹找到了改变现状的契机。在给张栻的另一封信中，朱熹称：

> 奏草已得，窃观所论该贯详明，本末巨细无一不举。不欲有为则已，如欲有为，未有舍此而能济者。但使介遂行，此害义理、失几会之大者。若虏人有谋，不拒吾请，假以容车之地，使得往来朝谒，不知又将何以处之？今幸彼亦无谋，未纳吾使，不若指此为衅，追还而显绝之，乃为上策。若必待彼见绝而后应之，则进退之权初不在我，而非所以为正名之举矣。②

张栻将自己意欲进呈的奏疏草稿寄给了朱熹以听取其意见，朱熹对奏疏十分赞赏，并提出了一些建议。他认为，对于南宋遣使求取陵寝之事，如果金朝予以允从，准许南宋每年遣人朝谒，南宋将难以处置，但金朝却选择断然拒绝。在朱熹看来，这是金朝的"失策"，他认为可以乘金朝处置失当之机，追还使者，与金断交。这一建议通过张栻间接进呈孝宗。张栻在奏疏中称：

> 今日但当下哀痛之诏，明复仇之义，显绝金人，不与通使。然后修德立政，用贤养民，选将帅，练甲兵，通内修外攘、进战退守以为一事，且必治其实而不为虚文，则必胜之形隐然可见，虽有浅陋畏怯之人，亦且奋跃而争先矣。③

将这段文字与朱熹在《壬午应诏封事》以及《垂拱奏札》中的观点相对照，可以说别无二致。朱熹在隆兴和议以后再未公开地向朝廷宣扬复仇大义，但他抓住了金朝"失策"这一难得的机遇，借助于张栻之口，再次向朝廷申明了自己理想中的恢复观。

叶适在《著作正字二刘公墓志铭》中记载：

> 于时士无不向恢复者，朱公元晦亦以为人主义在复仇，遇著作于李德远坐论

---

①《朱熹集》卷二五《答张敬夫书》，第1052页。
②《朱熹集》卷二五《答张敬夫书》，第1054—1055页。
③《宋史》卷四二九《张栻传》，第12772页。

之，著作弗是也。他日，朱公曰："乃为宾之、德远夹攻。"德远者，吏部侍郎李浩也。①

"著作"为刘夙，其弟刘朔针对虞允文所主张的恢复之说进谏孝宗，称："臣观今日通和未为失策。"刘夙的观点大概与之类似。至于李浩，曾上疏孝宗，称："近日措置边事甚为张皇，一时诞谩之徒言虏势衰弱，踊跃自奋，甚者为剽攘以挑境外。此何益？徒有害。"对于此次遣范成大出使，他也坚决反对。② 很显然，同样是主张维持宋金关系现状者。与两人相反，朱熹宣称"人主义在复仇"，似乎是反对和议而支持虞允文等人的主张，故遭到夹攻。单纯看这一材料，会误以为朱熹在乾道六年（1170）的恢复论争中站在虞允文等人一方积极主战，如此就与《大事记》的记载相矛盾。结合上面的分析可以知道，这里朱熹所说的复仇并不是附和虞允文等用兵，而应当是指他在发现金朝"失策"后要求朝廷乘机废除和约、重申复仇大义之事，不可将复仇与用兵混为一谈。

只是朱熹与张栻的意见最终没有被采纳，宋金和约在经过短暂动摇后重新趋向稳定。因此，无论是朱熹还是张栻，在此后继续扮演着隆兴和议事实上的维护者角色。淳熙十五年（1188）的《戊申封事》中，朱熹称："区区东南，事犹有不胜虑者，何恢复之可图乎？"③主张南宋应着眼于内政的整顿，待增强实力后再图恢复。至于张栻，杨万里在《张栻传》中记载：

> （淳熙）五年，除秘阁修撰、荆湖北路转运副使，改知江陵府，安抚本路。……并淮奸民出塞为盗，法皆抵死。异时置而弗治，至是捕得数人，仍有胡奴在党中。栻曰："朝廷未能正名讨贼，疆场之事毋曲在我。"命斩之，以徇于境，而缚其亡奴归之。④

张栻认为，南宋朝廷既然未能宣布金为世仇之国而与其断交，就有义务遵守两国和约。当有宋人做出违背和约之事，就应毫不犹豫地给予严厉惩处，如此方能不落金人以口实，保证南宋始终处于道义一方。这种做法，无疑只会进一步巩固隆兴和议，维护宋金关系之现状。

朱熹对宋金和约十分不满，只是无奈于没有一个合理的借口来废除和约，不得不成为和约事实上的捍卫者，故面对乾道年间的遣使持反对立场。然而，当金朝的"失策"为南宋提供了难得的毁约借口时，他立即不失时机地要求孝宗与金断交。断交并不意味

---

①《水心集》卷一六《著作（刘夙）正字（刘朔）二刘公墓志铭》，《叶适集》，第 304 页。
②《南轩集》卷三七《吏部侍郎李公墓铭》，《张栻集》，第 1335—1336 页。
③《朱熹集》卷一一《戊申封事》，第 483 页。
④（宋）杨万里撰，辛更儒笺校：《杨万里集笺校》卷一一五《张左司传》，中华书局，2007 年，第 4439—4440 页。

着主战,而是希望在没有和约倚仗的情况下,朝野上下励精图治以实现富国强兵。在这里,朱熹所表现出来的观点与其在孝宗初年没有根本差别。《朱子语类》记载,朱熹晚年曾颇为愤慨地说道:

> 今朝廷之议,不是战,便是和;不和,便战。不知古人不战不和之间,亦有个且硬相守底道理,却一面自作措置,亦如何便侵轶得我! 今五六十年间,只以和为可靠,兵又不曾练得,财又不曾蓄得,说恢复底,都是乱说耳。①

他认为当时朝廷上关于恢复的论争,采取了一种非战即和、非和即战的二元对立思想。"战"显然是指立即出兵北伐的激进恢复方略,而"和"即是维持宋金和议的现状。在他看来,恢复的理想方式是一种不战不和的坚守状态,"不战"是要求南宋不应过于急切地主动进攻,而"不和"则无疑需要废除和约。可能是当时朝廷中有人担心废除和约之后南宋难以抵挡金朝攻击,朱熹为此特意反驳称"如何便侵轶得我",他并不认为废除和约后金朝能将南宋如何。这无疑正是朱熹一贯主张的反和自治思想的体现。可以说,朱熹理想中的恢复观终其一生都没有发生根本改变。然而,隆兴和议的签订让这种理想的恢复观失去了最基本前提,让朱熹某种程度上陷入了有些自相矛盾的境地,在内心深处他希望废除和约,但在现实中却又不得不在绝大部分情况下成为和议事实上的维护者。

结 论

朱熹心中存在着一个理想的恢复观,就是在绝不与金议和的前提下,南宋朝野上下高举复仇旗帜,同仇敌忾,励精图治,经过一定时期的准备后,根据宋金两国的现实情势,寻机完成恢复大业。对他来说,不与金朝议和是《春秋》大义的要求,是根本的原则问题,不可有丝毫妥协余地,而具体方略上是战是守则可视情形而定。换言之,主战、主守在朱熹眼中所涉及的仅仅是手段问题。与其说朱熹是坚定的主战派或者主守派,倒不如说其为坚决的反和议派。在朱熹漫长的政治生涯中,只有绍兴和议破裂至隆兴和议签订这短暂的时期为他这种理想恢复观的实行提供了可能性,因此他也在这一时期表现出了最为激烈的反和论调。随着隆兴和议的签订,宋金恢复和平之局,让朱熹的恢复思想顿时失去了基本的也是最重要的前提。

根据道义原则的要求,南宋不当与金议和,但和约既为南宋主动订立,基于同样的

---

① 《朱子语类》卷一三三《本朝七》,第 3200 页。

道义原则,南宋依然需要为维系和约承担道义上的责任,在没有充分理据的前提下将不能肆意背盟毁约,这种思想观念致使朱熹在隆兴以后成为和议事实上的维护者。他在内心深处极力希望废除和约,却在现实中不得不尽力对和约予以维系。在乾道六年(1170)的遣使事件中,朱熹一方面对朝廷的做法极力予以反对,认为南宋不当遣使,在客观上起到了维系和议的效果。但在另一方面,当朱熹从金人的应对"失策"中看到了废除和议的机会时,理想中的恢复冲动再次发作,毫不犹豫地希望朝廷能够借机与金断交。只不过,这个昙花一现的机会依旧没有为朝廷抓住,宋金关系在经过短暂的动摇后再度恢复稳定。在朱熹一生中,理想的恢复思想始终未能获得实践的机会,但是随着理学在南宋后期的发展以及宋金关系的演变,却使这种以道义为基础反对和议、宣扬复仇的恢复思想为越来越多的士人,特别是理学中人所接受,对南宋后期的对外政策产生了深远影响。①

从朱熹的事例中可以看到,在有关南宋对金关系争论的研究中,单纯为某人贴上主战、主和或者主守的标签是远远不够的,这种贴标签式的做法很容易忽略表面上相同的主张背后更深层次的差异性。相较对具体主张的关注,更需要探究的是用以支撑这些主张的深层思想基础,即便是表面上看来主张相同者,得出这一主张的立足点可能也迥然不同,也就导致他们未必会因主张相同而站在同一阵营,相互之间反倒可能形成冲突。而且,即便是对某一个人来说,其思想也并非一两个标签所能涵盖,在隆兴以后,朱熹的身上就同时存在着反对和议与维系和议两种相互矛盾的思想。只有弄清楚这一点方能真正理解个人主张的特色,也才能更深入地认识到当时论争的复杂性与多元性。

---

① 方震华:《复仇大义与南宋后期对外政策的转变》,《"中研院"历史语言研究所集刊》第八十八本,第二分,2017 年 6 月。

"王霸义利之辩"中朱熹"君道"思想发微[①]

云南省社会科学院　刘　欣　云南财经大学　吕亚军

从宋孝宗淳熙十一年(1184)至十三年(1186)间,陈亮与朱熹通过书信,展开了持续三年之久的辩论,史称"王霸义利之辩"。辩论中朱陈双方秉持不同的历史观、道统观、理欲观展开了王霸之辩、道邪之辩、义利之辩。这不论在当时还是对后世都产生了广泛的影响,而朱陈双方的"王霸义利之辩"也成为中国思想文化史上最重要的辩论之一。对此前贤已从不同视域做了相当精辟的论述。[②] 然而,对于"王霸义利之辩"中最为关注的焦点"三代汉唐"(也即王道与霸道)之争所体现的核心问题:在南宋当时的现实背景中从政治主体(君主)的角度上选择何种最合时宜的政治运作模式却少有谈及。其实这不仅是事功学派也是理学家孜孜以求的目标。朱陈之争展示了在王权体系之下谋求

①本文为国家社科基金一般项目《宋元之际理学社会化研究》(18BZX068),云南省教育厅一般项目《南宋理学对"君道"与"臣道"的构建研究》(2019J0925)成果。

②例如侯外庐指出朱陈之争首先是基本理论根据上的对立;其二是人道观和历史观的不同;三是有关政治理论的分歧;朱陈之争的实质在于唯心主义和唯物主义世界观的对立。(侯外庐主编:《中国思想通史》[第四卷],人民出版社,2011年,第113—130页)冯友兰虽然也认同朱陈之争是唯心与唯物对立的反映,但他从哲学范畴论证"道"的"形上"和"形下",具体到王霸义利问题上,就是朱陈对"王道"能否离开具体的人和事而独自存在的不同回答。(冯友兰:《中国哲学史新编》[下],人民出版社,2007年,第216—223页)邓广铭《朱陈论辩中陈亮王霸义利观的确解》中认为陈亮是"王道霸道一元论者"和"仁义功利一元论者"。漆侠《浙东事功派代表人物陈亮的思想与朱陈"王霸义利之辩"》认为朱陈之争在于:一是在对道的认识上存在分歧;二是历史观的不同;三是对于王霸义利的认识方法不同;通过王霸义利之辩,陈亮展示并完善了自己的功利主义哲学思想。牟宗三认为在王霸义利之辩中,朱熹的历史观是纯粹的道德主义,他以道德尺度作为历史进步的标准;而陈亮则从绝对的英雄主义出发,以效果衡量作为评判的标准。朱陈虽有这些差别,但他们都试图谋求政道问题的解决。(牟宗三:《政道与治道》,吉林出版集团有限责任公司,2010年,第221—244页)葛兆光认为朱子在构建其理学体系过程中,面临二大挑战,其一就是讲究功利实用的浙东学派,虽然他立足于南宋当时社会政治背景,给予陈亮重功利实用的主张以同情与理解;但他更趋向于认同朱熹德性主义进路,即过分追求实用功利,会损害真理的超越性与道德的权威性。(葛兆光:《中国思想史》[第二卷],复旦大学出版社,2010年,第242—245页)此外,钱穆、田浩、朱瑞熙、孙晓春、姜广辉、陈国灿、罗雪飞、张汝伦等也分别从各自的视域对"朱陈之辩"作了深刻的阐述,此不一一赘述。

从政治主体（圣王明君）的角度解决天下治理问题的不同路径。沿着这一思路，本文拟探究双方特别是朱熹完整的君道思想。

君道就是"为君之道"。它着重讨论的是帝王治国理政的理念、方法以及其经验的总结。三代以降，君道表现为重术而轻道，更多涉及的是如何运作权力、如何驾驭臣民，所谓"帝王术""人君南面之术"是也；而忽视政治权力运作动机、效果的伦理道德性。南宋理学兴起后，理学家从他们的立场出发以理学思想为主导，以尧舜圣王为榜样，以君德成就为基本，引导君王修身为学进而平治天下，从而系统地形成了具有理学色彩的"君道"思想。

一、朱子君道思想的历史渊源

"君道"作为中国古代政治的核心问题，其内涵和表现随着时代的发展，同样有一个演变的过程。从孟子、董仲舒到二程，循着他们君道思想的理路，探究其哲学依据，可以更好地把握朱子君道思想的历史渊源。

孟子以性善论为依据，开创王道仁政之说，这奠定了儒家政治哲学的基础。孟子名言"仲尼之徒无道桓文之事者"（《孟子·梁惠王上》），充分表明孟子轻霸道而重视王道的君道思想。在孟子看来，王道仁政得以可能在于上至君主、下至百姓"人皆有仁义礼智之端"，"恻隐之心，人皆有之；羞恶之心，人皆有之；恭敬之心，人皆有之；是非之心，人皆有之……仁义礼智，非由外铄我也，我固有之，弗思耳矣"①。正因为如此，理想君主如能存"不忍人之心"（所谓"不忍人之心"其实就是上述四心的表现），并将之"扩而充之"，在具体治国施政中"只是要正人心，教人存心养性，收其放心"②，将君王之仁善与百姓之善良相沟通融合，就能实现王道仁政。"人皆有不忍人之心，先王有不忍人之心，斯有不忍人之政矣。以不忍人之心，行不忍人之政，治天下可运之掌上"。③

汉代董仲舒依据春秋大义提倡"天人合一"，构建了一个"天"——"天道"——"君道"的逻辑体系。在董仲舒的思想中，"天"是宇宙之源，它派生自然的万事万物。"天者万物之祖，万物非天不生。"④"天"还是人类社会的本源，"为生者不能为人，为人者天

---

① （宋）朱熹：《孟子集注·告子章句上》，《四书章句集注》，中华书局，1983年，第334—335页。
② 《孟子集注·孟子序说》，《四书章句集注》，第199页。
③ 《孟子集注·公孙丑章句上》，《四书章句集注》，第238—239页。
④ （清）苏舆撰，钟哲点校：《春秋繁露义证》，《顺命第七十》，中华书局，1992年，第410页。

也,人之人本于天,天亦人之曾祖父也"①。"天"不但是自然之天,更是人的天,社会的天;它超然独立于万物,又能与万事万物相感应。按他进一步对"天"的阐释"天有十端""天有五行",则"天"又是一切原理和规律。"天"运动的规律是为天道,人类社会运动的规律是为人道。人道包括君道、臣道、民道、治道等。天道决定人道,人道源于天道,两者相通相类,"天人之际,合而为一,同而通理,动而相益,顺而相受,谓之德道。"②于人道中,董仲舒特重"君道","君人者,国之元,发言动作,万物之枢机"③。君王受命于天,必有天命,所谓君权天授是也。"唯天子受命于天,天下受命于天子,一国则受命于君……故曰:一人在庆,兆民赖之,此之谓也"④。所以君王必然要遵循"天意"或"天道"。在他给汉武帝所上第一策中,他说:"正者,王之所为也。其意曰:上承天之所为,而下以正其所为,正王道之端云尔。"⑤所以,法天而治是理想君道为政第一要务。君道必顺效法天道,君王就必然要上承天意而下正己行。君主首先要端正自己的内心,以身作则,进而端正朝廷、百官、万民;如此才能形成社会秩序与自然秩序的和谐,达到天人合一的境界。当君王依天道而实施政治,上天就会使阴阳调和、风调雨顺,各种祥瑞随之而至;反之,上天会示现灾害以警告之。

北宋二程的君道思想最直接地启发了朱子并几乎为他所全盘吸收。程颢在《论王霸之辨》及《上殿札子》(又名《论君道》)中系统地表达了他的君道思想。首先,二程将"理"视为君道安顿之基石。"宇宙之间,一理而已","理"作为客观的存在,是包括人类社会在内的自然万物所必须遵循的客观规律。"天理云者,这一个道理更有甚穷已,不为尧存,不为桀亡。人得之者,故大行不加,穷居不损。这上头来,更怎生说得存亡加减?是它元无少欠,百理具备。"⑥可见,君道如果合乎于"理",它是不会因为帝王所言所行而改变。其次,二程的理想君道是合乎天道的王道政治,即尧舜、三代之治;而非只讲智、力、术的霸道政治。"先王之世,以道治天下,后世只是以法把持天下。"⑦"尽天道者,王道也。后世以智力持天下者,霸道也。"⑧"三代之治,顺理者也。两汉以下,皆把

① 《春秋繁露义证》《为人者天第四十一》,第 318 页。
② 《春秋繁露义证》《深察名号第三十五》,第 288 页。
③ 《春秋繁露义证》《立元神第十九》,第 166 页。
④ 《春秋繁露义证》《为人者天第四十一》,第 319 页。
⑤ (汉)班固:《汉书》卷五六《董仲舒传》,中华书局,2007 年,第 563 页。
⑥ (宋)程颢、程颐著,王孝鱼点校:《河南程氏遗书》卷第二上,《二程集》,中华书局,1981 年,第 31 页。
⑦ 《河南程氏粹言卷第二·君臣篇》《二程集》,第 1243 页。
⑧ 《河南程氏遗书卷第一·端伯传师说》《二程集》,第 4 页。

持天下者也。"①说的都是这个意思。因此,要君王立志取法三代"君道之大,……故在乎君志先定,君志定而天下之治成矣。"②"故治天下者,必先立其志,正志先立,则邪说不能移,异端不能惑,故力进于道而莫之御也。"③惟有如此,才能"以圣人之训为必当从,先王之治为必可法,不为后世驳杂之政所牵制,不为流俗因循之论所迁惑,自知极于明,信道极于笃,任贤勿威,去邪勿疑,必期致世如三代之隆而后已也"④。最后,二程还提出达到理想君道之途径。二程继承了孟子的"性善论",要达到理想君道,必须将人性之善与理相贯通,顺乎人性,合乎人情,使君臣、君民关系达到和谐共生,"得天理之正,极人伦之至者,尧、舜之道也;用其私心,依仁义之偏者,霸者之事也"⑤。这就告诉我们理想的君道其施政顺乎人情,君主通过制作礼仪来教导百姓,以公正无私之心行政;而不能从私心出发,假仁假义以行其私。君王还要在"诚"字上下功夫,无论是君臣关系的和谐还是君民关系的和顺都有赖于此。"君臣之交,能固而常者,在诚实而已"⑥,"以人事言之:大则君上,小则臣下,君推诚以任下,臣尽诚以事君,上下之志通,朝廷之泰也"⑦,"人君之道,当以至诚感通天下,使天下之心信之,固结如拘挛然,则为无咎也。人君之孚,不能使天下固结如是,则亿兆之心,安能保其不离乎?"⑧

从孟子到董仲舒再到二程,他们分别从人性善、"天道"、"理"为"君道"提供初步的安顿,又通过以行仁政、修己正人以及"诚"来实现"君道";总之,他们为后世勾勒出理想"君道"的大致轮廓。为朱子最终清晰明确、系统完整地构建"君道"做了思想上的准备。

二、朱子君道思想的内在逻辑

韦伯(Max Weber)曾指出:"没有任何一种统治自愿地满足于仅仅以物质的动机或者仅仅以情绪的动机,或者仅仅以价值合乎理性的动机,作为其继续存在的机会。毋宁说,任何统治多企图唤起并维持对它的'合法性'信仰。"⑨此处合法性(legitimacy)即是

---

① 《河南程氏遗书卷第十一·师训》,《二程集》,第 127 页。
② 《河南程氏文集卷第一·上殿札子》,《二程集》,第 447 页。
③ 《河南程氏文集卷第一·论王霸札子》,《二程集》,第 451 页。
④ 《河南程氏文集卷第一·上殿札子》,《二程集》,第 447 页。
⑤ 《河南程氏文集·论王霸札子》,《二程集》,第 450 页。
⑥ 《周易程氏传卷第二·周易上经下》,《二程集》,第 848 页。
⑦ 《周易程氏传卷第一·周易上经上》,《二程集》,第 753 页。
⑧ 《周易程氏传卷第四·周易下经下》,《二程集》,第 1012 页。
⑨ [德]马克斯·韦伯著,林荣远译:《经济与社会》,商务印书馆,1997 年,第 239 页。

指民众对一种政治秩序加以认可的根据所在。古代中国虽然与西方走的是不同道路，但是中国传统政治哲学核心问题同样是思考政治权力来源的正当性。从"天命论"到"皇天无亲，惟德是辅"，以及"德仁贤智论"都是在此基础之上的展开。理学的兴起后，对"君道"（帝王权力）合理性的论证亦成为理学政治哲学的重要议题。

（一）君道必须要合于"天理"

无论是陈亮还是朱熹，在"王霸义利之辩"中从一开始都在为各自的君道观寻找理论与逻辑上的依据，以期获取君道之权力来源的合法性、为政施政的合理性。

陈亮的君道观，其依据在"道"抑或"天道"。董平、刘宏章在《陈亮评传》中对"道"（天道）有精辟的论述。① 可见，陈亮君道观所依据的"道"或"天道"，不是纯粹意义上的哲学范畴，也非绝对的形而上学的价值本原；它完全是基于人以其主体性、能动性在社会历史运动中实践的客观实在。因此，"道"既是客观必然的，又是人之主体性对这种客观的把握、理解、运用。历史现实的变化就是"道"之现实内容的变化，这一变动既是社会的发展，也是"道"自身的发展。在陈亮看来，"夏、商、周之制度定为三家，虽相因而不尽同也。五霸这纷纷，岂无所因而然哉"②。三代之制度同中有异，五霸治国异中有同，这正是人的主体性对"道"的认知与实践。理想的君道不可能是一成不变的，不同时代有不同的君道。

朱子认为理想的君道必顺合乎天理，这既是理学治理国家的理念，更是君王权力来源合法性的依据。

朱子视"天理"为最高本体与最终依据，并将之视为"君道"形而之上的依据。首先天理具有形而之上的客观性和绝对性，是宇宙的本原与天地万物运行的内在规律。"万物皆只是一个天理。"③"未有这事，先有这理。如未有君臣，已先有君臣之理，未有父子，已先有父子之理。不成元无此理，直待有君臣父子，却旋将道理入在里面！"④其次，天理也具有形而之下的普遍意义，它与世俗间的一切感性事物交汇相融，涵盖了人类社

---

① 简而言之，首先，"天下固无道外之事"，道是绝对的存在但不能脱离具体事物，事物存在反证道的实在性。其次，道存在形式是运动变化的，道的永恒性伴随着变化的必然。最后，要充分把握道，就须究诘它在不同历史时期的现实内容和变化的轨迹，所以诉诸人类社会的自身历史过程便是充分必要的。参见董平、刘宏章：《陈亮评传》，南京大学出版社，1996年，第142—144页。
② （宋）陈亮撰，邓广铭点校：《陈亮集》（增订本）卷二十八《又乙已春书》，河北教育出版社，2003年，第273页。
③ 《河南氏遗书》卷第二上，《二程集》，第30页。
④ （宋）黎靖德编，王星贤点校：《朱子语类》卷九十五，中华书局，1986年，第2436页。

会的伦理纲常，"天理只是仁、义、礼、智之总名，仁、义、礼、智便是天理之件数"①。它既包括社会的仪礼典制度，也包括君臣、父子、兄弟夫妇、朋友等人与人之间所必须遵守的伦理原则。"夫天下之事莫不有理，为君臣者有君臣之理，为父子者有父子之理，为夫妇、为兄弟、为朋友，以至出入起居，应事接物之际，亦莫不各有理焉"②。朱子视君臣、父子之理为三纲五常的根本"仁莫大于父子，义莫大于君臣，是谓三纲之要，五常之本。人伦天理之至，无所逃于天地之间"③。在朱子理想的政治模式中，臣对君、子对父的绝对尊崇乃是实现万世之治的前提，"君臣父子，定位不易，事之常也；君令臣行，父传子继，道之经也。"④所以，张立文先生说：在朱熹的世界图式中，"理"不仅是形而上本体，而且是人类社会的最高原则。⑤

　　那么对于君王而言，其行为符合天理还是有违天理，关键在于其行为出发点是出于"人心"还是"道心"。朱熹认为，"心"本来只有一个，但由于禀气的不同，来源于"天命之性"（追求和实行"天理"来说）而出乎"义理"的是"道心"；"道心"是从纯粹的"天命之性"发出的，是至善的。来源于"形气之私"（"形气之私"就是指追求和满足口、耳、鼻、目、四肢等的私欲）的是"人心"，"人心"是从"气质之性"来说，所以有善有不善。虽然两者截然不同，但"道心"只能通过"人心"而显现。"道心"在人心之中，所以难免要受"人心"私欲的牵累和蒙蔽，而难以显露出来。"人心私欲……道心天理"，人们应当于天理人欲、道心人心区别之处认真体会。"人只有天理、人欲两途，不是天理，便是人欲。即无不属天理，又不属人欲底一节。"⑥君主也罢、士人也罢，即使是普通的庶民百姓在现实的政治或日常生活中的所思所行非天理便是人欲，没有第三种情况可言，"人之一心，天理存，则人欲亡；人欲胜，则天理灭，未有天理人欲夹杂者"⑦，"有个天理，便有个人欲，盖缘这个天理须有个安顿处，才安顿得不恰好，便有人欲出来"⑧。故而，"天理人欲是交界处，不是两个。……须是在天理则存天理，在人欲则去人欲"⑨。天理观以及天理人

①（宋）朱熹：《答何叔京》，朱杰人、严佐之、刘永翔主编《朱子全书》第 22 册，上海古籍出版社，安徽教育出版社，2002 年，第 1838 页，以下只注页码。
②（宋）朱熹：《行宫便殿奏札二》，《朱子全书》第 20 册，第 668 页。
③（宋）朱熹：《垂拱奏札二》，《朱子全书》第 20 册，第 633 页。
④（宋）朱熹：《甲寅行宫便殿奏札一》，《朱子全书》第 20 册，第 665—666 页。
⑤参见张立文：《宋明理学研究》，人民出版社，2002 年，第 360 页。
⑥《朱子语类》卷四十一，第 1047 页。
⑦《朱子语类》卷十三，第 224 页。
⑧《朱子语类》卷十三，第 223 页。
⑨《朱子语类》卷七十八，第 2015 页。

欲的二元对立，不但为朱子君道观提供了坚实的形而上学依据，更为其评判历史人物及历史发展提供了有力的支撑。

正是因为天理人欲之别仅悬于一线之间，相差只有毫厘之微，故而在评价历史人物时需要"日用间只就事上仔细思量，体认哪个是天理，哪个是人欲"。由此出发，朱熹在王霸义利之辩中对陈亮所秉持的君道观作了猛烈地抨击。"天理、人欲二字不必求之于古今王霸之迹，但反之于吾心义利邪正之间，察之愈密则其见之愈明，持之愈严则其发之愈勇。……老兄视汉高帝、唐太宗之所为而察其心，果出于义耶，出于利耶？出于邪耶、正耶？……若以其能建立国家，传业久远，便谓其得天理之正，此正是以成败论是非，但取其获禽之多而不羞其诡遇之不出正也。"①

朱子视"天理"为君道政治的应有之义，将君道纳入了理学"天理"的范畴，要求"人主之学当以明理为先，是理既明，则凡所当为而必为，所不当为而必止者，莫非循天之理"②，依循天理之当然与必然，进而将"天理"的原则运用到自身修养与治国实践之中去，从而实现学为尧舜，天下有道的终极目标。总之，朱子通过借助"天理"的权威性，为其"君道"思想提供了形而之上支撑的同时也为后世"君道"思想的评判提出了价值标准。

（二）理想君道必须与道统相结合

孔子对上古三代历史理想化的塑造，以及后世儒家学者对此的丰富发展，使尧舜、三代成为理想的政治形态，是中国传统社会的黄金时代。朱熹与陈亮在"王霸义利之辩"中交书最为激烈的辩题即是汉唐能否接三代之统绪。这个问题分歧的关键之处在于双方各自秉持的天道观、道统观。陈亮视天道为常存不息的绝对性，由此在人类社会中的展开必然体现的是社会发展中的连续、统一性；因时立制而为民立极是天道在现实社会中的体现。具体而言，虽然汉唐之制不同于三代，但这也正体现了因时立制的政治原则，汉唐治天下之精神本质实与三代无异。"使汉唐之义不足以接三代之统绪，而谓三四百年之基业可以智力而扶持者，皆后世儒者之论也。世儒之论不破，则圣人之道无时而明，天下之乱无时而息矣。悲夫！"③故而，汉唐帝王审时度势以达夫时措之宜，正是陈亮心中的明君、英雄之主。以此为基点，陈亮希望赵宋王朝的君王要学习汉唐有为

①（宋）朱熹：《寄陈同甫书六》，《陈亮集》卷之二十八附，第286页。

②（宋）朱熹：《垂拱奏札二》，《朱子全书》第20册，第633页。

③（宋）陈亮：《问答上》，《陈亮集》卷三，第26—27页。

之君因时立制,以当世之用为基本取向,变通祖宗之"家法",实现恢复大业。"今中原既变于夷狄矣,明中国之道,扫地以求更新可也;使民生宛转于狄道而无有已时,则何所贵于人乎!"①

朱子所坚持的道统观则认为,圣人之学之道就是尧、舜、文、武、周公之道,传之孔子,孔子传曾子,曾子传子思,子思传孟子,孟子而下无有传之者,遂为绝学;及至北宋二程先生出,方得直接于孟子之后。正如他在《中庸章句序》云:

> 盖自上古圣神继天立极,而道统之传有自来矣。……夫尧、舜、禹,天下之大圣也。……自是以来,圣圣相承,若成汤、文、武之为君,皋陶、伊、傅、周、召之为臣,既皆以此而接夫道统之传;若吾夫子,则虽不得其位,而所以继往圣、开来学,其功反有贤于尧舜者。然当是时,见而知之者,惟颜氏、曾氏之传得其宗。及曾氏之再传,而复得夫子之孙子思。……自是而又再传以得孟氏,为能推明是书(指《中庸》),以承先圣之统,及其没而遂失其传焉。……故程夫子兄弟者出,得有所考,以续夫千载不传之绪……盖子思之功于是为大,而微程夫子,则亦莫能因其语而得其心也。

"道统"一词即首见于此,而道统之说也由是乎确立。在朱子看来道统的中断必然是圣王之道的中断,"千五百年之间,正坐如此,所以只是架漏牵补过了时日。其间虽或不无小康,而尧、舜、三王、周公、孔子所传之道,未尝一日得行于天地之间也"②。反之,陈亮则认为天道是连续统一的,"夫人只是这个人,道只是这个道,岂有三代、汉、唐之别"。针对此言,朱子明确指出:"但以儒者之学不传,而尧、舜、禹、汤、文、武以来转相授受之心不明于天下,故汉唐之君虽或不能无暗合之时,而其全体却只在利欲上。此其所以尧舜三代自尧舜三代,汉祖唐宗自汉祖唐宗,终不能合而为一也。"③据此而知之,汉唐之制与汉唐之君也就当然不能继承三代之统绪了。

沿着道统说,朱子开出了他理想的君道药方。第一步要用符合道统的儒家正学来培育君王。君王是一切权力的源头,天下之事系于君心之一念,而君心的正与不正又系于所学之是非。所谓"学之正,而心有不正者鲜矣,学之邪,而心有不邪者亦鲜矣"④。既然君王的学识修养关系到国家之治乱兴衰,以儒家正学来教育君王则尤为关键。"人君之学与不学、所学之正与不正,在乎方寸之间,而天下国家之治与不治,见乎彼者如此其大,所系岂浅浅哉!"显然,朱熹所提倡的人君之学是与道统相符的理学,"即是尧、舜、

---

① (宋)陈亮:《问答下》,《陈亮集》卷四,第 38 页。
② (宋)朱熹:《寄陈同甫书六》,《陈亮集》卷之二十八附,第 286 页。
③ (宋)朱熹:《寄陈同甫书之八》,《陈亮集》卷之二十八附,第 290 页。
④ (宋)朱熹:《己酉拟上封事》,《朱子全书》第 20 册,第 619 页。

禹、汤、文、武、周、孔之圣，颜、曾、伋、轲之贤，也必须遵从而不能违"①。

其次，明确了儒家经典在君道培育中的次第。相较于重视从历史经验中汲取智慧并最终以此解决现实关切的陈亮，朱子对史学的轻视显而易见。"圣贤以《六经》垂训，炳若丹青，无非仁义道德之说，今求义理不于《六经》，而反取疏略浅陋之子长，亦惑之甚矣!"②在朱子看来，司马迁"究天人之际，通古今之变"的史学相较于《六经》不免疏略浅陋；因此，对君王的培养应当先从儒家《六经》开始，《六经》之中，朱子以《四书》为君道培育中的首务；他认为《四书》是皇帝为学修身成为圣王的关键，为此朱子又对《四书》在君王教育中的作用做了一个排序，《四书》之中他首推《大学》，"今且熟究《大学》做间架，却以他书填补去"③，"先读《大学》，以定其规模；次读《论语》，以立其根本；次读《孟子》，以观其发越；次读《中庸》，以求古人微妙之处"④。朱子立朝四十余日，在他为皇帝所作《经筵讲义》中特别强调作为"大人之学"的《大学》的作用，他试图以"大学之道"引领帝王以三纲八目为框架，进而引申出《大学》中蕴涵的君道思想。"意不自欺，则心之本体可以致虚而无不正矣。心得其正，则身之所处可不陷于其所偏而无不修矣。身无不修，则推之天下国家亦举而措之耳，岂外此耳求之智谋功利之末哉?"⑤朱熹明确了以《大学》《四书》《六经》的为学次第，以此为理想君道的实现提供理论框架与入学门径。

"圣王"是楷模，"三代"是理想，朱子主观上试图通过君道与道统的结合，致力于将赵宋君王培育成尧舜一样的"圣王"，以接"三代"之统绪；然而，正是君道与道统的结合，客观上又为王权至上的中国传统社会的君权制衡开辟了一条伦理道德的理路，即通过对权力执掌者（君王）的人性改造和道德引导，实现对君权的制约，进而达到以"道统"轨范"治统"。

三、理想君道的构建

朱熹与陈亮不同的君道观，决定了他们各自为其理想君道的构建开辟了完全不同的路径。在陈亮看来，每个时代都有自己迫切需要解决的问题，为此就必须要求君主在现实的政治、军事、社会经济活动中追求实际功利，而理学家培育个体内在道德心性的

---

①（宋）朱熹：《戊申封事》，《朱子全书》第 20 册，第 613 页。

②《朱子语类》卷一二二，第 2952 页。

③《朱子语类》卷十四，第 250 页。

④《朱子语类》卷十四，第 249 页。

⑤（宋）朱熹：《己酉拟上封事》，《朱子全书》第 20 册，第 618 页。

做法,几近空谈,无助问题的解决;最有说服力的证据就是汉唐虽不知天理人欲,却能开疆拓土威服四夷,而本朝倒是深谙天理人欲、深明王霸之理,但却中原沦丧,偏安东南半壁,这显然既谈不上是王道之治,更非霸王之道。因此,理想之君道必须要用事功之法来补其不足。"本朝专用儒以治天下,而王道之说始一矣。然而德泽有余而事功不足,虽老成持重之士犹知病之,而富国强兵之说于是出为时用,以济儒道之所不及。"①陈亮构建理想君道具体路径从他的《中兴论》中可以一窥大概。在"论开诚之道"中他希望孝宗皇帝收罗人才,"臣尝观自古在有为之君,慷慨果敢而示之以必为之意,明白洞达而开之以无隐之诚;故天下雄伟英豪之士,声从影应,云蒸雾集,争以其所长自效,而不敢萌欺罔之心,截然各职其职而不敢生不满之念"②。"论执要之道"中他希望孝宗皇帝不要陷于具体事务之中,而要"人主之职本在于辨邪正,专委任,明政之大体,总权之大纲"③。在"论励臣之道""论正体之道"中他希望君臣一体、上下一心,"上下同心,君臣勠力者,事无不济,上下相蒙,君臣异志者,功无不隳"。"君以仁为体,臣以忠为体……君任其美,臣任其责,君臣之体也。"④可见,陈亮构建君道有较强的指向性且具体简明,就是奔着解决问题去的。

朱子理想君道的构建以君王道德涵养的完善为前提,他要求君王以理一分殊、格物致知的态度进行施政,以正心诚意、惟精惟一的精神进行修己。其理想君道的构建也由此两个方向而展开。

(一)正心诚意与惟精惟一

朱陈之辩中,即便是盛赞汉唐的陈亮也承认:"亮大意以为本领宏阔,工夫至到,便做得三代;有本领无工夫,只做得汉唐。"⑤这个工夫就是惟精惟一、正心诚意自我修养的工夫,也是格物致知、安邦治国的工夫。朱子视"正心诚意"为"平生之所学"。朱子立朝四十余日,在他为皇帝所作侍讲中,始终贯穿着"正心诚意"这一主题,同僚"戒以勿言",因为"上所厌闻"⑥,即使如此,朱熹仍坚持将其作为构建君道的前提。在朱子看来,君主"实其心之所发,欲其一于善而无自欺"⑦就是诚意正心的开始。陈亮认为汉唐

①（宋）陈亮:《又甲辰秋书》,《陈亮集》卷之二十八,第 279 页。

②（宋）陈亮:《中兴论》,《陈亮集》卷之二,第 20 页。

③（宋）陈亮:《中兴论》,《陈亮集》卷之二,第 21 页。

④（宋）陈亮:《中兴论》,《陈亮集》卷之二,第 22—24 页。

⑤（宋）陈亮:《又乙已秋书》,《陈亮集》卷之二十八,第 279 页。

⑥（元）脱脱等:《宋史》卷四二九《道学三・朱熹张栻》,中华书局,1985 年,第 12757 页。

⑦（宋）朱熹:《经筵讲义》,《朱子全书》第 20 册,第 696—698 页。

诸君"但有救时之志,除乱之功,则其所为虽不尽合义理,亦自不妨为一世英雄"①。这一看法最为朱子诟病,朱子认为如心术不正"则夫毫厘之差,千里之谬"②。君主先不论其能力(本领),但如果他心术不正,则一切皆无从谈起。如何正君之心,我们可以通过朱熹入侍经筵前后所上的《乙酉拟上封事》《戊申封事》《壬午应诏封事》等奏札来管窥其大意。《大学》指出"诚意正心"为上至君王下达百姓的修身之道。所谓"诚意",就是使其意念发于精诚,不欺人,也不自欺。所谓"正心",就是思想端正,不为情感因素所驱使,能用理智控制情欲。《大学》说:"意诚而后心正,心正而后身修。"构建理想君道的第一步就是以诚意来正君之心,"天下事有大根本,有小根本,正君心是大本"③。"人主之心一正,则天下之事无有不正;人主之心一邪,则天下之事无有不邪。"④只有君心正,在国家治理中才会作出正确的决策。前文有述,由于禀气的不同,导致人心与道心的对立"杂于方寸之间"⑤,两者不是东风压倒西风就是西风压倒东风。而"正心诚意"就是以道心克制人心,摒弃人欲而达天理的关键。君主以"正心诚意"修身理政,自然会循道心、天理"其心公而且正",反之"其心私而且邪",国家治乱"大相绝者"⑥。通过正心诚意以天理克人欲,以道心代替人心则是君道构建的必由之路。

此外,"所谓'人心惟危,道心惟微,惟精惟一,允执厥中'者,尧、舜、禹相传之密旨也"⑦,上古圣贤的"十六字心传法"经朱子重新诠释也成为君道构建的关键。

> 夫人自有生而梏于形体之私,则固不能无人心矣;然而必有得于天地之正,则又不能无道心矣。日用之间,二者并行,迭为胜负,而一身之是非得失,天下之治乱安危,莫不系焉。是以欲其择之精而不使人心得以杂乎道心,欲其守之一而不使天理得以流于人欲,则凡其所行,无一事之不得其中,而于天下国家无所处而不当。夫岂任人心之自危,而以有时而泯者为当然;任道心之自微,而幸其须臾之不常泯也哉!⑧

"精"即"察乎二者之间而不杂也",准确把握道心、人心和天理、人欲的区别。"一"就

---

① (宋)朱熹:《寄陈同甫书八》,《陈亮集》卷之二十八附,第288页。
② (清)朱熹:《寄陈同甫书八》《陈亮集》,卷之二十八附,第289页。
③ 《朱子语类》卷一〇八,第2678页。
④ (宋)朱熹:《己酉拟上封事》,《朱子全书》第20册,第618页。
⑤ (宋)朱熹:《戊申封事》,《朱子全书》第20册,第591页。
⑥ (宋)朱熹:《戊申封事》,《朱子全书》第20册,第591页。
⑦ (宋)朱熹:《寄陈同甫书八》,《陈亮集》卷之二十八附,第289页。
⑧ (宋)朱熹:《寄陈同甫书八》,《陈亮集》卷之二十八附,第289页。

是"守其本心之正而不离也"①。"惟精惟一"就是要依循天理与道心之本然，既对天理、人欲之别要清醒地审之、辨之，更要坚持天理而专一不二，在惟微惟危处做功夫，如此才能达到"允执厥中"的圣王境界。"但古之圣贤，从本根上便有惟精惟一功夫，所以能执其中，彻头彻尾无不尽善。后来所谓英雄，则未尝有此功夫，但在利欲场中头出头没。"②

（二）理一分殊与格物致知

《大学》对"八目"都有说明，惟独对"格物""致知"没有解释。朱子为此特作《补格物致知传》，借代圣贤立言实则阐述自己对格物致知的重视。如果把诚意正心视为君王于内心深处涵养本原的修身过程，那么格物致知则是君王于外、于事上穷理的修养功夫。"自天子以至于庶人，壹是皆以修身为本。……然身不可以徒修也，深探其本，则在乎格物以致其知而已。"③君主在修身上以"格物致知最为先务"④。因为它是君王认识自身与外部世界，进而治平天下的起点，是《大学》第一义。"修己治人之道无不从此而出。"⑤在朱子看来"物"即"事"，是一切自然现象和社会现象的总和。而"格物"不仅是认识客观物质世界及其本质规律，更是要认同三纲五常的神圣并于生活中去践行。"格物，是穷得这事当如此，那事当如彼，如为人君，便当止于仁；为人臣，便当止于敬。又更上一著，便要穷究得为人君如何要止于仁，为人臣如何要止于敬，乃是。"⑥如果说一事必有一理，则万事有万理。即便是再勤政的君王也不可能事事穷其所以然。朱子用佛教中"月印万川"的比喻解决了"一理"与"万理"的关系。"……如月在天，只一而已，及散在江湖，则随处而见，不可谓月已分也。"⑦这里"理"是不可分的，如果有"分"，也是"理一分殊"，是"理"在世间数量的增减、场所的变更，也可以说"分殊"是"理"的不同折射，从具体事物的分殊之理可达致对天地万物共同之理的认识。说明白此点，君主格物致知就顺理成章地成为可能，"穷理者，非谓必尽穷天下之理，……格物，非欲尽穷天下之物，……盖万物各具一理，而万理同出一原，此所以可推而无不通也……以其理之同，

---

① （宋）朱熹：《戊申封事》，《朱子全书》第20册，第591页。
② （宋）朱熹：《寄陈同甫书九》，《陈亮集》卷之二十八附，第292页。
③ （宋）朱熹：《癸未垂拱奏札一》，《朱子全书》第20册，第631页。
④ （宋）朱熹：《经筵讲义》，《朱子全书》第20册，第696页。
⑤ （宋）朱熹：《答宋深之》，《朱子全书》第23册，2773页。
⑥ 《朱子语类》卷十五，第284页。
⑦ 《朱子语类》卷九四，第2409页。

故以一人之心而于天下之理无不能知"①。朱子还通过古今君王培养上的差异及由此产生的不同后果,强调格物致知在君道构建中的作用。"治古之世,天下无不学之人,而王者子弟,其教之为尤密",当其婴儿之时教育就开始了,稍长又有小学之学,成人后又有大学之学。所以当他君临天下之日,"取是舍非,赏善罚恶,而奸言邪说无足以乱其心术也"。后世之君幼时不学"小学之教",自然"无以进乎大学之道",当他为君施政之时,"而其心乃茫然不知所以御之之术,使中外小大之臣皆得以肆其欺蔽眩惑于前,骋其疑议窥觎于后,是则岂不反为大危大累而深可畏哉?"②所以作为帝王应当于格物致知处实下功夫,方能于治国理政时从容应对。

格物致知与诚意正心是上古圣贤相传之密旨心法,"自古圣人口授心传而见于行事",又是"古者圣帝明王之学"③的关键。君王只有如此,才能知"道"、体"道"进而行"道",才能达到明明德于天下,"格物致知,所以求知至善之所在,自诚意以至于平天下,所以求得夫至善而止之也"④。

总之,从朱陈"王霸义利之辩"中,我们可以洞观朱子完整的君道思想。朱子理想的君道是以天理为最高的本体与原则;是符合道统、学统的;其实现路径在于诚意正心、格物致知的惟精惟一。它是天理论、心性论、工夫论的完整融通,通过君王对内心道心的体认,对外部事物"理"的探求,以君王个体修身为立足点,向外扩展与辐射,进而实现德治仁政、天下有道的理想。

余　论

几千年来,在王权政治体系下,思想家孜孜以求的是从政治主体(君王)的角度来思考解决天下治平的问题。中国古代的政治哲学亦围绕着对君王这一政治主体的塑造而展开。陈朱之"王霸义利之辩"最核心的内涵也在于此。

相较于朱子对君道的构建,陈亮的君道观则简练直接。陈亮从其历史观出发,希冀南宋君主效法历史上有为的君王,追求实事实功。具体一点,就是希望孝宗皇帝不要苟且偷安,满足于偏安江南一隅的现状,而要励精图治奋发有为,以恢复大业为旗帜广泛地动员社会各个阶层激情和力量,抗金复土,外可除强敌之危,内可振兴国势;如此才能

---

① (宋)朱熹:《经筵讲义》,《朱子全书》第 20 册,第 707—708 页。
② 以上(宋)朱熹:《经筵讲义》,《朱子全书》第 20 册,第 707—710 页。
③ (宋)朱熹:《壬午应诏封事》,《朱子全书》第 20 册,第 572 页。
④ (宋)朱熹:《经筵讲义》,《朱子全书》第 20 册,第 696 页。

比肩于历史上伟大的君王,这才是他心中的理想君道。陈亮认为在国家处于极端困难的情况之下,培育君道更要从体用结合上下功夫,"本末并举,若有体而无用,则所谓体者,必参差卤莽无疑也"①。而非一味地去讨论一些抽象的超越时代的理论。因此,他不无讥讽地说:"为士者耻言文章、行义,而曰'尽心知性',居官者耻言政事、书判,而曰'学道爱人',相蒙相欺以尽废天下之实,则亦终于百事不理而已。"②

　　诚如上文所述,朱子则构建了更为系统、严谨的君道体系。他的君道思想解决了君主政治权力的合法性与正当性,而且还为君权制衡提供了伦理道德的思路;此外,朱子的君道思想提出政治主体个体修养的内涵以及提升自我境界的路径,明确了政治主体政治运作的模式及必须遵循的基本原则,进而推衍出诸如治国方略、政策、制度等政治现象的价值依据与分界的标准;并最终确立了理想政治模式及其目的。虽然朱子的君道思想由于其高调的道德主义色彩以及其超越时代的理想主义内容被事功学者所讥讽,并被视为无助于救时弊之空谈无用之学。但恰恰是因为这种超越性,使之成为后世政治评判的价值标准。

---

①(宋)吕祖谦:《答陈同甫书》,《陈亮集》卷之二十三附,第198页。
②(宋)陈亮:《送吴允成运幹序》,《陈亮集》卷之二十四,第216页。

常山『宋诗之河』文化专栏

编者按

浙江大学　陶　然

　　衢州常山，位于浙江、江西、安徽数省交汇之处，常山江水运便利、舟车汇聚，两岸风景秀丽，古渡繁华。宋代的常山更以人文荟萃而著称。常山汪氏、王氏、江氏皆为进士世家，而且大量著名文人如曾几、赵鼎、陆游、杨万里、朱熹、辛弃疾等，或寓居常山，或往来途经，留下了许多千古传颂的名作。近年来，浙江省委省政府提出打造浙东唐诗之路、钱塘江诗路等文化战略举措，常山以其悠久的历史文化底蕴，尤其是以宋代常山的文化繁盛为基础，提出了"常山江宋诗之河"的文化理念，作为钱塘江诗路文化带上的重要节点。为支持地方文化建设，浙江大学宋学研究中心在常山设立了研究基地，并与当地相关部门展开合作，提供学术支持。本期刊发的三篇论文，作为常山宋诗之河研究系列成果的组成部分，分别从宋代常山进士、常山宋诗的代表人物之一曾几、晚年归葬常山的南宋名相赵鼎等历史和文学的不同角度切入，深入挖掘了常山宋诗文化的历史内蕴，这对进一步推动常山诗路文化建设有重要的建构意义。

论南渡时期文学家族交游模式的新变

——以曾几家族为中心的考察

靖康、建炎乃至绍兴年间,一批原先活动于北方的文学家族集中南渡避乱,这种地域上的大规模远距离迁移,使得当时的家族文学、地方文化、文坛格局等均有所变化。现有研究多集中于文学家族内部的变迁转型,而对以家族为单位相互间的交游联结欠缺考察。而实际上随着北方文学家族的到来与聚集,这一时期涌现出外来文学家族与本地文学家族、传统文学世家与新兴文学家族间的并立,这些文学家族因迁徙和动荡时局出现了家族认同和社会定位的变化,具体体现在家族交游模式的新变中。

曾几家族的兴盛正是伴随着南渡时期的这种迁移变动。其家族发迹自宋仁宗朝的赣县曾准进士及第始,后于徽宗朝以一门同出四进士的科举佳话闻名一时,终于在南渡时期成为文坛影响力颇大、颇具代表性的文学家族。这一阶段,曾几之兄曾开、曾懋留居本地,曾几一脉则经历了自赣县北迁河南府,后又于南渡时期南迁避乱的迁徙历程。因此,曾几家族一方面在南渡文坛颇具地位,与诸多文学家族交游甚密,另一方面则兼具南渡时期新兴文学家族与外来文学家族的多重身份,故其在南渡时期与其他文学家族间的交游模式具有代表性,体现出经历南渡时期政坛、文坛的变化发展以及家族自身的迁移离散时,文学家族间的交游形式、交游内容乃至于交游目的均出现一些变化,进而影响了南渡乃至中兴时期的文坛格局与文学发展走向。

一、迁移步调一致中传统交游结构的突破:曾几家族与东莱吕氏

东莱吕氏自唐末吕梦奇发家,至南渡时期的吕本中已历八世,其家族传统活动于北方中原地区,自吕本中一代自河南南迁,而同一时期,曾几一脉亦自河南南迁避乱。曾几家族与东莱吕氏间的交游以曾几与吕本中在南渡迁移过程中的结交为契机,又经由姻亲的关系拓展至家族成员间。需要厘定的是,此处的家族迁移步调以家族整体的避

乱寓居路线为依据。

1. 迁徙过程中的交游考

曾几在《次折仲古避寇浔州韵》一诗中以"我持十口家,不办一叶船"①句描绘了其于绍兴元年(1131)左右携家眷在今广西一带避乱的经历,而其在《东莱先生诗集后序》中记载了在这一携家避乱过程中与吕本中的初次结识:"绍兴辛亥,几避地柳州,居仁在桂林。"②王兆鹏《吕本中年谱》中根据吕本中南迁途中所作诗作考订其随父吕好问于"(高宗建炎元年丁未)夏秋间,离京城南下"③,后随家族一路经历暂居宣州,辗转江西,又赴湖湘,奔赴连州,又返郴州,"(建炎四年)深秋,避难渡岭至全州"④,终于绍兴元年(1131)夏在桂林寓居。由此初遇"避地柳州"的曾几,并留有《桂林解后拜见仲古龙图吉父学士别后得两诗书怀奉寄》《次韵吉父见寄新句》诗,可见二人交游。

两个家族于迁移途中再次相遇当于绍兴十二年(1142)的信州,且都有寓居信州寺院的经历。据《广信府志(嘉靖)》卷十八载:"吕本中,字居仁。……屏居上饶茶山寺,赍志以殁,寺僧建祠祀之。"⑤王兆鹏《吕本中年谱》考其于绍兴十一年(1141)起"寓信州茶山广教寺"⑥。而据曾几《发宜兴》一诗:"老境垂垂六十年,又将家上铁头船。客留阳羡只三月,归去玉溪无一钱。"⑦可证其当于绍兴十二年(1142)携家眷自江苏宜兴移居信州一带。然已有研究于曾几具体定居处论述不明,多言其居于上饶茶山,造成与吕本中卒后的绍兴十九年(1149)起曾几寓居茶山寺七年经历的混淆,乃至草率认为吕本中与曾几曾并居茶山寺。而据韩元吉《两贤堂记》中所言:"绍兴中,故中书舍人吕公居仁尝寓于寺,公以文章名于世,而直道劲节不容于当路者,屏居避谤,赍志以没,上饶士子稍宗其学问,虽田夫野老能记其曳杖行吟风流韵度也。后数年,故礼部侍郎文清会公吉甫复来居之。"⑧由文意可知二人未有同居茶山寺的经历,故加以辨明。根据曾几自作《横碧轩》(几尝居孔雀僧院东庑小室榜曰横碧轩有诸公唱酬之作)一诗:"移家过溪住,政为数峰碧。"⑨可知曾几家族曾居于孔雀僧院东边的一处小室名曰横碧轩,且近溪,而吕本

①(宋)曾几:《茶山集》卷一,钦定四库全书本,中国书店,2018年,第13页。

②(宋)吕本中著,韩酉山校注:《吕本中诗集校注》附录二,中华书局,2017年,第1824页。

③王兆鹏:《两宋词人年谱》,文津出版社,1994年,第379页。

④王兆鹏:《两宋词人年谱》,第388页。

⑤(明)张士镐修,(明)江汝璧纂:《广信府志(嘉靖)》卷一八,明嘉靖五年刻本,第12页。

⑥王兆鹏:《两宋词人年谱》,第445页。

⑦《茶山集》卷六,第194页。

⑧(宋)韩元吉:《南涧甲乙稿 附拾遗》卷一五,中华书局,1985年,第291页。

⑨《茶山集》卷二,第51页。

中《曾吉父横碧轩》一诗当为唱酬之作：“僧居隔长溪，屋古柱础润。”①可知曾几家族住横碧轩之时即吕本中与曾几同在信州交游时期，诗中描述的“隔长溪”也与横碧轩近溪的特质吻合。而据《广信府志（嘉靖）》卷一九载：“茶山寺，县北隅，唐皇祐间立。……孔雀寺，县制南一里许，宋景德间建，后有蒙泉晁大史有诗，曾文清公尝居其东偏傍曰横碧轩，今废。”②可知茶山寺与孔雀寺为两处寺院，即两人绍兴十二年（1142）于信州交游时，吕本中居县北茶山寺，曾几家族另居于县南孔雀寺内之横碧轩。故吕本中在另一首《赠曾吉甫》诗中所言的“荒城少还往，居处喜相近”③当为概指，并非指二人居处仅隔“长溪”那么相近。方回在《桐江续集》中言及这一时期两人在文学上的交往：“上饶，自南渡以来，寓公曾茶山得吕紫微诗法。”④可见吕本中与曾几这两位家族代表人物携家族避乱迁移中的相遇，成为其建立交游基础，并为两人分散后借由书信进行的文学交游奠定了情谊，也开启了两个家族其他成员间的交游往来。

而在整体家族迁移的最终活动区域上，曾几家族也与东莱吕氏相近。据《东莱吕太史文集附录》“年谱”的“淳熙六年”条载：“公之祖驾部自南渡转徙，终于婺州，家遂寓婺。”⑤杨松水在《两宋寿州吕氏家族著述研究》一书中进一步明确：“吕氏家族之居婺州始于弸中。”⑥吕鹏中亦终于此地，另据《东莱公家传》：“公之薨也，寇难未平，葬故有阙。后二十四年，乃克改葬公于婺州武义县之明招山，实绍兴二十四年闰十二月己酉也。”⑦前代祖坟的落定更成为这一家族南渡后经历多地辗转最终定居的标志，《吕祖谦年谱》载：“（绍兴二十七年丁丑）十月，吕大器福州任满，随侍归婺州。”⑧东莱吕氏成员卸任后即回归婺州这一定居地，可见东莱吕氏在吕本中、吕弸中一辈大致确定了南渡迁移后定居于婺州一带活动。而曾几则携其家族成员辗转寓居于苏州、上饶、会稽等地，据《嘉泰会稽志》载：“绍兴末，曾文清公卜居于越，得禹迹东偏空舍十许间居之。手种竹盈庭，日读书赋诗其中。”⑨彼时，曾几家族“聚族百口”⑩于此。会稽与婺州相近，吕祖谦在《与汪

---

① 《吕本中诗集校注》卷二〇，第 1475 页。
② 《广信府志（嘉靖）》卷一九，第 9 页。
③ 《吕本中诗集校注》卷一九，第 1422 页。
④ （宋）方回：《桐江续集》卷一五，文渊阁四库全书本，上海古籍出版社，1987 年，402 页。
⑤ （宋）吕祖谦著，徐儒宗点校：《吕祖谦全集》，浙江古籍出版社，2008 年，第 748 页。
⑥ 杨松水：《两宋寿州吕氏家族著述研究》，黄山书社，2012 年，第 6 页。
⑦ 《吕祖谦全集》，第 223 页。
⑧ 杜海军：《吕祖谦年谱》，中华书局，2007 年，第 15 页。
⑨ （宋）沈作宾修，（宋）施宿等纂：《嘉泰会稽志》卷七，明正德五年刻本，第 10 页。
⑩ （宋）陆游著，马亚中、涂小马校注：《渭南文集校注》，浙江古籍出版社，2015 年，第 3 册，第 301 页。

端明》(第二书)中说"留会稽外祖处数月"①,其于绍兴三十二年(1162)、隆兴二年(1164)等时期曾多次随父母去会稽省亲,其间当同外祖父曾几同居寺院、多有从学。另据《齐东野语》"韩𢡠奇卜"条载:"庚辰春,曾侍郎仲躬、吕太史伯恭至其肆。"②曾逮和吕祖谦曾相携问卜,由这一日常休闲活动中的亲密往来可见迁移活动区域相近的家族成员间联系的便捷与紧密。

2.交游关系建立的条件

由曾几家族与东莱吕氏的交游可见,除姻亲关系影响之外,这两个自北迁移而来的文学家族交游关系的建立还得益于在南迁及最终定居的过程中在时间、路线以及经历上的契合。而在这一基础上,两个家族的成员能够主动相交建立交游关系有其时代外在条件、交游功能诉求以及主观心理因素的推动。

首先,南渡举家迁移避乱的大背景下,居于寺院的共同经历为两个家族建立了交游的客观条件。而这一共同经历有政治原因的推动,南渡时期大批原先定居于北方的文人士大夫因避乱之故携家族南迁来到新的地域环境,一大批的人口涌入必然带来居住问题,故据《癸辛杂识》载:"许占寺院。南渡之初,中原士大夫之落南者众。高宗愍之,昉有西北士大夫许占寺宇之命。今时赵忠简居越之能仁,赵忠定居福之报国,曾文清居越之禹迹,汪玉山居衢之超化。他如范元长、吕居仁、魏邦达甚多。"③高宗发布政命准许这批南迁的中原士大夫寓居各处寺院暂时解决居住问题,亦以示对士大夫的优待。且据《嘉泰会稽志》所载"得禹迹东偏空舍十许间居之"可知寺院多有空余的房舍可以提供,具有可住宿的功能。曾几多首诗中都描绘了在寺院中与人谈诗论禅的文学活动,由《大热欲过广寿寺谒韩子苍追凉先之以诗》可见其与韩驹的交游也处于寺院这一场景。南迁避乱的诸多外来文学家族较为集中地寓居于地方寺院中,促使他们在寺院相遇进而交游的可能性大大提升。

其次,曾几与吕本中的交游为其家族交游之先声,而在志趣相投的基础上实现诗学上的探讨成为促使这二人交游的功能诉求。据《东莱先生诗集后序》详细叙述了两人因志趣相投而结交的具体过程:"绍兴辛亥,几避地柳州,公在桂林,是时年皆未五十,公之诗固已独步海内,几亦妄意学作诗。居仁一日寄近诗来,几次其韵,因作书请问句律。

①《吕祖谦全集》,第841页。
②(宋)周密撰,张茂鹏点校:《齐东野语》,中华书局,1983年,第137页。
③(宋)周密撰,王根林校点:《癸辛杂识》,上海古籍出版社,2012年,第39页。

居仁察我至诚,教我甚至。"①可见两人在柳州一带相遇进而得以建立密切的交游关系还有主观诉求的推动。"居仁先有诗名,茶山倡和求印可,而居仁教以诗法"②,曾几常向诗名已盛的吕本中请教诗法,吕本中在《与曾吉甫论诗第一帖》《与曾吉甫论诗第二帖》中则对曾几的请教进行了答复,且曾几不仅限于接受学习,还在此基础上进行了思考提升,并在《读吕居仁旧诗怀其人作诗寄之》中详细论述了"活法"③之说与吕本中讨论,可见二人基于志趣相交并借此实现了长期的交游往来。

最后,迁移中的相似经历给这些文学家族的成员带来心理上的亲近感,成为促成家族交游的心理因素。南渡后的居无定所成为这些南迁的外来文学家族的共通性经历,由此形成颠沛流离中共通的飘零感。曾几家族成员和东莱吕氏成员均具有相似的避乱离乡经历,曾、吕二人初识于桂林的时期,正值吕本中随父一路辗转南迁,其父吕好问最终在辗转迁移中卒于桂林,家族的零落感由此可见一斑,而彼时曾几也因避寇至柳州,其在《闻寇至出去柳州》《次折仲古避寇浔州韵》等诗中以"剥啄谁敲户,仓皇客抱衾。只看人似蚁,共道贼如林"④"我持十口家,不办一叶船。贼声日夜急,欲济江无边"等句抒发了于乱世中携家四处迁移的漂泊无依。这种情感上的相似性使得他们具有同理心,成为相识后深入定交的情感基础。吕本中在二人别离后所写的《桂林解后拜见仲古龙图吉父学士别后得两诗书怀奉寄》二诗中以"所至艰危里,如何更别离""折老久高卧,曾乡仍倦游。同为万里走,肯避数年留"⑤等句描写了两人"为万里走"的相似经历,表达了患难中心态上的互相理解与劝慰。而及至于信州的再次相逢,曾几初至信州即作《初还信州呈寓居诸公》一诗以"万事不称意,一生长损心"⑥描写了一生颠沛中的不称心,吕本中当即"寓居诸公"之一。而吕本中《赠曾吉甫》中的"临溪惜暂别,溪浅雨复客。岂无一言赠,以当百镒赆。沉绵我未瘳,李君更须慎"⑦亦表达出颠沛流离中的身世之感,其中辛酸寂寥与曾几类同。动荡的社会局面下,外来文学家族成员共有的漂泊无依的经历是其心理上亲近感的来源,推动了他们心理距离的靠近以建立交游关系。

3. 传统交游结构的突破

集中于南渡时期的大规模文学家族迁移给这一时期文学家族的交游格局的改变带

①《吕本中诗集校注》附录二,第 1824 页。

②(宋)方回:《瀛奎律髓》,上海古籍出版社,1993 年,252 页。

③傅璇琮、倪其心、许逸民等主编:《全宋诗》,北京大学出版社,1998 年,第 29 册,第 18594 页。

④《茶山集》卷四,第 117 页。

⑤(宋)吕本中撰,沈晖点校:《东莱诗词集》卷一三,黄山书社 2014 年版,第 187—188 页。

⑥《茶山集》卷四,第 119 页。

⑦《东莱诗词集》卷一九,第 289 页。

来契机。首先,南渡时期被迫迁移的外来文学家族辗转多地,这对旧有的较为封闭稳固的交游环境有所打破,使得他们接触到之前交游环境中没有机会接触到的交游对象,从而使家族交游网络得到扩展乃至于交叉,并最终建立起更为广阔多样化的家族交游网络。如东莱吕氏和曾几家族在北宋末年均活动于河南一带,但在旧有环境中缺乏建交的机会,两者间的交游于南渡迁移途中开启,对各自家族传统的交游格局有所突破。而在曾几与吕本中携家避乱迁移广西一带的过程中,他们同时结识了因罢官而已经寓居于浔州两年的云中折氏成员折彦质,两人作有《次折仲古避寇浔州韵》《次仲古游浔州桂园韵》《次刘千岁喜折仲古见过二首韵》《呈折仲古四首》《次韵折仲古见赠》等多首酬赠诗作,其中不乏相似的对流落之苦的感慨,由此家族交游网络实现了进一步的扩大。

其次,迁移而来的外来文学家族为尽快融入、立足于其寓居之地,与本地文学家族间的往来也有所加强,如曾几家族南迁后先后辗转过上饶、会稽等地,与本地望族山阴陆氏、分宁黄氏往来频繁,通过对陆游的教授与提携,与黄叔敖、黄叔豹等人的往来唱和,融入地方文化并对地方文学的发展有所推动。可见不论是外来文学家族还是本地文学家族,家族迁移过程中的交游使得南北方的文学家族打破了原有的空间界限实现了交流,推动了各自交游网络的开拓,使得传统的交游结构在涉及对象的地域结构方面实现进一步的延展。而这一覆盖更广阔空间的交游结构的建立也帮助传统文学世家在战乱离散的新环境中提升文化影响力而实现立足,也有助于新兴文学家族更广阔地学习与交流,从而实现在文坛的崛起。

最后,动荡时局中的南渡迁移对一些文学家族自身的传统交游格局亦有所打破。东莱吕氏在北宋时期到吕好问一代与华阳王氏、三槐王氏、河南程氏等世家大族都有世代的姻亲关系,[①]而自南渡后这种姻亲关系不复,转而倾向于与南方地方性家族结姻,这与动乱迁移带来的人员离散导致家族间稳定的往来被迫中断息息相关。同时东莱吕氏从吕蒙正入相开始,连续几代在北宋时期有颇高的政治影响力,这一时期东莱吕氏成员与相州韩氏的韩琦等人的交游多为政治层面的相互引荐扶持,而及至南渡时期,其与相州韩氏成员韩驹的交游内容也转向学术、文学方面。由此可见在经历了南渡时期政坛结构的重组以及迁移动乱后的东莱吕氏在政治上的影响力几近消弭,逐渐从政治领域的交游转向文学领域的交游,这种交游特征的转变体现出自身传统交游格局在这一时期亦被打破。

---

①据姚红《宋代东莱吕氏家族及其文献考论》姻亲关系简表。

二、同姓世系攀附中家族文学传统的渗透:曾几家族与南丰曾氏

攀附世系的现象常见于自元代之后的族谱编纂中,许多家族妄攀唐宋前贤冒为其后裔以获得声望和利益。而攀附当世之人的世系却很少见,除开同姓这一条件外,还需诸多因素的推动,与前者之攀附手法与状态实有较大差异。曾几家族在交游中攀附南丰曾氏世系的现象,实则体现出南渡时期传统文学世家与新兴文学家族通过交游实现各自立身发展的现实诉求。

1.攀附南丰曾氏的世系

陈振孙在《直斋书录解题》中载:"本朝曾氏三望,最初温陵宣靖公亮明仲,次南丰舍人巩子固兄弟,然其祖致尧起家又在温陵之先矣,其后几之族也。"①将宋代前后发迹的三大有文名声望的曾氏家族分而立之,称为"曾氏三望",未将其视为同族。此外,时人在与南丰曾氏成员曾惇的交游中,常常溯源其家世,如李处权在《陪曾宏父登冷泉亭望飞来峰》一诗中提及"南丰家世有人物"②,而与曾几家族成员的交游中,并未出现时人对其与南丰曾氏相关的描述,由此南宋时人将赣州曾氏与南丰曾氏视为两个不同世系家族的观念亦可见一斑。

而曾几亦与南丰曾氏成员曾惇来往颇密,纵观曾几《茶山集》,其与曾惇酬赠唱和的相关诗歌有27首,③数量远高于其他亲友,可见关系之亲近。《钦定四库全书》案者认为曾几之诗"集中赠宏甫,必冠以曾,盖以明同姓不同宗之意"④,但观曾几在与曾惇互动的诗句中的具体表达,诸如其在《送曾宏甫守天台》一诗中表明:"此地多朋好,惟君似弟兄。"⑤将曾惇与其他友人区别开,强调两人关系亲似兄弟;《曾宏甫到光山遣送鹅梨淮

---

① (宋)陈振孙撰,徐小蛮、顾美华点校:《直斋书录解题》,上海古籍出版社,2015年,第600页。
② (宋)李处权:《陪曾宏父登冷泉亭望飞来峰》,《崧庵集》卷三,钦定四库全书本。
③《寻春次曾宏甫韵》《久雨有怀曾宏甫》《病起赠曾宏甫》《次曾宏甫见过二首韵》《次镇江守曾宏甫见寄韵》《次曾宏甫见寄韵》《又》《又二首》《次曾宏甫赴光守留别二首韵》《送曾宏甫守天台》《以汤饼招韩伯周王岩起二提举郑深道曾宏甫二使君宏甫有诗次其韵》《曾宏甫见招看海棠而郡城新有更初阖扉之令予闻鼓亟归》《次曾宏甫社日赏海棠吴守宅且试新茗韵》《送曾宏甫赴光山寺》《曾宏甫到光山遣送鹅梨淮鱼等数种》《郑深道饯曾宏甫台州之行见招风雨不能度溪桥作此赠宏甫》《送曾宏甫守天台》《曾宏甫分饷洞庭柑》《乞梅曾宏甫二首》《曾宏甫见过因问讯鞓红花则云已落矣惊呼之余戏成三首》《曾宏甫饷溪山堂南坡胯新茶》。
④《茶山集》卷一,第5页。
⑤《茶山集》卷四,第125页。

鱼等数种》中的"吾宗席未暖淮滨"①、《次曾宏甫赴光守留别二首韵》中的"宗盟幸有连"②以及《郑深道饶曾宏甫台州之行见招风雨不能度溪桥作此赠宏甫》中的"况复吾宗揽辔出"③，其中"吾宗"和"宗盟幸有连"等说法都模糊了两者并非同世系的事实，试图借同姓攀附曾惇之家族世系。

考察曾几诗歌，其还与同属于南丰曾氏的曾季狸、曾表勋④、曾协等人均有酬赠唱和，可见其与曾惇间的交游并不止于好友间的个体交往，而是与南丰曾氏群体的交往，其交游对象广泛地涉及南丰曾氏家族成员。曾几在与这些南丰曾氏家族成员酬赠唱和的诗歌中亦多次言及同宗一事，如《曾同季饷建溪顾渚新茶》中的"吾宗重盟好"⑤、《曾表勋画屏》中的"潇洒吾宗白面郎"⑥、《贺曾裘甫得解》中的"意惬归来能访我，亦令宗派倚生春"⑦等，可见凭借同姓将南丰曾氏与赣州曾氏混为同宗以攀附南丰曾氏家族世系的意识一直贯彻在曾几与南丰曾氏成员的交游之中。

2. 攀附世系的现实诉求

由曾几交游诗作的数量和表达的情感来看，其与曾惇的关系最为密切，而其表达出的对南丰曾氏世系的攀附并未引起曾惇的反感，二人长期交情甚笃，两大曾氏家族的密切往来实则体现出南渡时期传统文学世家的离散与破碎，给人以有机可乘，同时新兴文学家族在乱世中亦有立身崛起的诉求。

一方面，南丰曾氏日趋没落需要振奋家声。首先，诸多传统文学世家发展到南渡时期成员离散，上文提及的与曾几来往的几个南丰曾氏成员，曾惇寓居于上饶，曾协晚年定居浙江德清苕溪一带，曾季狸则住家临川。与曾几皆有交游的三人互相间唯一的往来记录是曾季狸到德清拜访叔父曾协，此次交游过程中曾协有诗："乡关重见慰余年，踉跄迎门喜欲颠。"⑧另一诗题中有"昔先君子与司直兄相知文字间，诸孤悬隔，各未相闻……"⑨的记载，可见南丰曾氏成员间彼时来往甚少，这种迁移所致的成员分散使得传统文学世家的社会影响力有所下降。再者，南渡时期的南丰曾氏成员中稍有文名者未

---

① 《茶山集》卷五，第 161 页。
② 《茶山集》卷四，第 104 页。
③ 《茶山集》卷五，第 163—164 页。
④ 曾敦子，据《茶山集》卷四《次曾宏甫见寄韵》其二自注："宏甫子表勋持诗以来。"第 103 页。
⑤ 《茶山集》卷四，第 122 页。
⑥ 《茶山集》卷六，第 197 页。
⑦ 《茶山集》卷五，第 153 页。
⑧ 《全宋诗》，第 37 册，第 23015 页。
⑨ 《全宋诗》，第 37 册，第 23015 页。

有仕途畅达、身居高位者,曾惇、曾协均任地方官,曾季狸更是终身不仕,因此,未能借由政治地位奠定文坛核心的地位。最后,曾惇、曾协、曾季狸等人也有振奋家声的愿望,王明清《玉照新志》载曾惇曾有言:"三郡看魁天下士,丹丘未必坠家声。"①希望继承家声使之不坠。曾协亦有诗云:"赖汝念祖烈,先登倡诸孙。"②将家声的延续寄托于儿孙辈。可见,南渡时期的南丰曾氏成员有振奋家声的需求。

　　另一方面,曾几家族想要攀附传统文学世家以自高世系。与南丰曾氏成员在南渡时期的离散和失意相比,曾几家族于南渡时期逐渐兴盛,并跻身文坛主流,但作为新兴的文学家族缺乏文化传统积淀。而南丰曾氏发迹于宋初,及至南渡时期已历经五六代,具有深厚的家族文化积淀。如时人在与曾惇交往时往往念及其南丰曾氏的家世背景,如南宋黄升在其所编《花庵词选》中以"故相之孙"③来介绍曾惇,可见家世是其社会身份的重要特征。再如韩驹《送曾宏父》中的"乃翁名见豫章诗,学术传家有大儿"④,曹勋《送曾竑父还朝》中的"故家门第少相传,公独翘翘朝墨仙"⑤,卫泾《回知台州曾郎中启》中的"远继圣门家学之传……"⑥等均表达出在交游中对曾惇家学渊源的看重。也正是倚赖于旧有的家学声望,曾惇在南渡时期的文人群中交游甚广,据韩淲《溪山堂》序云:"曾宏甫作。徐师川、吕居仁、曾吉甫、王元渤、郑顾道、晁恭道、王起岩、吴傅鹏、徐明叔游咏之地。"⑦曾惇所建玉溪堂成为南渡时期一众重要文人交游唱和之所,可见其世家的身份世系仍颇受文人推崇。

　　而曾几在《贺曾裘甫得解》一诗中就展现出这种借由拉拢南丰曾氏以攀附其世系,以期为赣州曾氏自高世系的意图:"南风盛事昔无闻,乃祖词场笔有神。一榜豪英收几士,同年伯仲看三人。今君科第欲惊世,他日文章当致身。意惬归来能访我,亦令宗派倚生春。"⑧诗中历数南丰曾氏曾经一榜三人科举中第的繁盛历史,这与赣州曾氏凭科举兴起有异曲同工之处,尾句"意惬归来能访我,亦令宗派倚生春",由曾季狸得解后"访我"亦得沾光,可见曾几的拉拢亲近之意。而后人确常常将南丰曾氏与赣州曾氏成员世

①(宋)王明清撰,朱菊如、汪新森校点:《玉照新志》,上海古籍出版社,2012 年,第 73 页。

②《全宋诗》,第 37 册,第 23001 页。

③(宋)黄升:《花庵词选》,中华书局,1958 年,第 176 页。

④(宋)韩驹:《送曾宏父》,《陵阳集》卷四,钦定四库全书本。

⑤(宋)曹勋:《松隐集》,文物出版社,1982 年,第 2 册,第 142 页。

⑥(宋)卫泾:《回知台州曾郎中启》,《后乐集》卷一六,钦定四库全书本。

⑦(宋)韩淲:《溪山堂》,《涧泉集》卷二,钦定四库全书本。

⑧《茶山集》卷五,第 153 页。

系相混淆，如《宋诗纪事补遗》卷六〇载："曾表勋，赣州人。庆元二年进士。"①抑或将两个家族的文学成就相杂糅，由此可见当时这一攀附世系行为的后续影响。赣州曾氏通过攀附南丰曾氏的世系，实现了文学世系的自高，日趋没落的南丰曾氏亦经由与南渡文坛新兴的曾几家族的靠近得以活跃于文坛，在声望的延续上得到助力。

3. 家族文学认同的契合

南丰曾氏的家族文学传统在发展过程中与江西诗派颇多联系，如提出"宁拙毋巧，宁朴毋华，宁粗毋弱，宁僻毋俗，诗文皆然"②观点的江西诗派代表人物陈师道就师法于曾巩，这使得承袭家学的南丰曾氏成员多受江西诗派影响。而对于南渡时期的南丰曾氏成员的文学倾向，元代袁桷就认为"曾氏子孙空青、艇斋，世传江西之灯"③。

曾纡在受学道路上受家学影响颇深，汪藻所书《右中大夫直宝文阁知衢州曾公墓志铭》中载其受曾巩亲传："年十三，伯父南丰先生巩，授以韩愈诗文，学益进。"④而据孙觌《曾公卷文集序》载："黄庭坚鲁直迁宜州，道出零陵，道得公《江樾书事》二小诗，爱之，书团扇上，诸诗人莫能辨也。"⑤曾纡的诗歌颇受黄庭坚赏识，由"诸诗人莫能辨"可知其诗风与江西诗派代表人物黄庭坚颇为相近，亦可见南丰曾氏家学与江西诗派之联系。其子曾惇的诗歌则被曹勋评价为"诗源正嗣江西派，句律先空冀北群"⑥，可见得江西诗派真传。

而另一位被认为"世传江西之灯"的南丰曾氏成员曾季狸亦承家学，据《艇斋诗话》载："予幼年为诗，未尝经先达改抹，惟年十四时有《寄空青叔祖》古诗，得吕东莱为予全改四句，其词云：'悠悠造物何所为，贤愚共滞令人悲。男儿不恨功名晚，功名必在老大时。'予至今记忆。是时空青将漕江西，得诗喜甚，报书云极有家法，恨予先君不见也。"⑦其诗受到曾纡认可，且认为"极有家法"，同时此诗为吕本中为其所改，获得这一评价可见南丰曾氏之家学与江西诗派风格的靠拢，而曾季狸所著的《艇斋诗话》亦为江西诗派后期的理论代表作。

与曾几交游的另一位南丰曾氏成员曾协在诗歌创作上亦体现出受到江西诗派的影

---

① （清）陆心源：《宋诗纪事补遗》卷六〇，山西古籍出版社，1997年，第2册，第1407页。

② （宋）陈师道：《后山诗话》，见何文焕辑《历代诗话》，中华书局，1981年，第311页。

③ （宋）袁桷：《清容居士集》卷四六，浙江古籍出版社，2015年，第4册，第1076页。

④ （宋）汪藻：《浮溪集 附拾遗》卷二八，中华书局，1985年，第349页。

⑤ （宋）孙觌：《鸿庆居士集》卷三一，文渊阁四库全书本。

⑥ 《松隐集》，第2册，第143页。

⑦ （宋）曾季狸：《艇斋诗话 附校讹续校补校》，中华书局，1985年，第16—17页。

响，《四库全书总目》提要言其诗歌："然合诸作观之，大抵源出苏轼、陈与义。故《同沈正卿作仇池石诗》用轼韵，《陈晞颜过零陵赠诗》亦用与义韵，而绝不及于他家。知其唱和讲求在二家旧格也。"①曾协不仅用陈与义韵，还与陈与义的忠实追随者陈晞颜唱和颇多，两者在诗学理念上具有认同。

而曾几在与南渡时期南丰曾氏成员尤其是曾惇的交游中，体现出与其在诗歌创作上的切磋互动，例如在其与曾惇的交游诗作中有诸多次韵之作：《寻春次曾宏甫韵》《次曾宏甫见过二首韵》《次镇江守曾宏甫见寄韵》《次曾宏甫见寄韵》《次曾宏甫赴光守留别二首韵》《以汤饼招韩伯周王岩起二提举郑深道曾宏甫二使君宏甫有诗次其韵》《次曾宏甫社日赏海棠吴守宅且试新茗韵》。《郑深道饯曾宏甫台州之行见招风雨不能度溪桥作此赠宏甫》一诗中的"刻残红蜡君哦句，挑尽青灯我读书"②句则体现出二人共同吟诗学习之场景。另《次曾宏甫见寄韵》其二中有自注："宏甫子表勋持诗以来。"可见曾几与曾惇一家时有诗歌往来。南丰曾氏与江西诗派一脉相承的家族文学传统极有可能经过这样密切的诗歌交游影响曾几，而曾几正是通过与诸如东莱吕氏、相州韩氏、南丰曾氏等具有江西诗派诗学传统的文学家族成员的交游，不断探索自己的学诗路径，如其《寓居有招客者戏成》中的"案上黄诗屡绝编"③以及《东轩小室即事五首》其四中的"工部百世祖，涪翁一灯传。闲无用心处，参此如参禅"④均言及自己学习江西诗派的理路，最终实现对江西诗派诗法的传承与反思突破。

三、互为师承关系中地方文学家族的兴起：曾几家族与山阴陆氏

除去与外来文学家族在相同家族迁移经历中的交往，曾几家族还与迁移所至的本地的地方性文学家族有所交游，其中以与山阴陆氏成员间互为师承的交游关系最为典型。与地方文学家族的交游一方面能使得这些外来的文学家族尽快融入、立身于新的地域环境，另一方面亦有助地方文学家族在交游中拓展旧有的文化环境以寻求发展契机。

1.代际互为师承的关系

陆游从曾几学习。据陆游《感知录》载："曾公几，字吉甫。绍兴中自临川来省其兄

---

① （清）纪昀总纂：《四库全书总目提要》，河北人民出版社，2000 年，第 4086 页。
② 《茶山集》卷四，第 104 页。
③ 《茶山集》卷五，第 158 页。
④ 《茶山集》卷二，第 44—45 页。

学士班，予以书见之。"①此与陆游《别曾学士》一诗中的"忽闻高轩过，欢喜忘食眠，袖书拜辕下，此意私自怜"②的描写相呼应，即陆游当于绍兴中初次携书拜会曾几。陆游多次在诗作中回忆此后追随曾几学诗的具体场景："忆在茶山听说诗，亲从夜半得玄机"③"要与茶山灯下读，莫令侍者作蝇头"④，可见其在学诗方面的师从关系。此外据陆游《跋曾文清公奏议稿》载："绍兴末，贼亮入塞，时茶山先生居会稽禹迹精舍，某自敕局罢归，略无三日不进见，见必闻忧国之言。"⑤可知在爱国爱民的思想上陆游亦受其影响。另《宋元学案》"武夷学案"下提出"曾氏家学"⑥的概念，陆游被列为"曾氏门人"，可见其在儒学方面亦有受教。

　　曾黯从陆游学习。据刘克庄撰《跋陆放翁与曾原伯帖》载："原伯，茶山长子，名逢，官至大理卿。……掾原伯孙黯，字温伯……"⑦可知曾黯为曾几曾孙。陆游的《曾温伯字序》一文记载了曾黯求序于陆游的经历："赣川曾君黯，方其入家塾也，大父大卿公用苏子由、张芸叟字其子孙，例字之曰温伯，盖以古全德训之。有其义而亡其说。温伯请于予曰：'愿有以补之，以终大父之意。'予慨然叹曰：'自大卿至温伯，三世传嫡，德亦克肖，其有以承此训矣。序其敢辞！'"⑧请求陆游教授补充亡逸的古德之训。陆游对曾黯还有仕途上的提携之功，其在《除宝谟阁待制举曾黯自代状》中言："准令侍从授告，讫限三日内举官一员充自代者，右臣伏睹从政郎总领淮东军马钱粮所准备差遣。曾黯克承家学，早取世科，操行可称，文词有法，臣实不如举以自代。"⑨表达了对曾黯家学传统的尊重与推崇，并推举其代替自己官职，这一援引之举可谓尽心尽力，《跋陆放翁与曾原伯帖》亦载："温伯擢第，人物高雅，词翰精丽，有晋唐风韵，放翁尝举自代。"⑩另据《跋陆放翁与曾原伯帖》："掾原伯孙黯，字温伯，为杨子宰，出此帖于县斋。余曰：'君收放翁帖千百纸，此幅关我家门户，盍辍以见惠。'温伯不与。后与温伯同朝，求之，复不与。晚使江左与温伯书曰：'初见帖时，余才三十，今遂六十，君且八十，不得帖，死有遗恨。'温伯亦

①（宋）陆游著，钱仲联、马亚中主编，钱仲联校注：《剑南诗稿校注》，浙江教育出版社，2011年，第1册，第1页。

②《剑南诗稿校注》，第1册，第1页。

③《剑南诗稿校注》，第1册，第155页。

④《剑南诗稿校注》，第1册，第54页。

⑤《渭南文集校注》，第3册，第301页。

⑥（清）黄宗羲原著，全祖望补修，陈金生、梁运华点校：《宋元学案》卷三四，中华书局，1986年，第2册，第1197页。

⑦曾枣庄主编：《宋代序跋全编》卷一八一，齐鲁书社，2015年，第8册，第5175页。

⑧《渭南文集校注》，第2册，第161页。

⑨《渭南文集校注》，第1册，第160页。

⑩《宋代序跋全编》卷一八一，第8册，第5175页。

怆然，缄帖饷余。"①可见曾黯晚年仍存有数量颇丰的陆游书帖，且回顾往事之"怆然"亦可见与老师陆游之间情感之深厚。

陆游在《赠曾温伯邢德允》一诗中全面总结了自己与曾几、曾黯间这种代际互为师承的关系："发似秋芜不受耘，茶山曾许与斯文。回思岁月一甲子，尚记门墙三沐熏。卷里圣贤能觌面，人间富贵实浮云。二君才气俱超绝，岂待衰翁诵所闻。"②陆游通过"衰翁诵所闻"，将自己师从曾几时的学识所得又教诲于曾黯，一定程度上也参与协助了曾氏家学传统的传承。

2. 代际师承的互动模式

曾几家族与山阴陆氏能够形成代际互为师承关系有其运行的内在模式。首先，陆游拜师曾几是出于对曾几文学才能的仰慕。据其《别曾学士》一诗所言："儿时闻公名，谓在千载前。稍长诵公文，杂之韩杜编。夜辄梦见公，皎若月在天，起坐三叹息，欲见亡繇缘。忽闻高轩过，欢喜忘食眠，袖书拜辕下，此意私自怜。"陆游早闻曾几名声，出于对其作品价值的认同与仰慕而拜师。

而拜师曾几又使陆游与曾几家族成员间形成密切往来。据《跋吕伯共书后》载："绍兴中，某从曾文清公游。公方馆甥吕治先，日相与讲学。治先有子未成童，卓然颖异，盖吾伯共也。"以及《六艺之一录》"陆放翁与曾原伯帖"一条载："放翁学于茶山，喜成公。"可见正是从曾几学的经历，使得陆游得以结识其时亦从曾几学的曾几家族成员吕大器和吕祖谦等人。此外，据曾几《示逢子》中的"用赋要窥司马室，学诗频过伯鱼亭"以及《读书》"一生无用处，又把教群儿"等句，可见其子曾逢、曾逮亦有向其学诗的经历，而陆游次韵诗《曾仲躬见过适遇予出留小诗而去次韵两首》以及奉寄诗《曾原伯屡劝居城中而仆方欲自梅山入云门今日病酒偶得长句奉寄》表现出陆游与曾几二子多有诗作的往来切磋，且陆游的《苦寒帖》《致仲躬侍郎尺牍》《题曾逮侍郎戒其子棠清廉帖》《与曾原伯帖》《祭曾原伯大卿文》等文献显示其与曾逢、曾逮相熟而多有走动及书信往来，故疑亦因从曾几学的契机而相识。

同时陆游学于曾几又使两个家族的文学观联系紧密。曾几在诗学理论上对陆游有诸多提点，其在《赠应秀才》一诗中言及曾几教诲"文章切忌参死句"③的学诗之法，即学诗不可拘泥于书本诗句本身，陆游则在此教诲上进一步申发如何跳脱出书本诗句，获得

---

①《宋代序跋全编》卷一八一，第 8 册，第 5175 页。

②《剑南诗稿校注》，第 6 册，第 41 页。

③《剑南诗稿校注》，第 4 册，第 267 页。

新的诗思，即从现实生活中取材，如其提出的"村村皆画本，处处有诗材"①，而类似的意思，陆游又在其《示子通》一诗中传递给儿辈："汝果欲学诗，工夫在诗外。"②陆游还忆及曾几所言的"功夫深处却平夷"③，即作诗无需雕琢苦吟，追求诗作"平夷"的风格，这一点也被陆游所吸纳，其多次在诗歌中强调对浮华文辞的摒弃和对平淡诗意的追求，如"无意诗方近平淡，绝交梦亦觉清闲"④"琢雕自是文章病，奇险尤伤气骨多"⑤"学诗尽力去浮华，从事文辞但可嗟"⑥等，在《示子通》一诗中陆游有言："我初学诗日，但欲工藻绘。中年始少悟，渐若窥宏大。"⑦即是将上述观点教诲于儿辈，并展现了自己对曾几提出的"大意欲人悟"⑧的学诗之路的实践。但不事雕琢并非粗制滥造，曾几还强调"律令合时方帖妥"⑨，讲求诗的形式与主旨的"帖妥"，陆游亦在《子聿入城》一诗中告诫子聿："诗家忌草草，得句未须成。"⑩可见，经由陆游学诗于曾几，两个家族学诗的文学传统实现了共通。

最终，曾黯选择向陆游请教学习，一方面正是出于其作为曾几之曾孙、曾逢之孙与陆游有一定家族交游之渊源。另一方面，则是出于对陆游文学能力的认可，曾黯向陆游求序时所言"愿有以补之，以终大父之意"，可见其认为陆游有能力对曾几的诗学理论进行补充，能够实现曾几所愿，而曾几亦对陆游诗作水平不吝赞赏："集贤旧体君拈出，诗卷从今盥水开。"⑪其认可也其后人的选择有推动作用。

而陆游愿为曾黯之师，除了对曾几悉心教诲师恩的回馈，也有与曾几家族成员往来密切之故。由《曾温伯字序》中所载："予慨然叹曰：'自大卿至温伯，三世传嫡，德亦克肖，其有以承此训矣。"⑫可见陆游感怀曾几家族之世袭传统，认可曾黯继承家学传统的志向，体现出与曾几家族颇深的渊源。

正是陆游因仰慕而拜师曾几，在这种师承关系下，使得曾几家族与山阴陆氏在成员

---

① 《剑南诗稿校注》，第 5 册，第 170 页。
② 《剑南诗稿校注》，第 8 册，第 64 页。
③ 《剑南诗稿校注》，第 1 册，第 155 页。
④ 《剑南诗稿校注》，第 7 册，第 65 页。
⑤ 《剑南诗稿校注》，第 8 册，第 44 页。
⑥ 《剑南诗稿校注》，第 8 册，第 223 页。
⑦ 《剑南诗稿校注》，第 8 册，第 64 页。
⑧ 栾贵明：《四库辑本别集拾遗》，中华书局，1983 年，第 94 页。
⑨ 《剑南诗稿校注》，第 1 册，第 155 页。
⑩ 《剑南诗稿校注》，第 5 册，第 467 页。
⑪ 《茶山集》卷五，第 141 页。
⑫ 《渭南文集校注》，第 2 册，第 161 页。

关系和文学思想上都具有了紧密联系,进而又在曾几家族成员认可陆游文学才能,陆游亦因感念师恩和深厚的家族渊源实现对曾黯的教诲提携,从而最终形成了代际间互为师承的稳定文学传承关系,实现了这两个家族的文学传统在动乱中的稳定延续。

3.地方性文学家族兴起

通过考察曾几家族这一外来文学家族与山阴陆氏这一本地文学家族间代际互为师承的交游活动,可以发现地方性文学家族通过拜师等一系列交游活动向外开拓,突破原先封闭的家族文化环境,以寻求新的发展契机进而推动家族的逐渐兴起,而南渡时期的外来文学家族就进入其交游视野,进而对其兴起产生助益。

一方面,山阴陆氏以藏书传统而闻名,诸如曾几家族等一众外来文学家族对这一家族传统声名的延续有所帮助。《嘉泰会稽志》"藏书"条载:"越藏书有三家。曰左丞陆氏、尚书石氏、进士诸葛氏。"①山阴陆氏为地方藏书之家代表,另据《皇朝中兴纪事本末》载:"(绍兴十三年)乃建秘书省于天井巷之东,于是复置三馆,诏求遗书于天下。首命有司即直秘阁陆宰之家录所藏书来上,一时为盛。"②可见其因藏书而闻名。又据《嘉泰会稽志》"藏书"条载:"陆氏书特全于放翁家,尝宦两川,出峡不载一物,尽买蜀书以归,其编目日益巨。……三家图籍,其二氏尝更废迁,而至今最盛者惟陆氏。"③石氏、诸葛氏藏书之家日渐衰落,而山阴陆氏则凭借陆游广泛地搜集书籍以实现藏书之家家声的延续。而这些外来文学家族多藏书颇丰,如曾几在《自广西归上饶阅所藏书》一诗中所言:"久矣山人去,怀哉屋壁藏。侵陵阅梅雨,调护乏芸香。次第繙经集,呼儿理在亡。乞归全为此,何爱囊中装。"④尤其是类似东莱吕氏这样南迁而来的传统文学世家更是有"文献故家"之称,全祖望称"中原文献之传独归吕氏,其余大儒弗及也"⑤。且因这些家族远道而来,藏书当与山阴陆氏多有不同,陆游在《抄书》中就言及:"故家借签帙,旧友饷朱黄。(自注:借书于王、韩、晁、曾诸家,而吕周辅、宇文子友近寄朱皇墨)"⑥陆游通过借书抄写进一步丰富山阴陆氏之藏书,可见与这些外来文学家族的交游对山阴陆氏作为藏书之家名声的延续有所帮助。

另一方面,山阴陆氏真正作为文学家族跻身主流文坛自陆游始,其通过拜师外来文

---

①《嘉泰会稽志》卷一六,第 27 页。

②(宋)熊克:《皇朝中兴纪事本末》卷六二,北京图书馆出版社,2005 年,下册,第 1167 页。

③《嘉泰会稽志》卷一六,第 27 页。

④《茶山集》卷四,第 119 页。

⑤《宋元学案》卷三六,第 2 册,第 1234 页。

⑥《剑南诗稿校注》,第 2 册,第 347 页。

学家族门下的交游活动提升自己的诗名,以此达到家族文学的领域开拓。曾几家族在陆游初登文坛时就推动了其诗名的传扬,据陆游《感知录》载:"后因见予诗,大叹赏,以为不减吕居仁。予以诗得名,自公始也。后为礼部侍郎,力延誉于诸公间。"①可见曾几协助弟子陆游诗名的远播的协助,"以为不减吕居仁"的评价极高,吕本中作为南渡时期的文坛盟主之一,其诗歌成就颇受时人认可,作为吕本中的密友,曾几这一评价更显可信,借此使得陆游的诗名得以在南渡时期获得承认传扬,而后更是在士大夫文人群体内"力延誉",推动其在主流诗坛获得认可。而陆游借由曾几家族与作为传统文学世家占据南渡文坛核心的东莱吕氏成员吕大器、吕祖谦等人的相识,也促使其向文坛中心靠拢。

可见在外来文学家族与地方性文学家族的交游中,通过师承等交游方式可以对地方性文学家族在新的文学领域上的开拓与发展产生重要影响,还通过自身区别于本地文学家族的文化积淀对地方性文学家族自身传统文化的延续与发扬有推动作用,促进地方性文学家族在南渡时期逐渐跻身主流文坛。

四、文学家族交游新变下的南渡文学定位

南渡时期动乱下的家族迁移,使诸多文学家族以外来文学家族、本地文学家族的新身份进入交游,并提供给传统文学世家与新兴文学家族间相互往来的契机。这些文学家族以新身份与新对象进行的交游活动,使得南渡时期的文学创作得以改革与开拓,并在文学方面对"渡江文物追配中原"的追求有所实现,还对之后孝宗文坛的格局有所影响。

1. 内容的开拓与诗法的革新

文学家族作为影响时代文学发展的一个重要群体,其在南渡时期大规模迁移下的交游为这一时期的文学带来一定的开拓与革新,也使得这些文学家族成为南渡文坛重要的组成部分。

其一,举家南迁的经历使得文学题材有所开拓。家族的迁移区别于个人在外的游历,使其失去了家族故乡的根基,故诸多迁移家族成员创作有关于迁移过程中家族于乱世漂泊无依的诗歌,使这种缺乏归属感的客愁成为这一群体的文学话题之一。如曾几

---

① 《剑南诗稿校注》,第 1 册,第 1 页。

《次折仲古避寇浔州韵》中的"尚念吾鼻祖,永怀旧山川"①、吕本中《桂林解后拜见仲古龙图吉父学士别后得两诗书怀奉寄》中的"同为万里走,肯避数年留"等句都表达了远离故土、避乱漂泊中的前途未卜、无所依傍的窘迫迷茫,在同样有着如此经历的外来文学家族成员的交游中极易产生共鸣。这种经历动乱后缺乏家族归属感的南渡时期的文学家族经历,衍生出《宋代家族与文学研究》中提出的"南宋士人相对注意到家族与地域的紧密联系,不轻易因为个人的原因而迁徙他乡,因而南宋家族文学表现出更为强烈地对传统乡土观念的依附性和认同感"②这一现象。

其二,迁移所遇的地方风物也会使文学创作涉及的对象更为丰富。迁移之前北宋的文学中心位于开封、洛阳一带,对于南方风物的文学书写多出现于贬谪士大夫的笔下,而随着南渡时期的大规模迁移活动,使得参与迁移的文人作品中出现了大量对南方风物的书写。如曾几携家往桂林避难的过程中渡过大藤峡,其所作《大藤峡》一诗就描绘了大藤峡壮阔新奇的天险景观。再如其在《送李似举尚书帅桂州二首》中写的"江山清绝胜中原""亲尝荔子熏风浦"③与中原作比较称赞桂州山水,表现出吃荔枝时的欣喜感都呈现出面对南方风物时一种新鲜化的描写,与贬谪士大夫蕴含悲情与无奈的事物描写有所区别。故南宋境内的景观风物伴随着这些文学家族的迁移在这一时期的文学作品中首次被大量发掘而焕发生机。

其三,文学家族辗转各地的迁移过程帮助其成员开拓文学眼界与心境,进而在文学交流的过程中推动了诗法的革新。吕本中提出"活法"说,认为不用死守定法即是开拓了学诗的眼界,曾几后对其加以阐释:"学诗如参禅,切勿参死句。"④并以"集贤旧体君拈出,诗卷从今盥水开"教诲陆游,均表达了学诗应开放心态、博采众长而眼界始大的观念。而文学家族的迁移以及在此过程中交游网络的拓展,使得其成员接触的文化来源进一步多样化,眼界心境的开拓带来这一讲求开放学诗眼界、遍取精华的诗学观点新变,而这一诗学观也经由以文学家族为单位的交游活动传扬开来,进而引发南渡诗坛的文学转型。

2."渡江文物追配中原"的实现

李处全在《曾程堂记》中指出南渡时期的社会呈现出"渡江文物追配中原"⑤的倾

---

①《茶山集》卷一,第 13 页。
②张剑、吕肖奂、周扬波著:《宋代家族与文学研究》,中国社会科学出版社,2009 年,第 50 页。
③《茶山集》卷五,第 165 页。
④《全宋诗》,第 29 册,第 18594 页。
⑤(宋)郑虎臣编:《吴都文萃》卷九,钦定四库全书本。

向,而在文学方面,考察这一时期传统文学世家与新兴文学家族具体交游的诸多方面,可见中原文化之传承的实现。

首先,"渡江文物追配中原"体现在对文献基础的继承方面。战乱中的文献散佚严重,而传统文学世家留存了诸多文献实物,正是经由传统文学世家与新兴文学家族的交游,北宋的部分文献被整理搜集得以留存传播。《皇朝中兴纪事本末》所在载:"(绍兴十三年)乃建秘书省于天井巷之东,于是复置三馆,诏求遗书于天下。"体现出试图搜集文献留存以图"追配中原"之意,而正是通过与文献积淀深厚的传统文学世家的交游,如山阴陆氏"借书于王、韩、晁、曾诸家"进行抄录,推动这一时期文献典籍的搜集整理,奠定了南宋文学发展的文献典籍基础。

其次,"渡江文物追配中原"体现在对传统世家的推崇方面。据韩淲《涧泉日记》载:"渡江南来,晁詹事以道、吕舍人居仁,议论文章,字字皆是中原诸老一二百年酝酿相传而得者。"①可见传统文学世家文学积淀深厚,是为继承中原文学的象征,如南丰曾氏自曾致尧一代以文学声名兴起,发展至南渡时期已历五六代,其深厚的文化积淀、传统的文学声望犹在。故在南渡这一南北地理分立形成的文化割裂时期,这些传统文学世家作为中原文学的载体受到推崇,为南渡时期继承中原文脉的典型象征。

最后,"渡江文物追配中原"体现在对文学传统的承袭方面。南渡时期的文坛呈现出追缅元祐的文学渊源。袁桷在《书黄彦章诗编后》有言:"元祐之学鸣绍兴,豫章太史诗行于天下。方是时,纷立角进,漫不知统绪谨懦者循音节,宕跌者择险固,独东莱吕舍人悯而忧之,定其派系,限截数百辈,无以议,而宗豫章为江西焉。豫章之诗夫岂惟江西哉?"②黄庭坚被奉为江西诗派之宗主,而仅以江西诗派的特征来概括其诗学成就被认为是狭隘的,其作为元祐诗坛的代表人物,体现出江西诗派乃是元祐文学的延伸产物,江西诗派在南渡时期的盛行体现出对元祐传统的承袭。实际上,活跃于南渡时期的文学家族诸如分宁黄氏、南丰曾氏、赣州曾氏、东莱吕氏、相州韩氏等多有承袭自元祐而来的家学渊源,如曾几从舅氏清江三孔学习,深得其传;东莱吕氏的吕公著、吕大防为元祐党人,具有元祐学术的背景;而作为相州韩氏韩琦的后人,韩驹颇受苏辙赏识,互有诗作交流。这些具有元祐传统的世家子弟如黄庭坚外甥徐俯、吕希哲之孙吕本中、晁补之之子晁公为以及曾布之孙曾惇等都成为南渡文坛的中坚力量。他们在南渡时期提出的诸多文学观点都可见元祐之传统,如吕本中在《夏均父集序》中提出的"谢玄晖有言:'好

---

① (宋)韩淲:《涧泉日记》卷下,中华书局,1985年,第32页。
② 《清容居士集》卷四八,第4册,第1117页。

诗流转圆美如弹丸'，此真活法也"①与苏轼在诗中所言的"新诗如弹丸"的追求不谋而合，以苏轼的自然无雕琢的作诗之法突破江西诗派斧凿之工过重的桎梏。可见文学家族作为"元祐之学"的重要载体，其成员间的交游往来成为元祐之学在南渡时期被继承复苏的重要途径。

3. 孝宗时期文坛格局的变动

在北宋文坛以北方尤其是开封府为文学活动中心的格局下，文坛以活动于北方的文学家族为主导，而活动于南方的地方性文学家族多处于边缘，而随着南渡后人口迁徙带来的文学重心的南移，类似山阴陆氏这种在地方上具有较高公信力、影响力的地方性文学家族获得了得天独厚的发展机遇，它们通过与南渡而来的外来文学家族交游，互相教授与提携，交流文学与思想，以获得家族文学的发展和文学声名的扩散，逐渐在文坛兴起，并成为后续孝宗文坛的中坚力量。

这些地方性的文学家族于家族世居之地发展而起，其成员深入参与到地方事务的处理和区域文化的建设中。如陆游所属的山阴陆氏成员积极参与到地方文化的建设中，陆游长子陆子虡曾参与修撰《嘉泰会稽志》，陆游为其作序，山阴陆氏还是地方藏书之家的代表，为地方文化积淀之标志，此外，山阴陆氏还参与到地方的工程建设中，据《嘉泰会稽志》载："泰宁寺，在（会稽）县东南四十里……建中靖国元年，太师陆佃既拜尚书左丞，请以为功德院，改赐名证慈。"②"法云寺，在（山阴）县西北八里……开宝七年，改名宝城寺，中允陆公仁旺及弟大卿舍园地以益之。"③可见山阴陆氏成员对地方基建的推动。对地方事务的深入参与使得这些地方性的文学家族具有深厚的地方影响力。

而这些积淀深厚的地方性文学家族通过与外来文学家族的接触，在家学的突破拓展和声名的广泛传播上均受到推动，从而其影响力从地方性层面逐渐扩散提升，进而在后续的文坛占据主流。除了上文言及的陆游和范成大家族，后来中兴时期的重要文人诸如范成大、尤袤、楼钥、杨万里等人就多出于这些地方性文学家族，并多少受到南迁的外来文学家族的影响。可见南渡时期地方性文学家族的逐渐兴起与其和外来文学家族的交游有所联系，从而使其在主流文坛的影响力提升，并成为孝宗文坛的主力。

---

① （宋）刘克庄：《后村先生大全集》卷九五引吕本中《夏均父集序》，四部丛刊初编本。
② 《嘉泰会稽志》卷七，第 22 页。
③ 《嘉泰会稽志》卷七，第 34 页。

赵鼎"真率会"考论

浙江大学　　邵瑞敏

　　宋代文人结社唱和活动盛行,各类诗社文会形式、性质不一,真率会便是当时文人群体宴饮聚会的结社形式之一。赵鼎有诗《真率会诸公有诗,辄次其韵》,可知赵鼎曾有真率会。由于作品留存较少、未能产生独立的文学思想等因素,赵鼎真率会一直不曾为历来研究者所重视,通常都是将其视为宋代士人结社或宋代真率会的附庸。

　　赵鼎作为南宋著名政治家、文学家,一生宦海浮沉,最终归葬常山。考察其真率会相关作品,进而考察其与真率会成员唱和交游作品,能够更好地展现赵鼎的创作风格及思想观念。同时结合相关史料的梳理对以北宋末年洛阳真率会为代表的群体关系进行系统研究,可以发现,真率会成员不光文学志趣相投,政治取向同样相近。也正因此,在分析这些唱和诗时,我们可以把握以赵鼎为代表的真率会成员在时代巨变下的生存状态,以及北宋末年以洛阳真率会为代表的群体与南渡初年政治变动中的关系模式。

一

　　目前明确可知与赵鼎真率会有关的诗歌仅《真率会诸公有诗,辄次其韵》一首。关于这首诗的创作时间,有两种不同说法。一是将其系之于绍兴初年赵鼎居朝官之时,以欧阳光《宋元诗社研究丛稿》为代表:"从诗中'何当赋归欤,去敛头角露'、'鸡黍林下期,视此犹应屡'等句来看,此诗似作于作者在朝为官之时,故时时流露不愿为官所累,向往民间质朴自由生活的愿望。其时当在绍兴初年,其地则应在临安。"①考证十分简略,但后来一直为大多学者沿用接受。按,此说略显勉强,此诗虽流露出对山林退隐生活的向往,但却毫无南渡漂泊悲怆之感,当不是赵鼎南渡之后所作。朱兴艳则认为其应作于宣和七年(1125)赵鼎任洛阳县令期间。庞明启沿袭此种说法,并由此发挥:"宋齐愈(退

---

①欧阳光:《宋元诗社研究丛稿》,广东高等教育出版社,2011年,第214页。

翁）、胡寅（明仲）、马世甫、张京（与之）、王子与、林秀才当亦为此真率会成员。"①笔者接下来尝试对此进行进一步的考证。

除《真率会诸公有诗，辄次其韵》外，赵鼎还有一首《乙巳二月初八日集独乐园，夜饮梅花下，会者宋退翁、胡明仲、马世甫、张与之、王子与、林秀才及余凡七人，以炯如流水涵青苹为韵赋诗，分得流字》，这两首诗是在赵鼎所有诗歌作品中唯二出现的群体性宴饮唱和诗，其余均是次韵唱和某人，因此将两首诗结合起来分析是很有必要的。宋神宗元丰六年（1083），司马光组织闲居洛阳的耆宿老臣聚饮唱和，谓之真率会。邵伯温《邵氏闻见录》载："（文彦博耆英会）其后司马公与数公又为真率会……皆洛阳盛事也。"②可见，真率会由司马光开其风气，后世慕名仿效者不断，赵鼎可以称得上是其中最早的一批。而《乙巳二月初八日集独乐园》一诗，由诗题可知，其宴饮地点在独乐园。熙宁六年（1073），司马光提举西京崇福宫时于城南建独乐园，自记曰："六年，买田二十亩于尊贤坊北，辟以为园……踽踽焉，洋洋焉，不知天壤之间，复有何乐可以代此也？因合而命之曰'独乐园'。"③宣和六年（1124），赵鼎丁忧结束后调任河南洛阳令，经常于独乐园中赏玩，并留下了诸多作品，如《水调歌头 甲辰九月十五日夜饮独乐见山台坐中作》等。可见，不管是真率会还是独乐园聚会的传统，无疑均传袭自司马光。再加上如之前所说，这两首诗也是赵鼎作品中仅能见到的两首群体性唱和交游，因此推测极有可能是在洛阳形成了一个以赵鼎为中心的文人团体。《真率会诸公有诗，辄次其韵》诗中有"故寻漫浪人，要作寻常聚""鸡黍林下期，视此犹应屡"二句，可见真率会诗社成员聚会应当经常有之，故独乐园极有可能是其宴饮聚会场所之一。同时此句中的"故"与"要"字表明真率会当为赵鼎所组织，诗人希望寻求一群志同道合之人，来分享交流这种清贞高洁的志趣。结尾"有兴即放言，安能限章句"也印证了这一点，这是诗人以主人翁的口吻鼓励成员们在宴会上不要拘谨束缚，自由创作。再有，《乙巳二月初八日集独乐园》中诗题言"集"字，亦可旁证与会者的群体性特征，"九老前尘邈难求"与《真率会诸公有诗，辄次其韵》中"却想耆英游"两句同样是在追溯白居易九老会与文彦博耆英会故事，与真率会一脉相承，也符合真率会的酬唱特点。因此，这两首诗当是真率会两次不同聚会留下的作品，其创作时间应当差不多属于同一时期，将《真率会诸公有诗，辄次其韵》系之于赵鼎任河南洛阳县令期间较为合理。

① 庞明启：《两宋之交真率会考述》，《中国石油大学学报（社会科学版）》2015 年第 5 期，第 65 页。
② （宋）邵伯温撰，李剑雄、刘德权点校：《邵氏闻见录》，中华书局，1983 年，第 105 页。
③ （宋）司马光著，李之亮笺注：《司马温公集编年笺注》卷五，巴蜀书社，2009 年，第 205—206 页。

此外,从诗的内容来看,《真率会诸公有诗,辄次其韵》一诗亦应当作于南渡之前。通篇不见因为靖康南渡的沉郁悲怆之感,更多的是在表达对山林生活的向往与渴望,以及对同行好友君子之交的倾慕赞美(具体分析详见下文第二部分),可见此诗应当作于靖康劫难之前。虽然诗中有"我亦蹭蹬余,早向危机悟"之句,但指的应当是其早年仕途不得意,一直在底层任职徘徊之事。即便如此,诗人仍然坚守气节,用"决意鸳鹭性,幸此松萝附"来表达自己不愿与世俗同流合污的品格。庞明启在《两宋之交真率会考述》中说道:"此诗有句'家有应门儿,稍能随指顾',可见其子方幼。"①按,"应门儿"本指照应门户的僮仆,结合上下文可知,这里赵鼎所指应是自己尚且年幼的儿子。诗人慨叹自己何时才能辞官归里,退隐山林,享受天伦之乐、过上无忧无虑的生活。赵鼎在不同诗歌中均有过类似的表达,如:

> 我已忘官宠,儿须办力耕。(《将归先寄诸幼》)②
>
> 儿曹不解市朝隐,我辈政宜文字欢。(《洛阳九日次韵县尉》其二)③

杜甫有诗"晒药能无妇,应门亦有儿",陶渊明诗"僮仆欢迎,稚子候门",当与赵鼎诗中"应门儿"义同。由诗的溯源和具体内容分析可以得出,真率会诗社与独乐园宴饮应为同源,当属同一时期作品,均为赵鼎宣和六年(1124)丁母忧后调河南府洛阳县所作。赵鼎调河南府洛阳县具体时间现已不可考,但据《水调歌头》所云"甲辰九月十五日,夜饮独乐见山台坐中"可知,是年九月十五日,赵鼎已至洛阳。据其《自志笔录》载,靖康元年(1126),赵鼎调任开封府士曹。《宋史·赵鼎传》云:"累官为河南洛阳令,宰相吴敏知其能,擢为开封士曹。"④《宋史·兵志》将之系于五月:"五月……遂命赵鼎特除开封府曹官,种湘差宣抚司准备将领,并充陕西路干当公事,专一募兵。"⑤按,赵鼎于靖康元年(1126)五月除开封府曹官,即《真率会诸公有诗,辄次其韵》当作于宣和六年(1124)至靖康元年(1126)五月之间。

又,据上文考证,独乐园一诗中论及的宋齐愈、胡寅、张世甫、张京、王子与以及林秀才也当为真率会诗社成员。赵鼎有《送张京与之宰解县》律诗一首,绝句三首。其中有一句"便作他年林下约,一樽相对两衰翁","林下约"与《真率会诸公有诗,辄次其韵》中"鸡黍林下期"中"林下期"相呼应,可知,不仅张京应为真率会成员,而且赵鼎《真率会诸

---

① 庞明启:《两宋之交真率会考述》,《中国石油大学学报(社会科学版)》2015 年第 5 期,第 64—65 页。

② (宋)赵鼎撰,李蹊点校:《忠正德文集》,上海古籍出版社,2018 年,第 85 页。

③ 《忠正德文集》,第 92 页。诗后自注:是日司马文季西归,因以寄之。

④ (元)脱脱等:《宋史》,中华书局,1977 年,第 11285 页。

⑤ 《宋史》,第 4808—4809 页。

公有诗,辄次其韵》一诗当作于张京赴解县上任之前。"疏云流水五峰秋"一句可知张京上任应当是在秋天。乙巳年二月初八时张京尚与赵鼎等人相聚独乐园,因此张京赴任当在宣和七年(1125)秋。由此可以推论,赵鼎《真率会诸公有诗,辄次其韵》一诗当作于宣和六年(1124)至宣和七年(1125)秋之间。

二

如上文所说,真率会作为宋代文人宴饮唱和的一种流行形式,自司马光始,但其渊源传统却远不止于此。吴曾《能改斋漫录》逸文篇"真率会"一条:"司马温公有真率会,盖本于东晋初肆拜官相饬供馔。羊曼在丹阳日,客来早者,得佳设,日晏则渐不复精,随客早晚而不问贵贱。时羊固拜临海守,竟日皆美,虽晚至者,犹获精馔。时言'固之丰腆,不如曼之真率'。"①《宋书·陶潜传》云:"贵贱造之者,有酒辄设,潜若先醉,便语客:'我醉欲眠,卿可去。'其真率如此。"可见,"真率"这里取简单率性之意。《邵氏闻见录》亦有记载:

> 元丰五年,文潞公以太尉留守西都,时富韩公以司徒致仕,潞公慕唐白乐天九老会,乃集洛中公卿大夫年德高者为耆英会。以洛中风俗尚齿不尚官,就资胜院建大厦曰耆英堂,命闽人郑奂绘像其中。……独司马公年未七十,潞公素重其人,用唐九老狄兼谟故事,请入会。温公辞以晚进,不敢班富、文二公之后。潞公不从,令郑奂自幕后传温公像,又至北京传王公像,于是预其会者凡十三人。潞公以地主携妓乐就富公宅作第一会。至富公会,送羊酒不出;余皆次为会。洛阳多名园古刹,有水竹林亭之胜,诸老须眉皓白,衣冠甚伟,每宴集,都人随观之。潞公又为同甲会,司马郎中旦、程太常珦、席司封汝言,皆丙午人也,亦绘像资胜院。其后司马公与数公又为真率会,有约:酒不过五行,食不过五味,惟菜无限。楚正议违约增饮食之数,罚一会。皆洛阳太平盛事也。②

由上述文字可知,元丰五年(1082),文彦博曾在洛阳召集时下一批年高德劭的耆宿老臣,组织了耆英会,成员包括富弼、文彦博、席汝言、王尚恭、赵丙、刘几、冯行己、王慎言、张问、张焘、王拱辰、郑奂、司马光等共十三人。文彦博耆英会追慕唐代白居易洛阳九老的传统,以当时洛中"尚齿不尚官"的风俗为旨,并建耆英堂,绘耆英会图。当时

---

① (宋)吴曾:《能改斋漫录》,上海古籍出版社,1979年,第533页。
② 《邵氏闻见录》,第104—105页。

司马光由于年未满七十,未敢忝列其中,潞公以唐九老狄兼谟故事邀之。由于聚会形式简单,每位成员可轮流组织承办。随后,文彦博又组织同甲会,盖因其与司马旦、程珦、席汝言皆生于北宋景德三年(1006)。元丰六年(1083),司马光组织真率会,并有明确约定:"酒不过五行,食不过五味,惟菜无限。"《诗林广记》后集卷十"司马温公"条记载"真率会":

> 《温公集》云:"用安之韵招诸公于南园,为'真率会'。"
>
> 胡苕溪云:"洛中尚齿,起于唐白乐天,至本朝,司马君实居洛,遂继为之,谓之'真率会'。好事者写成图,传于世,所谓'九老图'者是也。"
>
> 《温公集》云:"三月二十六日作'真率会'。伯康与君从七十八岁,晏之七十七岁,正叔七十四岁,不疑七十三岁,叔达七十岁,光六十五岁,合五百一十五岁。再成诗用前韵云。"……
>
> 真率会约云:(一)序齿不序官。(一)为具务简素。(一)朝夕食不过五味。(一)菜果脯醢之类,各不过三十器。(一)酒巡无算,深浅自酌。主人不劝,客亦不辞。逐巡无下酒时,作菜羹不禁。(一)召客共作一简,客注可否于字下,不作别简。或因事分简者听。(一)会日早赴,不待促。(一)违约者,每事罚一巨觥。[①]

由上述记载可知,司马光真率会"远绍唐白居易洛阳九老会,近承元丰五年文彦博洛阳耆英会"[②],会约明确,物质简单朴素,宴饮礼节上的节俭简朴更有助于精神的追求与满足。这种理念与传统在赵鼎组织的真率会上也得到了很好的实践。

首先,从组织初衷来看,一方面,赵鼎本人对人生、仕途有着清晰明确的看法,他希望寻找一群与自己志趣相仿的友人,并与之有更多切磋交流的机会。因此,诗人在诗的一开头便写道:"山林与钟鼎,出处无异趣。刍豢等藜藿,同是一厌饫。此心无适莫,外物曾何忤。"[③]鲜明地表达出自己对待庙堂江湖、贫贱富贵的淡然态度。首句化用杜甫《清明》诗中"钟鼎山林各天性,浊醪粗饭任吾年"一句,不管是击钟而食、列鼎而烹的富贵生活,还是粗茶淡饭、平淡安稳的山林岁月,诗人心无适莫,因为对诗人来讲,外界的一切事物都不应该成为干扰内心的因素。作者在《乙巳二月初八日集独乐园》一诗中进一步对此进行了阐释:"介不为高通不偷,亦知出处非人谋。人生一世罹百忧,惊风变灭波上沤,胡为滞此胸中愁。"[④]在诗人眼里,入世出世并不能仅依靠个人力量的谋划。人

---

① (宋)蔡正孙:《诗林广记》,中华书局,1982年,第411—412页。
② 庞明启:《论宋代的真率会及其诗词创作》,《宁夏大学学报(人文社会科学版)》2015年第3期,第90页。
③ 《忠正德文集》,第81页。
④ 《忠正德文集》,第81页。

生在世有太多的烦恼困顿，没有必要因此郁结心中，惆怅不已。"奚独淡交游，未肯厕纨绔。故寻漫浪人，要作寻常聚。"但是唯独在与人交往、朋辈交游这方面，一定要坚持自己的原则，不能够使纨绔之辈杂厕其中。这句诗既表明了自己的处世交往态度，又对真率会成员群体特征作出了一个基本的定位，即淡泊无欲，志同道合。另一方面，真率会上溯白居易九老会及司马光真率会等文人聚会传统，赵鼎同样希望包括自己在内的这一真率会群体能够凭借自己高尚的志趣与斐然的文采留名于世，像九老会等前人一样名垂千古。"却想耆英游"一句追溯前人宴饮聚会故事，如文彦博耆英会及司马光真率会故事，并以前人聚会漫浪寒素的风流品格自勉，与《乙巳二月初八日集独乐园》中"圣贤清浊皆友侪，九老前尘邈难求。七交高躅或可俦，百年典刑今在不，振起此风须此流"一段形成呼应，"九老"当是追溯白居易等在洛阳香山九老之会，"七交"则是指包括自己在内的七位成员，诗人认为大家品行高洁，风流雅致，或可与前人相提并论，这段诗既是对前人的追慕，亦是对自己所组织真率会的肯定与勉励。

其次，从会约形式来看，赵鼎真率会同样秉持着简单朴素、率性漫浪的特点。诗人在诗中对真率会赴约、倾谈以及会饮等氛围特点也进行了详细介绍。"主既不速客，客亦随即赴"一句表明聚会的随意性，这同样也是承袭了司马光真率会"会日早赴，不待促"的漫浪特点。"倾谈剧悬河，泻酒快流溜""云何造请门，日满户外屦"写宴会上的热闹氛围，群贤毕至，席间众位成员兴致高涨，觥筹交错，相谈甚欢。与前述司马光真率会上"酒巡无算，深浅自酌。主人不劝，客亦不辞。逐巡无下酒时，作菜羹不禁"遥相呼应。《乙巳二月初八日集独乐园》中有"一醯百罚宁论筹，呜呜自作秦人讴。快谈慨慷杂嘲咻，凛如武库森戈矛。天地万物穷雕锼，往往出语夸何刘"句，均是描写宴会之日熙熙攘攘，客人纷至沓来，大家聚在一起，开怀畅饮，场面十分热闹。"淡然文字欢，一笑腥膻慕"一句描写宴会上众人以酬唱作诗为乐，并表达了对纨绔腥膻之气的厌恶与不屑，同样亦可印证宴会菜肴简朴的特点。"君诗妙铺写，纵横俱中度。我老学荒废，一词不能措。独于樽酒间，不惜淋漓污"这句诗描写了众人在宴会上的酬唱情形以及自己不胜杯杓的醉酒形态。轻松率性的宴会上，众人恣意自如，对客挥毫，文思泉涌。而诗人自谦自己荒废文学已久，以至于无法创作，只能沉醉于樽酒之间，酣畅痛饮一番了。《乙巳二月初八日集独乐园》中亦有诗句："谁能叠曲筑糟邱，所愿酒泉生酒瓯，此生痛饮无罢休。"

最后，从内核精神层面来看，无论是白居易、司马光，还是赵鼎，抑或是羊曼等人，他们组织宴会团体的目的，都是希望能够搭建这样一个平台，联通自己与知交，释放众人内心最为本真的率性与纯质。无论是倾谈、创作，还是喝酒，从中我们也可以看出，真率会聚会始终秉持着率性而为的特点，摒弃浮华，追求最为朴素的简单、真实与痛快。这一点，与"真率"原初的意义大抵契合。"何当赋归欤，去敛头角露。家有应门儿，稍能随指顾。"诗人对官场中的尔虞我诈感到厌恶，对自己的怀才不遇感到苦闷，并慨叹何时才能够完全抛却世俗、辞官归去，无所忧虑地享受天伦之乐。"鸡黍林下期，视此犹应屡。有兴即放言，安能限章句。"虽然此刻还无法完全退隐山林，但是知己好友相聚唱和、联结情谊的真率聚会，应当常常召集组织起来。最后结尾希望成员们可以在宴会上挥毫泼墨，率性创作，不要有所拘泥。诗人清楚地知道，困扰自己的诸如仕途等一系列现实挫折，不会因为真率会的相聚就此消解，但诗人依然十分珍惜能够有这样片刻的欢愉时光，因此希望成员们也能够享受当下，率性创作。

诗中有"我亦蹭蹬余，早向危机悟。绝意鸳鹭行，幸此松萝附"一句写自己在官场上久处困顿，事业潦倒，但即便如此，诗人还是耻与流俗为伍，选择与山林为伴，与知己同游，并且庆幸自己有如此契合的至交好友："老成不堪冠屦囚，人怜拙甚营巢鸠。羁穷动辄遭寇仇，但欲缩首眠黄绸。何意独蒙公等收，欢然一笑回青眸。"事实上，按照本文推定，作者在作此两首诗时约四十岁，因此这里并不是实写自己真的已经年迈体衰，而是一种饱经困顿失意的沧桑之感的流露与表达。即便如此，诗中作者从外貌形态、文采气质、家学品格等方面对其他六人进行了赞美之后，以"老成不堪"这样的词语来自谦，可见诗人应当也是此群体中最为年长的一位，而其又是真率会的核心成员，这与真率会"序齿不序官"的原则相符。据前文所引可知司马光组织的真率会虽然没有文彦博耆老会对年龄要求那么严格，但是成员年龄基本上也均在六十五岁以上，较之可见，赵鼎真率会虽然仍坚持"序齿不序官"，但是已经往年轻化方向发展了。这可以说是赵鼎真率会相对司马光真率会的一点新变。

三

通过对司马光真率会渊源、会约和特点等相关情况的介绍以及对赵鼎《真率会诸公有诗，辄次其韵》整首诗歌文本的具体分析，可以看出，无论是组织初衷、外在会约形式还是内核精神，赵鼎组织的真率会对司马光真率会都有一个非常完整地继承和弘扬，二者的追求几乎可以说是完全契合。事实上，赵鼎和司马光也存在思想渊源上的一种承袭关系。《宋史·邵伯温传》云："邵伯温，字子文，洛阳人，康节处士雍之子也。雍名重一时，如司马光、韩维、吕公著、程颐兄弟皆交其门。伯温入闻父教出则事司马光等，而光等亦屈名位辈行，与伯温为再世交，故所闻日博，而尤熟当世之务。""赵鼎少从伯温游,及当相,乞行追录,始赠秘阁修撰,尝表伯温之墓曰:'以学行起元祐,以名节居绍圣,以言废于崇宁。'世以此三语尽伯温出处云。"①由此可知,邵伯温少时亲接前辈司马光,而其又是赵鼎之师,可见赵鼎对司马光真率会及其精神的推崇与承袭并不是一种偶然。诗社聚会活动在宋代非常普遍且形式多样,真率会亦属其中一种,再加上司马光等人的典范作用,真率会这种形式在当时被逐渐认可,据考证,折彦质、胡寅、李光、范成大等人相继在司马光之后在不同地方组织过真率会活动,②赵鼎组织真率会也是当时风气推动使然。

    赵鼎与真率会成员的交游集中于宣和年间在洛阳任职期间,在此期间,真率会各成员虽然远离政治中心,未能在政坛上一展才能,但也正由于这种相同的苦闷困顿,加上惺惺相惜的文学造诣,使得真率会成员培养了深厚的友谊和志趣。宣和年间,成员在洛阳的诗歌唱和以抒怀和送别诗为主,诗人大多从自己的内心感受出发,着眼于个人或朋友交往,抒发内心的感怀。《次韵退翁雪中书事》四首是赵鼎与宋齐愈唱和之诗,诗人描写了雪后冰河渐冻、梅花纤柔傲立、夜半寒风萧瑟以及面对残雪妙笔生花的四幅画面,颇有闲情雅致。梅花在赵鼎与成员唱和作品中极为常见,除了因为梅花是独乐园常见景物③之外,更是因为作者对梅花的喜爱,"桃李丛中独立难,自怜孤艳怯春寒"④,在作者笔下,梅花通常是娇弱纤柔的,但却能承受住凛冽的风沙孤寒,具有高洁孤傲的品质,"冷落霓衣慵按舞,斓斑妆粉未胜冠。留连芳酒无嫌晚,要与凉蟾共倚栏",既是在赞颂梅花,又是在以梅自况。另一方面,此时的赵鼎已到不惑之年,自崇宁五年(1106)登第后已经在地方任职近二十年,从少年登第时的踌躇满志到如今历任州县的潦倒漂泊,心中难免有功业难就、怀才不遇之感,因此,在他的很多诗作中容易可以感受到他常常流露出才华抱负未能得到施展的遗憾愁苦以及对建功立业的渴望。与此同时,这种困顿的处境,在真率会成员们的身上也如出一辙,如《雪中独坐退翁索诗》诗:

> 东风解放狂花飞,何乃尚容寒作威。了无宾客共携酒,更有人家来索诗。
>
> 天高云漏不遮月,皎洁上下同澄辉。亭前有树高百尺,为借惊乌安一枝。⑤

    这首诗描写诗人深夜独坐雪中,在月色下想起好友索诗,不禁赋诗一首的场景。开头两句写天气乍暖还寒,说明创作时间当在冬末春初。颔联两句点明创作原因,"了无

①《宋史》,第12851、12853页。

②庞明启:《论宋代的真率会及诗歌创作》,《宁夏大学学报(人文社会科学版)》2015年第3期,第91页。

③赵鼎有《独乐园夜饮梅花下再赋》等诗。

④《忠正德文集》,第77页。

⑤《忠正德文集》,第83页。

宾客共携酒"与上文推断出的宣和年间真率会聚会唱和亦可形成呼应。后四句化用曹操《短歌行》"月明星稀,乌鹊南飞,绕树三匝,何枝可依"句,写月光皎洁,天地上下同沐清辉,亭前之树高高耸立,惊鸟漂泊,可以靠息于此。作者独坐亭下,欣赏雪后夜景,整首诗萦绕着一种清冷安详的氛围。诗人在这里借惊鸟来喻指自己,此时的诗人已经在地方流任许久,却还仅仅只是州县小官,未能完全施展自己的才华抱负,颇有怀才不遇之感。《送张京与之宰解县》中也曾多次流露出不得志之感,但由于是送别与自己处境相同的友人,诗人还是用"要看天工种明玉,请君少待盐风来"①及"为我去寻山下路,疏云流水五峰秋"等句来劝勉友人不要为才华未能施展而伤感,要静待时机大展宏图。此外,出于功利性的现实考量,在仕途上同病相怜的这群人希望通过真率会这种形式留名千古,这一点,在上文第二部分有提到,在此不再赘述。

靖康劫难之后,北宋时局摇摇欲坠,内忧外患严重,使得政坛有了重新洗牌的机会,赵鼎、宋齐愈、胡寅等人得以跻身政治中心,崭露头角。靖康元年(1126),赵鼎以宰相吴敏荐,除开封府士曹;胡寅召除秘书省校书郎,并从杨时受学;宋齐愈除监察御史。九月丙寅,金人陷太原,"己巳,集百官议三镇弃守"②。三镇即太原、中山、河间三镇。赵鼎与宋齐愈等三十六人均主张三镇不可割,《宋史·赵鼎传》记载赵鼎对于保三镇而战的态度尤为强硬:"鼎曰:'祖宗之地不可以与人,何庸议?'"③其反对割地的坚决性可见一斑。

同年闰十一月,金兵围困汴京,赵鼎《辩诬笔录》对此记载道:"丙午冬金人分两路渡河,直抵畿内。西自洛阳,东至南都,南自颍昌,北至大河,皆为金人占据,京师在数千里重围之中。仰视但见青天白日,而道路不通,中外断绝。四方万里之远,郡县栉比,官吏享厚俸、兵级坐食衣粮者不可以数计,而优游自若,无一人回首一顾者,安得所谓勤王之师?月余城破,敌分兵屯列城上下,瞰城中百万生灵犹几上之肉。"④赵鼎目睹了金人披甲执锐,气势汹汹入侵并攻陷汴京都城的场景,在诗中与友人分享自己的心境,有《围城次退翁韵》及《次明仲韵》四首。"甲马分诸道,舟车会此都。前王端有意,异世肯同途。人物风流尽,公私府库虚。百年余故老,相遇涕涟如。"⑤面对这兵荒马乱、满目疮痍的一切,诗人痛心疾首地发出质问,前朝君主雄心壮志,励精图治,为何如今的官员臣子却

---

①(宋)王得臣《麈史·占验》:"今解梁盛夏以池水入畦,谓之种盐。不得南风,则盐不成,俗谓之盐风。"
②《宋史》,第430—432页。
③《宋史》,第11285页。
④《忠正德文集》,第160页。
⑤《忠正德文集》,第85页。

只顾自己的高官厚禄,优游自若,对城中烧杀抢掠、生灵涂炭的场景视而不见呢? 深切地表达了自己在国破家亡之际忧时伤怀的心境。"曾谒祥曦羽盖黄,天衣纷扰御炉香"①回忆了曾经上朝议事,面见天子的繁盛情景,只是不知何时,尊贵华雍的天朝竟如此潦倒零落。"浩浩颠风尘四合,漫漫后土水平流""尘沙渺渺暗城楼",浩浩狂风翻涌,尘土从四面八方围拢着都城,漫漫后土席卷,烟尘滚滚,风云变幻,守城将士处境十分艰难。在这种情势下,诗人更加怀念之前的盛世光景,并发出了"慷慨一卮戏下酒,诸郎谁是舞阳侯"的殷切质问,用舞阳侯樊哙典故,希望能够有义士将领挺身而出,辅佐君主重新打造太平盛世,使得晴曦普照九州。诗人面对这破碎的山河日夜忧心却无力回天,只能与友人互相唱和,缓解这种愁苦,也正是因为三人交谊深厚,才能如此开诚布公。

《辩诬笔录》亦载赵鼎等三人过延真宫见徐秉哲一事:

> (靖康二年)二月初天地大变,六宫皇族相继取诣军前。一日,宋退翁、胡明仲过延真,率余同见府尹。时有金使二人来府中催促应副,退翁密谓余曰:'瑶华当祝尹深藏之,以备垂帘,待元帅之归。'余曰:'何人可托? 须有力量可保者。'退翁曰:'戚里王某,诜之子。内侍则邵成章。'既见尹,适金使在坐,不容交谈。退翁于掌上书'瑶华'二字,凭尹书几,展手示之。尹曰:'何为?'退翁曰:'藏之。'尹良久乃悟曰:'会得! 会得!'是日晚,退翁作札子详言其事,托余达之于尹。"②

可见赵鼎与宋齐愈、胡寅三人在朝堂上彼此信任,共同进退。靖康二年(1127)二月,汴京失守,徽、钦二帝北行,金人议立张邦昌,欲扶植傀儡政权,鼎与胡寅、张浚逃太学中以避乱,不书议状。③

而后高宗赵构登基,改元建炎。赵鼎与宋齐愈同游北山,作《次韵退翁游北山之什》诗。④ 诗人看到远方孤云飘浮,群峰耸立,峰顶乌云若隐若现,又想到了如今动荡的政局。"时当高秋雨霜后,木叶纷乱号悲风"一句用自然环境暗喻时局,虽然暂时安定下来,但是诗人无法忘记昔日的疮痍。一朝战火纷飞,狼烟四起,"鼎湖龙去自不返,非烟长锁琉璃宫"一句则是含蓄地点明靖康之变后二帝北狩之事,继而写历经战乱亡国的前朝百姓在面对国将不国的悲痛心情。随后作者转悲痛为振奋,"今主绍述更神武"借哲宗继承神宗新法来表达对新帝重整山河,收复失地的期待,自己愿为马前卒,辅助新帝重振国威。待到国家安定、百姓安康之后,自己便功成身退,归隐山林。结尾处"吾庐好

---

①《忠正德文集》,第 115 页,下同。

②《忠正德文集》,第 158 页。

③《宋史》,第 11285 页。

④《忠正德文集》,第 82 页。

在寻归期"化用陶渊明语典,表达自己对摆脱尘网羁绊寻求隐逸之乐的渴望。

不久后,胡寅亦因张邦昌事弃官归家;宋齐愈因张邦昌事于七月十五日癸亥被腰斩。而赵鼎此时已被罢职离开开封,寓居杭州。与张京同登巽亭,有《次韵张与之登巽亭》诗二首。此时的南宋王朝初建,根基未稳,加上靖康劫难仿佛还在眼前,而此时的作者却被罢职,因此心情沮丧难平,既是为自己,也是为这"百年遗恨"。巽亭在杭州东南,《乾道临安志》卷二:"南园巽亭,庆历三年,郡守蒋堂于旧治之东南建巽亭,以对江山之胜。"① 诗人面对这残秋之景,不禁怀想起自己曾经的功成身遂后便隐居山林的愿景,到如今,"老矣未成南亩计,归欤空媿北山灵",老则老矣,功业未就,觉得愧对曾经一起交游奋斗的知交。回顾往昔,物是人非,只剩巽亭下的柏树潇潇独立。经历过靖康劫难、南渡改元之后的诗人,难掩对战争的厌恶以及对时局的担忧,但悲痛过后更多的是对未来国家安定的殷切希望。诗人将这种复杂的感情化作诗语与友人分享倾诉,借以互相纾解勉励,更显其蕴藉深沉。

面对敌寇入侵,国破家亡的危急局势,赵鼎作为一名爱国文人,自然无法置之度外,因此,战乱时事就成了其在相当长一段时期内的创作主题。和众多南渡诗人一样,赵鼎的作品中有对动荡局势的热切关注,对纷火战乱的厌恶无奈,对昔日盛景的怀念留恋以及对重整山河的期盼渴望。而真率会成员如张京、宋齐愈、胡寅等,作为其早年结交且一直志同道合的好友,自然也是赵鼎极好的倾诉对象,因此在其与好友的唱和诗中,总是绕不过赵鼎忧时感怀的家国情怀。

综上,结合相关史料,由赵鼎《真率会诸公有诗,辄次其韵》及《乙巳二月初八日集独乐园》两首诗来分析,可以得出赵鼎组织真率会当在其宣和六年(1124)至七年(1125)在河南洛阳任县令期间。其间,诗人虽不曾潦倒飘零,但亦是官位不显,一直在地方州县任职漂泊,无法施展自己的才能,因此能够有时间、有精力去组织这样一场真率会,也正因此,在这一时期的诗歌作品中常常能感受到赵鼎流露出的怀才不遇的愁苦以及渴望功成名就之后归隐山林的心情。真率会由司马光首创,其时司马光因反对变法闲居洛阳,组织真率会也是为了排解仕途不顺的苦闷,追求真率自然的山林生活。加上赵鼎对司马光也存在思想渊源上的继承关系,因此无论是外在形式还是内核精神,赵鼎真率会对司马光真率会都有一个非常完满的继承和弘扬。但遗憾的是,据《赵氏谱牒》记载:绍兴十八年(1148),赵鼎之子赵汾葬父于衢州常山县后,当时衢州州守章杰为献媚秦桧,欲掠夺赵鼎诗文集,在常山县尉翁蒙之的帮助下,赵汾尽焚箧中书帖,故赵鼎生平诗文,

---

① (宋)周淙:《乾道临安志》,中华书局,1985 年,第 48 页。

几乎无传。早年真率会的相关诗文自然也没有流传于世，因此很难对其真率会创作主张及思想有一个全面的了解。

真率会是赵鼎四十岁左右组织的聚会社团，其时的赵鼎虽已逾不惑之年，但由于其前半生仕途不顺，可以说，赵鼎是从四十岁以后才真正得到了大展才能的机会，由于国家动荡，局势不安，赵鼎因缘际会进入北宋政治中心，才开始真正地站上政治舞台。而早期真率会结交的诸多好友，如宋齐愈、胡寅等，依然同朝为官，政见趋同。应该说，在洛阳组织的真率会给他们提供了这样一个契机，并且这种群体关系也在后期延续了下去，他们不光文学志趣相投，而且政治取向同样相近，因此在政坛上能够互相援引扶持，比如在汴京被困、议立张邦昌、高宗登基等政治事件中，这些成员大都是共同进退，既是同僚也是至交，这也是他们政治生涯有着诸多重叠的原因。

唐宋以来常山县登科进士与科举社会

浙大城市学院　汪潇晨

　　本文拟讨论唐宋以来浙江常山县登科进士个体与家族形成过程与构成特点,进而分析历代常山县进士群体在家学教育、仕宦历程等方面的特点,最后考察进士群体对地域社会与文化的影响。常山县自唐咸亨五年(674)以来即沿县名,咸淳三年(1267)改为信安县,①元至元十三年(1276)年复称常山县,至清末县名未改。② 之所以选择常山县作为考察对象,主要基于以下原因:

　　首先,唐宋以来至明清,常山县进士群体的兴起与构成变化较为明显。且由于地理原因,受到外来因素介入较少,士人来源与构成不复杂,具有典型意义,适合作为个案分析,进而从一个侧面看出科举政策对地方进士群体影响的变化轨迹。其次,常山县作为两浙地区处于中下地位的县域,随着唐特别是两宋以来浙江地区的经济发展与文化繁荣,其进士群体也随之崛起。伴随着进士精英政治、社会活动方面的影响与辐射,地域社会与地域文化也得到发展机遇。分析唐宋以来常山县进士精英群体的兴起与其特征,以及其对地域文化发展产生的影响,有助于了解浙江地区普通县域地域精英文化的发展历程。

一、唐宋以来常山县登科进士概况

　　隋唐时期科举制度确立以来,常山县有载较早登科者为代宗大历九年(774)进士张莒,仕至邓州刺史。③ 又据《唐诗纪事》载张莒在宣宗大中时官吏部员外郎,并收其所作《元日望含元殿御扇开合诗》。④

---

① (元)脱脱等:《宋史》卷八八《地理志四》,中华书局,1985年,第2177页。
② (明)宋濂等:《元史》卷六二《地理志五》,中华书局,1976年,第1497页。
③ (唐)柳宗元:《柳宗元集》卷一二《墓表志·先君石表阴先友记》,中华书局,1979年,第304页。
④ (宋)计有功撰,王仲镛校笺:《唐诗纪事校笺》卷三一《张莒》,中华书局,2007年,第1108页。

北宋时期是常山县进士登科的第一个高峰，主要体现在进士人数上。北宋时期常山县共产生进士 34 人，根据录取科目渠道可细分为：上舍释褐 1 人，特赐第 1 人，制科 1 人，进士科 31 人。南宋时期，共计登科进士 22 人，皆为常科登第。相较北宋，南宋总体登科进士人数虽有所回落，但突出特点是宗室登科者占比较高。南宋时期常山县宗室登科进士有伯麟（太祖七世孙）、彦瑹（廷美七世孙）、师莆（太祖八世孙）、汝扆、汝坙、汝塾、汝佖、汝傔（太宗八世孙）、郲夫、趆夫、璒夫（廷美八世孙）、希坐、希貴（太祖九世孙），计 3 世，13 人，占全体进士 60%。

元代由于国祚不长，且实行科举时间较短，产生进士数量较少。元代常山县进士共 4 名，为徐恢、汪文璟、蔡元道、汪元善。分别于泰定元年（1324）、至正二十六年（1366）两榜登科。①

明代常山县进士计 23 名，均为文科进士，其中特奏名 1 人。明代中叶科举制度逐渐完善，常山县也随之开始有进士产生。现存文献中，明代常山县登科最早者为洪武二十七年（1394）进士陈生。② 其后进士登科频次较为平均，基本相隔 1—2 榜产生 1 名。

清代常山县进士在数量上急剧下降。据统计，清代常山县进士共 5 人，文举进士仅 2 人，且集中在康熙时期，分别为康熙三年（1664）进士程万钟、康熙四十二年（1703）进士吴琏③。其中吴琏移籍杭州府仁和县，且通过顺天府乡试登科。④ 乾隆以后登科 3 人皆为武举，分别为乾隆四十三年（1778）程毓龙、四十九年（1784）聂克滨、光绪六年（1880）汪朝宗、十八年（1892）徐擒虎等。⑤

二、唐宋以来常山县进士构成变化的历史背景与政策原因

北宋以来，随着科举制度完善，以及浙江地域文化繁盛、经济地位抬升等原因，进士

---

① 天启《衢州府志》卷一〇《人物志·甲科》，《中国方志丛书》，华中地方第 602 号，成文出版社，1966 年，第 1017 页；康熙《常山县志》卷一二《列传》，《日本藏中国罕见地方志丛刊续编》，北京图书馆出版社，2003 年，第 123 页。

② 《明清历科进士题名碑录·明洪武二十七年进士题名碑戌科》，华文书局，1969 年，第 60 页。

③ 《明清历科进士题名碑录·大清康熙三年进士题名碑录甲辰科》，第 1554 页；《明清历科进士题名碑录·大清康熙四十二年进士题名碑录癸未科》，第 1699 页。

④ 光绪《常山县志》卷五三《人物志·文苑·国朝》，《中国方志丛书》，华中地方第 209 号，第 1227 页；康熙《钱塘县志》卷一〇《选举·进士·国朝》，第 98 页。

⑤ 光绪《常山县志》卷四〇《选举志·武举人·国朝》，第 965 页；中国第一历史档案馆藏《光绪十八年武殿试榜文》。

群体出现向基层地域渗透的现象。包括常山县在内的中下层级县域内，进士开始增多，进士家族开始兴盛，进士与科举文化风气也逐渐形成。在这一过程中，由于不同时代历史背景，特别是科举政策指挥棒的作用，使得进士构成情况呈现出不同样态。分析其构成，可以窥见科举社会成熟背景下，普通县域在政策影响下，进士构成与进士文化的产生与变化。

北宋以来，常山县进士群体形成与进士文化的兴起，除了体现在进士人数增长外，还体现在家族式集中性等方面。北宋时期常山出现以科举家族式同时或相继登科为主的现象。例如，北宋最早登科者慎锴、慎镛、慎锜兄弟三人皆五代末期、北宋初期常山著名士人慎知礼孙、从吉子。① 慎锴于北宋初期登科，慎镛则在真宗朝登科，慎锜于真宗大中祥符间登科，三人登科时间相近。② 慎氏兄弟皆以文学出名。再如王言，王介，王汉之、王涣之、王沆之等祖孙三代分别于天禧三年（1019）、嘉祐六年（1061）、熙宁六年（1073）、元丰二年（1079）接连登科。③ 又有王氏同族愈、㧑父子分别在嘉祐四年（1059）、元丰二年（1079）相继登科④。 又有汪杰兴、汪文兴兄弟，分别于天圣五年（1027）、景祐元年（1034）相继登科。⑤ 吴明、吴亮兄弟于元丰二年（1079）同时登科。⑥ 汪贤、汪隆兄弟于政和六年（1116）同时上舍释褐。⑦ 这种情况一直维持到北宋最后一位登科者江少

① 《宋史》卷二七七《慎知礼传》，第 9445 页。

② 按，慎锴登科具体时间不可确考，但据授本官阶太常博士，为元丰改制前有出身人迁转官阶（《宋史》卷二七七《慎知礼传附子吉传》，第 9447 页）。王安石所谓"非文学出仕，则不得以名官"（［宋］王安石：《王文公文集》卷一二《钱衮授太常博士》，上海人民出版社，1974 年，第 127 页），可知其为进士出身。（宋）程俱撰，张富祥校证《麟台故事校证》卷二中《储藏》："（大中祥符九年［1016］三月）太常博士、秘阁校理慎镛。"中华书局，2000 年，第 288 页。慎镛同样历官太常博士官阶，知其为进士出身。（宋）郑樵：《通志二十略》卷二九《氏族略第五·慎氏》，中华书局，1995 年，第 198 页。

③ （宋）方勺撰，许沛藻、杨立扬点校：《泊宅编》卷八，中华书局，1983 年，第 47 页；（宋）徐松辑，刘琳、刁忠民、舒大刚、尹波等校点：《宋会要辑稿·选举》一一之九《制科》，上海古籍出版社，2016 年，第 5475 页；（宋）程俱：《北山小集》卷三四《王公（汉之）行状》，人民文学出版社，2018 年，第 591 页；同书卷三〇《王公（焕之）墓志铭》，第 537 页；弘治《衢州府志》卷一〇《科贡·常山·宋》，《天一阁藏明代方志选刊续编》，上海书店出版社，2014 年，第 207 页。

④ 弘治《衢州府志》卷一〇《科贡·常山·宋》，第 208 页；雍正《浙江通志》卷一二三、卷一二四《选举·宋进士》，《景印文渊阁四库全书》第 522 册，台湾商务印书馆，1983 年，第 283、289 页。

⑤ 弘治《衢州府志》卷一〇《科贡·常山·宋》，第 208 页；雍正《浙江通志》卷一二三《选举·宋进士》，第 278、279 页。

⑥ 弘治《衢州府志》卷一〇《科贡·常山·宋》，第 209 页；雍正《浙江通志》卷一二四《选举·宋进士》，第 289 页。

⑦ 雍正《浙江通志》卷一二四《选举·宋进士》，第 301 页。

虞。按江纬、江少虞叔侄分别于元符三年(1100)、重和元年(1118)登科。[1] 从人数来看，家族式相继登科者计有 17 名，占全部进士的 1/2，可见北宋时期常山县科举家族的兴盛。

南宋时期常山县宗室进士数量激增，且占有近半数员额，超越传统科举家族，成为进士主力。其原因主要有二：一是南渡以来，宗室大量迁居、寄居至两浙地区；二是北宋晚期以来宗室应举制度的完善，以及宗室登科数量的激增。

首先看宗室大量迁居、寄居。从迁徙家族迁出地分析，南渡的北方家族主要来自开封地区。据吴松弟统计，自开封地区南迁的北方移民很多都是宗室。[2] 靖康之变后，南下移民最集中的地区是临安、台州、平江、镇江地区。[3] 建炎年间右谏议大夫郑敦即言："平江、常、润、湖、杭、明、越，号为士大夫渊薮，天下贤俊多避地于此。"[4]说明两浙及其周边成为当时南下移民的集散地。同时，与承平时期正常迁徙不同，两宋交替时期士族与平民南迁定居择地的主要考虑因素是方便躲避战乱，多选择靠山背海等具有自然屏障的中下级州县。[5]

其次是宗室应举制度的完善，以及宗室登科数量的激增。宗室应举制度完善的背景是宗室人数的激增。南宋朝廷不断扩大宗室登第名额的原因，除了皇帝优宠宗室血亲外，还与宗子总人数的增加有关。以宗室聚集最为集中的泉州为例，位处该地、负责管理宗室南外宗正司所辖宗室人数，至南宋中期王迈言："置司之初，隶于南邸仅三百四十有九人。嗣是，若木之枝，日以蕃棫。按旧籍，至庆元已四倍，今日又七倍之。"[6]真德秀也曾对散居泉州的宗子人数增加情况作过详细说明："建炎置司之初，宗子仅三百四十有九人。其后日以蕃衍，至庆元中，则在院者一千三百余人，外居者四百四十余人矣。"[7]南宋中期前后增加五倍以上。如果将各地宗子繁衍速度与宗子登第人数增长情况对照，可以发现两者增速基本同步。

---

[1]《宋会要辑稿·帝系》九之二〇《诏群臣言事》，第 222 页；(宋)王明清撰，燕永成整理：《投辖录·江彦文》，《全宋笔记》第六编第 2 册，大象出版社，2013 年，第 97—98 页；光绪《江西通志》卷一〇《职官表》一〇《宋二》："高宗朝，江少虞，字虞仲，衢州常山人。政和八年进士。"《续修四库全书》第 656 册，上海古籍出版社，2002 年，第 233 页。

[2] 吴松弟：《北方移民与南宋社会变迁》，文津出版社，1993 年。

[3] 吴松弟：《宋代靖康乱后江南地区的北方移民》，《浙江学刊》1994 年第 1 期。

[4] (宋)李心传：《建炎以来系年要录》卷二，建炎三年二月庚午条，中华书局，1988 年，第 405 页。

[5] "建炎南渡，大家巨室，焚劫之余，转徙于山区海隅之间，殆无几矣。"参(宋)孙觌：《鸿庆居士集》卷四二《胡公(交修)行状》，《景印文渊阁四库全书》第 1135 册，台湾商务印书馆，1986 年，第 459 页。

[6] (宋)王迈：《臞轩集》卷五《泉守真公申请宗子给俸记》，《景印文渊阁四库全书》第 1178 册，第 513 页。

[7] (宋)真德秀：《西山先生真文忠公文集》卷一五《申尚书省乞拨降度牒添助宗子请给》，《四部丛刊初编》本，第 11 页。

在此背景下,北宋晚期以来完善宗室应举渠道,使得宗室登科进士数量激增。北宋前期,宗子禁止参加科举,皆由国家授官,坐食俸禄而不任事。神宗熙宁二年(1069)宗室改革,允许宗子通过应举入仕。至南宋,宗子可以通过三种考试途径获得科举出身,一是有官锁应,二是无官应举,三是宗子取应试(相当于特奏名,合格第一名即可参加文举正奏名殿试)。① 从熙宁二年至南宋末 210 年间共开科 68 次,录取比例宽松,"国家三岁取士,于宗室特加优异,盖示亲睦"②,使登科人数激增。绍兴二十六年(1156),臣僚言:"比年以来,(宗子)以科举进数倍日前,可谓甚盛。"③自哲宗元祐三年(1088)至嘉定元年(1208)的 120 年间,宗室以科举入仕之人达到 1344 人。④ 据统计,身份明确可考的登科宗子共 904 人,其中有具体榜次的,北宋 13 人,南宋 852 人。北宋晚期至南宋各朝人数,哲、徽、高、孝、光、宁、理、度宗朝分别为 4 人、9 人、55 人、59 人、28 人、211 人、396人、103 人;另有无榜次 39 人,其中北宋 16 人,南宋 21 人,不明确南北宋 2 人。⑤ 从人数分布看,宗室应举政策在北宋影响不大,及第宗子数量有限,至南宋方人数激增。北宋宗室改革的基本原则,是按服属远近依次降低待遇,其中五服内近属宗子仍享有赐名授官待遇,并可以和普通官员一样参加锁厅试;疏属宗子则取消赐名授官,只能通过参加科举获得官职。疏属宗子是指太祖、太宗、廷美的第五代以降后裔,换言之,宗子从第六代开始,只保留宗籍,基本等同庶民。宗子族群首次大规模出现在进士登第舞台,即在南宋高宗朝绍兴年间。高宗朝登科宗子集中在子、伯、师(太祖八世孙)、不(太宗六世孙)、善(太宗七世孙)、汝(太宗八世孙)、之、公(廷美六世孙)、彦(廷美七世孙)等辈,其中第六、七代孙占据多数。按照宗室改革条文,第六、七代孙正是最早面临取消赐名授官待遇,需自谋出路的宗子。直至南宋末年,宗子登第人数逐渐增多且居高不下。

同时,从登科时间分布来看,南宋时期常山县宗室登科较早时间为庆元五年(1199),有伯麟、汝昰、汝坕 3 人登科。且登科人基本集中在宁宗时期,而这一时期,正是宋代宗室登科人数呈十数倍激增的时期。常山县宗室登科人数占比与时间分布情况可称为南宋发达的宗室应举制度下,宗室进士群体南迁并兴起的一个典型案例。

---

①关于宋代宗室应举制度,参何兆泉:《宋代宗室研究》第五章《宗室的选试与应举》,浙江大学博士学位论文,2004 年;张希清《宋代宗室应举制度述论》,《第二届宋史学术研讨会论文集》,中国文化大学,1996年;祖慧:《南宋宗室科举制度探析》,《历史研究》2011 年第 2 期,第 35—49 页。

②《宋会要辑稿·帝系》六之一八《宗室杂录》,第 139 页。

③《宋会要辑稿·帝系》六之二三《宗室杂录》,第 141 页。

④(宋)张淏:《云谷杂记》卷三,《景印文渊阁四库全书》第 850 册,第 883 页。

⑤龚延明、祖慧编著:《宋代登科总录》,广西师范大学出版社,2016 年。

元代取士时间短,常山县登科人数少,其中仕宦最显者为徐恢。其原为江西鄱阳人,泰定元年进士,授永新县令。后以粮草归朱元璋,拜都御史。入明后洪武十四年(1381)官户部尚书,寻致仕。①

明代常山县进士群体构成沿袭宋代。又因宗室管理制度、分布与宋代不同,常山县宗室登科现象消失,更多与北宋前期类似,主要以进士家族形式为主。较有代表性的有郑、徐、詹三家。首先看郑家。郑氏为南宋时期婺州浦江县义门郑氏之后。② 郑佑伯父景范以经商起家,至佑中景泰二年(1451)进士,用顺天府大兴县贯。③ 佑子惟桓中成化十四年(1478)进士,④侄协中弘治三年(1490)进士。⑤ 此外,宗族中进士还有与佑同年登科的郑林。⑥ 其次是徐氏。徐氏起自同爱,成化十一年(1475)进士。⑦ 子瑶,弘治六年(1493)进士。⑧ 最后是詹氏。詹氏起自詹莱,嘉靖二十六年(1547)进士。⑨ 子侄思虞、思谦、在泮分别于万历二年(1574)、八年(1580)、十一年(1583)登科。以上三族计登科进士 10 名,占总数近半。

清代常山县进士数量急剧下降。与整体登科人数减少相对,武举登科却逐渐兴盛。这与清代整个衢州地区武举兴起的趋势有关。据统计,清代衢州府五县共产生 95 名进士,其中武举进士有 61 名,占 63%,特别是江山县,42 名进士皆为武举出身(表1)。

表 1　清代衢州府进士登科人数简表

	西安	龙游	江山	常山	开化	小计	占比
文举	19	7	0	2	7	35	37%
武举	8	5	42	4	2	61	63%
合计	27	12	42	6	9	96	

---

① 康熙《常山县志》卷一二《列传》,第 123 页。

② (明)李贤:《古穰集》卷一五《赠文林郎江西道监察御史郑君(沂)墓表》,《景印文渊阁四库全书》第 1244 册,第 645—647 页。

③ 龚延明主编:《天一阁藏明代科举录选刊·登科录》"景泰二年进士登科录",宁波出版社,2016 年,第 495 页。

④《天一阁藏明代科举录选刊·登科录》"成化十四年进士登科录",第 542 页。

⑤《天一阁藏明代科举录选刊·登科录》"弘治三年进士登科录",第 734 页。

⑥ (明)叶盛:《菉竹堂稿》卷六《兵科给事中郑君(林)墓表》,《四库存目丛书》集部第 35 册,齐鲁书社,1997 年,第 292—293 页;《天一阁藏明代科举录选刊·登科录》"景泰二年进士登科录",第 495 页。

⑦《天一阁藏明代科举录选刊·登科录》"成化十一年进士登科录",第 516 页

⑧《天一阁藏明代科举录选刊·登科录》"弘治六年进士登科录",第 767 页。

⑨《天一阁藏明代科举录选刊·登科录》"嘉靖二十六年进士登科录",第 976 页。

　　具体到常山县而言,武举的兴盛除了传统以文举应试的科举家族衰落外,还与清代浙江,乃至全国范围内提倡武举,提高武举出身地位的政策有关。与宋代的右文轻武,以及明代将武举作为军官世袭制的补充选拔渠道等政策、做法不同,清代真正将武举作为选拔武官的独立渠道。① 特别是在雍正五年(1727),清廷改革武举授官制度,②将清初授予武进士、举人绿营军军职的做法,改为名列前茅的武进士授予御前侍卫,任满后再任军职。这一做法,直接提高武举进士身份以及升迁进路。同时,未中进士的武童生、举人等也可凭借功名进入军界。在这一政策鼓励下,在浙江省等文举录取名额极端紧张的省份内,一些如常山县这样文风不盛的中下级县域,开始寻求武举等新的途径以获得科举功名。

三、进士群体、家族构成变化的原因

　　进士群体结构除了反映不同时期科举政策对地方士人产生的自上而下的影响,同时也造就了地方社会与家族内部的教育与家风。而以科举家族为典型的应举教育对家族乃至地方科举社会的形成,以及进士官僚的仕宦发展又产生自下而上的影响。二者双向作用,共同构成了科举社会下由应举教育、进士群体与士人社会等因素构成的有机整体。本节即以常山县为例,分析进士群体与家族应举教育以及仕宦履历的关系。进士群体仕途特征虽互有个体差异,然具有一定共同的时代特征。

　　唐、宋以来,由于科举社会成熟,形成了以科举家族为中心的进士官僚群体。在科举家族内部传承以应举教育为主的教育模式,常山县也概莫能外。如北宋初期以进士起家的慎氏家族。始祖温其从五代时期即以词章之学出名。仕吴越,任钱弘俶幕府判官。其子知礼"年十八,献书干俶,署校书郎。未几命为掌书记"。太平兴国三年(978),随钱弘俶纳土归宋,授鸿胪卿。后历知陈州、兴元府。至道三年(997),以工部侍郎致仕。知礼子从吉更是成为钱弘俶婿,任幕府长史。入宋后,授将作少监。入选东宫官,为太子右庶子。真宗即位后,再任右庶子,迁詹事。天禧末,以光禄卿致仕,从吉有数子皆登科。③ 其中较为著名的有锴、镛,皆曾任太常博士,镛还曾任馆阁官秘阁校理,官至

---

① 赵冬梅:《武道彷徨——历史上的武举与武学》,解放军出版社,2000 年,第 60 页。
② 李世愉、胡平:《中国科举制度通史》清代卷第九章《武举》,上海人民出版社,2017 年,第 596 页。
③《宋史》卷二七七《慎知礼传附子从吉传》,第 9445—9447 页。

谏议大夫、给事中，①延续了慎氏以文学词章著称的家学风气。

　　除了如慎氏家族这样五代时期以来即显赫的官僚旧族外，更具有宋代科举社会特色、起自平民、由读书举业起家的是北宋中期以来兴起的王氏家族。王氏并无显赫的家族背景，是典型的经历数代应举积累发展起来的进士家族。王言由天禧三年（1019）进士，仕至高邮军判官。② 虽仕宦履历不显，但开启了平民家族应举的端绪。其子介先于庆历六年（1046）登科，再于嘉祐六年（1061）以著作佐郎制举应贤良方正能直言极谏科，入第四等，迁秘书丞、知通州静海县。③ 后历馆职，仕终知州。④ 为仁宗朝试中制举 15人之一。⑤ 由于其科第高名，与苏轼、苏辙、王安石等著名文人皆有往来。⑥ 王氏家族经过两代积累与经营，至北宋晚期，进士登科出现爆发性增长。如介子汉之、涣之、沇之，以及介族弟愈子抚之，分别于熙宁六年（1073）、元丰二年（1079）、五年（1082）登科。其中汉之、涣之皆弱冠中第且甲第较高，仕宦亦显。⑦ 王氏一族因汉之在宣和间退居镇江府，至第四代时在两宋之交举家迁居镇江府金坛县，离开了常山县。⑧

　　南宋时期，原先的进士家族或外迁或没落，加之以北方南迁的宗室进士群体的兴起，以至代替原有家族，成为当地最主要的进士群体。此现象的出现主要是宗室应举的一系列优待政策导致的。首先是解额的宽松。南宋淳熙二年（1175），一般举人省试选拔的比例是 16 人取一人，而宗子约 10 人取一人。⑨ 除正常的应举途径外，近亲宗室还

---

①《麟台故事校证》卷二中《储藏》："（大中祥符九年三月）太常博士、秘阁校理慎镛。"第 288 页；（宋）包拯撰，杨国宜校注：《包拯集校注》卷三《请选谏议大夫》，黄山书社，1999 年，第 222 页；《通志二十略》卷二九《氏族略第五·慎氏》，第 198 页。

②《北山小集》卷三○《王公（涣之）墓志铭》，第 537 页。

③弘治《衢州府志》卷一○《科贡·常山·宋》，第 208 页；《宋会要辑稿·选举》一一之九《制科》，第 5475 页。

④（宋）张耒撰，查清华、潘超群整理：《明道杂志》，《全宋笔记》第二编第 7 册，第 9 页。

⑤（宋）苏轼撰，（清）王文浩辑注：《苏轼诗集》卷一四《同年王中甫挽词》，中华书局，1982 年，第 489 页。

⑥（宋）苏辙著，陈宏天、高秀芳点校：《苏辙集》卷一四《过王介同年墓》，中华书局，1990 年，第 271 页。

⑦（宋）程俱：《北山小集》卷三四《王公（汉之）行状》，第 591 页；（宋）程俱：《北山小集》卷三○《王公（涣之）墓志铭》，第 537 页。

⑧（宋）刘宰：《漫塘文集》卷三二《王居士圹志》，《景印文渊阁四库全书》第 1170 册，第 736 页；（宋）佚名：《京口耆旧传》卷二《王汉之》，《景印文渊阁四库全书》第 451 册，第 132—133 页。

⑨《宋会要辑稿·选举》五之三《贡举杂录三》，第 5341 页；（宋）佚名编，汝企和点校：《续编两朝纲目备要》卷一，绍熙元年二月条，中华书局，1995 年，第 12 页。

有宗子取应或量试等相对容易通过的渠道,再参加专门针对宗室的锁厅试登科。①

　　在放宽宗室入仕条件的同时,对其任官、升迁则予以严格限制。南宋时期常山县以宗室为主体的进士尽管相继迭代登科,但较之北宋其仕宦履历大多不高,最高仅至知州。例如庆元五年(1199)进士赵伯麟,嘉定初知处州,后知常州。② 更多的仅任知县、路级干办公事一级。如嘉泰二年(1202)进士赵汝塾,历知昌化县;③嘉定十年(1217)进士赵趚夫,绍定间任江东提刑司干办公事等。④ 这主要与宋代鉴于前代教训,防范宗室,限制其任官的政策有关。宋高宗即就宗室任官对宰臣赵鼎说:"唐用宗室为宰相。本朝虽有贤才,不过侍从而止,乃所以安全之也。"⑤南宋时期由于宗室培养、出仕等管理制度的完善,宗室科举官僚家族逐渐兴起,并融入宋代士大夫群体之中。常山县宗室进士家族的兴盛,正是这一具有时代特征的科举社会的缩影。同时,由于任官限制,使得进士官僚带动当地地域文化发展影响力逐渐下降。

　　明代常山县进士群体构成沿袭宋代,主要以进士家族为主。其中较有代表性的有郑、徐、詹等三家,此处也主要以这三家为例进行分析。

　　首先看进士家族形成。与宋代相较,明代常山县进士基本上延续两代。值得注意的是,与宋代类似,明代常山县进士在家族产生第一名进士前,其祖、父辈多已获得举人及以上功名。如天顺八年(1464)进士樊莹,祖父温任训导。⑥ 成化二年(1466)进士郑昱,父公勉任县丞。⑦ 嘉靖十四年(1535)进士江应选,父铤任教谕。⑧ 嘉靖二十六年(1347)进士詹莱,父为岁贡生。⑨ 万历十七年(1589)进士赵文炜,父折为生员等。⑩ 明代中期以来,在宋代登科制度基础上,确立了据不同功名层级授官的制度。与宋代不

①(宋)陈傅良著,周梦江点校:《陈傅良先生文集》卷一三《量试中宗子汝弼等补官》,浙江大学出版社,1999年,第180页。《宋会要辑稿·选举》一八之二二《宗室应举》载,孝宗隆兴元年癸未(1163)二月,"宗室量试七百余人,十分之三人合格",第5616页。又(宋)魏了翁:《鹤山集》卷九三《宗室取应策问一道》:"宗子取应之制,务必宽易,凡以厚同姓、厚亲亲也。"《景印文渊阁四库全书》第1172册,第394页。

②《宋会要辑稿·瑞异》二之四三《火灾》,第2646页;《咸淳毗陵志》卷八《秩官·国朝郡中》,《宋元方志丛刊》第3册,中华书局,1989年,第3021页。

③《咸淳临安志》卷五一《秩官九·县令·昌化县》,《宋元方志丛刊》第4册,第3814页。

④(宋)袁甫:《蒙斋集》卷一一《赠赵君是序名趚夫》,《景印文渊阁四库全书》第1175册,第466页。

⑤《续两朝纲目备要》卷二,绍熙四年三月条,第29页。

⑥《天一阁藏明代科举录选刊·登科录》"天顺八年进士登科录",第504页。

⑦《天一阁藏明代科举录选刊·登科录》"成化二年进士登科录",第485页。

⑧《天一阁藏明代科举录选刊·登科录》"嘉靖十四年进士登科录",第895页。

⑨《天一阁藏明代科举录选刊·登科录》"嘉靖二十六年进士登科录",第976页。

⑩《天一阁藏明代科举录选刊·登科录》"万历十七年己丑科进士履历便览",第1258页。

同，明代试中举人以上即可授官。因此，明代中期以后常山进士的产生与进士家族的兴起前，基本经历过父祖辈试中举人的铺垫与积累阶段。

其次看进士登科后仕宦经历。明代常山县进士登科后的仕宦经历较为程式化，仕宦显贵者较少。以较早登科郑佑为例，景泰二年（1451）登第后，除广东道御史，清军四川、巡按直隶，后升福建按察副使，寻致仕。① 仕途基本为中央司级主事或知府一级，少有省一级按察、盐运使副等中高级官员。官职最高者为天顺八年（1464）进士樊莹，仕至南京刑部左侍郎兼都察院左佥都御史、南京刑部尚书。② 仕宦经历的下降主要与科举家族持续时间有关。如前所述，进士家族基本维持两代，且基本集中于明代中期。各家族间迭代兴起，未出现三代以上皆出进士，维持进士官僚家族地位者。这也使得进士家族内部的家学教育无法长久传承，进而限制进士等第人数与出仕履历。

清代常山县进士随着数量急剧下降，仕宦经历亦不显。如康熙三年（1664）武进士程万钟官至山西介休县令，康熙二十六年（1687）吴琠至庶吉士③。文举进士急剧衰落与进士家族的没落密切相关。宋、明以来形成的科举世家在新时期未能延续往日家风，使得整体县域内应举风潮下降。如北宋时期最为显赫的王氏家族，至明代以来已衰落，除产生个别举人外，未有士人登科。明代产生进士较多的郑、徐、詹等三家在当朝后期既已逐渐衰落，至清代更是没落无闻。同时，由于武科应举的兴盛，进士多走侍卫进而外放地方军职的路线出仕。如武举进士程毓龙在乾隆四十三年（1778）登科后，先任钦点侍卫，后出任福建海坛镇守，署闽安镇都司。乾隆四十九年（1784）武进士聂克滨历钦点侍卫，光绪六年（1880）武进士汪朝宗历钦点卫守备等。④ 皆通过武举获得亲近皇帝的侍卫待遇。就进士家族延续而言，与文举相比，武科考试内容不同，且多凭借应举者本身体力等质素，较难传承并形成家族规模。因此，清代常山县以科举家族为主的进士群体与科举文化逐渐没落。

宋初以来，常山县进士家族内部家学与教育风气经历了宋初的尚词章之学，到北宋中期专以科场应举制业为重的改变。这一变化正反映了唐宋之间科场与官学领域由词章之学转向应举制业的转变。

---

① （明）何出光等：《兰台法鉴录》卷九《景泰朝》，《北京图书馆古籍珍本丛刊》史部第 16 册，书目文献出版社，1988 年，第 223 页。

② （明）焦竑：《国朝献征录》卷四八《樊公莹行状（顾清）》，学生书局，1984 年，第 3 册，第 2016—2019 页。

③ 光绪《常山县志》卷五二《人物志·循良·国朝》，第 1218 页；同书卷五三《人物志·文苑·国朝》，第 1227 页。

④ 光绪《常山县志》卷四〇《选举志·武进士·国朝》，第 965 页。

四、进士精英与地方社会

关于唐宋时期,特别是宋代以来进士群体与地域社会文化的关系,学界已有不少论著。[①] 在地进士群体作为地方精英,对地方社会与文化的发展影响重大。了解自隋唐以来的政治、思想、经济、文化、教育、军事等历史,以及当地人在国家舞台与地域社会上所扮演的角色,不可能绕开进士精英人物的活动。宋代以来,随着登科进士的勃兴,进士家族随之形成。同时,作为地方精英代表,进士官僚又从各个方面反哺地方,形成地方科举社会,并为地域文化的兴起作出贡献。

以纪念著名进士乡贤的主体——祠堂为例,常山县较为出名的有位于东案乡底角村,用以纪念常山县历代科举家族之首王氏家族的贤良宗祠(王氏宗祠)。该祠建于北宋宣和七年(1125)。按宋代常山王氏家族仕宦最显者汉之、焕之兄弟分别卒于宣和五(1123)、六年(1124),追赠正奉大夫、正议大夫。[②] 宗祠初建即应于二人卒后。该祠于清同治五年(1866)、民国二十五年(1936)两次重修。与祠堂一道的科举相关建筑还有牌坊群,如"世美坊,在县东上源,为王氏世科立"[③]。牌坊群以王氏为中心,宋代以来家族内获得功名者皆得以立坊,逐渐形成标志性的地方科举文化建筑。现存世美坊内留存有纪念历代王氏进士碑刻文献,如"光禄大夫王言,秘阁校理王介,兵部侍郎王汉之,直讲学士王沇之,吏部侍郎王焕之,隆兴举人王天锡,徽猷阁学士王一非"等历代王家名臣及重建年月等纪文共 160 余字。

再以明代中期以来兴起的樊氏家族为例。樊氏虽为外来家族,由于首位进士樊莹为明代仕宦最显者,仕至南京刑部尚书,故其影响力在常山县当地可为王氏之亚。据《樊氏宗谱》载,樊氏宗祠建于清乾隆年间,位于招贤镇樊村村内。另有尚书坊,为明代

---

① 以浙江、福建、江西等地为例,如[日]小川快之《南宋の宗室応挙と地域社会について》(东京大学综合文化研究科《年报·地域文化研究》第 2 期)探讨了南宋登科宗子的地域分布及其对地方社会的作用;又如[日]冈元司《宋代沿海地域社会史研究》(汲古书院,2012 年)以南宋温州进士为中心,从科举试官、科举家族、永嘉学派等角度入手,集中分析南宋温州进士地域特征;[日]近藤一成主编《"中国科举制度からみた宁波士人社会の形成と展开"研究成果报告》(日本文部省研究补助金特定领域研究平成 17—21 年度 A02 科举班),以及同氏《宋代科举社会的形成——以明州庆元府为例》(《厦门大学学报(哲学社会科学版)》2005 年第 6 期)等专论对南宋明州进士进行区域分析,并通过个案考察,从思想活动与学术团体方面解释南宋后期明州进士群体壮大与科举社会的形成。

② 《宋会要辑稿·仪制》一一之九、一〇《尚书丞郎追赠》,第 2534 页。

③ 光绪《常山县志》卷一二《都鄙·牌坊》,第 330—334 页。

建筑,目前坐落在何家乡樊家村内,亦系为樊莹而立。① 目前留存字牌木刻"尚书"及边款"大明嘉靖丙午(1546)重整""乾隆十六年(1751)重整""□□丙子科浙江第十名樊莹"等记文。

除以上科名迭出、仕宦显赫的科举大族外,另有元、明以来若干出过个别进士的中小型士族聚落,如郑、詹、徐、汪、江、何、程等世姓,累朝积淀,多立有牌坊群或祠堂,构成具有地域特色的科举文化遗存。②

小　结

本文以两浙地域内具有典型性的中下级别县域常山县为例,分析了唐宋以来科举制度成熟、地方科举社会形成背景下,历代登科进士人数消长与构成变化,进而探讨进士群体对进士家族家风教育以及仕宦履历间的联动关系,最后讨论了宋代以来形成的进士群体与进士家族对常山县地域科举社会文化间的关系等问题。

就两浙地区科举社会与进士群体研究而言,以常山县为例进行分析,既有普遍性意义,又存在地域性特征。首先,常山县为两浙地区处于中下地位的县域,其又为连接江西、江东等地的地缘要冲。随着唐特别是两宋以来浙江经济发展与文化繁荣,其进士群体也随之崛起。分析其进士群体发展与变迁的特征,可窥见两浙地区乃至长江中下游地区普通县域内科举社会形成与演变的一般情况。其次,常山县地理位置处于内陆,与同处两浙地区的沿海或水陆重镇如湖、秀以及台、温,以及临路(省)如福建的泉、建、漳等州府不同,受到外来人口迁入影响较小,使得其适合作为一个样本,分析外来影响相对单一的地域环境下,地方士人群体与科举社会如何形成与演变,具有地域性的一般特征。以上两方面也是以常山县为样本,审视两浙地区进士群体与科举社会常与变的意义所在。

---

① 康熙《常山县志》卷五《碑坊》,第 67 页。
② 康熙《常山县志》卷五《碑坊》,第 67 页;光绪《常山县志》卷一二《都鄙·牌坊》,第 330—334 页。

资 讯

明代科举研究的基石

——《明代登科总录》

《明代登科总录》，属国家社科基金重大项目《中国历代登科总录》子项目。

《中国历代登科总录》先于 1995 年被列为全国高校古籍整理工作研究委员会项目；2003 年，又批准列入国家社科基金项目；2013 年，经专家对《中国历代登总录》课题前期成果进行中期评估，升格为国家社科基金重大滚动资助项目。

《中国历代登科总录》全书，按隋唐五代、两宋、辽金元、明、清五个部分，分为五卷，总字数将达 4200 万左右。

以龚延明为首席专家的课题团队以绳锯木断的不懈精神，前后进行了近二十年的艰辛努力，终于进入了收获的季节。

2014 年，《中国历代登科总录》第一份硕果——《宋代登科总录》(14 册、1000 万字)，首先瓜熟悉蒂落，在桂林广西师范大学出版社出版。出版后，受到学术界欢迎，并获得高度评价，荣获 2015 年浙江省第十八届哲学社会科学优秀成果一等奖、2019 年教育部第八届高等学校科学研究优秀成果历史类二等奖。

2019 年,第二份硕果——《明代登科总录》完稿,交广西师范大学出版社。如今,以 25 册、总字数 1961 万字的巨著问世。

这是一场漫长而艰辛的学术接力赛。继《明代登科总录》出版,接下去将是《辽金元登科总录》《隋唐五代登科总录》《清代登科总录》的陆续完成与出版。

摆在读者面前、还散发着清香的《明代登科总录》,是 1300 年中国科举制度史中的一个长时段。中国科举考试取士制度,历经隋唐创立期,宋代成熟、完善期,元代衰落期,到了明代,重振雄风,迈入了健全、鼎盛期,中国科举登上了第二个高峰。

明代于洪武四年(1371)首开进士科科举考试,其后罢辍十三年,至洪武十八年(1385)重开,继而三年一大比,没有中止,共举行了 89 榜科举考试(崇祯十三年赐特用榜不计在内),每榜进士人数平均在 270 人上下,共录取进士 27591 人。① 为明王朝培养了大批治国安邦的人才。

明代科举考试制度,在继承了宋元三级考试、以经义取进的士基础上,又有不同于宋、元的创新。

其一,科举考试建立在学校考试的基础上,"科举必由学校"②,科举与学校紧密联系。建立县、州、府、卫所儒学、盐运司儒学、土官学等学校入学考试制度,③童生经学校入学考试合格,选拔为入校学生,方称生员;凡生员经县考、府考与提督学政主持的岁考,进行奖惩,生员俗称秀才,许着青衫,头戴方巾。宋代三年定期举行一次的科举考试,为明代所继承,明代称三年一大比。大比之年以前,明代生员要参加提学官主持的科考,科考为乡试预备考试,也就是参加乡试的资格考试。科考成绩列入一、二等的生员,就获取了参加乡试的资格。④ 在府、州、县学之上,中央有国学(太学),入国学者为国子生,国子生又细分为:府、州、县学生员贡入国学者,称监生;举人入国学者,称举监;品官子弟入国学者,称荫监;捐赀入国学者,称例监。国子生,其待遇比郡县学生员要高,凡入国学者,可以入官,也可直接参加乡试或会试。明代进士国子生比例较高。

如《成化二年进士登科录》载:一甲第一名罗伦、二甲第一名季琮、第三甲第一名刘炬,全是国子生出身。可见,"明制,科目为盛,卿相皆由此出,学校则储才以应科举",明代学校与科举考试紧密相衔接,⑤是对唐宋科举考无资格试,许士子"投牒自应"的一大

①龚延明、邱进春:《明代登科总录》,广西师范大学出版社,2021 年。
②(清)张廷玉等:《明史》卷六九《选举志》一,中华书局,1974 年,第 1675 页。
③郭培贵:《明史选举志考论·总论》,中华书局,2006 年,第 9 页。
④《明史》卷六九《选举志》一,第 1676—1677、1687 页。
⑤《明史》卷六九《选举志》一《选举之法》,第 1675 页。

革新。①

　　其二,钦定朱熹注《四书》、《五经》为学校教材,形成了科考必由学校始,学校必从读经始的科举培养儒学人才的路径。

　　其三,考试形式的创新,以八股文命题取士,这是科举考试文体的创新,此种文体,以"载道"为基本追求,有起、承、转、合规定程式的约束,用代圣人立言的口气议论时政,有助于熏陶与树立举子儒家学说的治国理念和立身处世的伦理道德规范,适应当朝统治者巩固王朝的需要;同时便于阅卷官有统一的评判试策优劣高下的标准。②

　　比已经出版的《宋登科总录》、《明代登科总录》有一大亮点,即大量利用了原始的明代登科录、会试录。纵观中国一千三百年科举史,明以前,唐代没有留下一榜《登科录》,宋代藉朱熹、文天祥名人效应,得以留下《绍兴十八年进士登科录》、《宝祐四年登科录》两种,元代16榜只留下《元统元年进士录》一榜,而明代所保存至今的明代《登科录》数量为最多,据统计,海内外现存于宁波天一阁、国家图书馆、上海图书馆、台湾"中研院"史语所、美国国会图书馆等馆藏明代《登科录》,总数为58种,而天一阁独家所藏明代《登科录》就有41种!海内外其余馆藏为天一阁所无之明代《登科录》总数才17种,比天一阁所藏一半还不到。明代科举名录,除《登科录》外,还有《会试录》,光天一阁就庋藏有38种。这是十分可观的珍贵科举文献遗产。本课题团队,尽最大努力利用了明代第一手科举文献资料。如现存的、分散在海内外明代《登科录》、《会试录》,课题组力尽所能予以搜集,还征集到山东民间保存的《万历五年登科录》。③ 以上明代科举名录,成为进士传记信息的最原生态依据,这就保证了《明代登科总录》具有权威性。此外,书稿充分运用了明代正史、野史、实录、文集、总集、笔记、碑刻、方志中的进士传记资料。这是空前的明代进士数据的大普查,此项成果的出版,为明代科举史研究奠定了坚实的基础。

　　本课题有严格的统一体例,即凡从现存文献中能辑录到的明代登科进士,按朝代、榜次顺序,列其姓名,姓名下撰一小传。小传包括登科人字、号,籍贯,登科年,初授官,所历官(举例)及终任官(或最高官),谥号。小传之下,基本上做到有三条以上的书证。书证引用的论著,写明哪一朝作者、书名、卷次及与小传有关的原著引文。例如:

---

①(清)董诰:《全唐文》卷三三一,杨绾《条奏贡举疏》称"投牒自应",第3357页上栏。《新唐书》卷四四《选举志》上引礼部坐郎杨绾上疏,称"投牒自举"。

②龚延明、高明扬:《清代科举八股文衡文标准》,《中国社会科学》2005年第4期,第180页;龚笃清:《明代科举图鉴》第八章《八股文的功过是非评说》,岳麓书社,2007年,第736页。

③《万历五年登科录》,由四川大学古籍研究所陈长文教授提供,谨致谢意。

　　【马鸣銮】字君御,号凤麓。四川成都府内江县人。明万历二年进士第二甲第三十二名,赐进士出身。初授工部都水司主事。历官分守上湖南道,陕西按察使,右布政使,都察院右佥都御史、巡抚郧阳,副都御史。终官宣大总督军务、兵部右侍郎兼右都御史。赠兵部尚书。

　　《天一阁藏明代科举录选刊·万历二年进士登科录》:"第二甲七十名赐进士出身:马鸣銮,贯四川成都府内江县。民籍。县学生。治《书经》。字君御。行一。年二十七,正月十五日生。曾祖恺。祖升阶,知县。父鲁卿,进士。母刘氏,继母高氏。重庆下。弟鸣录、鸣銎、鸣衡、鸣金、鸣榖、鸣鉴、鸣鎏。娶谭氏。四川乡试第十二名,会试第一百五十四名。"

　　《光绪明清两代进士题名录·明万历二年进士题名碑录甲戌科》:"赐进士出身第二甲七十名:马鸣銮,四川成都府内江县。民籍。"

　　明谈迁《国榷》卷八一,页5024,万历三十八年八月丙申:"总督宣大军务、兵部右侍郎兼右都御史马鸣銮卒。鸣銮字□□,内江人。万历甲戌进士,授工部主事,历今官……年六十三。赠兵部尚书。"

　　明张朝瑞辑《皇明贡举考》卷八第四十七页:"(甲戌万历二年会试)第二甲七十名赐进士出身:马鸣銮,四川内江县。"

　　明叶向高《苍霞续草》卷十《资善大夫总督宣大山西军务都察院右都御史兼兵部右侍郎赠尚书马公墓志铭》:"内江县西南十里回龙山之原,曰故尚书马公之墓。公以右都御史兼兵部右侍郎督宣大军,卒于位……赠公兵部尚书……公讳鸣銮,字君御,别号凤麓……避兵徙内江,遂为内江人……生子鲁卿,为云南佥事,公之父也……公弱冠第万历甲戌进士,授工部都水司主事……移陕西迁按察使……进右布政使……寻拜都察院右佥都御史,抚治郧阳。再起复巡抚宣府……进副都御史,以至今官……没之日为万历庚戌八月三十四日申时,距生嘉靖戊申正月十五日,得年六十三。"

　　明张鼐《宝日堂初集》卷十六《赠资善大夫马公墓志铭代叶阁师》:"内江县西南十里回龙山之原,曰故尚书马公之墓。公以右都御史兼兵部右侍郎,总督宣大军务,卒于位……公讳鸣銮,字君御,号凤麓……遂为内江人……公弱冠第万历甲戌进士,授工部都水司主事……进右布政使……寻拜都察院右佥都御史,提督郧阳六郡军务。再起,复巡抚宣府……寻迁兵部右侍郎,总督宣大山西军务,卒赠兵部尚书云……公生于嘉靖戊申某月日,卒于万历庚戌某月日,年六十有三。"

　　清盛子邺辑《类姓登科考》(湖北图书馆藏清钞本)(卷三·)二十一马(子226—

635 上)："马慥,陕西同州人,自强子,万历甲戌二甲。马鸣銮,四川内江县人,三甲,兵部右侍郎兼副都御史,又赠尚书,鲁卿子。"

《雍正四川通志》卷九上《人物·直隶资州·明》："马鸣銮,字君御,内江人……登万历甲戌进士。历右都御史、兵部侍郎,总督宣大,卒于官。"

明代科举考试制度的创新,使明代科举具有承前启后的样板性,明代的科举制度为清代全盘继承。然而,"20 世纪的科举研究,总体上看,'两头'即隋唐与清代科举研究多,中间研究少。其实明代科举的研究更有意义:一则明代是中国科举的成熟期,有典型性与样板性。二则历朝留下的科举名录不多,惟独明代留下大批的原始科举名录。这也就是说,选择明代科举为考察中心,既有学术视野上的典范性,又能建立在踏实的基础上,从面推进科举制度的研究。"①然明代虽留下了大批登科录,仍是不完整的,尚缺 31 榜;此外,原始登科录主要提供进士的家状与登科年、名次,其仕宦履历需籍其他文献资料搜集。这就需要一部体例完整的、包括进士仕宦信息的《明代登科总录》,才能使明代科举研究建立在全面、扎实的基础上。此项成果,从统筹、蒐集文献、检录每榜进士、输录、建立数据库、纸质书稿的四次校对,至推出这部《明代登科总录》,前后历经二十多年的努力。最后一校,由江西师大邱进春副教授与出版社编审对接,最为繁杂、细密,花了近三年时间! 由此也可见此项工程之艰辛!

《明代登科总录》的完成与问世,为全面、深入研究明代科举,奠定了最基本的,也是最坚实的基础,堪谓"明代科举研究的基石"。其所提供的明代 89 榜、27591 名进士,1961 万字的传记信息大数据,将有助于推进明代科举史的深入研究,该书还为明代政治史、教育史、文化史、人才学与区域经济的研究开拓了新的视角,诸如利用明代进士的大数据,对明代精英分类、分等及上下流动的变化、区域分布特点等,提供了便捷的数据统计,为重新审视明代进士群体精英对明代政治、教育、文化的介入与影响力等问题,提供了可靠的文献资料基础。其学术价值可望日益彰显。

---

① 钱茂伟:《国家·科举与社会》之《导论》,北京图书馆出版社,2004 年,第 9 页。

科举制研究双璧成果

——《宋代登科总录》《中国科举制度通史》荣获教育部第八届高等学校科学研究优秀成果奖（人文社会科学）

2021 年 3 月 2 日，教育部举行第八届全国高校人文社科优秀成果颁奖大会，陈宝生部长做重要讲话，中国宋史研究会原副会长龚延明教授主编的《宋代登科总录》（全 14 卷）和原副会长张希清教授主编的《中国科举制度通史》（全 5 卷）荣获二等奖。

《宋代登科总录》是全国高等院校古籍整理研究工作委员会规划重点项目、全国哲学社会科学规划办公室批准的"国家社会科学基金重滚动资助重大项目"（批准号：03BZS008）《中国历代登科总录》五个子课题之一。《宋代登科总录》也是经国家新闻出版总署批准的"国家出版基金重大项目"（出版基金资助 230 万元）。该书 2014 年由广西师范大学出版社出版，此书工程浩大，1000 万字、14 册，由龚延明、祖慧合撰。全书包括"总序""叙例""正文"（两宋十五朝 118 榜登科录）、"索引""宋代科举总论"等内容。

因宋代原始登科录仅留下《绍兴十八年同年小录》(内有进士朱熹)与《宝祐四年登科录》(内有状元文天祥),其余116榜皆因战火灰飞烟灭,需白手起家,从宋代及宋以下与宋代登科人物有关的文献资料中搜检,一榜一榜搜集宋历科进士及其小传,包括进士姓名、字号、籍贯、亲属、登科年、初授官、历官、谥号等。每一名进士条目下,都列有第一手文献书证,保证依据的史料翔实可靠。由于工作量大,历经十二年才完成《中国历代登科总录》第一项硕果——《宋代登科总录》,基本上恢复了两宋118榜登科名录,总共搜集了41040登科人,重构了宋代四万多进士的档案,这是迄今为止,关于宋代登科人物的最大渊薮。这是一项前人未做过的、具有填补宋代缺登科录空白的创新基础工程。其学术价值,在于摸清了宋代科举家底,提供了两宋三百年古代文化精英的传记资料库,有助开拓宋代文、史、哲研究的视野,推进宋代专门史研究的深入。《宋代登科总录》所收录的四万多登科人,每一个都是经历拼搏登上龙门的社会精英。在中国政治、思想、军事、经济、文化等各个领域,扮演了重要角色。要了解和研究中国政治史、思想史、军事史、教育史、文学史、社会史,他们都是绕不过去的人物。

《宋代登科总录》问世后,引起海内外科举研究界、宋史研究界强烈反响,得到学术界好评。先后荣获浙江省政府第十八届哲学社会科学优秀成果一等奖、教育部第八届人文社科优秀成果二等奖。

　　《中国科举制度通史》是经全国哲学社会科学规划办公室批准的"国家社会科学基金重点项目"(批准号:12AZS004),也是经国家新闻出版总署批准的"国家图书出版'十二五'规划重点项目"和"国家出版基金重大项目"。该书分为总论(毛佩琦著)和隋唐五代卷(金滢坤著)、宋代卷(张希清著)、辽金元代卷(武玉环、高福顺、都兴智、吴志坚著)、明代卷(郭培贵著)和清代卷(李世愉、胡平著)等五卷、452万字,由张希清教授和毛佩琦教授、李世愉研究员主编,金滢坤、武玉环、郭培贵等十位学者历时六年完成,是国内第一部通史性质、专论科举制度的巨著。

　　中国的科举制度是朝廷开设科目、士人可以自由报考、主要以考试成绩决定取舍的官员选拔制度。它创始于隋,确立于唐,完备于宋,延续至元、明、清,前后经历了一千三百年之久,对中国古代社会产生了多方面的深刻影响。其公开考试、平等竞争、择优录用的考试方法,通经致用的考试内容,均具有普世价值。《中国科举制度通史》全面记述和论说了中国科举制度从创立、发展、兴盛到衰落直至最后被废除的历史沿革,并生动细致地叙述了各个朝代科举制度的运作情况和社会影响、历史作用,是一部国内外中国科举制度史研究的总结性著作,也是填补中国科举制度大型通史空白的开创性著作。《中国科举制度通史》自2015年出版精装版、2017年出版平装版以来,已经多次印刷,受到广泛好评。该书的出版,不但具有重要的学术价值,而且具有重要的现实意义。

　　据悉,《中国科举制度通史》在荣获教育部第八届人文社科优秀成果二等奖之前,已多次获奖。主要有:(1)2016年荣获岳麓书院、凤凰卫视主办的"第二届全球华人国学优秀成果奖";(2)2016年荣获华东地区优秀哲学社会科学图书评选委员会主办的"第三十届华东地区优秀哲学社会科学图书评选一等奖";(3)2017年荣获北京大学主办的"北京大学第十三届人文社会科学优秀成果一等奖";(4)2018年荣获国家新闻出版广电总局主办的"第四届中国出版政府奖图书奖提名奖";(5)2019年荣获中国社会科学院主办的"第五届郭沫若中国历史学奖三等奖"等。